Falko Peschel

Offener Unterricht

Idee, Realität, Perspektive
und ein praxiserprobtes Konzept
in der Evaluation

Teil I

Schneider Verlag Hohengehren GmbH

Falko Peschel, Am Harzberg 1, 32676 Lüdge, Tel. 05282–969790
Falko.Peschel@Uni-Koeln.de

Gedruckt auf umweltfreundlichem Papier (chlor- und säurefrei hergestellt).

Bibliografische Information der Deutschen Nationalbibliothek

Die Deutsche Nationalbibliothek verzeichnet diese Publikation in der Deutschen Nationalbibliografie; detaillierte bibliografische Daten sind im Internet über ›http://dnb.d-nb.de‹ abrufbar.

---

4. unveränderte Auflage

ISBN: 978-3-8340-0136-8

Schneider Verlag Hohengehren, D-73666 Baltmannsweiler
Homepage: www.paedagogik.de

Alle Rechte, insbesondere das Recht der Vervielfältigung sowie der Übersetzung, vorbehalten. Kein Teil des Werkes darf in irgendeiner Form (durch Fotokopie, Mikrofilm oder ein anderes Verfahren) ohne schriftliche Genehmigung des Verlages reproduziert werden.
© Schneider Verlag Hohengehren, Baltmannsweiler 2012.
   Printed in Germany. Druck: Stückle, Ettenheim

Inhaltsverzeichnis

Vorwort und Einleitung ... 1

1 Realität offenen Unterrichts ... 13
   1.1 Wochenplanunterricht und Freie Arbeit ... 15
      1.1.1 Wochenplanarbeit in der Praxis ... 15
      1.1.2 Freie Arbeit in der Praxis ... 17
      1.1.3 Einschub: Historischer Bezug ... 18
      1.1.4 Fazit und Weiterentwicklung ... 21
   1.2 Projektunterricht ... 25
      1.2.1 Projektunterricht in der Praxis ... 25
      1.2.2 Fazit und Weiterentwicklung ... 27
   1.3 Werkstattunterricht und Stationslernen ... 29
      1.3.1 Werkstattunterricht ... 29
      1.3.2 Stationslernen ... 33
      1.3.3 Fazit und Weiterentwicklung ... 34
   1.4 Von offenen Unterrichtsformen zum Offenen Unterricht ... 37
   1.5 Zusammenfassung ... 41

2 Systematische Einordnung des der Untersuchung zu Grunde liegenden Verständnisses von Offenem Unterricht – Überlegungen zu Dimensionen und Entwicklungsstufen ... 43
   2.1 Wurzeln, Vorläufer und Legitimationen offenen Unterrichts ... 43
   2.2 Das Problem: Definition und Messbarkeit offenen Unterrichts ... 46
      2.2.1 Die Bandbreite der Interpretationsmöglichkeiten und der Motive für offenen Unterricht ... 47
      2.2.2 Sollte es eine Definition für offenen Unterricht geben – oder nicht? ... 49
   2.3 Ein neuer Definitionsversuch und seine Operationalisierung ... 51
      2.3.1 Dimensionen „offenen Unterrichts" ... 52
      2.3.2 Stufen der Öffnung des Unterrichts ... 53
      2.3.3 Bestimmung des Öffnungsgrades einzelner Unterrichtssequenzen ... 57
      2.3.4 Ein „Stufenmodell" für Offenen Unterricht ... 59
   2.4 Zusammenfassung ... 64

3 Stufen Offenen Unterrichts – drei Konzepte als Beispiele für die praktische Umsetzung ... 66
   3.1 Offenheit trotz Gleichschritt: „Didaktik der Kernideen – Reisetagebücherunterricht" ... 67
      3.1.1 Kernideen und Reisetagebücher – praktische Umsetzung ... 70
      3.1.2 Kernideen und Reisetagebücher – Grenzen und Fragen ... 74
   3.2 Offenheit trotz Autorität: „Didaktik des weißen Blatts" ... 77
      3.2.1 Unterricht mit „weißen Blättern" – praktische Umsetzung ... 80
      3.2.2 Unterricht mit „weißen Blättern" – Grenzen und Fragen ... 82
   3.3 Offenheit trotz Grenzen: „Didaktik der sozialen Integration" ... 85
      3.3.1 Soziale Integration als Vermeidung von Segregation – Hilfen zur Umsetzung ... 88
      3.3.2 Soziale Integration – Grenzen und Fragen ... 91
   3.4 Kurzer Blick auf die Unterschiede der drei Konzepte ... 93
   3.5 Zusammenfassung ... 96

4		Allgemeindidaktische Einordnung des der Untersuchung zu Grunde liegenden Verständnisses von Offenem Unterricht 99	
	4.1	Das Lernverständnis des Offenen Unterrichts: Selbstgesteuertes und selbstreguliertes Lernen .. 99	
		4.1.1 Selbstgesteuertes und selbstreguliertes Lernen – Innen- oder Außensteuerung? 101	
		4.1.2 Selbstgesteuertes und selbstreguliertes Lernen – durch Fremdsteuerung und Fremdregulierung?....... 103	
		4.1.3 Selbstgesteuertes und selbstreguliertes Lernen – intrinsische, extrinsische oder interessengeleitete Motivation? 105	
		4.1.4 Selbstgesteuertes und selbstreguliertes Lernen – bewusstes, unbewusstes oder intuitives Ausbilden von Kompetenzen? 107	
		4.1.5 Selbstgesteuertes und selbstreguliertes Lernen – bewusstes Trainieren oder prozessuales Ausbilden von Strategien? 110	
		4.1.6 Selbstgesteuertes und selbstreguliertes Lernen – implizites, explizites oder inzidentelles Lernen? 111	
		4.1.7 Selbstgesteuertes und selbstreguliertes Lernen – Einüben von Lehrstoff oder integriertes Ausüben von Lerninteressen? 114	
		4.1.8 Selbstgesteuertes und selbstreguliertes Lernen – Kompetenzerwerb statt trägem Wissen? 115	
	4.2	Die Bildungsziele des Offenen Unterrichts.. 117	
		4.2.1 Der Wandel des Bildungsbegriffes – der Wandel der Fächer... 117	
		4.2.2 Der Beitrag der Fächer zur schulischen Bildung 121	
	4.3	Methodisch-didaktische Grundsätze des Offenen Unterrichts 124	
		4.3.1 Die neue Rolle der Theorie – von der Vorschrift zur Absicherung 126	
		4.3.2 Die neue Rolle des Stoffs – von der „Norm" zur „Lupe"... 128	
		4.3.3 Die neue Rolle der Sozialerziehung – von der Harmonisierung zur Selbstregierung............ 130	
		4.3.4 Die neue Schülerrolle – vom Aberledigen zum Erfinden 133	
		4.3.5 Die neue Lehrerrolle – vom Belehrenden zum Lernbegleiter.. 137	
		4.3.6 Die neue Rolle der Arbeitsmittel – vom Lehrgang zum Werkzeug 141	
		4.3.7 Die neue Rolle der Leistungsmessung – von der Kontrolle von oben zur Begleitung von unten......... 143	
		4.3.8 Die neue Elternrolle – vom Kontrolleur zum Impulsgeber.. 149	
		4.3.9 Die neue Rolle der Unterrichtsplanung – von der Vorplanung zur situativen Herausforderung 153	
		4.3.10 Die neue Rolle der Öffnung – überfachliche Dimensionen und Institutionen als Basis des Offenen Unterrichts 165	
	4.4	Zusammenfassung.. 170	
5		Das Konzept des Sprachunterrichts in der untersuchten Klasse 178	
	5.1	Lesen- und Schreibenlernen im Anfangsunterricht 179	
		5.1.1 Schreiben durch Schreiben und Lesen durch Lesen – oder Lesen durch Schreiben? 180	
		5.1.2 Schreiben und Lesen durch freies Schreiben – und durch freies Lesen 184	
		5.1.3 Freies Schreiben in der Praxis 189	
	5.2	Freies Schreiben und Rechtschreiben 191	
		5.2.1 Lautgetreues Schreiben, orthographisch korrektes Schreiben und der Umgang mit Fehlern .. 191	
		5.2.2 Das Modell eines integrierten Rechtschreibunterrichts 194	
		5.2.3 Teilleistungsübungen.. 197	
		5.2.4 Grundwortschatzarbeit und Regellernen... 199	
		5.2.5 Vom expliziten Üben zum impliziten Lernen 200	
		5.2.6 Leistungsmessung Rechtschreiben 202	
	5.3	Leseerziehung 203	
		5.3.1 Weiterführende Leseerziehung 203	
		5.3.2 Leistungsmessung beim Lesen 205	

5.4	Aufsatzerziehung	206
5.5	Grammatikunterricht – Sprache untersuchen	209
5.6	Mündlicher Sprachgebrauch	210
5.7	Zusammenfassung	211

6 Das Konzept des Mathematikunterrichts in der untersuchten Klasse ... 215

6.1	Offener Mathematikunterricht – Vom Lehrgang zur Eigenproduktion	215
6.2	Kernideen und zentrale Inhalte der Mathematik	219
6.3	Arithmetik	220
6.3.1	Veränderter Umgang mit dem Stellenwert der Rechenverfahren	221
6.3.2	Ausgangsbedingungen für die mathematische Entwicklung	223
6.3.3	Kombinationsgetreues Rechnen und der Umgang mit Fehlern	225
6.3.4	Werkzeuge und Praxishilfen	226
6.3.5	Leistungsmessung Arithmetik	234
6.4	Geometrie und Größen	235
6.4.1	Größen	236
6.4.2	Geometrie	238
6.4.3	Integrierter „Sach-Anwendungsunterricht"	238
6.5	Die Stellung des Konzepts im Vergleich zu anderen Ansätzen	242
6.5.1	Offener Unterricht und eigene mathematische Erfindungen nach Le Bohec	243
6.5.2	Offener Unterricht und Straßenmathematik	245
6.5.3	Offener Unterricht und Sachunterricht statt Mathematikunterricht	245
6.5.4	Offener Unterricht und Verzicht auf formales Rechnen nach Benezet	247
6.5.5	Offener Unterricht und Reisetagebücherunterricht und Rechenkonferenzen	250
6.5.6	Offener Unterricht und das Konzept „mathe 2000"	252
6.5.7	Parallelen zum Atelier-Konzept von Glänzel	254
6.6	Zusammenfassung	261

7 Die Umsetzung der anderen Unterrichtsfächer im Konzept eines integrativen Offenen (Sach-)Unterrichts ... 266

7.1	Sachunterricht	267
7.1.1	Lernvoraussetzungen und Handlungsbefähigung	269
7.1.2	Von der Lernstandserhebung zur Fragekultur	272
7.1.3	Von der Lehrerdemonstration zum freien Forschen	273
7.1.4	Von der Angebotsvorgabe zur offenen Projektkultur	274
7.1.5	Von der Arbeitsblattdidaktik zur medienkompetenten Vortragskultur	275
7.1.6	Vom Arbeitsmittellager zur eigenständigen Medienaufbereitung	276
7.1.7	Vom festen Stoffkanon zu den Zielen im Hinterkopf	277
7.1.8	Leistungsbewertung im Sachunterricht	278
7.2	Vom fächerübergreifenden Sachunterricht zum integrativen Offenen Unterricht	280
7.2.1	Integration von Kunst und Musik in den Offenen Unterricht	230
7.2.2	Integration von Sport, Religion und Fremdsprachen	231
7.2.3	Medienerziehung und Computer	234
7.3	Zusammenfassung	291

8 Einordnung der Untersuchung ... 297
  8.1 Ein Blick auf die Problematik vorliegender Untersuchungen zum offenen Unterricht im Hinblick auf Aussagen zum hier zu Grunde liegenden Konzept ... 297
    8.1.1 Die meisten Untersuchungen zum offenen Unterricht untersuchen gar keinen (durchgängig praktizierten) „offenen Unterricht" ... 298
    8.1.2 Es lassen sich gar keine ausreichenden Stichproben für (durchgängig praktizierten) offenen Unterricht finden ... 300
    8.1.3 Schulleistungstests als Messinstrumente ... 301
    8.1.4 Effektstudien ... 302
    8.1.5 Schülerbefragungen ... 305
  8.2 Methodisches Design der Untersuchung – Standortbestimmung und Reflexion genereller Sichtweisen ... 306
    8.2.1 Lehrer als Forscher ... 307
    8.2.2 Zusammenführung quantitativer und qualitativer Forschungsansätze ... 312
    8.2.3 Gütekriterien qualitativer und quantitativer Forschung ... 320
  8.3 Methodisches Design der Untersuchung – Verwendete Erhebungsverfahren und ihre Einordnung ... 326
    8.3.1 Vor- und Nachteile von Eigenproduktionen als Datenmaterial ... 326
    8.3.2 Von der Eigenproduktion zum Überforderungstest ... 327
    8.3.3 Verwendete (Überforderungs-)Tests ... 328
    8.3.4 Datierung der wichtigsten Erhebungen und Hinweise zur Auswertung und Darstellung ... 329
    8.3.5 Zeitliche Einordnung der Entwicklung, Erprobung und Evaluation des Konzepts ... 334
  8.4 Zusammenfassung ... 334

9 Einordnung des Bedingungsfeldes ... 338
  9.1 Lernumwelt ... 340
    9.1.1 Gegebenheiten der Schule ... 340
    9.1.2 Einrichtung des Klassenraums ... 341
    9.1.3 Materialien ... 343
  9.2 Zeitliche Strukturen ... 347
    9.2.1 Stundenplanübersichten von Klasse eins bis vier ... 347
    9.2.2 Tagesablauf ... 349
  9.3 Die Form der Lehr- und Arbeitspläne im Unterrichtskonzept ... 352
    9.3.1 Pädagogisch-didaktische Grundlagen ... 352
    9.3.2 Bezug zu den Aufgabenschwerpunkten der Lehrpläne ... 354
  9.4 Weitere Bausteine des Konzepts – aufgezeigt im Rückgriff auf Informationen der Eltern ... 357
    9.4.1 Hausaufgaben ... 357
    9.4.2 Elternarbeit ... 361
  9.5 Zusammenfassung ... 365

10 Personales Bedingungsfeld – die Kinder der Klasse ... 368
  10.1 Die Klassenzusammensetzung im Überblick ... 368
    10.1.1 Stichprobenaufteilung ... 368
    10.1.2 Allgemeine Angaben zur Zusammensetzung der Lerngruppe ... 369
    10.1.3 Intelligenzwertverteilung in den Stichproben ... 376

10.2		Die Kinder der Klasse im Einzelnen – und ein weiteres Durchleuchten des Konzepts vor dem Hintergrund verschiedener Entwicklungen und Sichtweisen	379
	10.2.1	Die Kinder der Kernstichprobe	381
	10.2.2	Die Kinder der Veruststichprobe	441
	10.2.3	Die Kinder der Zuwachsstichprobe I	455
	10.2.4	Die Kinder der Zuwachsstichprobe II	472
	10.2.5	Weitere Kinder	488
10.3		Fazit und Zusammenfassung	495
11		Personales Bedingungsfeld – der Lehrer der untersuchten Klasse	497
11.1		Biographie und Tätigkeiten des Lehrers und ihr möglicher Bezug zum Konzept	497
11.2		Lern- und Leistungsbegriff des Lehrers	501
	11.2.1	Fragebogen „Öffnung des Unterrichts" des Projekts OASE	501
	11.2.2	Selbsteinschätzungsbogen in Bezug auf die konstruktivistische Grundeinstellung des Lehrers (TIMSS-Nacherhebung)	505
11.3		Lehrer und Lehrerverhalten in der Fremdwahrnehmung	508
	11.3.1	Dienstliche Beurteilungen Anfang zweites Schuljahr	508
	11.3.2	Zeugnisse der Kinder über den Lehrer vom ersten bis zum vierten Schuljahr	510
	11.3.3	Beobachtung des Lehrerverhaltens im Rahmen einer Diplomarbeit	518
	11.3.4	Beobachtung des Lehrerverhaltens im Rahmen der Dokumentation für eine Promotionsarbeit	524
11.4		Fazit und Zusammenfassung	532
12		Unterrichtsgestaltung und Entwicklungen auf Klassenebene im zeitlichen Verlauf	536
12.1		Die unterrichtliche Gestaltung bzw. Ausgestaltung im zeitlichen Verlauf	536
	12.1.1	Erstes Schuljahr	538
	12.1.2	Zweites Schuljahr	548
	12.1.3	Drittes Schuljahr	552
	12.1.4	Viertes Schuljahr	555
12.2		Die Entwicklung des Arbeits-, Sozial- und Lernverhaltens auf Klassenebene	558
	12.2.1	Erstes Schuljahr	558
	12.2.2	Zweites Schuljahr	562
	12.2.3	Drittes und viertes Schuljahr	566
12.3		Weiterführende Zusammenfassung	570
13		Entwicklungen im Bereich Schreiben- und Rechtschreiblernen	573
13.1		Schriftsprachliche Kenntnisse der Kinder in der Eingangsphase	575
	13.1.1	Buchstabenkenntnisse vor der Einschulung	575
	13.1.2	Ergebnisse nach dem 6-phasigen Modell der Schreibentwicklung von Brügelmann	577
13.2		Entwicklung der Rechtschreibfähigkeit der Kinder in der Grundschulzeit	589
	13.2.1	Ergebnisse nach der Hamburger Schreib-Probe	589
	13.2.2	Auswertung der Hamburger Schreib-Probe nach Rechtschreibstrategien	592
	13.2.3	Rechtschreibleistungen Mitte und Ende Klasse 4 nach dem Diagnostischen Rechtschreibtest bzw. der Hamburger Schreib-Probe für Klasse 4 und 5	598
	13.2.4	Sprachverständnis Ende Klasse 4 nach dem Allgemeinen Schulleistungstest	600
	13.2.5	Erlernen der Schreibschrift	601
13.3		Fazit und Zusammenfassung	602

14	Entwicklungen im Bereich Lesen		606
14.1	Kenntnisse der Kinder im Bereich Lesen in der Eingangsphase		607
14.1.1		Buchstabenkenntnisse vor der Einschulung	607
14.2	Entwicklung der Lesefähigkeit und Lesekompetenz der Kinder in der Grundschulzeit		610
14.2.1		Ergebnisse im Rahmen der Lese- und Vorlese-Erhebungen	610
14.2.2		Ergebnisse nach dem Hamburger Lesetest	617
14.3	Fazit und Zusammenfassung		625
15	Entwicklungen im Bereich Arithmetik		629
15.1	Rechenfähigkeit der Kinder in der Eingangsphase		631
15.1.1		Zahl- und Rechenkenntnisse zum Schulanfang	631
15.1.2		Rechenkenntnisse im Verlauf des ersten Schulhalbjahres	633
15.2	Entwicklung der Rechenfähigkeit der Kinder in der Grundschulzeit		637
15.2.1		Mathematischer Überforderungstest	637
15.2.2		Normtestergebnisse im vierten Schuljahr	645
15.2.3		Textaufgaben	650
15.2.4		Zahlreihen	652
15.2.5		Kopfrechnen	653
15.3	Fächerübergreifende Ergänzung: Denk- und Schulleistungstests		659
15.4	Fazit und Zusammenfassung		661
16	Die Leistungsentwicklung der leistungsschwächer erscheinenden Kinder der Kernstichprobe im Offenen Unterricht		667
16.1	Fedor		667
16.1.1		Entwicklung im Arbeits- und Sozialverhalten	668
16.1.2		Entwicklung im Rechtschreiben	675
16.1.3		Entwicklung im Lesen	686
16.1.4		Entwicklung in Mathematik	688
16.1.5		Resümee	695
16.2	Lutz		697
16.2.1		Entwicklung im Arbeits- und Sozialverhalten	697
16.2.2		Entwicklung im Rechtschreiben	706
16.2.3		Entwicklung im Lesen	722
16.2.4		Entwicklung in Mathematik	724
16.2.5		Resümee	730
16.3	Natalie		731
16.3.1		Entwicklung im Arbeits- und Sozialverhalten	732
16.3.2		Entwicklung im Rechtschreiben	743
16.3.3		Entwicklung im Lesen	755
16.3.4		Entwicklung in Mathematik	757
16.3.5		Resümee	765
16.4	Zusammenfassung		766

17 Die Leistungsentwicklung der nicht an der Regelschule beschulbar erscheinenden Kinder im Offenen Unterricht – positive Entwicklung „wider Erwarten" 772

    17.1 Björn 773
        17.1.1 Entwicklung im Arbeits- und Sozialverhalten 776
        17.1.2 Entwicklung im Rechtschreiben 793
        17.1.3 Entwicklung im Lesen 799
        17.1.4 Entwicklung in Mathematik 801
        17.1.5 Resümee 805
    17.2 Mehmet 810
        17.2.1 Entwicklung im Arbeits- und Sozialverhalten 815
        17.2.2 Entwicklung im Rechtschreiben 826
        17.2.3 Entwicklung im Lesen 843
        17.2.4 Entwicklung in Mathematik 845
        17.2.5 Resümee 851
    17.3 Zusammenfassung 855

18 Zusammenfassung und Ergebnisdiskussion der Untersuchung 864

    18.1 Offener Unterricht in der Evaluation 864
        18.1.1 Die Problematik bestehender Untersuchungen offenen Unterrichts 865
        18.1.2 Grundlagen des in dieser Arbeit untersuchten Unterrichts 866
        18.1.3 Integrativer, überfachlicher Unterricht 868
    18.2 Untersuchungsergebnisse 870
        18.2.1 Untersuchungsergebnisse Rechtschreiben 870
        18.2.2 Untersuchungsergebnisse Lesen 873
        18.2.3 Untersuchungsergebnisse Arithmetik 875
    18.3 Leistungsentwicklung schwacher oder nicht regelbeschulbar erscheinender Kinder 877
    18.4 Kurzübersicht über die Leistungsentwicklung 879
        18.4.1 Kinder, die ihre ganze Grundschulzeit in der Klasse verbracht haben 879
        18.4.2 Kinder, die später in die Klasse gekommen sind 880
    18.5 Einordnung der Untersuchungsergebnisse in die wissenschaftliche Diskussion 882
        18.5.1 Untersuchungen zu Merkmalen effektiven Unterrichts 882
        18.5.2 Widerspruch, Bestätigung oder Impuls für eine andere Betrachtungsweise? 887
    18.6 Ein persönlicher Ausblick: Übergang an die weiterführende Schule 894
        18.6.1 Wie kommen denn die Kinder auf der weiterführenden Schule klar? 894
        18.6.2 Ist der Übergang auf die weiterführende Schule nicht ein Schock für die Kinder? 895
        18.6.3 Können sich die Kinder in der weiterführenden Schule anpassen? 896
        18.6.4 Fehlen den Kindern nicht in der weiterführenden Schule wichtige Inhalte? .. 897

19 Schlussbemerkung: Das Lernen hochhalten 898

20 Literatur 906

Kinder machen Schule

Falko Peschel hat ein aufregendes Buch geschrieben: *aufregend*, weil hier eine Praxis untersucht wird, die seit dem Verschwinden der antiautoritären Erziehung aus der öffentlichen Diskussion Anfang der 70er Jahre utopisch schien; *aufregend*, weil hier einer alleine, mutig und kompetent, diesen Ansatz theoretisch neu entfaltet, ihn in der Regel(!)schule praktisch erprobt und empirisch untersucht – gegen die nach TIMSS und PISA dominierenden Trends zur fachorientierten Leistungsschule; und *aufregend*, weil diese Dissertation nicht in den Regalen verschwinden, sondern noch in Jahren die Diskussion über das, was Schule soll und kann, nachhaltig beeinflussen wird. Diese Studie wird Geschichte machen – auch wenn der Verfasser nach den bisherigen Erfahrungen berechtigte Zweifel äußert, ob seine grundlegende Wende in der Sicht auf Unterricht wirklich verstanden wird.

Es handelt sich um die Fallstudie eines vierjährigen Praxisversuchs. Gewiss, nur eine Fallstudie. Insofern mag das Peschel'sche Werk trotz seines beeindruckenden Umfangs (im Manuskript immerhin 1001 Seiten ....) bescheiden wirken neben den Publikationen aus den internationalen Leistungsstudien oder aus dem Münchener Max-Planck-Institut für Psychologie (LOGIK, SCHOLASTIK). Aber um wie viel näher ist diese Fallstudie an der Wirklichkeit von Unterricht, um wie viel differenzierter erfasst sie die Lernentwicklung einzelner Kinder und ihre Bedingungen!

Eins vorweg: Peschel kann und will nicht beweisen, dass offener Unterricht generell „besser" sei. Er konzentriert sich darauf, das verbreitete Urteil zu widerlegen, dass offener Unterricht zu Schwächen in grundlegenden fachlichen Kompetenzen führen muss – vor allem bei SchülerInnen mit ungünstigen Voraussetzungen, von denen er in seiner Klasse mehr zu betreuen hatte als üblich.

Getreu dem Popper'schen Falsifikationsprinzip beschränkt Peschel sich darauf, an einem Fall zu zeigen, dass scheinbar allgemeingültige „Gesetze" der aktuell dominierenden pädagogischen Psychologie über die „Struktur" von Unterricht nicht stimmen. Die Untersuchung in einer Klasse beweist nicht, dass das Konzept unter allen Bedingungen und von *jeder* Lehrperson erfolgreich umgesetzt werden kann. Aber die Studie widerlegt die von PsychologInnen in den letzten Jahren immer wieder vorgetragene These, nur ein *von der Lehrperson* inhaltlich, methodisch und organisatorisch ‚systematisch strukturierter' Unterricht sichere ein hohes Niveau fachlichen Wissens und Könnens. Peschel geht es darum, das *Potenzial* offenen Unterrichts zu demonstrieren, vor allem in der Förderung von sogenannten Risiko-Kindern. Und er zeigt: Struktur kann auch anders entstehen – aus der Mitte der Kinder, die ihre Regeln basisdemokratisch entwickeln und gemeinsam verantworten.

Spätestens seit TIMSS und PISA ist es ein Allgemeinplatz: Die fachlichen Leistungen deutscher SchülerInnen entsprechen nicht den Erwartungen und dem Selbstbild der Nation. Und IGLU hat gezeigt, dass auch in der Grundschule besonders begabte und besonders belastete SchülerInnen nicht zureichend gefördert werden. Also mehr Fachunterricht und Pauken statt sogenannter „Kuschelpädagogik"? „Nein, loslassen, herausfordern und unterstützen", sagt Falko Peschel.

Peschels Studie belegt das hohe Potenzial eines Ansatzes, der das Selbstbestimmungsrecht von Kindern respektiert, aber ihnen auch die soziale Zuwendung und inhaltliche Unterstützung gewährt, die sie selbst erbitten. Vier Jahre lang hat er eine Grundschulklasse radikal anders „unterrichtet" (vgl. zu dem didaktisch-methodischen Ansatz ausführlicher Peschel 2002a+b): Selbstbestimmung statt Lehrersteuerung, Individualisierung "von unten" statt Differenzierung "von oben", selbst gewählte Lernwege statt fachlicher Systematik, Lernen im Austausch untereinander statt Belehrung durch ExpertInnen oder durch kleinschrittige Lehrgänge.

Das frappierende Ergebnis: Obwohl sich in seiner Klasse viele Kinder mit besonderen Schwierigkeiten befanden, zum Teil sogar gezielt zu ihm überwiesen wurden, liegen die Leistungen im Durchschnitt deutlich über den Vergleichswerten repräsentativer Stichproben und weit über den Anforderungen des Lehrplans. Selbst SchülerInnen, die in anderen Schulen schon als hoffnungslose Fälle abgeschrieben wurden und als in der Regelschule „nicht beschulbar" galten, sind nach der Grundschule auf das Gymnasium oder auf andere weiterführende Regelschulen gewechselt. Und SchülerInnen, die im Vergleich zu den anderen Kindern, die die Klasse über die ganzen vier Jahre besucht haben, als „leistungsschwächer" auffallen, liegen nicht im unteren Leistungsbereich, sondern immer noch im Leistungsmittelfeld. Der Leistungsspiegel der Klasse ist also erheblich nach oben verschoben worden – und zwar in gesamter Breite, ohne dass einzelne Kindergruppen davon benachteiligt worden wären.

Peschels Arbeit verfolgt nicht den Anspruch, die Wirksamkeit dieser Konzeption in der Breite zu behaupten. Er zeigt, was bei entsprechendem Einsatz *möglich* ist. Er kann und will nicht beweisen, dass eine Verordnung dieser Konzeption das System analog verändern werde. Insofern ist er nicht so naiv zu glauben, dass irgendein pädagogisches Konzept kontextneutral zu immer gleichen Wirkungen führt.

Ich habe vor allem seinen Mut bewundert. Als junger Lehranfänger einen radikal alternativen Unterricht zu erproben und dies vier Jahre durchzuhalten – dazu gehört nicht nur Courage, sondern auch eine hohe Kompetenz und viel Engagement.

Peschels sorgfältige Studie ist international einzigartig. Zum ersten Mal wird offener Unterricht konsequent umgesetzt, werden die Durchführung und die Ergebnisse in nachprüfbarer und vergleichbarer Weise dokumentiert. Ich wünsche mir, dass andere LehrerInnen auch den hier gewählten forschungsmethodischen Ansatz aufgreifen: sorgfältige Sammlung von Dokumenten aus dem eigenen Unterricht und *nachträgliche* Analyse aus der Distanz. So vermischen sich – anders als bei der Aktionsforschung – Handlungs- und Forschungsrolle nicht. Und andererseits könnte so die Forschung über Unterricht eine Qualität gewinnen, die sich in Großstudien wie PISA und IGLU nie erreichen lässt.

Ich bin dankbar, dass ich die Entstehung dieser interessanten und gewichtigen Arbeit miterleben durfte. Nicht nur habe ich viel gelernt in der Diskussion mit dem Verfasser und bei der Lektüre seiner Texte. Die Arbeit hat mir vor allem Mut gemacht, an Ideen festzuhalten, die in den letzten Jahren oft als nicht mehr zeitgemäß diffamiert wurden.

Hans Brügelmann, 28.4.2003

Vorwort und Einleitung

Auf der Suche nach der verlorenen Offenheit ...

Schule auf dem Weg in ein neues Jahrhundert bzw. Jahrtausend: Schule im Umbruch?

Implizit von den Richtlinien für die Schule schon seit über 20 Jahren gefordert, halten nun Arbeitsformen wie Freie Arbeit, Wochenplan-, Projekt- und Werkstattunterricht immer stärker Einzug in den Klassenzimmern. Die aktuelle Theoriediskussion ist geprägt von Begriffen wie Selbstständigkeit, Eigenverantwortung, Lebenslanges Lernen, Kreativität, Individualisierung, Lebensbedeutsamkeit, Handlungsorientierung, ganzheitlichem und fächerübergreifendem Lernen. Forderungen an einen Unterricht, der nicht alle Schüler zur gleichen Zeit dasselbe, vom Lehrer Vorgegebene, auf ein und dieselbe Art reproduzieren lässt. Gefordert ist ein schülerorientierter Unterricht (vgl. i. F. Peschel 1995a, 6ff.).

Und einen solchen Unterricht habe ich seit meinem Studium gesucht. Zunächst in den ganz normalen Schulen, die aktiv an der Schulreform mitgearbeitet und z. B. die Richtlinien und Lehrpläne für Nordrhein-Westfalen in den Jahren 1981 bis 1985 mitgestaltet haben. Gegenüber meiner eigenen Schulzeit hatte sich in der Schule viel geändert. Erwachsene und Kinder saßen in Sitzkreisen zusammen und feierten gemeinsam Geburtstag oder andere Feste. Einzelne Kinder wurden während des Unterrichts vom Lehrer oder von Sonderpädagogen besonders gefördert, die Klassen waren durch viel attraktives Material bunter und anregender geworden. Die Kinder konnten stundenweise ihren Schultag selber gestalten, nicht alle mussten immer dasselbe tun. Manchmal gab es sogar Arbeitspläne, die eine eigene Gestaltung für den ganzen Tag bzw. die ganze Woche zuließen. Ich fand, die Schule sei auf dem richtigen Weg.

Trotz dieser offenen Formen schienen die Lehrer aber irgendwie dieselben geblieben zu sein (was sogar meist „in persona" hinkam). Sie hatten durchweg immer alle Zügel in der Hand und bestimmten trotz der „Öffnung" letztlich noch immer ganz, was die Schüler machen sollten. Die Kommunikation war zwar viel freundlicher geworden, aber doch einseitig geblieben. Für die Schüler war die Schule noch immer anstrengende Arbeit, für manche etwas angenehmer, für andere etwas härter. Selten zogen die Kinder die Schule anderen Beschäftigungen vor. Das wiederum widersprach meinem Ideal vom begeistert und freiwillig lernenden Kind, von dem die Theorien des offenen Unterrichts ausgehen. Also machte ich mich weiter auf die Suche.

Ich hospitierte an Modellschulen und Freien Schulen, die gegründet wurden, um der Regelschule zu zeigen, dass freies Lernen möglich ist. Aber an diesen Schulen wurde die Sache erst so richtig kompliziert. Entweder wurde ganz herkömmlicher Fachunterricht abgehalten und den Schülern durch die freigestellte Teilnahme am Unterricht eine scheinbare Selbstregulierung vorgemacht, wenn diese sich „basisdemokratisch" zwischen mehr oder weniger langweiligem Unterricht und selbst organisierten Beschäftigungen (z. B. Tischtennis/Fußball spielen) entscheiden konnten. Oder aber es war kein großer Unterschied zu anderen fortschrittlichen Schulen zu finden, wenn Wochenarbeitspläne von den Schülern zum Teil widerwillig „aberledigt" wurden. Ein Unterschied zur Regelschule war allerdings in der Lehrer-Schüler-Beziehung zu finden, die zum Teil viel partnerschaftlicher und vertrauter wirkte. Den begeistert lernenden Schüler fand ich aber trotzdem auch hier nicht vor.

So wie ich es erlebte, hatte die „normale" Schule noch nicht das partnerschaftliche Verhältnis zwischen Lehrer und Schüler, die Freien Schulen weitgehend kein Interesse an einer den Schüler fesselnden Lernangebotslandschaft. Vielleicht konnten jetzt die Schulen weiterhelfen, die sich an der sogenannten Reformpädagogik orientierten. So hospitierte ich in Montessori- und Petersen-Schulen und erlebte eine Praxis offener Unterrichtsformen, die durchgängiges Prinzip zu sein schien. Es gab bunte, kindgerecht eingerichtete Klassen, eine reichhaltige Auswahl von Arbeitsmitteln und ein Schulgelände mit vielfältigen Forschungsmöglichkeiten.

Ich erlebte hier aber auch, dass offener Unterricht nichts mit einer positiven Einstellung zum Kind zu tun haben muss. Ich erlebte Lernatmosphären, die mich schaudern ließen. Lehrer stellten Schüler absichtlich vor der ganzen Klasse bloß und übten einen psychischen Druck auf die (freiwillig lernenden?) Kinder aus, der für mich schon fast an Körperverletzung grenzte. In anderen Klassen war das Chaos perfekt. Die Schüler sollten selbstständig arbeiten, hatten aber selber „keinen Plan", erledigten Aufgaben ungern und falsch, langweilten sich, rissen sich wieder zusammen und versuchten, irgendwie ein einigermaßen befriedigendes Tagespensum zu schaffen. Jeder schien für sich zu kämpfen, viele wussten nicht, wozu sie überhaupt in der Schule waren, „erledigten" Schule „ab". Die Lehrer waren zum Teil überfordert, zum Teil versuchten sie immer wieder zwischen Konzept, Kind und Sache zu vermitteln – leider oft erfolglos.

Soviel zur Reformpädagogik ... Mein letzter Ausweg war, zu überprüfen, wie die gerade angesagten (Fach-)Konzepte in der Schule umgesetzt werden. Ich hatte seit einiger Zeit Verbindung zu JÜRGEN REICHEN, der durch „Lesen durch Schreiben" und seine Methode des „Werkstattunterrichts" bekannt ist. Ich suchte in Deutschland und der Schweiz Klassen auf, die seit einiger Zeit Werkstattunterricht und „selbstgesteuertes Lernen" praktizierten. Mittlerweile war ich auf alles gefasst. Es war schön zu sehen, dass die Kinder in der Regel selbstständig arbeiteten und sich auch viele eigene Sachen ausdachten. Ich fand allerdings auch hier das Tagesergebnis oft eher dürftig, wobei mir klar war, dass nicht nur die Ergebnisse zählen, die am Ende schwarz auf weiß vorliegen. Vielleicht hatte ich aber auch nur mittlerweile keine Lust mehr, weiter nach offenem Unterricht zu suchen. Ich fand die Hospitationen ziemlich langweilig und denke, dass ich im Grunde nicht so weit weg von den Empfindungen der Kinder sein konnte.

Eigentlich könnte ich dieses Buch über offenen Unterricht jetzt beenden und zu dem Schluss kommen: Offener Unterricht ist eine Fiktion, er ist überhaupt nicht praktikabel.

Aber da war noch was ...

Eine Lehrerin, HANNLORE ZEHNPFENNIG, deren Vortrag mich auf dem letzten Symposium „mathe 2000" sehr beeindruckt hatte, stand noch auf meiner Hospitationsliste. Also zur Abwechslung mal eine Hospitation direkt vor der Haustüre, an einer ganz normalen Kölner Grundschule. Ich werde diesen Tag nie vergessen. Ich erlebte eine Klasse, die mich zum allerersten Mal einen offenen Unterricht erleben ließ, wie ich ihn selber fühlte. Die Kinder waren toll. Sie arbeiteten vollkommen selbstständig an ausgedachten Geschichten und mathematischen Kniffelaufgaben, sie suchten sich aus Sachbüchern die Informationen zusammen, die sie für ihre Forschungsvorhaben brauchten, dachten sich Aufgaben für die anderen Kinder aus, setzten deren Geschichten beim Vorlesen gekonnt szenisch um und illustrierten Gedichte künstlerisch wertvoll. Dabei lag das Niveau der Kinder dieser zweiten Klasse weit über dem anderer Klassen. Es schien so, als ob hier der Deckel abgenommen worden wäre und die Kinder „nach den Sternen griffen".

Die Lehrerin verhielt sich ganz natürlich. Sie motivierte nicht extra durch irgendwelche Materialien oder Smiley-Stempel, sagte den Kindern offen ihre Meinung, wies sie ab, wenn sie keine Zeit hatte, und lobte, wenn sie Sachen toll fand. In der Klasse gab es keine Spiele, kein didaktisches Material. Man arbeitete mit leeren Blättern, die zur Eigenproduktion zwangen. Irgendwo lagen die Klassensätze an Mathematik- und Lesebüchern mehr oder weniger verloren im Regal.

Ich war stark beeindruckt und zugleich ganz fasziniert. Ich versuchte daraufhin noch öfters zu hospitieren, was mir gerne erlaubt wurde. Offener Unterricht ist offen für alle. Dabei bestätigte sich mein erster Eindruck, der immer differenzierter wurde. Natürlich gibt es in dieser Klasse Tage, die gut laufen und welche, die weniger gut laufen. Natürlich spielt die Lehrerin eine – vielleicht unauffällige –, aber ganz und gar nicht unbedeutende Rolle. Natürlich gibt es auch hier Kinder, die tageweise besser oder schlechter arbeiten. Aber alles scheint sich hier auf eine ehrliche Art von selbst zu regulieren, die Kinder wissen, dass sie für voll genommen werden und verhalten sich entsprechend selbstständig und offen. Sie *wollen* lernen.

Besinnt man sich wieder auf dieses Ideal, so wird die Problematik der oben beschriebenen halbherzigen Umsetzung „offener" Unterrichtsformen offenbar. Das Vertrauen in die Kinder lässt keine Kompromisse zu. Der Lehrer muss die Schüler vom ersten Tag an wirklich selbstständig arbeiten lassen. Er muss sie als Individuen sehen und annehmen. Er muss ihnen als Ansprechpartner zur Verfügung stehen, darf dabei aber nicht ihre Selbstständigkeit einschränken. Dabei muss nicht jede Stunde Unterricht in der Schule offener Unterricht sein, aber dieser muss immer die Ausgangsbasis darstellen. Das Vertrauen des Lehrers in die Schüler muss bei jedem Fach und jeder Methode ehrlich und für die Kinder offensichtlich sein. Ein lehrerinitiierter Wechsel von offenen und geschlossenen Unterrichtsphasen ist daher in der Regel kontraproduktiv, denn die Kinder werden in eine Doppelbindungssituation gebracht: Einerseits größtmögliche Anpassung an den fremd vorgegebenen Stoff, den fremden Lernweg, den zeitlichen Rhythmus, andererseits kreatives Entdecken und selbstständiger Wissenserwerb auf individuellen Wegen. Diesen Widerspruch zu überwinden, das können nur die intelligentesten und anpassungsfähigsten Kinder schaffen. Halte ich als Lehrer einen großen Teil „Informationsunterricht" für notwendig, so müssen diese Phasen aus dem Unterricht situativ begründbar und so für den Schüler transparent sein. Nur so kann eine innere Lernbereitschaft entstehen: Man muss wissen, wofür man etwas lernt.

Eigene Erfahrungen ...

Ich habe dann in meiner ersten Klasse, die ich über ihre vier Jahre Grundschulzeit betreut habe, versucht, einen Unterricht zu praktizieren, der dem hohen Anspruch eines Offenen Unterrichts, einem Unterricht, der die Kinder zum Ausgangspunkt aller Überlegungen macht, einigermaßen gerecht wird. Dabei handelt es sich nicht um ein Projekt an irgendeiner Alternativ- oder Reformschule, sondern es war ein Unterricht an einer ganz normalen Regelschule. Ein Unterricht, der sich auf Grund der im Lande NRW zu dieser Zeit geltenden Richtlinien und Lehrpläne aber durchaus so radikal offen umsetzen ließ, wie es der Anspruch verlangt, den die oben genanten „hehren" Ziele ausdrücken.

Die in diesem Unterricht gemachten Erfahrungen waren dann doch so beeindruckend (und nicht nur für mich), dass daraus der Wunsch entstand, diesen Unterricht und die Entwicklung der Kinder mit Hilfe der zur Verfügung stehenden Dokumente nachzuzeichnen und so allgemein verfügbar zu machen. Der erste Teil dieses Projektes bestand darin, das Unterrichtskonzept zu verschriften und allgemein- und fachdidaktisch grundzulegen. Daraus ist dann ein zweibändiges Werk geworden: „Offener Unterricht – Idee, Realität, Perspektive und ein praxiserprobtes Konzept zur Diskussion. Teil I: Allgemeindidaktische Überlegungen. Teil II: Fachdidaktische Überlegungen" (Peschel 2002a; b). Die vorliegende Arbeit ist dazu gedacht, die dort veröffentlichten Gedanken aufzugreifen und durch eine umfassende Evaluation in die wissenschaftliche Diskussion einzubringen. Entsprechend sind daher Teile dieser Arbeit an die genannten Ausführungen angelehnt bzw. aus diesen übernommen.

Aus Gründen des Datenschutzes musste die Originalfassung der Dissertation vor der Veröffentlichung von Hinweisen bereinigt werden, die Außenstehenden eine leichte Identifikation der beteiligten Personen ermöglicht hätten. Weiterhin erschien es aus wissenschaftsethischen Gründen geboten, nur Informationen zu veröffentlichen, die auch aus Sicht der Betroffenen als weitgehend neutral bezeichnet werden können. Aus diesen Gründen sind im Einverständnis mit dem Prüfungsausschuss vor allem die Passagen, in denen kleinere oder größere Fallstudien zu finden sind, stark gekürzt bzw. verändert worden (Kapitel 10, 16 und 17).

Dabei geht es in der vorliegenden Arbeit nicht nur darum, dem inflationären Gebrauch des Begriffs „offener Unterricht" ein wenig Herr zu werden und den Blick des Betrachters wieder auf das eigentlich Wesentliche zu lenken: *das Denken vom Kinde aus*. Vielmehr versucht die Untersuchung, dem auf den Grund zu gehen, was den radikal gedachten Offenen Unterricht so effektiv macht. Dabei erfolgt letztendlich u. a. auch eine kritische Auseinandersetzung mit aktuellen didaktischen Theorien und Untersuchungen, die aus Sicht dieser Arbeit vielfach sehr begrenzt wirken, weil sie in der Regel keine Situationen Offenen Unterrichts zur Grundlage haben, schnell aber aus der Analyse solchen gar nicht offenen Unterrichts Schlüsse auch für den Offenen Unterricht gezogen werden.

Aufbau der Arbeit

Aus drucktechnischen Gründen musste die vorliegende Arbeit auf zwei Einzelbände aufgeteilt werden. Im ersten Teil sind dabei neben den einleitenden Bemerkungen die Kapitel 1 bis 7 zu finden, die primär die theoretischen bzw. didaktischen Grundlagen des untersuchten Unterrichts beschreiben. Diese Kapitel sind eng an die Ausführungen in Peschel 2002a&b angelehnt bzw. betten diese in eine umfassendere Betrachtung ein (vor allem die Konzepte des Sprach- und des Mathematikunterrichts). Im zweiten Teil des vorliegenden Werkes finden sich neben dem Literaturverzeichnis die Kapitel, die sich im engeren Sinne mit der Evaluation des im ersten Teil theoretisch eingeordneten Unterrichts beschäftigen. Dabei geht es neben der methodischen Einbettung der Untersuchung und einer ausführlichen Beschreibung des Bedingungsfeldes vor allem um die quantitative und qualitative Analyse der Ergebnisse des praktizierten Unterrichts.

Im Folgenden wird der Aufbau der Arbeit im Einzelnen kurz beschrieben:

Im ersten Kapitel der Arbeit erfolgt zunächst eine Hinführung an die Problematik der Umsetzung offener Unterrichtsformen in der Schulpraxis. Dazu wird die Offenheit gängiger Unterrichtsformen wie Wochenplanunterricht, Freie Arbeit, Projektunterricht, Werkstattunterricht und Stationslernen betrachtet und hinterfragt. Aufbauend auf der entsprechenden Kritik werden die entsprechenden Unterrichtsformen dann qualitativ weiterentwickelt und liefern dadurch Kriterien, die auch die Anforderungen an einen Offenen Unterricht bestimmen.

Im zweiten Kapitel geht es nach einer kurzen historischen Einbettung darum, den Begriff des Offenen Unterrichts bzw. seine praktische Umsetzung fassbarer und handhabbarer zu machen. Nach einer kritischen Betrachtung der inflationären Verwendung des Begriffs der Öffnung wird als Analysehilfe ein Bestimmungsraster bzw. ein Stufenmodell vorgestellt, das u. a. in Sitzungen der Projektgruppe OASE – „Offene Arbeits- und Sozialformen entwickeln" um HANS BRÜGELMANN an der Universität Siegen diskutiert und erprobt wurde. Die Raster können dabei nicht nur dazu dienen, den Grad der Offenheit in verschiedenen Dimensionen von Unterricht besser reflektieren bzw. bestimmen zu können, sondern geben Lehrern durch die integrierte Stufenfolge auch die Möglichkeit, ihren eigenen nächsten Schritt in Richtung Öffnung zu tun.

Das von mir in Anlehnung an eine Einteilung von HANS BRÜGELMANN (vgl. 1997a) erstellte Stufenmodell für Offenen Unterricht wird dann im dritten Kapitel anhand dreier Praxisbeispiele konkretisiert. Die „Didaktik der Kernideen" nach GALLIN und RUF (vgl. 1990) stellt ein Konzept hoher methodischer Öffnung des Unterrichts dar, ohne unbedingt die inhaltliche oder soziale Dimension zu öffnen. Die Kinder nehmen ein vom Lehrer vorgegebenes oder in der Klasse formuliertes Problem auf und setzen sich individuell damit auseinander, bevor sie sich mit anderen Kindern oder dem Lehrer austauschen und evtl. gemeinsam eine Vereinbarung treffen. Dabei dokumentieren sie ihren Lernweg fortlaufend in ihrem „Reisetagebuch". Die „Didaktik des weißen Blatts" nach ZEHNPFENNIG und ZEHNPFENNIG (vgl. 1992) gewährt hingegen nicht nur eine große methodische Offenheit auf Seiten des Schülers, sondern zeichnet sich auch durch die Freigabe der Inhalte aus. Die Kinder lernen nicht nur auf ihren eigenen Wegen, sondern bestimmen auch selbst, mit was sie sich in der Schule beschäftigen wollen – und das ohne den Rückgriff auf vorgegebene Arbeitsmaterialien. Das von mir als „Didaktik der sozialen Integration" bezeichnete Konzept umfasst schließlich methodische, inhaltliche und soziale Öffnung und versucht die Eigenverantwortung vom Bereich des Lernens auch auf den Bereich der Sozialerziehung, Regelerstellung und Klassenmitbestimmung auszudehnen.

Dieses Konzept wird dann auf allgemeindidaktischer Ebene weiter ausgeführt bzw. begründet. So findet sich im vierten Kapitel eine exemplarische Auseinandersetzung mit dem im Offenen Unterricht herrschenden Lernverständnis. Im Zentrum stehen die Begriffe der Selbststeuerung bzw. Selbstregulierung, die hier aus pädagogischer Sichtweise aufgegriffen und im Rahmen verschiedener Fragestellungen beleuchtet werden. Offensichtlich wird dabei, dass diese Zugangsweise eine ganz andere ist als die üblicherweise in der Literatur der pädagogischen Psychologie vorfindbare. Entsprechend wird der Lernbegriff viel weiter gefasst und es werden auch zufällige und unbewusste Lernprozesse als wichtige Komponenten schulischen Lernens einbezogen. Neben der Selbstregulierung wird der Stellenwert der Selbstbestimmung für das Lernen deutlich.

Nach einer kurzen Auseinandersetzung mit den Bildungszielen des Offenen Unterrichts wird dann konkreter auf das in der hier untersuchten Klasse praktizierte Unterrichtskonzept eingegangen, indem die methodisch-didaktischen Grundsätze der Unterrichtsgestaltung dargelegt werden. Dabei werden vor allem die Rollenänderungen deutlich: didaktische Theorie, Stoffkanon, Sozialerziehung, Schülerrolle, Lehrerrolle, Arbeitsmittel, Leistungsmessung, Unterrichtsplanung und Elternrolle stellen sich in einem Offenen Unterricht in hohem Maße anders dar als gewohnt. Abschließend werden die überfachlichen Grundsätze der Unterrichtsgestaltung noch einmal zusammengefasst, bevor in den nächsten Kapiteln eine fachdidaktische Einordnung des in der Klasse praktizierten Unterrichts erfolgt.

So wird im fünften Kapitel zunächst der in der Klasse praktizierte Sprachunterricht ausgeführt. Dabei erfolgt eine Schwerpunktsetzung in Bezug auf den Anfangsunterricht sowie das Rechtschreiblernen, für das ein „Modell des integrierten Rechtschreibunterrichts" entwickelt wurde. Eine Schärfung erfahren die Ausführungen durch die Abgrenzung des Konzepts im Hinblick auf andere Autoren wie HANS BRÜGELMANN, ERIKA BRINKMANN und JÜRGEN REICHEN, die mit dem Konzept des „Spracherfahrungsansatzes" sowie dem Konzept „Lesen durch Schreiben" sicherlich dem hier praktizierten Unterricht am nächsten stehen. Andere Bereiche des Sprachunterrichts werden ergänzend beschrieben.

Im sechsten Kapitel erfolgt eine Beschreibung des in der Klasse praktizierten Mathematikunterrichts, der – genau wie der Sprachunterricht – ganz in den Offenen Unterricht integriert wurde. Auch im Mathematikunterricht basierte die Auseinandersetzung der Kinder mit dem Fach vorwiegend auf ihren Eigenproduktionen, es erfolgte keine Vorstrukturierung durch den Lehrer. Vor dem Hintergrund des Spannungsfelds „vom Lehrer" oder „vom Schüler" ausgehender Arbeitsvorhaben sowie dem Spannungsfeld „vom (Schul-)Fach" oder „vom Alltag" ausgehender Problemstellungen erfolgt abschließend ein Vergleich des Konzepts mit anderen Ansätzen offenen Mathematikunterrichts.

Um eine Vorstellung vom gesamten, alle Fächer integrierenden Offenen Unterricht zu ermöglichen, werden im siebten Kapitel die restlichen Fächer der Grundschule sowie zusätzliche Bereiche wie „Begegnungssprachen" und „Medienerziehung" dargestellt. Aufbauend auf Überlegungen zu einem „integrierenden Sachunterricht" und seinen Richtzielen wie einer „Didaktik der Handlungsbefähigung", dem Aufbau einer Fragekultur, dem freien Forschen, der offenen Projektarbeit und der eigenständigen Aufbereitung von Vorträgen und Forschungsvorhaben wird erkennbar, dass der Offene Unterricht als ein alle Fächer umfassender Sachunterricht verstanden werden kann und entsprechend denselben didaktischen Grundprinzipien unterliegt. Dies wird auch deutlich, wenn danach auf die unterrichtliche Umsetzung der anderen Fächer bzw. Bereiche eingegangen wird. Auch sie lassen sich in den Offenen

Unterricht einordnen. Zusätzlich wird die Rolle des Computers als ein Werkzeug unter mehreren im Offenen Unterricht ausgeführt, indem seine Funktion in verschiedenen Fächern bzw. Bereichen beschrieben bzw. analysiert wird.

Im achten Kapitel erfolgt der Brückenschlag zur vorliegenden Untersuchung. Durch einen kritischen Blick auf bestehende Untersuchungen zum „offenen Unterricht" wird deutlich, dass diese Untersuchungen in der Regel keinen Unterricht untersucht haben, der auch nur annähernd den Kriterien entsprechen würde, die im hier beschriebenen Konzept formuliert bzw. umgesetzt worden sind. Dies ist eine mögliche Erklärung dafür, warum die in dieser Untersuchung deutlich werdenden positiven Ergebnisse des Offenen Unterrichts noch nicht als empirisch gesichert gelten (können). Der methodische Aufbau der Untersuchung zeichnet sich dabei durch eine nicht repräsentative Evaluation in der Retrospektive aus, bei der die Entwicklung einer Klasse über ihre Grundschulzeit dokumentiert und analysiert wird. In der Untersuchung werden qualitative und quantitative Forschungsansätze miteinander verbunden. Dabei stellt die Untersuchung durch den Rückgriff auf üblicherweise vorhandenes Datenmaterial eine Form der Lehrerforschung dar, die sich von der gebräuchlichen Prozessforschung unterscheidet. Der Lehrer befindet sich zwar gleichzeitig in der Rolle des Konzeptentwicklers, des im Feld selbst involvierten Erprobenden sowie des nachträglich Evaluierenden, aber er nimmt vor allem die letzte Rolle aus einer zeitlichen Distanz ein, die ihm eine ganz neue Perspektive ermöglicht.

Um trotz der Doppelrolle des Lehrers und des Forschers eine möglichst aussagekräftige Untersuchung zu erhalten, sollte das Bedingungsfeld detailliert beschrieben werden. Neben der allgemein- und fachdidaktischen Ausführung des Konzepts gehört dazu eine Dokumentation der räumlichen und materiellen Bedingungen, d. h. der Lernumwelt der Kinder. So werden im neunten Kapitel Schule, Klassenraum und die verfügbaren Materialien vorgestellt. Aufschluss über die zeitlichen Bedingungen geben die Stundenpläne der vier Schuljahre und der ungefähre Ablauf eines Schultages. Weiterhin erfolgt ein Einblick in die Lehr- und Arbeitspläne, die der Lehrer für die Grundschulzeit formuliert hat. Sie drücken die Schwerpunktsetzung im Hinblick auf das individuelle Arbeiten der Kinder genauso aus wie seine Ausführungen über die Elternarbeit und die Gestaltung der Hausaufgaben.

In den nächsten beiden Kapiteln wird die Dokumentation des Bedingungsfelds durch eine Beschreibung der involvierten Personen ergänzt. Dazu werden im zehnten Kapitel nach einer Übersicht über allgemeine Angaben zur Lerngruppe alle Kinder, die die Klasse in ihrer Schulzeit irgendwann einmal besucht haben, in kurzen Einzelfallstudien porträtiert. Dabei erfolgt eine zusätzliche Schwerpunktsetzung dadurch, dass bestimmte Situationen, Entwicklungen, Probleme und Fragen konkreter beleuchtet werden, um so einen tieferen Einblick in das Gesamtkonzept bzw. damit einhergehende Zusammenhänge zu ermöglichen. Aus Datenschutzgründen wurde die Originalfassung des Kapitels von Informationen bereinigt, die Außenstehenden eine leichte Identifikation der beteiligten Personen ermöglicht hätten bzw. die von den Betroffenen als unsachgemäß bezeichnet werden könnten. Im elften Kapitel wird unter Nutzung verschiedener Quellen versucht, auch vom Lehrer ein möglichst differenziertes Bild zu entwerfen, das ihn in seiner Person und seinem Rollenverständnis bzw. in seiner Rollenausübung beschreibt.

Die unterrichtliche Gestaltung bzw. Ausgestaltung des Offenen Unterrichts wird dann im zwölften Kapitel auf der Basis von Klassenbucheinträgen und Tagebuchnotizen des Lehrers nachgezeichnet, um einen Eindruck bezüglich der konkreten unterrichtlichen Umsetzung des Konzepts über die vier Schuljahre zu ermöglichen. Weiterhin dienen die Tagebuchaufzeichnungen unter Zuhilfenahme ergänzender Dokumente dazu, die Entwicklung des Arbeits-, Sozial- und Lernverhaltens der Kinder im zeitlichen Verlauf auf Klassenebene grob nachzuzeichnen.

In den anschließenden drei Kapiteln wird die Entwicklung der Kinder in den in die Untersuchung einbezogenen Bereichen dargestellt: Schreiben und Rechtschreiben, Lesen(-lernen) sowie Arithmetik. Diese Bereiche wurden u. a. deshalb ausgewählt, weil gerade sie im Hinblick auf eine (radikale) Öffnung des Unterrichts häufig für problematisch gehalten werden. Zunächst erfolgt im dreizehnten Kapitel eine Auswertung der Erhebungen zu den schriftsprachlichen Kenntnissen der Kinder in der Eingangsphase sowie die Analyse ihrer weiteren Entwicklung im Schreiben und Rechtschreiben, ergänzt durch den Einbezug zusätzlicher Tests und Beobachtungen. Danach erfolgt im vierzehnten Kapitel eine Darstellung der Entwicklung im Lesen, bezogen sowohl auf Vorlesekompetenzen als vor allem im vierten Schuljahr auch auf das Leseverständnis. Schließlich wird im fünfzehnten Kapitel nach einer Beschreibung der Vorkenntnisse der Kinder die Leistungsentwicklung im Bereich Arithmetik veranschaulicht. Dies erfolgt im Rückgriff auf verschiedene Tests, von einem selbst entwickelten „Überforderungstest" über übliche Schulleistungstests bis hin zur Teilnahme an einer TIMSS-Nachuntersuchung.

Besonders wichtig erscheint vor dem Hintergrund der guten Leistungsergebnisse der Klasse eine qualitative Analyse der Entwicklung der Kinder, die in der eher quantitativ ausgerichteten Darstellung besonders auffallen. Dabei muss vor dem Hintergrund einer Rechtfertigung des offenen Unterrichtsprinzips das Hauptaugenmerk auf den Kindern liegen, deren Leistungen leistungsschwächer erscheinen als die der anderen Kinder. Zu diesen Kindern wurden im sechzehnten Kapitel ausführlichere Fallstudien angefertigt, die nicht nur das Bedingungsfeld dieser Kinder genauer beschreiben, sondern auch ihre Entwicklung in den getesteten Bereichen detaillierter dokumentieren. Aus Datenschutzgründen (s. o.) werden die Fallstudien in Abweichung zur Originalarbeit verkürzt wiedergegeben.

Entsprechend dem Konzept einer „Didaktik der sozialen Integration" erscheint zusätzlich eine genauere Betrachtung der Kinder interessant, die in der hier untersuchten Klasse „wider Erwarten" erfolgreich waren. Sie kamen nach Umzügen als Anwärter auf die Schule für Lernbehinderte sowie auf die Schule für Erziehungshilfe in die Klasse, sind dann aber trotz der Gutachten, die eine Regelbeschulung für unmöglich hielten, in der hier untersuchten Klasse geblieben. Ihre Fallstudien im siebzehnten Kapitel geben nicht nur Aufschluss über ihre Entwicklung in den verschiedensten Bereichen, sondern auch Hinweise darauf, dass der von ihnen vorher erfahrene Unterricht durchaus mit ihren Lernproblemen zu tun gehabt haben kann. Auch diese Fallstudien werden aus Datenschutzgründen verkürzt wiedergegeben.

Im achtzehnten Kapitel der Arbeit werden dann die Ergebnisse der Untersuchung noch einmal kurz zusammengefasst, zu aktuellen Fragestellungen und Forschungsergebnissen in Beziehung gesetzt und mit einem Ausblick versehen. Ein Nachwort zum Thema „Das Lernen hochhalten" sowie das Literaturverzeichnis bilden dann den Schluss der Arbeit.

Um Verständnis bitten möchte ich dafür, dass ich nicht nur aus sprachlichen Gründen in dieser Arbeit an den entsprechenden Stellen keine Nennung beider Geschlechter vornehme. Da ich Bezeichnungen wie „Lehrer" oder „Schüler" als Rollenbezeichnungen verstehe, würde die Nennung sowohl der weiblichen als auch der männliche Form oder auch nur der weiblichen Form in vielen Fällen nicht das treffen, was eigentlich gemeint ist (eben nicht die „konkreten" Lehrerinnen und Lehrer vor Ort). Ich werde daher ganz althergebracht vom „Lehrer" bzw. vom „Schüler" sprechen und möchte betonen, dass ich dadurch den Grundsatz der Gleichberechtigung in keiner Weise in Frage stelle – was aber hoffentlich auch so aus meinen Ausführungen offensichtlich wird.

Credits ...

Danken möchte ich im Rahmen dieser Untersuchung nicht nur meinen Eltern, ELLINOR und EBERHARD PESCHEL sowie meiner Schwester MARIE-ESTHER, für eine Familie, die einfach (gut) so ist, wie sie ist, sondern vor allem auch den Menschen, die mir durch ihr Vertrauen in mich ermöglicht haben, diese Arbeit in der Weise zu schreiben, wie sie mir selbst richtig und wichtig vorkommt.

An erster Stelle ist dabei HANS BRÜGELMANN zu nennen, der mich nicht nur durch seine unglaubliche Kompetenz und Schnelligkeit ständig herausgefordert hat, sondern es zugleich durch das ihm eigene hohe Maß an Empathie verstand, diese Herausforderung nicht zum Druck werden zu lassen. Und das war sehr wichtig für mich und mein Gefühl der Selbstbestimmung. Danken möchte ich auch ERIKA BRINKMANN, die es – anders als HANS BRÜGELMANN, aber nicht weniger wichtig – schon allein durch ihr Dasein verstanden hat, mich als Menschen zu stützen. Und das war nicht weniger wichtig für mich. Missen möchte ich auch nicht die Gespräche mit NADJA RATZKA, die selbst vor einem großen Berg von Arbeit stand und trotzdem immer Zeit und Möglichkeit zum Austausch gefunden hat – und sei es per E-Mail. Danken möchte ich auch JÜRGEN KOCH, der mich durch sein Engagement in der Schule und in der „Integrativen Lernwerkstatt im Rhein-Sieg-Kreis" nicht nur im letzten Jahr maßgeblich entlastet hat – auch wenn er dies nicht gerne hört.

Da mir schon jetzt eine Rangfolge schwer gefallen ist, möchte ich mich bei allen anderen Menschen, die mir wichtig sind und die mich auch außerhalb dieser Arbeit unterstützt haben, nun in alphabetischer Reihenfolge bedanken. Ich danke JÜRGEN BENNACK für den Austausch und seine Hilfe auf vielen Ebenen – und für seine immerwährende Fröhlichkeit. KARIN BRÜGELMANN sei herzlich für ihre dauernde Unterstützung und die Ermöglichung meiner Tätigkeiten an der Universität Siegen, der Universität zu Köln und im Schulamtsbezirk des Rhein-Sieg-Kreises gedankt. NORBERT GRODDECK möchte ich nicht nur für sein Engagement im Bezug auf die Verbreitung der Ideen CARL ROGERS danken, sondern auch für seine direkte Bereitschaft zur Begutachtung dieser Arbeit – vor allem auch vor dem Hintergrund des unüblichen Umfanges. HANS-WERNER HEYMANN möchte ich Dank sagen für – fast zu viel – Zum-Nachdenken-Bringen darüber, ob man nicht durch zu radikale Ansichten auch Menschen verletzen kann. Mit ihm wünsche ich mir noch so manche Diskussion, die für mich klärt, warum unsere gleichen Zielsetzungen ganz zum Schluss dann doch in eher unterschiedliche Vorstellungen von der Umsetzung münden.

WALTER HÖVEL hat mir gezeigt, dass man sehr wohl – und ohne zusätzliche Kosten – eine gute Schule schaffen und aus den an ihr Beteiligten leben lassen kann. Bei ihm fühlt man sich einfach wohl und bekommt Kraft, Missverständnisse und Missstände anzugehen – den Kindern zuliebe. Danken möchte ich auch der immer einsatzbereiten LIESEL KALTER, ohne deren Hilfe viele meiner Veröffentlichungen noch fehlerreicher wären als sie es so schon sind (orthographisch natürlich). STEFANIE MAXA sei für ihre ständige Hilfsbereitschaft, Neugier und ihre aufgeschlossene Art gedankt. JÜRGEN REICHEN stellt gleichfalls eine wichtige Person für mich dar – auch wenn wir uns leider viel zu selten sehen. Er hat mir wichtige Impulse gegeben, bei der Beobachtung von Kindern nicht vorschnell nach alten Schemata zu greifen, sondern wirklich genau hinzusehen.

USCHI RESCH strahlt für mich u. a. das aus, was Schule lebenswert macht und was einen fragen lässt, warum nicht alle Menschen begreifen, dass Lernen (und Leben) eigentlich doch ganz einfach sein kann. Auch PETER SIMON ist für mich eine wichtige Person – er zeigt mir, dass Verantwortung für andere darin besteht, Sachen auch wirklich in die Hand zu nehmen. Die heftigen frühmorgendlichen Streitgespräche mit ihm im Schulleiterzimmer sind für mich während meiner Lehrertätigkeit zu einem wichtigen Ritual geworden. Ja, und „last, but not least" sei HANNELORE und

HELMUT ZEHNPFENNIG gedankt, die durch den von ihnen praktizierten bzw. beschriebenen Unterricht und viele erholsame Gespräche Schlüsselmomente in meinem Leben ausgelöst haben, Schlüsselmomente, für die ich ihnen immer sehr verbunden sein werde.

Auch maßgeblich danken möchte ich den vielen jetzt ungenannten Menschen, die mich seit Jahren durch immer offene Türen und ihre offene Art auf „der Suche nach der verlorenen Offenheit" unterstützen, sei es als Schulleiter, Kollegen, Wissenschaftler, Schulaufsichtsbeamte, Fach- und Seminarleiter, Kommilitonen oder einfach als Freunde.

Neben ihnen allen möchte ich aber vor allem den Kindern und Eltern „meiner" Klasse mit dieser Arbeit für viele schöne Stunden, Tage, Jahre danken – unwiederbringliche Jahre, die durch unsere regelmäßigen Treffen und Aktionen aber immer noch andauern und noch lange andauern sollen. Vielleicht kann diese Untersuchung auch anderen Kindern eine solche Schulzeit ermöglichen. Dieses Werk ist ihnen allen dafür gewidmet, dass sie so sind, wie sie sind – auch wenn ich leider jetzt und im Folgenden aus Datenschutzgründen auf eine namentliche Nennung verzichten und stattdessen Pseudonyme verwenden muss. Betonen möchte ich ausdrücklich, dass mir das Erstellen der kleinen und großen Fallstudien sehr schwer gefallen ist, da ich darin zwangsläufig keinem Kind bzw. keiner Familie gerecht werden konnte. Zudem war es emotional sehr belastend, Menschen, die einem (immer noch) so wichtig und nahe sind, zum Thema einer wissenschaftlichen Arbeitz zu machen. Die einzige Entschuldigung ist, dass ich hoffe, dass diese Untersuchung bzw. ihre Veröffentlichung auch anderen Kindern eine solche Schulzeit ermöglichen kann. Ich hoffe, dass dies ein zumindest hinreichender Grund ist, dass Kinder und Eltern diese Veröffentlichung mittragen können.

1 Realität offenen Unterrichts

Bevor im Folgenden konkrete Vorschläge zur Theorie und Praxis eines offenen Unterrichts gemacht werden und bevor dieser Unterricht dann evaluiert wird, soll zunächst das ein wenig näher beleuchtet werden, was sich momentan in unseren Schulen als offener Unterricht darstellt. Gemeint sind damit die Arbeitsformen bzw. Konzepte, die gängigerweise dem Oberbegriff „offener Unterricht" zugeordnet werden: Freie Arbeit, Wochenplan-, Projekt- und Werkstattunterricht und Stationslernen (vgl. i. F. Peschel 1995a; 1997a; 2002a, 8-66).

Dabei ist jede Übersicht über diese Unterrichtsformen zwangsläufig subjektiv gefärbt, denn für keine gibt es eine anleitende Konstruktionsvorschrift. Zumeist deshalb, weil der entsprechende Konzeptbegriff im Laufe der Zeit von den verschiedensten Personen auf vielfältigste Art umgesetzt worden ist (Freie Arbeit, Wochenplanunterricht) oder weil das Konzept an sich weder als geschlossen noch offen konzipiert worden ist (Werkstattunterricht/Stationslernen). Zum Teil aber auch, weil die praktische Umsetzung der Idee bislang eher selten „im Sinne des Erfinders" erfolgt ist (Projektunterricht).

Die Zugehörigkeit der genannten, heute hauptsächlich in der Schule als „offener Unterricht" vorgefundenen Unterrichtskonzepte bzw. Arbeitsformen ergibt sich primär durch die größeren Wahlmöglichkeiten bzw. Freiheiten der Kinder im Gegensatz zu sonst üblichen frontalen Unterrichtsformen. Dieser Begriff von „Freiheit" definiert in der Regel Tätigkeiten eben dann als frei, wenn sie nicht direkt vom Lehrer angewiesen werden, sondern diese Anweisung indirekt durch einen Plan oder eine Zusammenstellung von Arbeitsmitteln erfolgt (vgl. Claussen 1995, 18). D. h. man hat es bei allen Konzepten mit einer Verschiebung der Lehrerrolle zu tun: Der Lehrer nimmt nicht mehr fragend-entwickelnd Stück für Stück bzw. Seite für Seite eines Lehrganges mit allen Schülern gemeinsam durch, sondern er ermöglicht eine Differenzierung, indem er versucht, den Schülern den Lehrgang durch ausgesuchte Materialien differenzierter und motivierender zugänglich zu machen.

Gemeinsames Merkmal ist also der Verzicht auf Frontalunterricht zugunsten mehr oder weniger differenzierter „Material-Lehrgänge". Die Offenheit beschränkt sich also primär auf die Freigabe der organisatorischen Bedingungen: Ich kann als Kind auswählen, mit welcher Arbeit ich anfangen will, kann mir meine Zeit selbst einteilen und oft auch noch Lernort und Lernpartner frei aussuchen. Die Inhalte können zwar bei den meisten Arbeitsformen in der konkreten Arbeitssituation dann „frei gewählt" werden, stammen aber durchweg doch aus einer klar vom Lehrer vorgegebenen Auswahl. Diese kann – wie z. B. oft bei der Freien Arbeit – der gesamte Arbeitsmittelfundus der Klasse sein oder aber eingeschränkter nur die vom Lehrer vorbereiteten Stations-, Werkstatt- oder Projektangebote bis hin zu den in einem Wochenplan ganz konkret vorgegebenen Aufgaben. Dabei bleiben die Aufgaben selbst im Prinzip die gleichen wie im Frontalunterricht – durch einen spielerischeren

Zugang oft etwas bunter verpackt oder durch eigene bzw. zusätzlich kopierte Arbeitsblätter und -materialien aufgelockert, aber doch im Grunde dieselben Lehrgangsübungen wie vorher.

Die Prinzipien und Zielsetzungen des offenen Unterrichts schrumpfen zu fleißig benutzten Begriffen – ohne aber wirklich umgesetzt zu werden:
- Die Eigenverantwortung des Lernens wird reduziert auf die Auswahl aus dem vorgegebenen Angebot.
- Das selbstgesteuerte Lernen wird reduziert auf die Bestimmung der Reihenfolge oder des Arbeitsortes.
- Die Handlungsbefähigung wird reduziert auf tätigkeitsintensive Beschäftigungen.
- Die Selbstkontrolle wird reduziert auf die Fremdkontrolle durch das Material.
- Die Differenzierung wird reduziert auf die Ausgabe zweier oder dreier (in sich undifferenzierter) Wochenpläne.

Es ist also in der Schulpraxis weniger eine neue Lehrerrolle vorzufinden als eine Verschiebung der ursprünglichen Lehrerrolle in die Arbeitsmaterialien. Der Unterricht wird weniger lehrerorientiert und mehr „materialorientiert", der Lehrgang bleibt aber im Grunde erhalten. Ob die größere Materialorientierung automatisch eine größere Schülerorientierung bedingt – was zumindest implizit unterstellt wird –, bleibt zu überprüfen.

	lehrerorientiert	materialorientiert	schülerorientiert
Lerninhalt	als individuelle Pflichtaufgabe vorgegeben (Freiarbeitskartei, bestimmte Übungs- bzw. Förderaufgaben etc.)	entsprechend dem Materialangebot (Lernkarteien, Lernspiele etc.) vorgegeben	innerhalb der offenen Rahmencurricula frei vom Schüler einbringbar (Freies Schreiben, Forschen, etc.)
Lernweg und Darstellungsform	als gelehrte Technik, als Produktvorgabe oder Arbeitsauftrag vom Lehrer vorgegeben	durch das Material vorgegeben, Direktkontrolle unterbindet Fehler, legt die Ergebnisdarstellung fest etc.	frei vom Schüler wählbar, Umwege und Fehler möglich („natürliche" Methode)
Sozialform	vom Lehrer vorgegeben (stille Einzelarbeit, feste Tischgruppen etc.)	durch das Material vorgegeben (Partnerkontrolle, Gruppenspiel etc.)	Einzel- oder Zusammenarbeit sind frei vom Schüler wählbar
Zeitpunkt/ Zeitdauer	vom Lehrer vorgeschrieben (Pflichtteil, feste Stunden, Zuendeführen der Arbeit etc.)	Zeitdauer durch das Material implizit vorgegeben	innerhalb der Rahmenschulzeiten frei vom Schüler wählbar
Arbeitsort	vom Lehrer vorgeschrieben (feste Sitzordnung, Stillarbeit ohne Platzwechsel etc.)	durch Arbeitsecken oder Platzbedarf vorgegeben	innerhalb des Schulgeländes frei vom Schüler wählbar

Schüler-, Material- und Lehrerorientierung (vgl. Peschel 1997a, 240)

Inwieweit entspricht nun diese materialorientierte Umsetzung offener Unterrichtsformen den historischen Vorbildern bzw. Begründungen? Und als weitere Frage: Macht eine Übertragung historischer Modelle auf die Schule von heute überhaupt Sinn? Wo macht der Rückgriff Sinn, wo sind ganz andere, neue Wege zu gehen? Um dieser Problematik auf die Schliche zu kommen, werden hier zunächst die Unterrichtsformen, die mehr oder weniger direkt auf reformpädagogische Tradition zurückgeführt werden (Freie Arbeit, Wochenplanarbeit, Projektunterricht), sowie neuere Unterrichtsformen, die in der Tradition reformpädagogischer Ideen entwickelt bzw. verbreitet wurden (Stationslernen, Werkstattunterricht), in ihrer heute vorkommenden Form dargestellt bzw. hinterfragt.

1.1 Wochenplanunterricht und Freie Arbeit

1.1.1 Wochenplanarbeit in der Praxis

> Der Wochenplan legt fest, welche Pflicht- und Wahlaufgaben die Schüler bearbeiten sollen [...]. Die Schüler bestimmen selbst, z. T. in Absprache mit den Partnern, die Reihenfolge der Bearbeitung, die Sozialform, ihr Arbeitstempo, den Umfang der erwünschten Hilfen und der freiwilligen Aufgaben. Der Lehrer berät und hilft bei dieser Arbeit. Im Laufe der Grundschulzeit tritt er mit seinen Vorgaben zurück und ermöglicht, daß der Schüler schrittweise Aufgaben für den Wochenplan selbst auswählt und selbstverantwortlich die freie Zeit nutzt.
> (Landesinstitut NRW 1983a, RL 12)

Tages- und Wochenplanarbeit schließen einen Kompromiss zwischen der Planung der Lerninhalte durch den Lehrer und der möglichst selbstständigen Arbeitsorganisation durch den Schüler. Im Wochenplan kann der Lehrer den Kindern konkrete, in einem bestimmten Zeitraum zu bearbeitende Aufträge geben. Der Wochenplan enthält meist ein Angebot aus Pflicht- und Wahlpflichtaufgaben, die dem aktuellen Lernstoff entnommen sind. Je nach Leistungsstand des Schülers können Quantität und Qualität der zu erledigenden Aufgaben variieren, meist wird eine individuelle Differenzierung aber nur für sehr „schwache" Schüler vorgenommen. Die Differenzierung für die „stärkeren" Schüler ist meist das Entlassen in die Freie Arbeit. Weitere Differenzierungen bis hin zum individuellen Wochenplan für den einzelnen Schüler sind in der Regel nicht zu finden, hier spielt sicherlich die (nur noch schwer zu vertretende) Relation zwischen Arbeitsaufwand für den Lehrer und Nutzen für den Schüler eine große Rolle.

Der Wochenplan selbst kann als Blatt für den Schüler oder als Plakat in der Klasse dabei folgende Angaben enthalten:

- formale Angaben wie Wochenplannummer, Datum, Name, Klasse;
- eine zeitliche Orientierung durch Zeitleiste bzw. Stundenzusammenstellung;
- Symbole für Fach, Methode, Sozialform;
- (fächerübergreifende) Pflicht- und Wahlpflichtaufgaben;
- Hinweise auf ungebundene Aktivitäten/Angebote/Projekte;
- Hinweise auf Materialien, Hilfsmittel, Kontrollblätter;
- Hausaufgaben;
- eine Spalte zum Kennzeichnen von angefangenen oder erledigten Arbeiten;
- eine Spalte zum Abzeichnen der erfolgten Kontrolle durch Lehrer oder Schüler;
- Mitteilungen an die Eltern;
- und abschließend eine Schülerbewertung des aktuellen Wochenplanes.

Die größeren Möglichkeiten des Lehrers, den Unterricht vorzustrukturieren, haben dazu geführt, dass dem Wochenplanunterricht in der Praxis ein ungleich größerer Stundenanteil zugestanden wird als der Freien Arbeit, er teilweise sogar interdisziplinäres bzw. fächerübergreifendes, durchgängiges Unterrichtsprinzip darstellt. Die Erarbeitung neuen Lernstoffs wird meist nicht dem Schüler überlassen, sodass es sich bei den Wochenplanaufgaben größtenteils um nachbereitende (Übungs–) Aufgaben handelt. Dadurch besteht die Gefahr, dass die pädagogische Idee des Wochenplanunterrichts reduziert wird zu einer Sammlung aller in dieser Woche zu erledigenden Übungsaufgaben der Fächer Sprache, Mathematik und Sachunterricht. Auf den Einbezug anderer Fächer wird in der Regel von vornherein verzichtet, wofür allerdings stellenweise auch das noch an vielen Schulen anzutreffende Fachlehrerprinzip mitverantwortlich ist. Das Arbeiten vieler Schüler an denselben Aufgabenstellungen sowie die Abdeckung der umfangreichen Stoffplaninhalte führt indes dazu, dass das in der Klasse vorhandene Arbeitsmaterial für den Wochenplan in der Regel durch Arbeitsblätter oder Lehrbücher ergänzt wird.

Das Verhältnis zwischen Pflichtaufgaben und Wahlangeboten wird in der Praxis unterschiedlich gehandhabt, wobei Beobachtungen und Untersuchungen zeigen, dass die Lehrer in der Regel auch die freien „Angebote" letztendlich als Pflichtaufträge sehen – und die eigenen Aktivitäten der Kinder nicht als „Lernen":

> Gleichzeitig war das Verhältnis von *verbindlichen Anforderungen* und *Angeboten* an die Kinder unklar. So wurde z. B. manchmal eine Aufgabengruppe als Angebot dargestellt; im weiteren Verlauf signalisierte der Lehrer dann aber, dass er es doch gern sähe, wenn es von allen angenommen würde. (Huschke 1982, 202)
> Die im WP-Unterricht vorgesehene Möglichkeit für „freie", nicht durch Planforderungen vorstrukturierte Tätigkeit der Schüler ist ein ambivalentes Angebot. Auf der einen Seite zeigt sich bei der Analyse standardisierter Unterrichtsbeobachtungen [...], dass die Schüler in ihrer „freien WP-Zeit" keineswegs in passives Nichtstun verfallen [...]. Anderseits aber wurde deutlich, dass die Lehrer diese Schüleraktivitäten in ihren Handlungen weitgehend ignorierten oder abwerteten als „irgendetwas tun, nur nicht rumtoben und Quatsch machen". (Huschke 1982, 273)

Das in manchen Richtlinienentwürfen in Bezug auf den Lehrer geäußerte Ziel: „Im Laufe der Grundschulzeit tritt er mit seinen Vorgaben zurück und ermöglicht, daß der Schüler schrittweise Aufgaben für den Wochenplan selbst auswählt und selbstverantwortlich die freie Zeit nutzt" (Landesinstitut NRW 1983a, RL 12) ist mir noch nie im Zusammenhang mit Wochenplanunterricht begegnet. Meist ist durch den Wochenplan sogar das heimliche Lernziel erreicht worden: *Schule wird möglichst schnell aberledigt, dann kann ich endlich machen was ich will.* Die Anerkennung selbst gestellter bzw. selbst zusammengestellter Aufgaben des Schülers erfolgt durch den Lehrer oft nur halbherzig und wird nicht in die vom Lehrplan vorgeschriebene Arbeit einbezogen, obwohl so u. U. die einfachste und natürlichste individuelle Differenzierung ohne großen Mehrarbeitsaufwand für den Lehrer erreicht werden könnte.

1.1.2 Freie Arbeit in der Praxis

> Von Freiarbeit wird üblicherweise dann gesprochen, wenn die Kinder oder die Jugendlichen frei über die Inhalte und die Art ihrer Aktivitäten, über ihr Lerntempo und die von ihnen gewünschte Sozialform, über Materialien und Arbeitsplätze in der dafür ausgewiesenen Zeit entscheiden können. Freiarbeit ist nicht lehrergesteuert. Ihre Grenzen liegen in einem von Lernenden und Lehrenden vereinbarten organisatorischen Rahmen und in der Rücksichtnahme auf die Mitschüler und Mitschülerinnen. (Heckt 1993, 5)

Unterricht nach dem Prinzip der Freien Arbeit ist mittlerweile an den meisten Grundschulen des Landes irgendwo anzutreffen. Dabei ist die Freie Arbeit kein durchgehendes Unterrichtsprinzip, sondern beschränkt sich auf Übungsphasen, die durch Informationsunterricht bzw. die Einführung bestimmter Inhalte ergänzt werden. Oft wird die Freie Arbeit auch wie ein eigenes Fach behandelt, d. h. es gibt jeden Tag bzw. in der Woche bestimmte Stunden „Freier Arbeit". Im Allgemeinen stützt sich diese Freie Arbeit dann auf ein größeres Angebot von Lern- und Übungsmaterialien, die entsprechend dem Curriculum auf die aktuellen Lerninhalte der Klassenstufe abgestimmt sind bzw. die nächsthöheren oder -niedrigeren Jahrgangsstufen zur Differenzierung einschließen. Den Schülern steht es dabei in der Regel frei, mit welchem Lerninhalt sie sich beschäftigen, obwohl sowohl schwächeren als auch stärkeren Schülern oft bestimmte Lerninhalte nahe gelegt werden (Durcharbeiten bzw. Wiederholen von Rechtschreib- oder Rechenkarteien usw.).

Im Allgemeinen wird die Freie Arbeit gerne von den Kindern angenommen. Das Material ist meist sehr ansprechend aufgemacht und erlaubt ein abwechslungsreiches Einüben des Lernstoffs. Allerdings haben die Materialien ihren Schwerpunkt überwiegend in reproduktiven Lernformen, die mittels äußerer Motivation attraktiv gemacht werden (müssen). Das Arbeitsmaterial ist in der Regel hoch strukturiert und gibt die Darstellungsform, die Lernmethode und oft auch die Sozialform vor. Um eine sofortige positive bzw. negative Verstärkung auch bei der selbstständigen Arbeit ohne den Lehrer zu erreichen, ist in das Material meist eine sogenannte „Selbstkontrolle" eingebaut, die sich bei genauerer Betrachtung meist als völlig von der Aufgabenstellung losgelöste „Fremdkontrolle" entpuppt, wenn z. B. die Richtigkeit mathematischer Aufgaben nicht etwa durch Proberechnungen überprüft wird, sondern durch irgendwelche geometrischen Muster auf der Rückseite der Lösungsplättchen, oder wenn im Sachunterricht das eigene Forschen durch das Beantworten von Fragen in Lernspielen ersetzt wird. Problemlösendes Denken und entdeckendes Lernen werden meist nicht angestrebt, zumal in solche Materialien nur schwer die angestrebte Sofortkontrolle eingebaut werden kann. So ist der Lösungsweg im Allgemeinen fest vorgegeben, abweichendes Zielerreichen auf eigenem Weg meist nicht möglich.

In der Praxis scheinen sich auch nur wenige Schüler wirklich innerlich mit dem Freiarbeitsmaterial zu identifizieren, meist bietet die Quantität (möglichst viele Aufgaben oder Karteien zu schaffen) eher einen Anreiz als die Qualität (selbst kombinieren, ausdenken, forschen). Der Charakter der Übungs*spiele* lässt die Schüler das Gefühl haben: „Ich darf die ganze Zeit nur spielen, ich muss gar nicht lernen". Insgesamt scheint der Griff in das Freiarbeitsregal sowohl für den Lehrer als auch für die Schüler viel einfacher und verlockender zu sein, als sich den Strapazen der Themensuche und des eigenaktiven Problemlösens auszusetzen. Nicht nur, dass hier einem bedenklichen Konsumverhalten nun auch in der Schule stattgegeben wird, es werden zusätzlich sowohl die Eigenmotivation der Kinder durch den ihnen eigenen Wissensdurst als auch die Motivation, die ein Fach selbst ausstrahlen kann, vorschnell zu Gunsten einer extrinsischen Motivation durch geschickt aufbereitete Lernspiele aufgegeben.

1.1.3 Einschub: Historischer Bezug

Die enge Verbindung der Unterrichtsformen Freie Arbeit und Wochenplanunterricht wurde schon angesprochen und ist sicherlich auch historisch bedingt, denn die entsprechenden Konzepte werden zumeist auf dieselben Personen zurückgeführt: MARIA MONTESSORI, PETER PETERSEN und CÉLESTIN FREINET. Bei allen drei Reformpädagogen finden sich Elemente „freier Arbeit", bei PETERSEN und FREINET zusätzlich Elemente eines „Wochenplans". Und trotzdem unterscheiden sich die Ansätze beträchtlich, wie im Folgenden kurz zusammenfassend aufgezeigt werden soll:

Die „freie Wahl der Arbeit" bei MONTESSORI entstand aus dem Wunsch, dem Kind die Möglichkeit zu geben, sich selbst gemäß seinem „inneren Bauplan" zu entwickeln. Das übliche Demonstrationsmaterial des Lehrers wurde zum Schülermaterial, das dieser dann zum für ihn richtigen Zeitpunkt selber nutzen konnte und sollte. Dabei war es wichtig, dass das Material nur so genutzt wurde, wie es vom Lehrer beabsichtigt war. Entsprechend wurde missbräuchliche Verwendung sowohl durch starke Vorstrukturierung als auch durch das direkte Eingreifen des Lehrers unterbunden. Das Material musste so beschaffen sein, dass Schwierigkeiten isoliert wurden und sich eine einfache Hinführung zum Lernziel durch Wiederholung ergab. MONTESSORI verlagerte also den Lehrgang in das Material, das kleinschrittig und reproduktiv zum Ziel führte, wobei sie dem Kind den Zeitpunkt des Lernens freigab.

Auch für PETERSEN waren die Arbeitsmittel und die durch sie geschaffene Lernumgebung ein Konzeptschwerpunkt seiner „Lebensgemeinschaftsschule". Zwar waren bei ihm die für Samstag im Stundenplan ausgewiesenen Stunden „freier Arbeit" nach kurzer Zeit primär dem Nachholen liegengebliebener Arbeiten der vergangenen Woche vorbehalten, aber sein Gruppenunterricht wies nach der Vermittlung straffer Grundlagenkurse (Elementargrammatik) freiere Arbeitsmomente auf, wenn die Schüler gemeinsam unter der Leitung eines „Führers" mit kursbezogenen oder offeneren Arbeitsmaterialien innerhalb der thematischen Vorgaben umgingen. Dabei hatte die Betonung der Gemeinschaft sowohl als Schulgemeinde als auch als Arbeitsgruppe einen sehr hohen Stellenwert, denn nur sie sicherte für ihn die Entwicklung sowohl der individuellen als auch der sozialen Persönlichkeit des Menschen.

An das verwendete Arbeitsmaterial stellte er sehr hohe Ansprüche, denn er wollte – nach der Vermittlung der notwendigen Grundlagen und Arbeitsmethoden – den Schülern durch den aktiven Umgang mit den Arbeitsmitteln ein individuelles methodisches Vorankommen ermöglichen. Zu diesem Zweck wandelte er den Stundenplan durch das Zusammenfassen von Blöcken zu thematischen Einheiten in einen sogenannten „Wochenarbeitsplan" um und schaffte so eine zeitliche Rhythmisierung des Unterrichts, die vor allem durch unterschiedliche Arbeits- und Sozialformen geprägt war. Entsprechend ist sein Wochenarbeitsplan nicht mit dem heutigen Verständnis eines Wochenplans zu vergleichen. Es handelte sich in keiner Weise um eine Auflistung der in der Woche zu bearbeitenden Aufgaben bzw. um die Rahmenvorgaben für eine „freie" Betätigung des Schülers.

Diese beabsichtigte FREINET schon viel eher. Grundlage seines Konzepts war das „natürliche Lernen" des Schülers. Auch bei ihm spielten Arbeitsmittel eine große Rolle, aber sie gestalteten sich didaktisch neutraler und wiesen den Schülern nicht mehr indirekt einen Lehrgang zu, sondern sollten ihm als „Werkzeuge" ermöglichen, seinem eigenen Weg zu folgen. Er schlug dazu verschiedene Techniken vor, wie das „tastende Versuchen", d. h. die forschende Auseinandersetzung mit der Umwelt, und den „freien Ausdruck", d. h. die Möglichkeit, sich auf individuelle Weise mündlich, schriftlich, bildlich usw. zu äußern bzw. mit Sachen umzugehen. Um ein solches forschend-entdeckendes Lernen zu ermöglichen, wurden in der Klasse sogenannte „Ateliers" eingerichtet, d. h. einerseits feste Arbeitsecken (Druckerei, Experimentiertisch, Werkstätte), andererseits auch Kurz- oder Langzeitateliers, die themengebunden Geräte, Werkzeuge und Materialien über einen bestimmten Zeitraum hinweg enthielten. Diese Art der „freien Arbeit" wurde dann vom (Wochen-)Arbeitsplan strukturiert bzw. organisiert. In ihm sprachen Kinder und Lehrer individuelle und gemeinschaftliche Arbeitsvorhaben ab, sodass sich innerhalb der mit den entsprechenden Versammlungen, Regeln und Absprachen möglichst demokratisch geführten Klasse ein Gleichgewicht von individuellen und gemeinschaftlichen Arbeitsvorhaben ergab.

Zusammenfassend lassen sich diese drei verschiedenen Wurzeln der Freien Arbeit folgendermaßen pointiert darstellen: MONTESSORI wollte dem Kind die individuelle Entfaltung nach seinem „inneren Bauplan" durch eine vom Lehrer mit Material genau vorstrukturierte Umgebung ermöglichen. PETERSEN gab durch vielseitigere und offenere Arbeitsmittel dem Schüler vor allem in methodischer Hinsicht mehr Raum, ordnete dessen individuelle Entfaltung allerdings klar der Gemeinschaftserziehung unter. Beide trauten dem Kind keinen freien Bildungserwerb zu, das Kind muss vom Lehrer verantwortlich geführt werden. FREINET hingegen handhabte die Rolle des Lehrers anders. Er wollte ihn eher als gleichberechtigten Begleiter des

Kindes sehen, der seine Erfahrungen dazu nutzt, das Kind seinen eigenen Weg finden zu lassen.

	MONTESSORI	PETERSEN	FREINET
Grundintentionen	Individuelle Entwicklungsfreiheit innerhalb der vorbereiteten Umgebung, innerhalb seiner Vorbestimmung ist das Kind Baumeister seiner selbst.	Durch die Gemeinschaftserziehung entwickelt sich sowohl individuelle als auch soziale Persönlichkeit des Menschen.	Freie Persönlichkeitsentfaltung des Kindes durch ein natürliches Lernen mit dem Ziel eines kritischen, emanzipierten und verantwortungsvollen Menschen
Kindbild	Das Kind will lernen, braucht aber die Hilfe des Erwachsenen dazu. „Hilf mir, es selbst zu tun."	Das Kind ist nicht zu freiem Bildungserwerb fähig. Die Arbeit des Kindes muß vorgeordnet und geführt werden.	Das Kind soll sich auf seinem individuellen Weg weitgehend selbstverantwortlich mit der Lebenswirklichkeit auseinandersetzen.
Lehrerbild	Der Lehrer überwacht den Lernprozeß des Schülers und sorgt durch die vorbereitete Lernumgebung (Schwerpunkt Arbeitsmittel) dafür, daß ein selbsttätiges Lernen ermöglicht wird.	Der Lehrer steuert den (möglichst ganzheitlichen) Lernprozeß der Schüler durch Kursunterricht, Methodenlehre, Inhaltsvorgaben, Arbeitsmittel und schafft so eine „pädagogische Situation".	Der Lehrer versucht den Schülern durch demokratische Organisation der Klasse und das Bereitstellen diverser Techniken ein selbstgesteuertes Lernen zu ermöglichen.
Curriculum und Stundeninhalt	Das Curriculum wird vom Lehrer festgelegt und dem Kind durch das Anbieten von Arbeitsmaterialien zugänglich gemacht. Das Kind hat innerhalb dieser Vorgaben dann Entscheidungsfreiheit.	Das Curriculum wird vom Lehrer festgelegt. Innerhalb der Gruppenarbeit des Wochenarbeitsplanes können die Kinder inhaltliche Schwerpunkte, Problemstellungen usw. selbst abstimmen.	Das Curriculum wird innerhalb der Lehrplanvorgaben gemeinsam von Lehrer und Schüler(n) abgestimmt. Innerhalb dieser Abstimmungen können die Stundeninhalte frei vom Schüler gewählt werden.
Lernweg und Darstellungsform	Sie sind weitgehend durch das Material vorgegeben.	Sie können im Rahmen der vom Lehrer bereitgestellten bzw. gelehrten Methoden und Techniken frei gewählt werden.	Sie können vom Kind frei gewählt werden (natürliche Methode). Verschiedene Präsentationstechniken dienen als Anregung.
Sozialformen	Alle Sozialformen sind möglich, werden aber meist durch das Material vorgegeben. Vorrangig erfolgt das Lernen in Einzelarbeit.	Den Schwerpunkt bildet die differenzierte Gruppenarbeit.	Es wird ein ausgewogenes Verhältnis von individuellem und kollektivem Arbeiten angestrebt.
Zeitpunkt/ Zeitdauer/ Arbeitsort	Sie können vom Schüler unter Lehrerverantwortung frei bestimmt werden.	Sie ergeben sich durch die Vorgaben des Wochenplans und die Gruppenzusammensetzung.	Sie können im Rahmen eines lockeren Wochenplans vom Schüler frei bestimmt werden.
Arbeitsmaterial	Es wird vorwiegend spezialisiertes, stark strukturiertes, lernzielorientiertes Schülermaterial angeboten.	Es wird hochwertiges, d. h. didaktisch-methodisch gut durchgeplantes Schülermaterial verwendet.	Es steht möglichst offenes, kreatives, produktives, problem- und handlungsorientiertes (Alltags-)Material zur Verfügung.

Vergleich der Konzepte von MONTESSORI, PETERSEN und FREINET (Peschel 1997a, 237f.)

MONTESSORIS berühmtes „Hilf mir, es allein (selbst) zu tun" und PETERSENS Gemeinschaftsbegriff bzw. sein Bild vom pädagogischen „Führer" bekommen vor diesem Hintergrund eine andere Facette, denn sie drücken klar aus, dass sich das Kind eben nicht ohne Hilfe eines es führenden Erwachsenen sinnvoll entwickeln kann bzw. dass es nicht ohne ihn lernen kann. Nur bei FREINET werden dem Kind von Anfang an Fähigkeit und Recht auf Eigenständigkeit und freie Persönlichkeitsentfaltung zugestanden, um es zu einem politisch bewussten, emanzipierten Menschen zu machen. Die Erziehung in der Gemeinschaft erfolgt daher bei ihm nicht harmonisch nach fertig vorgegebenen Regeln, sondern sie ist ein Prozess ständiger Auseinandersetzung nach basisdemokratischem Vorbild. Entsprechend können auch die Freie Arbeit und der Wochenplan keine autoritäre Vorgabe des Lehrers sein, sondern allenfalls eine gemeinsame Vereinbarung über gemeinsame Ziele als Hilfe zur Selbstorganisation und zur Legitimation nach außen. Allerdings kommt diese letzte Art des Wochenplans, die auch keinerlei Problem mit einer Verbindung zu einer wirklich „freien" Arbeit des Schülers hätte, in der Praxis leider nur selten vor.

1.1.4 Fazit und Weiterentwicklung

In der Regel stellt sich der Wochenplanunterricht in den meisten Schulen als mehr oder weniger differenzierte Lehrervorplanung für die Schulwoche dar. Dabei ist der Plan zum größten Teil als verbindliche Arbeitsvorgabe aufgebaut, manchmal kombiniert mit Elementen Freier Arbeit oder der Möglichkeit zu eigenen Projekten. Die Differenzierung geht dabei nicht vom Schüler und seinen Lernbedürfnissen aus, sondern vom Lernstoff, der in der jeweiligen Woche „dran" ist. Sie ist dann meist quantitativer Art in der Form von weniger Aufgaben oder in Ansätzen qualitativer Art, wenn ein paar anspruchsvollere Aufgaben des Themengebietes für die schnelleren Schüler einbezogen werden. Eine stärkere Differenzierung erfolgt nur dann, wenn es innerhalb des Plans festen Leerraum zu individuellen Arbeiten gibt. Meist erfolgt dies in Form der Freien Arbeit, in der förderbedürftigere Schüler dann aber doch oft konkrete Übungsaufträge bekommen (wahrscheinlich ist auch wenig da, was die Schüler freiwillig reizen würde ...), während „schnellere" Schüler schon mal an eigenen Vorhaben arbeiten können.

Die Freie Arbeit ist dabei meist so an den Wochenplan gekoppelt, dass sie den Vorteil des zeitlichen Puffers darstellt, d. h. langsamere Schüler oftmals noch Wochenplanvorgaben zu erledigen haben, wenn andere schon frei arbeiten können. Dadurch kann der Wochenplan schnell zu einer Aberledigungshaltung bei den Kindern führen, die schon frühzeitig genau zwischen der Wochenplan-*Arbeit* und der *Freie*n Arbeits-*Zeit* unterscheiden lernen; *Arbeit* und *Freizeit* werden so unbewusst zu zwei sich gegenseitig ausschließenden Begriffen, anstatt zu einem ineinander verwobenen, sich gegenseitig stützenden Ganzen. Dadurch wird oft eine intensivere eigene Auseinandersetzung mit einem Thema behindert. Dies wird zusätzlich noch dadurch unterstützt, dass die Wochenplanaufträge in der Regel reproduktiven Charakter haben, d. h. dass es sich primär um nachbereitenden Übungsstoff handelt und den Kindern nur selten eine eigene (Erst-)Begegnung mit dem Lernstoff durch herausfordernde Impulse oder Fragen zugetraut wird. Entsprechend wird die Wochenplanarbeit in der Regel durch lehrergelenkte Einführungsstunden im Klassenverband ergänzt (den „richtigen" Unterricht ...).

Im Hinblick auf gewünschte Schülerorientierung positiv:
- Es sind offenere Sozialformen (Nebeneinander von Einzel-, Partner- und Gruppenarbeiten) möglich.
- Der Schüler kann sich seine Zeit in Bezug auf die Bearbeitung der Aufgaben freier einteilen.
- Der Lehrer hat Zeit, Kindern individuell zu helfen.
- Es besteht die Möglichkeit, die Vorgaben differenzierter zu gestalten.

Im Hinblick auf gewünschte Schülerorientierung negativ:
- Es ist meist kein eigenes Erarbeiten von neuen Themen durch den Schüler möglich (höchstens das Anwenden bestehender Techniken auf ähnliche Übungen) – der Frontalunterricht bleibt zur (gemeinsamen) Einführung neuer Inhalte durch die Lehrperson bestehen.
- Die Abhängigkeit vom (geschlossenen) Material ermöglicht keine qualitative Verbesserung des Zugangs zum Lernstoff.
- Die „Lehrerrolle" verlagert sich ins Material, das aber starr ist und nicht auf das lernende Individuum reagieren kann.
- Das Material ist meist eher willkürlich nach Vorhandensein denn nach Qualität zusammengestellt.
- Großer Motivationsaufwand innerhalb der Materialien – Lernen wird als billige Unterhaltung verkauft und dadurch wird die intrinsische Motivation des Kindes bzw. die Motivation durch das Fach beschnitten.
- Lernen wird zum „Aberledigen" möglichst vieler Aufgaben – anstatt zu einer qualitativen Auseinandersetzung mit Inhalten bzw. der Anwendung und des Ausbaus eigener Lernmethoden.
- Schule wird schnell zur Beschäftigungstherapie, bei der die Arbeit des einzelnen Kindes an einem bestimmten Auftrag bzw. Material oft konkret gar nicht zu begründen ist und stattdessen dem Lehrplan bzw. dem fiktiven Lehrgang zugeschrieben wird.
- Die eigentlichen Ziele und Prinzipien des offenen Unterrichts werden nicht erreicht bzw. alibihaft umgesetzt, was zudem maßgeblich zu ihrer Verwässerung beiträgt.

Betrachtet man Wochenplan und Freie Arbeit einmal losgelöst von der üblichen auf Freiarbeitsmaterial und Lehrervorgaben beruhenden Vorstellung aus der Sicht eines Unterrichts, der versucht, seinen didaktischen Prinzipien möglichst treu zu bleiben, so können sich die jeweiligen Konzepte in zentralen Punkten in die Richtung eines „Offenen Unterrichts" wandeln und dadurch im Prinzip zum gleichen Konzept werden.

> Differenzierender Unterricht, der selbsttätiges und selbständiges Lernen begünstigt, läßt sich z. B. bei Gruppenarbeit, im Projektunterricht, bei Vorhaben, im Unterricht nach einem Wochenplan und in der freien Arbeit realisieren. [...] Die Schüler bestimmen selbst, z. T. in Absprache mit den Partnern, die Reihenfolge der Bearbeitung, die Sozialform, ihr Arbeitstempo, den Umfang der erwünschten Hilfen und der freiwilligen Aufgaben. Der Lehrer berät und hilft bei dieser Arbeit. Im Laufe der Grundschulzeit tritt er mit seinen Vorgaben zurück und ermöglicht, daß der Schüler schrittweise Aufgaben für den Wochenplan selbst auswählt und selbstverantwortlich die freie Zeit nutzt. (Landesinstitut NRW 1983a, RL 12)
>
> Von Freiarbeit wird üblicherweise dann gesprochen, wenn die Kinder oder die Jugendlichen frei über die Inhalte und die Art ihrer Aktivitäten, über ihr Lerntempo und die von ihnen gewünschte Sozialform, über Materialien und Arbeitsplätze in der dafür ausgewiesenen Zeit entscheiden können. Freiarbeit ist nicht lehrergesteuert. Ihre Grenzen liegen in einem von Lernenden und Lehrenden vereinbarten organisatorischen Rahmen und in der Rücksichtnahme auf die Mitschüler und Mitschülerinnen. (Heckt 1993, 5)

HANS BRÜGELMANN und ERIKA BRINKMANN veranschaulichen diese Wandlung in ihrem Buch „Die Schrift erfinden" (vgl. 1998a, 57ff.) an Hand von Wochenplänen, die eine zunehmende Öffnung erfahren (s. Abb.).

So wird ein (geschlossener) Wochenplan mit ganz konkreten Arbeitsvorgaben (A) durch das Einräumen eines gewissen Freiraums bei der Herangehensweise an die Aufgaben zu einem Wochenplan, der zwar die Inhalte thematisch noch eng vorgibt, aber durch das Erweitern der methodischen Vorgaben dem Kind eine erste Eigendifferenzierung ermöglicht (B). Wenn man so als Lehrer den Gleichschritt der Klasse immer mehr aufgebrochen hat, fragt man sich irgendwann, warum eigentlich alle Schüler zeitgleich das gleiche Thema bearbeiten müssen, wo sie es doch auf so unterschiedlichen Niveaus machen, dass das „Gleiche" an diesen Arbeiten sowieso nur gering ist – der Anspruch dieser „Gleichheit" aber bei vielen der Kinder zu Über- und Unterforderung führt. Wenn man Lesen, Schreiben und Rechnen durch Lesen, Schreiben und Rechnen lernt, dann kann egal sein, ob Peter eine Geschichte über Piraten schreibt und Lukas daneben eine über seinen letzten Urlaub in Italien. Und wenn Christine lieber Harry Potter liest als die Geschichte vom „tolpatschigen Osterhasen" im Lesebuch, ist auch das in Ordnung bzw. im Grunde sogar von ungleich höherem Niveau. Und beim Üben des Einmaleins macht es bestimmt mehr Sinn, die Vorkenntnisse zu berücksichtigen und die Reihen (auf seine eigene Art) zu üben, die man noch nicht beherrscht, als die, die gerade „dran" sind (C).

Und wenn man schließlich merkt, dass auch dieser Freiraum von den Kindern nicht missbraucht wird, ja sogar plötzlich eine ganz andere Lernatmosphäre in der Klasse herrscht, wird man u. U. konsequent weiterdenken und zu dem Schluss kommen, dass der höchste Grad an Passung zwischen Kind und Lernstoff sowie die höchste Lernmotivation und Selbstständigkeit dann erreicht wird, wenn das Kind sich seinen eigenen Plan macht. Schriftlich festgehalten oder auch nicht, als Selbstverpflichtung für einen bestimmten Zeitraum im Voraus oder auch nicht, unter der Vorgabe von Fächern oder auch nicht, in Absprache mit dem Lehrer oder auch nicht. Der Übergang vom Wochenplanunterricht zur Freien Arbeit wird fließend – und damit auch zum „Offenen Unterricht".

Wochenplan vom bis	Name:		A
		fertig	kontrolliert
Schreiben:	Sprachbuch S. 24: Schreibe die Geschichte ab, beantworte die Fragen.		
Lesen:	Lesebuch S. 37: Lies die Geschichte mehrmals, bis Du es gut kannst!		
Rechnen:	Mathematikbuch S. 26, Aufgabe 5 a-d, 6 b und c, 7a-e. Denke bei den Textaufgaben an Frage, Rechnung, Antwort!		
Rechtschreibung:	Übe die Diktatwörter mit Deiner Nachbarln als Partnerdiktat.		
Sachunterricht:	Lies Dir die Geschichte vom Besuch bei der Post auf S. 33 durch und male einen Briefkasten. Denke an die richtige Beschriftung!		
Montag	Dienstag	Mittwoch	Donnerstag	Freitag

Hausaufgaben:
Schreibe eine Geschichte zum Thema: „Ein Brief geht auf die Reise". Überprüfe mit unserer Liste, ob Du an alle wichtigen Punkte gedacht hast!
Wiederhole das 1x1 der 5 und der 6! Laß Dich von Deinen Eltern abfragen!
Alles, was Du am Freitag noch nicht geschafft hast!

Wochenplan vom bis	Name:		B
		fertig	kontrolliert
Schreiben	Schreibe einen Bericht über unseren Besuch beim Tierarzt in der letzten Woche!		
Lesen	Partnerlesen: Übe mit einem anderen Kind das Stück im Lesebuch auf S. 25 mit verteilten Rollen zu lesen.		
Rechtschreiben	Nächste Woche schreiben wir das Diktat. Übe den Text als Dosen-Diktat, Schleich-Diktat, Dreh-Diktat oder Hör-Diktat. (Für das Hör-Diktat mußt Du Dich rechtzeitig in die Liste für den Walkman eintragen!)		
Rechnen	1. Stelle Dir ein Blatt mit dem Einmaleins der 7 und ein Blatt mit dem Einmaleins der 9 her. Lerne sie auswendig und laß Dich von einem anderen Kind abfragen! 2. Mathebuch S. 27, Aufgabe 5 a-d Zusatzaufgabe für Spezialisten: S. 28, Nr. 7		
Sachunterricht	Male ein Kaninchen und einen Hasen und schreibe auf, worin sie sich im Aussehen und ihrer Lebensweise unterscheiden. > Informationen dazu findest du im Sachbuch S.33 - Du kannst aber auch andere Bücher aus der Klassenbücherei benutzen.		
Montag	Dienstag	Mittwoch	Donnerstag	Freitag

Wochenplan vom bis	Name:		C
		Schreib-konferenz	fertig
Freies Schreiben:			
Am Freitag wird vorgelesen.			
Lesen:	Wähle Dir in der Leseecke ein Buch zum Lesen aus.		
	Male ein Bild dazu!		
Rechnen:	1. Übe mit einer PartnerIn die Einmaleins-Reihen, die Dir noch schwer fallen;		
	2. Am Brett hängen die Rätselaufgaben von den anderen Kindern. Such Dir aus, welche Du bearbeiten möchtest.	Vergleiche Deine Lösung mit anderen Kindern!	
	3. Denk Dir auch eine Rätselaufgabe aus.		
Rechtschreibung:	1. Arbeit an der Rechtschreibung von Wörtern		
	2. Sammle Wörter, in denen das <a> lang klingt wie in Ameise. Ordne sie!		
Projekt Mittelalter:			
Montag	Dienstag	Mittwoch	Donnerstag	Freitag

Woche vom bis	Name: Niki		D
Ich nehme mir für diese Woche vor:		besprochen Tips für die Arbeit	fertig
Freies Schreiben: Geschichte weiterschreiben	Wann willst Du Dich für eine Schreibkonferenz anmelden? Freitag		
Lesen: Ronja Räubertochter	Denke daran Dein Lesetagebuch weiterzuführen		
Rechnen: Ich übe: 1x7, 1x8, 1x9	✓ Axel, Petra und Anna üben das gleiche		X X
Rechtschreibung: Wortlistentraining	✓		X
Vortrag halten: Fledermäuse	Schaffst Du es bis Montag in 2 Wochen?		
Gedicht lernen: Herbstvögel	Das Gedicht fehlt noch in unserem Gedichtbuch		X
Sonstiges: Drachen bauen	Frage Maro, der weiß, wo Du das Material findest		
Montag	Dienstag	Mittwoch	Donnerstag	Freitag

(Brügelmann/ Brinkmann 1998a, 57ff.)

1.2 Projektunterricht

1.2.1 Projektunterricht in der Praxis

Der Begriff des „Projektes" wird wohl zuerst Ende des 16. Jahrhunderts im Zusammenhang mit Architekturentwürfen verwendet, dann innerhalb des Werkunterrichts für das selbstständige Planen und Durchführen einer praktischen handwerklichen Aufgabe benutzt und bekommt schließlich in der Reformpädagogik die uns heute geläufige Begrifflichkeit als Unterrichtsprinzip (vgl. Knoll 1993). Vorbild für den Projektunterricht stellen vor allem die Arbeiten von JOHN DEWEY und WILLIAM HEARD KILPATRICK dar, die durch das pragmatische Schlagwort eines *learning by doing* – eines *Lernens durch Tun* ein handlungsorientierteres Vorgehen im Unterricht begründeten. Dabei ist die Handlungsorientierung in erster Linie nicht wörtlich als manuelles oder handwerkliches Vorgehen zu verstehen, sondern vielmehr als ein Erfahrungslernen, ein absichtsvolles, „mit ganzem Herzen" vollzogenes Tun. Ein Hauptanliegen DEWEYs war dabei die Schulung zu Demokratie und Gemeinschaft. Ein Einzelner oder eine Gruppe von Menschen sollten in ihrem Projekt eine Sache bzw. ein Problem angehen und zu lösen versuchen.

Dabei wird es dann zu verschiedenen, sich u. U. mehrmals wiederholenden Phasen bzw. Tätigkeiten kommen: Am Anfang steht dabei das *Beabsichtigen*, d. h. eine wirkliche, erfahrungsgeeignete, fächerungebundene Sachlage wird zum (echten) Problem eines Einzelnen oder einer Gruppe. Gerade diese Themenfindung erscheint als schwieriger und langwieriger Prozess – wenn man dabei die demokratischen Regeln beachtet. Nach der Einigung auf das Problem erfolgt die *Planung*, d. h. es werden Lösungshypothesen und Vorgehensweisen entwickelt. Danach geht es an die *Ausführung*, wenn die Lösungsmöglichkeiten praktisch erprobt und verbessert werden, sodass „Denken und Tun eine Einheit bilden". Dieser Prozess bzw. eventuelle Ergebnisse werden dann in der *Beurteilung* reflektiert, sodass entweder das Problem als gelöst betrachtet wird oder aber alle oder einzelne der Schritte wiederholt werden. Zusätzlich wird jeder dieser Schritte von entsprechenden Reflexionsprozessen begleitet, sodass die Projektdurchführung kein lineares Unterfangen ist, sondern jederzeit umgestellt, verworfen und neu geplant werden kann.

Ziel des Projektunterrichts ist also weniger eine handlungsintensive Auseinandersetzung oder ein möglichst tolles Endprodukt, sondern vor allem der durch die engagierte Auseinandersetzung mit einer Sache erreichte Kompetenzgewinn, die eigene Handlungsbefähigung („der Weg ist das Ziel"). So soll vor dem Hintergrund von Demokratie und Gemeinschaft ein vernünftiger, kritischer, handlungsbereiter und verantwortungsbewusster Mensch erzogen werden. Fächerübergreifendes bzw. interdisziplinäres Arbeiten ergibt sich in einem solchen Unterricht durch die zielgerichtete Auseinandersetzung mit der Lebenswirklichkeit von selbst, es muss nicht besonders didaktisch konstruiert bzw. inszeniert werden.

In Anlehnung an PETRI (vgl. 1991, 19) ergeben sich für den Projektunterricht folgende Merkmalsforderungen:

- das Leitziel sollte durch Bedürfnis- und Lebensbedeutsamkeit eine Identifikation des Lernenden mit dem Projektziel bedingen;
- das Vorgehen entspricht der geplanten Realisierung von Handlungszielen, die sich aus den Bedürfnissen der Lernenden ergeben;
- methodisch ist das Vorgehen durch Zielbestimmung, Planung, Durchführung und Reflexion strukturiert;
- es ist geprägt durch handelndes Lernen, Selbst- und Mitbestimmung der Lernenden, ganzheitliches, kreatives, forschendes Lernen und kooperative Arbeitsformen;
- optional können fächerübergreifendes Arbeiten und Außenweltkontakte eine Rolle spielen;
- angestrebt sind Selbst-, Sach- und Sozialkompetenz des Lernenden, d. h. Handlungsbefähigung, Wissensaneignung und Kooperationsfähigkeit, des Weiteren eine Verbesserung des Schulklimas durch mehr Freude am Lernen und Beziehungsverbesserungen innerhalb der Schüler- und Lehrerschaft. (Peschel 1997a, 246)

Für DEWEY und KILPATRICK erforderten die hohen Ziele des Projektunterrichts eine Umsetzung dieser Unterrichtsform als durchgängiges Unterrichtsprinzip. Dabei sahen sie allerdings die Rolle des Lehrers unterschiedlich. Während DEWEY das Projektlernen als gemeinsames Unternehmen von Lehrer und Schüler sah und dem Lehrer Vorplanung und Führung zugesteht, so verstand KILPATRICK das Projekt noch offener, vorrangig als Unternehmen des Kindes. Der Lehrer sollte die Problemfindung und Problemlösung weitestgehend den Kindern überlassen und innerhalb des Projektes verantwortungsbewusst in den Hintergrund treten, um den durch das Projektlernen angestrebten Zielen eine Chance zu geben.

In der Schulwirklichkeit ist vom pädagogischen Grundgedanken des Projektunterrichts allerdings nicht mehr viel vorzufinden – schon gar nicht als durchgängiges Unterrichtsprinzip. Die dem Projekt entsprechenden demokratischen Prozesse der Themenfindung, der Planung, der Ausführung und der immer wiederkehrenden Reflexion werden nur selten „im Sinne der Erfinder" umgesetzt. Schon der Anlass bzw. Zeitpunkt, ein Projekt durchzuführen, obliegt in der Regel eher organisatorischen Gründen („Da passt die Projektwoche gut hinein, da ist die Schulwoche durch den Feiertag oder den Ferienbeginn eh kaputt") denn dem Bedürfnis der Projektgruppe, sich gerade *jetzt* mit einem für sie bedeutenden Thema auseinandersetzen zu wollen. So wird oft gerade der wichtige Prozess der gemeinsamen Themenfindung entweder gar nicht durchgeführt oder aber so stark abgekürzt, dass nicht von einer echten Identifikation aller mit der Projektarbeit ausgegangen werden kann. Wenn sich die „demokratische" Themenfindung der Beteiligten auf ein Ideensammeln möglicher Angebote in der Projektwoche und das anschließende Ankreuzen einer Arbeitsgruppe beschränkt oder der Lehrer als Projekt das Thema vorschlägt, bei dem er sich kompetent fühlt (Batiken, Handball, Biotop, Theater) oder entsprechende Hilfe durch Materialreservoirs (Ritter, Indianer, Dinosaurier) hat, so handelt es sich eigentlich gar nicht um ein Projekt, sondern vielmehr um eine Arbeitsgemeinschaft oder eine themenzentrierte Unterrichtsreihe.

Aber selbst bei offeneren Klassenprojekten findet man selten eine langwierige, demokratische Diskussion, womit man sich in der nächsten Zeit beschäftigen will, oder das Aufgreifen eines „echten", für alle Schüler bedeutungsvollen Problems. Dadurch wird hier indirekt schon so gravierend ein wichtiges Fundament für ein wirklich demokratisches Vorgehen bzw. ein gleichberechtigtes Miteinander verletzt, dass die eigentlichen Projektziele nur noch schwer erreicht werden können und die Durchführung eines solchen Unterrichts in dieser Hinsicht fragwürdig wird. Oft stellen die wichtigen Reflexionsprozesse während der Projektarbeit dann auch nur noch informierende Berichte innerhalb der Gruppe dar und keine wirkliche, stetige Auseinandersetzung mit dem Thema, die zudem eigentlich zu jedem Zeitpunkt einen Abbruch des Projektes oder aber eine neue Themenfindung zulassen müsste.

Und selbst wenn es doch ein wirkliches „Problem" geben sollte, sind die beteiligten Erwachsenen oft genug versucht, sich eben nicht gleichberechtigt mit den Kindern auf Lösungssuche zu machen (z. B. *„Wir lernen jetzt alle Chinesisch..."*), sondern sie haben meist die Lösung des Problems oder das Arbeitsziel in der Form einer Präsentation oder Ausstellung schon in der Tasche. Die Projektarbeit stellt dann nichts anderes mehr als arbeitsteilige Gruppenarbeit dar, bei der dann später sogar oft genug noch die eigentlichen Schülerergebnisse unterschlagen werden, wenn die Präsentation den Kindern am Ende aus der Hand genommen wird und „hilfsbereite" flinke Erwachsenenhände dann noch alles schnell ästhetisch für die Pressevorstellung oder die Schulausstellung richten ...

> Hier mangelt es an einer zündenden Projektidee, dort fehlen die Mittel, eine zu realisieren. Schüler sollten die Ideen haben, Eltern könnten die Mittel mitgeben – besser noch mitbringen –, am besten, sie machen mit oder es ganz: das Projekt, mit dem die Schule sich in der Lokalpresse brüsten kann. Der Leser kann Bilanz ziehen: zwölf Klassen – ein erwähnenswertes Projekt. Die Lehrer kochten römisch (im Gymnasium) oder türkisch (in der Gesamtschule), sie suchten Sterne am wolkenverhangenen Himmel oder ließen Wasser im Sieb holen, um zu zeigen, wie man aus Fehlern lernt. Dann gab es noch Fahrräder zu reparieren, Sammlungen aufzuräumen und Sport vom Typ „wie immer, nur länger". Was klappte, war langweilig, und was spannend sein sollte, ging schief – wie im Leben. Wenn so etwas als „Unterbrechung des Schulalltags" und Bereicherung dargestellt wird, wissen kritische Leser, an welchen Maßstäben sich diese Schule normalerweise orientiert. (Diederich 1994, 92)

1.2.2 Fazit und Weiterentwicklung

Wenn Projekte zu Hobbywochen oder Pressepräsentationen verkommen, lassen sich die Ziele des Projektlernens nicht mehr erfüllen. Demokratie, Handlungsbefähigung, Teamwork, Problemlösendes Denken usw. sind nicht wirklich zu finden, sie werden ja auch gar nicht angestrebt. Dem Projektunterricht wird dann ganz zu Recht ein zu hoher Zeitaufwand mit zu wenig Lernerfolg unterstellt. Um also auch sprachlich der dem Projektunterricht eigenen Inflation vorzubeugen, sollte man in der Schule nur bei echten, aus der Situation und dem Bedürfnis der Klasse heraus entstandenen

Vorhaben von „Projekten" sprechen und ansonsten eher den dehnbaren Begriff „projektorientierter Unterricht" benutzen bzw. ehrlicher von Arbeitsgemeinschaften, themenzentrierten Unterrichtsreihen oder „Schulaktionswochen" sprechen.

Im Hinblick auf gewünschte Schülerorientierung positiv:
- Der Frontalunterricht wird aufgebrochen, Lehrer und Schüler arbeiten meist offener als vorher zusammen.
- Weniger kopflastige Techniken und Methoden halten Einzug in die Schule.
- Die gemeinsam angegangenen Inhalte scheinen weniger „akademisch" als „praktisch" zu sein.
- Die Schule öffnet sich zumindest zeitweise personell (Elternmitarbeit) und räumlich (Exkursionen) nach außen.

Im Hinblick auf gewünschte Schülerorientierung negativ:
- Der Projektunterricht wird selten als „richtiger" Unterricht, sondern eher als „Bonbon" im Schulalltag angesehen (von einigen Lehrern allerdings als eher „saures Bonbon").
- Die eigentlichen Ziele des Projektunterrichts (Demokratie, Erwerb methodischer und inhaltlicher Kompetenz durch eigene bzw. gemeinsame Problemlösung einer Ernstsituation) werden meist weder beabsichtigt noch verfolgt – der Projektbegriff kennzeichnet alles, was keine „richtige" Schule ist.
- Weder Schüler noch Lehrer empfinden Projektunterricht als berechtigte bzw. effektive Unterrichtsmethode, sondern eher als auflockernde „Hobbywoche" – mit der Folge, dass die bei Projekten entwickelte „Lernbegeisterung" nicht mit (effektivem) Lernen in Beziehung gebracht wird – und entsprechend nicht als längerfristiges Unterrichtsprinzip anerkannt wird.

Oben wurde schon die Schwierigkeit der Umsetzung der hehren Ziele des Projektunterrichts angesprochen:

> Projekte helfen, soziale Regeln des Miteinander-Lernens zwischen dem einzelnen und der Gruppe zu entwickeln.
> Sie erlauben Kindern durch die Fülle der praktischen Möglichkeiten individuellen Neigungen und Interessen zu folgen.
> Sie führen zu neuen, häufig in Lehrplänen nicht enthaltenen Erkenntnissen und Wissenszusammenhängen.
> Sie fördern die Fähigkeit, auch andere als die eigenen Perspektiven, Erfahrungen, Meinungen zu einem Lerngegenstand zu akzeptieren.
> Sie fordern aktives Lernen heraus und ermutigen zur Selbstgestaltung der Arbeit. (Wallrabenstein 1991, 102f.)

Es kann gut sein, dass sich auch innerhalb des Projektunterrichts didaktische Prinzipien gegenseitig behindern bzw. vielleicht sogar ausschließen. So wird gerade dem Projektunterricht immer die Forderung nach Gemeinsamkeit unterstellt. Projekte werden als gemeinsame Tätigkeit einer Gruppe gesehen, im Vordergrund steht das gemeinsame Lösen eines Problems, die gemeinsame Fertigstellung einer Sache.

Schon hier ergibt sich u. U. ein Widerspruch zur Forderung des „mit ganzem Herzen" vollzogenen Tuns des Einzelnen, denn die Motivation des Einzelnen hat nichts mit einem Gruppenbeschluss zu tun – vor allem dann nicht, wenn dieser keinem wirklichen Konsens entspringt. Insofern ist die Vorstellung einer von allen Beteiligten gleich getragenen Entscheidung für ein Projekt sicherlich immer eine Fiktion, die auch durch Ver- oder Anordnungen des Lehrers nicht realer wird. Vielleicht ist die Durchführung eines „echten" Projektunterrichts mit diesen hehren Zielen einfach in einer normalen Klasse gar nicht machbar? Vielleicht gibt es die Probleme, die alle Schüler „mit ganzem Herzen angehen", gar nicht?

Wie wäre es dann aber als Alternative zum Missbrauch des Projektbegriffes durch eine lehrerinitiierte Unterrichtsreihe mit der Möglichkeit, dass die Schüler *eigene* Projekte machen dürfen? Vielleicht steht uns ein falscher Begriff von „Gemeinschaft" im Sinne, aus dem abgeleitet wird, dass alle dasselbe machen (und gut finden) müssen. Können sich die Kinder einzeln oder in Gruppen mit Themen beschäftigen, die sie „mit ganzem Herzen angehen", so hat man einen Projektunterricht, der seinen Zielen gerecht wird. Gemeinschaft und Austausch ergeben sich während der Arbeit von alleine, auch dann, wenn nicht alle an derselben Sache arbeiten. Auch muss es keine feste Abfolge von „Beabsichtigen", „Planen", „Ausführen" und „Beurteilen" geben, wenn die Tätigkeiten durch Eigenmotivation und Zielorientierung immer der Reflektion durch den Lernenden selbst bzw. den Austausch mit anderen gegeben ist. Und was ist das anderes als Offener Unterricht?

1.3 *Werkstattunterricht und Stationslernen*

Zusätzlich zu den oben vorgestellten Konzepten der Freien Arbeit bzw. des Wochenplanunterrichts halten seit ein paar Jahren zwei Unterrichtsformen verstärkt Einzug in die Schule: Werkstattunterricht und Stationslernen. Dabei stehen Werkstätten oft unter einem bestimmten übergreifenden Thema (Oster-Werkstatt, Wasser-Werkstatt), während Stationen oft eine ganz bestimmte Übungsabsicht (Buchstaben mit allen Sinnen erfassen, Einmaleinszirkel) haben. Vor diesem Hintergrund wird – im Gegensatz zur üblichen Vorgehensweise bei Freier Arbeit und Wochenplan – das vorhandene Freiarbeitsmaterial meist durch speziell für die Werkstatt- oder Stationsarbeit aufbereitete Materialien ersetzt.

1.3.1 Werkstattunterricht

Eine Lernwerkstatt ist eine Lernumwelt. Den Schülern steht zu einem bestimmten Thema ein vielfältiges Arrangement von Lernsituationen und Lernmaterialien für Einzel-, Partner- und Gruppenarbeit zur Verfügung. Dabei lassen sich die Lernangebote in der Regel im Selbststudium nutzen und ermöglichen dem Schüler freie Wahl der Aufgabenfolge, Zusammenarbeit mit Kameraden, Selbstkontrolle u.ä.m. [...] Es werden verschiedene Arbeitsplätze mit wenigen obligatorischen und vielen freiwilligen Lernangeboten eingerichtet. [...] Die Lehrerin wird zur Beraterin, Moderatorin oder Helferin, welche Lernprozesse (wenn möglich indirekt) anregt, in dem sie Aufgaben, Anschauungsmaterial, Hilfsmittel für Experimente usw. bereitstellt und die Schüler allenfalls berät. (Reichen 1991, 61f.)

Der Werkstattunterricht wurde als reformpädagogisch geprägtes Konzept Ende der siebziger Jahre zunächst fast zeitgleich von KÄTHI ZÜRCHER/ FRANZ SCHÄR und JÜRGEN REICHEN in der Schweiz konzipiert, dann aber vor allem von REICHEN zu der heute vorzufindenden Form weiterentwickelt und bekannt gemacht. Er spielt neben anderen „Lerngarten-Modellen" (vgl. Hagstedt 1995^2, 58ff.; Peschel 1997f, 126) vor allem in der zweiten Ausbildungsphase eine große Rolle, da er die beiden in der Ausbildung verlangten Anforderungen „Planung" und „Offenheit" gut zu integrieren scheint. Der Begriff „Werkstatt" ist dabei aus den Parallelen zur Arbeitsgestaltung in Handwerksbetrieben entstanden:

Alle Schüler arbeiten
- vorwiegend selbstständig,
- an verschiedenen Aufträgen,
- allein oder in Gruppen,
- mit bereitgestelltem oder zu besorgendem Material,
- mit oder ohne Hilfe kompetenter Ansprechpartner (vgl. Reichen 1991, 61).

Der Werkstattunterricht basiert auf einer als Lernwerkstatt bezeichneten Lernumwelt für den Schüler. In Deutschland eher fachspezifisch im Fach Sachunterricht vertreten, stellt er in seinem Ursprungsland, der Schweiz, zumindest in einigen Gegenden durchgängiges, d. h. weitgehend alle Fächer und Stunden integrierendes Unterrichtsprinzip dar. Dabei handelt es sich um ein vom Lehrer maßgeblich vorstrukturiertes und vorgeplantes Angebot an Lernsituationen und Lernmaterialien, die den Schülern selbstständiges Arbeiten ermöglichen sollen. Die Bereitstellung einer Vielzahl von Arbeitsangeboten in einer Werkstatt ermöglicht dabei genauso den Einbezug verschiedener Fächer wie die Berücksichtigung verschiedener Sozialformen, Arbeitsmethoden und Zugangskanäle. Dabei gewähren die vorgeplante Lernumgebung und die verwendbaren Kontrollmöglichkeiten dem Lehrer die notwendige Sicherheit, die es ihm ermöglicht, das selbstgesteuerte Lernen der Schüler nicht nur als unterrichtsmethodisches „Highlight" zuzulassen, sondern richtlinienadäquat als durchgängiges Arbeitsprinzip dauerhaft umzusetzen.

Hat der Lehrer eine ungefähre Vorstellung von der Umsetzung seines Themas in Werkstattangebote, kann er diese z. B. nach folgenden Kriterien überprüfen:

- Können sich die Schüler mit eigenen Ideen an der Werkstatt beteiligen?
- Ist ein echter Bezug zur Lebenswirklichkeit gegeben?
- Hat die Werkstatt zieladäquat einen erkennbaren ‚roten Faden'?
- Ist sie fachlich einseitig angelegt oder ermöglicht sie interdisziplinären Unterricht?
- Sind die fachübergreifenden Komponenten echt integriert oder eher ‚konstruiert'?
- Beinhaltet sie auch handlungsorientierte Komponenten oder nur Arbeitsblätter?
- Ist das Material kindgerecht und leicht zu beschaffen?

- Beinhaltet sie wirklich anspruchsvolle Aufgaben oder nur reproduktive Übungen?
- Lassen die Aufträge Gestaltungsmöglichkeiten zu oder wird alles vorgegeben?
- Beinhaltet sie nur obligatorische Angebote oder auch offene ‚Leerangebote'?
- Werden alle Sozial- und Arbeitsformen ausreichend berücksichtigt?
- Ist auch auf Dauer eine Auswahlmöglichkeit durch ein ‚Überangebot' vorhanden? (vgl. Peschel 1998c, 3)

Die zu den Werkstattangeboten gehörigen Arbeitsaufträge können neben Angebotstitel und Auftragsbeschreibung auch Hinweise und Symbole für die vorgesehene Sozialform, den Verbindlichkeitsgrad, die Kontrollform oder den Schwierigkeitsgrad beinhalten. Es gibt mehrere Möglichkeiten, den Kindern einen Überblick über die Werkstattangebote zu gewähren:

- ein Plakat mit Angebotsnummer und -titel (und evtl. mit Namensklammerleiste zur Kennzeichnung, welcher Schüler sich gerade mit einem Angebot beschäftigt oder demnächst beschäftigen will),
- ein „Laufpass" (mit Angebotsnummer, Angebotstitel, Themenbereich, Bearbeitungsdatum und Kontrollfeld für den Chef)
- oder sogar ein „Werkstattbuch" mit allen Arbeitsaufträgen und Platz für Lösungseintragungen, sodass die Schüler immer eine detaillierte Übersicht der Angebote und Anleitungen greifbar haben (auch zu Hause).

Verwendet man Plakat oder Laufpass, so existiert neben dem bereitgestellten Material noch eine Auftragskarte für die einzelnen Angebote. Beim Werkstattbuch ergibt sich ganz nebenbei ein schönes Endprodukt für die Schüler, wenn Aufträge, Lösungen und Notizen auch noch nach der Durchführung der Werkstatt verfügbar bleiben.

Das für die Bearbeitung der Angebote benötigte Material sollte möglichst „halbstrukturiert" sein, d. h. neben den zur Aufgabenlösung notwendigen Dingen auch solche enthalten, die nicht unbedingt zur Lösung notwendig sind. So sind die Kinder gezwungen, sich auch über die Materialauswahl Gedanken zu machen und nicht nur bestimmte Versuchsanordnungen gedankenlos zu kopieren. Entsprechend groß ist dann der Vorbereitungsaufwand, denn die Werkstatt erfordert eine bestimmte Mindestangebotsanzahl, damit überhaupt die Möglichkeit zur Auswahl besteht. In der Regel müssen dazu wenigstens 20 bis 30 Angebote vorbereitet worden sein, allerdings kann eine solche Werkstatt dann auch mehrere Wochen den Unterricht tragen. Bei umfangreichen Werkstätten kann es hilfreich sein, nicht alle Angebote zeitgleich bereitzustellen, sondern nach und nach einzubringen.

Die Offenheit der Werkstatt hängt maßgeblich von der Konzeption bzw. dem Anteil der obligatorischen Angebote ab. Werkstattunterricht ist daher von Natur aus ein „didaktischer Kompromiss": je nach Art der bereitgestellten Arbeitsangebote kann der gewünschte Grad der Offenheit des Unterrichts vom Lehrer individuell bestimmt werden, der Lehrer kann Lehrplanvorgaben und Schülerinteressen in einem vom Schüler selbstgesteuerten Unterricht verbinden. Weiterhin kann das Lernen der

Schüler sowohl durch geschlossenere Phasen mit Instruktionsunterricht als auch durch offenere Projektphasen ergänzt werden, sodass dem Lehrer eine sehr breite Methodenpalette zur Verfügung steht.

Im Gegensatz zu anderen Autoren (Weber 1991, Zürcher 1987) misst vor allem JÜRGEN REICHEN in seiner Konzeption des Werkstattunterrichts der selbstständigen Werkstattorganisation durch die Schüler eine besondere Bedeutung zu, die anderen Unterrichtsformen (Wochenplan, Stationslernen usw.) so zunächst nicht eigen ist. Um das selbstständige Arbeiten der Kinder noch weiter zu fördern und auch den Lehrer für wichtigere Dinge freizusetzen, führt er das „Chefprinzip" ein. Die Werkstattangebote werden dann von den Schülern selbst als „Chefs" oder „Experten" betreut. D. h. der Schüler sucht sich ein Angebot aus, welches er gerne entsprechend beaufsichtigen würde. Dieses Angebot bearbeitet er selber als erstes. Hat er hierbei Rückfragen, kann er sich an den Lehrer wenden. Weiß er über das Angebot gut Bescheid, so wird er als Chef dieses Angebotes eingetragen. Haben nun andere Schüler Fragen zur Bearbeitung des Angebotes, wenden sie sich zuerst an den betreuenden Chef, sodass der Lehrer nur bei Rückfragen des Chefs gefragt ist. Zusätzlich kümmert sich der Chef um das Material, führt notwendige Listen bezüglich der Bearbeitung obligatorischer Angebote, mahnt entsprechend an und korrigiert, beurteilt und bestätigt die Arbeitsergebnisse der Mitschüler. Mit Kindern, die bei der Werkstattarbeit zurückhaltender sind, können individuelle Lernverträge ähnlich Wochenplänen abgeschlossen werden.

Obwohl manche Umsetzung des Werkstattunterrichtes durch eine große Anzahl verbindlich zu erledigender Angebote eher an den herkömmlichen Wochenplanunterricht erinnert, so machen sowohl Chefprinzip als auch das themenspezifisch zusammengestellte Überangebot in der Regel einen offeneren Eindruck als dies der Wochenplanunterricht zu tun vermag. Auch methodisch wird das Werkstattangebot in der Praxis nicht unbedingt auf reproduktive Übungsvorgaben beschränkt, sondern lässt eher Raum zum eigenen Forschen. Dennoch weist auch der Werkstattunterricht spezifische Probleme auf. Gerade die Vielzahl der Angebote, die der Lehrer erstellen muss, hat einen gewissen Qualitätsverlust zur Folge: Es ist eben ganz und gar nicht einfach, 20 bis 30 anspruchsvolle Angebote zu einem Thema zusammenzustellen – womöglich noch „ganzheitlich", „fächerübergreifend" und „handlungsorientiert".

Auch sollte man evtl. unbewusst ablaufende Prozesse nicht unterschätzen: Nach der ganzen Mühe und Vorbereitungsarbeit, die die Planung und Erstellung einer Werkstatt zwangsläufig mit sich bringt, möchte man sicherlich als Lehrer eine gewisse Würdigung seiner Bemühungen erfahren. Entsprechend wird man nicht unbedingt so ungekränkt mit einer Ablehnung der Angebote durch die Schüler verfahren, wie dies evtl. bei in der Klasse sowieso schon vorhandenem Material (z. B. im Rahmen der Wochenplanarbeit) wäre. Das Gewähren der Freiwilligkeit bekommt ihre (unsichtbaren) Grenzen: Wenn man sich schon so viel Mühe beim Erstellen der Werkstatt gemacht hat, erwartet man auch entsprechende Begeisterung bei den Schülern ... Auf Schülerseite kann es im Werkstattunterricht hingegen leicht passieren, dass – wie auch bei der Wochenplanarbeit – nicht die intensive Auseinandersetzung mit dem Thema im Vordergrund steht, sondern es für den Schüler auch hier eher um ein Aberledigen möglichst vieler Werkstattangebote geht. Diese Gefahr quantitativer statt qualitativer Zielsetzung scheint vor allem dann eine Rolle zu spielen, wenn vom Lehrer als verpflichtend ausgezeichnete Angebote von Anfang an eine große Rolle bei der Werkstattarbeit gespielt haben und die Selbststeuerung der Schüler entsprechend weniger angesprochen wurde.

1.3.2 Stationslernen

> Im Zirkel sind einzelne Stationen aufgebaut, die dem Kind selbständiges Arbeiten an jeder Station ermöglichen. [...] Das Thema wird über vielfache Lernzugänge erarbeitet oder vertieft (Übungszirkel). Die einzelnen Stationen sollten möglichst viele Sinne berücksichtigen. (Wallascheck 1991, 86)

Stationslernen, auch Stationsbetrieb, Lernstraße, Lern- oder Übungszirkel genannt, stellt eine sehr inhaltsorientierte Form des Lernens dar. Es handelt sich dabei weniger um ein durchgehendes Unterrichtskonzept als um eine Lern- bzw. Übungsform, die eher stundenweise als eine Art Zirkeltraining zu einem bestimmten Thema eingesetzt wird. Historischer Vorläufer war neben den reformpädagogischen Einflüssen in Bezug auf selbstständiges, handlungsorientiertes Lernen vor allem die für den Sportunterricht bzw. das Rekrutentraining entwickelte Idee des Zirkeltrainings, bevor das Stationslernen Anfang der achtziger Jahre durch die Seminarausbildung Einzug in die Schule hielt.

Ähnlich dem Werkstattunterricht werden mehrere, meist handlungsorientierte Lernangebote bereitgestellt, die in vielen Fällen auf ein „Lernen mit allen Sinnen" angelegt sind bzw. verschiedene Eingangskanäle der Schüler berücksichtigen sollen. Ein gewisser Variationsreichtum bezüglich der Sozial- und Arbeitsformen unterstützt ein abwechslungsreiches, meist sehr intensives Einüben des Lernstoffs während eines klar begrenzten Zeitraums. Die effektiv genutzte Übungszeit relativiert sich in der Praxis allerdings oft durch die für das Bearbeiten der Stationen notwendige Einweisungszeit. Auf Grund des zeitgleichen Bearbeitens der Stationen müssen vor Beginn der Arbeit alle Stationen allen Schülern bekannt sein. Dies kann u. U. eine Überforderung für die Schüler darstellen, wenn sie sich die Bearbeitungsvorschriften aller Stationen in kürzester Zeit merken müssen – ohne dies in diesem Augenblick mit einer konkret ausgeführten Handlung verbinden zu können. Die Angebote an den einzelnen Stationen werden von den Schülern dann reihum bearbeitet. Gruppenzusammenstellung und Stationswechsel sind meist fest vorgegeben, genauso wie der Arbeitsplatz, der ja als Station fester Anlaufpunkt bleibt. Je nach Angebotsauswahl bleibt den Schülern wenig Zeit für eigene Ideen und kreative Problemlösungen. Der stetige Zeitdruck kann dabei deprimierend wirken, zumal wenn viele Schüler gerne länger an einzelnen Stationen verweilen würden. Im Rahmen der oben genannten Unterrichtsformen ist das Stationslernen daher viel stärker produkt- als prozessorientiert.

Durch Vorgabe der Angebote und Wechselzeitpunkte beschränkt sich die Differenzierung ansatzweise auf ein Selbstbestimmen des Arbeitstempos durch den Schüler (allerdings wirklich sehr eingeschränkt) sowie die Möglichkeit, unter den Angeboten auch die vorzufinden, die dem eigenen Lerntyp entgegenkommen – wobei er in der Regel trotzdem alle Angebote machen muss. Ansonsten gilt für alle Schüler prinzipiell das durch die Angebote festgelegte, gleiche Lernziel, sodass die Differenzierung trotz der vielfältigen Materialien bei genauer Betrachtung oft gar nicht so groß ist wie zunächst vielleicht angenommen. Die Offenheit des Stationslernens (und so auch das damit verfolgte Ziel) hängt maßgeblich von den Lehrervorgaben ab. So kann das Stationslernen bei zeitlich vorgegebenem Stationswechsel, fester Gruppeneinteilung, festem Stationsort, dem Verzicht auf offene Angebote trotz des vermeintlichen freien Schüleragierens schnell zum geschlossenen, stoffzentrierten Zirkeltraining werden. Von wirklicher Offenheit kann dann keine große Rede sein, wenngleich dies auch von einigen Autoren behauptet wird:

> Versteht man unter Offenem Unterricht, daß Lehr-/Lernziel, Inhalt und Lehr-/Lernmethode nicht festgelegt sind, so ist der Lernzirkel gleich nach der Freiarbeit wohl eine der offensten Formen dieses Unterrichtsideals. (Kaufmann 1994, 213).

Ein Mehrangebot an Stationen, ein freier Wechsel und der Verzicht auf das Durchlaufen aller Stationen könnte allerdings die zeitlichen Vorgaben und die feste Gruppenzusammensetzung aufbrechen helfen. Dann wären die Übergänge zum Werkstattunterricht fließend und das Stationslernen könnte nach einer entsprechenden Erweiterung auch zum durchgängigen Unterrichtsprinzip werden.

1.3.3 Fazit und Weiterentwicklung

Betrachtet man die Umsetzung der beiden Arbeitsformen in der Praxis, so wirkt der Stationsbetrieb durch eine größere Einschränkung (festes, verbindliches Angebot, das in festen Wechseln in bestimmter Zeit zu durchlaufen ist) geschlossener als der Werkstattunterricht, bei dem die Angebote in der Regel nicht komplett durchlaufen werden. Es fällt deshalb schwer, ihn wirklich als eine „offene" Unterrichtsform anzuerkennen. Bei beiden Unterrichtsformen, aber besonders beim Stationsbetrieb, begegnet man einer Vielzahl von Missdeutungen bezüglich des Verständnisses aktueller Unterrichtsprinzipien. Handlungsorientierung wird zur handlungsintensiven Beschäftigungstherapie, das „Lernen mit allen Sinnen" zur aufgesetzten Spielerei ohne wirklichen Nutzen und das ganzheitliche bzw. das fächerübergreifende Prinzip führt zur Aufnahme von konstruierten, oft wirklich banalen oder unsinnigen Angeboten, die weder dem zu integrierenden Fach noch dem Lernen des Kindes irgendetwas nützen. Während beim Werkstattunterricht das Lückenfüllen eine mehr oder weniger zwangsläufige Begleiterscheinung des zu erstellenden Überangebotes sein kann, scheinen die Stationsbetriebe mit ihrem Anspruch der „Ganzheitlichkeit" und des „Lernens mit allen Sinnen" eine eigene Entwicklung durchgemacht zu haben, bei der die Lehrer der geforderten Öffnung durch entsprechend nette und bunte Lernarrangements nachkommen – allerdings so geschlossen wie ehedem ... Wer diese Bemerkung zu überspitzt findet, sehe sich einmal genauer die gängige Literatur bzw. die Verlagsveröffentlichungen zu diesem Thema („ ... mit allen Sinnen") an und überprüfe sie allgemein- und fachdidaktisch.

Im Hinblick auf gewünschte Schülerorientierung positiv:
- Der Lehrer hat Zeit, Kindern individuell zu helfen.
- Es besteht die Möglichkeit, die Vorgaben differenzierter zu gestalten.
- Das Chefprinzip bindet die Kinder in die Unterrichtsdurchführung ein.

Im Hinblick auf gewünschte Schülerorientierung negativ:
- Die Qualität der Angebote ist oft bedenklich.
- Lernen wird zum „Aberledigen" möglichst vieler Aufgaben – anstatt einer qualitativen Auseinandersetzung mit Inhalten bzw. der Anwendung und des Ausbaus eigener Lernmethoden.
- Großer Zeitaufwand zur Herstellung der Angebote.
- Angebote werden „konstruiert", um den Anspruch an fächerübergreifendes oder ganzheitliches Arbeiten zu erfüllen.
- Die eigentlichen Ziele und Prinzipien des offenen Unterrichts werden nicht erreicht bzw. alibihaft umgesetzt, was zudem zu ihrer Verwässerung beiträgt.

Während REICHEN die Selbststeuerung des Schülers in seinem Konzept des Werkstattunterrichtes – ganz im Gegensatz zu seinem höchst offenen Konzept „Lesen durch Schreiben" (vgl. Reichen 1982; 2001) – vor allem auf das selbstständige Bearbeiten der vom Lehrer vorgegebenen Angebote bzw. die Beteiligung an der organisatorischen Durchführung des Unterrichts durch das „Chefprinzip" beschränkt, wurde schon oben in der Auflistung der Kriterien zur Überprüfung der Werkstattangebote ansatzweise der Einbezug der Schüler in die Planung und Durchführung von Werkstätten aufgenommen:

- Können sich die Schüler mit eigenen Ideen an der Werkstatt beteiligen? [...]
- Lassen die Aufträge Gestaltungsmöglichkeiten oder wird alles vorgegeben?
- Beinhaltet die Werkstatt nur obligatorische Angebote oder auch offene ‚Leer-Angebote'? (Vgl. Peschel 1998c, 3)

So kann der stärkere Einbezug der Kinder in den Prozess der Planung, Aufbereitung und Durchführung von Werkstätten und Stationsbetrieben diesen Unterrichtsformen eine ganz neue Qualitätsstufe verleihen. Die Schüler können durch die Erstellung eigener Angebote für die Werkstatt Planungskompetenzen erlernen, die sich auf wesentlich höherem Niveau befinden als die einfache Bearbeitung eines Angebotes: die Schüler müssen Informationen und Ideen sammeln, auf ihre Machbarkeit hin prüfen, sich Material besorgen, dieses aufbereiten, Arbeitsaufträge formulieren, Überprüfungsmodi finden. Als durchgehendes Unterrichtsprinzip erfordert dieses Vorgehen einen hohen Anspruch an die Tätigkeiten der Schüler, die Angebote entwickeln müssen, die die anderen Schüler motivieren und dazu noch sachlich richtig und didaktisch sinnvoll sind. Sicherlich eine hohe Anforderung, aber keine, die nicht leistbar wäre, wenngleich diese Form des Unterrichtes sehr selten zu finden ist. (Vgl. i. F. auch Peschel 2000a)

Allerdings muss man bei einer solchen Unterrichtsgestaltung bedenken, dass es bei diesen Kompetenzen weniger um die Kompetenzen eines autonomen Lernenden geht, sondern eher um das Delegieren der Vorbereitungsarbeit des Lehrers an die Schüler. Um nicht missverstanden zu werden, möchte ich ausdrücklich betonen, dass ich den Einbezug der Schüler in die Entstehung und Durchführung solcher Unterrichtssequenzen für unabdingbar halte, aber man muss sich als Lehrender klar darüber sein, dass es sich hier um eine Maßnahme handelt, die dem Lernenden nicht wirklich mehr Verantwortung und Selbstständigkeit *beim Lernen* zugesteht. Der Lehrer hat nach wie vor die Fäden in der Hand, und durch die vorgegebenen Materialien ist auch der Lernweg der Schüler vorprogrammiert – offene Aufgabenstellungen werden auch hier eher selten vorkommen. Bei der Bearbeitung des Angebots macht es zwar bestimmt motivational einen Unterschied, ob ich das Angebot eines Lehrers oder das eines Klassenkameraden bearbeite, lerntheoretisch bleibt dieser Teil der Werkstattarbeit aber gleichsam geschlossen. Sinn macht diese Form der Planungsbeteiligung dann, wenn ich entweder ein sehr offenes Fach bzw. Teilgebiet eines Faches habe, sodass die Schüler aus sich heraus „offene" Angebote, d. h. Angebote ohne Lösungsvorgaben, entwickeln können, oder wenn ich ein festes Ziel, z. B. eine Übungssequenz oder einen zu automatisierenden Inhalt im Auge habe. Ansonsten besteht leicht die Gefahr, sich mit einem verhältnismäßig geringen Einbezug der Schüler zufrieden zu geben und die lerntheoretisch viel wichtigere Methodenfreiheit auf Seiten des Schülers außen vor zu lassen.

Eine Alternative, um wirklich zu einem autonomen Lernen hinzuführen, wäre die Überlegung, ob sich die Werkstatt- oder Stationsarbeit nicht durch den Verzicht auf umfangreiche oder obligatorische Vorgaben in Richtung individueller Miniprojekte einzelner Kinder oder Kindergruppen entwickeln könnte. Der dem Werkstattunterricht eigene Freiraum bezüglich Inhaltsauswahl, Zeit, Ort, Sozial- und Arbeitsform könnte hier zusammen mit dem verantwortlichen „Chefprinzip" eine tragfähige Grundlage bieten, offene Werkstattarbeit als durchgehendes Unterrichtsprinzip in die Hand der Kinder zu legen. Der Lehrer kann dann durch eigene Angebotsvorschläge Impulse und Arbeitsideen einfließen lassen, ohne damit die Eigenverantwortung der Kinder für ihre Eigenproduktionen zu berühren. Wie war das noch? Der Übergang zum Offenen Unterricht ist fließend ...

1.4 Von offenen Unterrichtsformen zum Offenen Unterricht

> Wer unter Öffnung der Schule nur freie Arbeit, die Aufhebung des Stundenplans und eine besondere Wertschätzung für die Bedürfnisse der Kinder versteht, vermag im Streit konkurrierender Meinungen niemanden davon zu überzeugen, daß dies die bessere Art von Unterricht ist. (Benner 1989, 47)

Die Abbildung auf der folgenden Doppelseite zeigt die besprochenen Unterrichtsformen und ihre verschiedenen Schwerpunkte in einem kurzen Vergleich. Im Vorgriff auf die noch folgenden Ausführungen wurde zusätzlich die Konzeption des „Offenen Unterrichts" (als eigenständige Unterrichtsform) aufgenommen.

Interessant, aber auch bezeichnend ist vor allem ein Punkt im Hinblick auf die Suche nach der „verlorenen Offenheit": Die Formen offenen Unterrichts, die am ehesten in der Praxis als *durchgängige* Unterrichtsprinzipien zu finden sind, sind Wochenplan- und Werkstattunterricht. Konzepte, die in der landläufigen Umsetzung klar – und schwarz auf weiß – in der Form eines fixen Planes oder einer entsprechenden Angebotsliste auf den inhaltlichen und methodischen Vorgaben des Lehrers aufbauen. Formen, die dem Schüler mehr Freiraum gewähren wie die Freie Arbeit oder der Projektunterricht, kommen nicht als durchgängige Unterrichtsformen vor und passen sich im Grad ihrer Offen- oder Geschlossenheit schnell dem Lehrer an. Dabei wird die übliche Umsetzung all dieser „offenen" Formen ihrem eigenen hohen Anspruch in der Praxis meist wahrlich nicht gerecht.

Die gemachten Betrachtungen bezüglich der vielfach defizitären Umsetzung der aktuellen Zielsetzungen und Prinzipien von Unterricht – sie werden explizit oder implizit in allen gültigen Richtlinien gefordert – geben zu denken. Wie kommt es, dass Lehrer Prinzipien und Handlungsweisen theoretisch anerkennen, sich auch durchaus damit identifizieren können und trotzdem eine Unterrichtspraxis vorweisen, die – ohne diesen Unterricht im Einzelnen werten zu wollen (!) – diese Zielsetzungen oft nur noch karikiert? Sicherlich ist eine der Begründungen für die unbefriedigende Umsetzung in organisatorischen Schwierigkeiten zu finden, wenn an vielen Schulen eben nicht das Klassenlehrerprinzip vorherrscht, sondern das stundenweise Unterrichten durch Fachlehrer schon rein technisch projektorientierten oder fächerübergreifenden Unterricht fast unmöglich macht. Auch wenn man versucht, diesem Problem durch „Teamwork" zu begegnen, ergibt sich nicht nur auf der Beziehungsebene ein gewisses Lotteriespiel, sondern die nun notwendigen Vorabsprachen karikieren schnell jede den Schülern gewährte Offenheit im Sinne einer Situationsorientierung und haben zwangsläufig eine Reduzierung der im Gesamtkonzept gewährten Offenheit zur Folge, denn die Basis der Vereinbarungen kann ja nur der kleinste Nenner unter den Beteiligten sein: das Maß an Vorgaben, das der „unsicherste" der Teamkollegen als Stütze mindestens braucht. Zudem beeinflusst der stattfindende Personenwechsel den von den Schülern selbst organisierten Arbeitsprozess, es fehlt Lehrern wie Schülern ein Stück Kontinuität im Lern- bzw. Lernbegleitprozess.

	Wochenplanunterricht	Freie Arbeit	Projektunterricht
Konzeptschwerpunkt	Selbstbestimmung bzgl. der zeitlichen Organisation der Aufgabenbearbeitung	selbstständiges, vorwiegend individuelles Lernen in einer vorbereiteten Umgebung	kooperatives, demokratisches Erfahrungslernen
Voraussetzungen	Wochenplan und entspr. Bearbeitungsmaterialien	vorb. Lernumgebung mit Arbeitsmaterialien	für alle bedeutendes Projektthema
Schüler-/ Lehrerrolle	Der Lehrer führt die Kinder mittels differenzierter Vorgaben zum gemeinsamen Ziel.	Das Kind soll mittels der vom Lehrer ausgewählten Arbeitsmittel Hilfe zur individuellen Selbsthilfe bekommen.	Der Lehrer versucht das Erfahrungslernen der Schüler durch verantwortungsbewußtes Zurücktreten in eine „gleichberechtigte Rolle" unterrichtlich vorzuplanen.
Material	meist stoffplan- oder themenbezogene Zusammenstellung von Arbeitsmaterialien (Lehrbücher, Arbeitsblätter, Freiarbeitsmaterial, Projektmaterial etc.)	begrenzte Anzahl ansprechender, zielorientierter, handlungsauffordernder Arbeitsmittel, mit denen ohne Lehrerhilfe gearbeitet werden kann	Materialorganisation (Informationsträger, Alltagsmaterial) erfolgt durch die Projektgruppe, bei projektorientiertem Unterricht evtl. zusätzliche Bereitstellung durch den Lehrer
Kontrolle	erfolgt in der Regel durch den Lehrer, evtl. auch durch Material oder Partner	Kontrolle durch Arbeitsmittel, in Abhängigkeit davon evtl. durch Partner oder Lehrer	erfolgt durch Reflexionsgespräche innerhalb der Teil- oder Gesamtgruppe
Inhaltswahl	im Rahmen der Vorgabe der Wochenplanaufgaben vom Lehrer vorgegeben	in Abhängigkeit von der Vorauswahl der Arbeitsmittel durch den Lehrer vom Schüler bestimmbar	von Schülern und Lehrer gemeinsam geplant, im projektorientierten Unterricht meist vom Lehrer vorgegeben
Methodenwahl/ Differenzierung	von der Auswahl und Zusammenstellung der Aufgaben abhängig	von der Offenheit des Materials abhängig	meist innerhalb der Zielvorgaben frei bestimmbar
Sozialform/ Arbeitsort	aufgabenabhängig vom Schüler wählbar, evtl. durch feste Sitzplätze vorgegeben	materialabhängig vom Schüler frei wählbar	gemeinsam geplant, aus der Notwendigkeit der Sache resultierend
Zeitpunkt/ Zeitdauer	im Rahmen der Planvorgaben vom Schüler frei wählbar	in der Regel vom Schüler frei wählbar	innerhalb der gemeinsamen Planung und der situativen Notwendigkeiten frei bestimmbar

Vergleich offener Unterrichtsformen (vgl. Peschel 1997a, 255ff.)

Werkstattunterricht	Stationslernen	Offener Unterricht	
selbstgesteuertes Lernen durch (unsystematisches) Bedienen aus einem systematischen Lernangebot	mehrkanaliges, zielgleiches Lernen an vorgegebenen Angeboten zu einem Thema	individuelles, selbstreguliertes Lernen in einer Gemeinschaft	**Konzeptschwerpunkt**
Werkstattangebote, „Chefbetreuung"	verschiedene Stationen zum Lernthema	offene Strukturen, intrinsische Motivation der Kinder	**Voraussetzungen**
Der Lehrer organisiert das selbstgesteuerte Lernen der Schüler durch ein „Überangebot" an Lernmöglichkeiten sowie Kompetenzdelegation (Chefs)	Der Lehrer bereitet mehrkanalige, ganzheitliche Lernangebote für den Schüler vor, der diese dann selbstständig „durchläuft".	Der Lehrer hält das ganz selbstgesteuerte Lernen des Schülers im Auge, gibt evtl. Impulse und hilft, die unterschiedlichen Schülerergebnisse zu strukturieren und zu integrieren.	**Schüler-/ Lehrerrolle**
begrenztes, systematisch strukturiertes Überangebot an anregenden, handlungsorientierten, mehrere Fächer und Sozialformen berücksichtigenden Angeboten	begrenztes, themen- und zielgebundenes, handlungsorientiertes, mehrkanaliges, ganzheitliches Lernen erlaubendes Angebot an festen Stationen zugewiesenen Materialien	weitgehender Verzicht auf didaktisierte Arbeitsmittel, das „weiße Blatt" als offene Arbeitsanregung, Einbezug selbstorganisierter Materialien der Kinder	**Material**
Kontrolle durch Material, Partner oder den zuständigen „Chef"	Kontrolle durch Material, Partner oder Lehrer	Angestrebt ist echte Selbstkontrolle durch eigene Fehlerüberprüfung mittels Probeaufgaben, Wörterbuch, Austausch...	**Kontrolle**
in Abhängigkeit von der Auswahl der Angebote durch den Lehrer frei vom Schüler bestimmbar	Stationsreihenfolge evtl. vom Schüler frei bestimmbar	innerhalb eines offenen Curriculums frei vom Schüler bestimmbar	**Inhaltswahl**
von der Offenheit des Angebotes abhängig	von der Offenheit des Stationsangebotes abhängig	ohne Vorgaben, daher weitgehend entdeckendes Lernen auf eigenem Weg	**Methodenwahl/ Differenzierung**
angebotsabhängig vom Schüler frei wählbar	aufgabenabhängig vom Schüler wählbar, meist aber feste Stationsplätze	frei vom Schüler wählbar	**Sozialform/ Arbeitsort**
in der Regel vom Schüler frei wählbar, evtl. von Pflichtaufträgen oder Material abhängig	evtl. durch feste Wechselzeiten vom Lehrer vorgegeben	frei vom Schüler bestimmbar	**Zeitpunkt/ Zeitdauer**

Aber auch auf anderen Ebenen ergeben sich Konflikte, z. B. wenn man die oben genannten didaktischen Prinzipien als so etwas wie einen „Lehrgang" im Unterricht ansieht. Natürlich macht es Sinn, den Kindern entsprechende Erfahrungen zu ermöglichen, aber sobald diese vom Lehrer vorgeschrieben bzw. inszeniert werden, erzeugen sie all die bekannten Probleme des Lehrganges, die man ja eigentlich vermeiden wollte: Durch den Eingriff fällt die Situationsorientierung genauso weg wie die Verantwortung für das eigene Lernen oder die Selbststeuerung des einzelnen Schülers.

Entsprechend müssen Prinzipien „echter" Schülerorientierung Vorrang haben, um dann individuell oder gemeinschaftlich andere Prioritäten zu setzen. Die oben beschriebenen Arbeitsformen brauchen einen gemeinsamen Ursprung, ein Basiskonzept. Sie müssen sich wieder auf ihre Grundidee zurückbesinnen, um dann von dort aus ihre methodischen Stärken zu erzeugen. Vom richtigen Ursprung aus können dann sogar die „geschlosseneren" Konzepte gewinnbringend eingesetzt werden, wenn z. B. der Wochenplan nicht mehr die verbindliche Vorgabe für alle Kinder ist, sondern der individuelle Lernvertrag, den ein Kind als „Eigenhilfe" mit sich selbst abschließt, um ein sich selbst vorgenommenes Ziel zu erreichen. Oder es lassen sich z. B. Werkstätten und Stationsbetriebe denken, die Kinder für ihre eigene oder andere Klassen planen und aufbereiten, wodurch diese Arbeitsformen zumindest auf der methodischen Ebene eine neue Qualität erfahren können.

Die angesprochene stärkere Orientierung und Reflexion der den offenen Unterrichtsformen zu Grunde liegenden didaktischen Prinzipien führt zwangsläufig zu ihrer qualitativen Weiterentwicklung. Vor diesem Hintergrund wird der vom Lehrer vorgegebene Arbeitsplan zur vom Schüler selbst zusammengestellten und mit dem Lehrer abgesprochenen Notation der eigenen Vorhaben. Die Freie Arbeit wird vom Griff zur spielerischen Beschäftigung mit den Materialien aus dem Arbeitsmittelregal zum anspruchsvollen Verfolgen und Erarbeiten eigener Themenstellungen. Der Projektunterricht wandelt sich von der Hobbyaktion zur herausfordernden Lösung eines Problems oder zur komplexen Durchführung einer Aktion und die Aufbereitung eigener Angebote für Lernstationen oder Werkstätten wird zum gemeinsamen Klassenvorhaben mit kontinuierlichem gegenseitigem Austausch über Inhalte, Zugangsweisen und Aufgabenqualität.

In dieser Form gehen Tages- und Wochenpläne, Projekte usw. in die Freie Arbeit bzw. letztendlich in einen Offenen Unterricht über, in dem die Lernwege der Kinder freigegeben sind und in dem auch inhaltlich eine größtmögliche Freiheit bzw. Mitbestimmungsmöglichkeit besteht. Die Gestaltung der Differenzierung wird vom Lehrer auf den Schüler übertragen, es findet ein Rollenwechsel statt, der den Lernenden zum Aktiven und den Lehrer zum Begleiter macht. Erst jetzt wird wirklich die Selbstständigkeit und Eigenverantwortlichkeit des Schülers geschult und der oft vorzufindenden „Konsum-" bzw. „Aberledigungshaltung" tatsächlich entgegengewirkt. Der Unterricht wird als Raum für die eigenaktive Auseinandersetzung mit selbstgewählten Inhalten verstanden. Die Schüler denken sich ein Thema aus, dem sie sich widmen wollen, sammeln sich hierzu Literatur, Modelle und andere Informationen und bearbeiten dieses Thema dann alleine oder gemeinsam. Die von den Kindern gewählten Inhalte und die eigenen Vorgehensweisen sind dann Gesprächsgrundlage für spannende (und konstruktive) Gespräche der Kinder untereinander bzw. mit dem Lehrer. Etwaige Arbeitspläne wandeln sich von der Vorgabe zur individuellen Organisationshilfe für den, der sie benötigt. Über kurz oder lang nutzen nur noch die Kinder solche Pläne, die den dadurch entstandenen Halt wirklich benötigen (z. B. als „Lernverträge" mit sich selbst, dem Lehrer oder der Klasse). Wer ohne Plan arbeiten kann, kann nicht weniger, sondern mehr als der, der einen Plan braucht.

1.5 Zusammenfassung

Ein kritischer Blick auf die Umsetzung offener Unterrichtsformen wie Freie Arbeit, Wochenplan-, Projekt-, Werkstattunterricht und Stationslernen in der Praxis zeigt, dass die unterrichtliche Gestaltung in vielen Fällen den Zielen nicht gerecht wird, die als Begründung für eine entsprechende Unterrichtsgestaltung angeführt werden. Natürlich bietet die offenere Unterrichtsgestaltung einen Aufbruch des Frontalunterrichts mit der Möglichkeit einer differenzierteren Gestaltung der Unterrichtsinhalte, eines Nebeneinanders verschiedener Arbeits- und Sozialformen, einer Öffnung nach außen, eines Freisetzen des Lehrers zur individuellen Hilfestellung oder sogar auch des Einbindens der Kinder in die Unterrichtsdurchführung. Und doch lassen sich an dieser Umsetzungsart viele Kritikpunkte finden, die zeigen, dass aus einer radikalen Sichtweise die eigentlich wichtigen Ziele einer Öffnung des Unterrichts so nicht erreicht werden:

- Offene Unterrichtsformen (z. B. der Projektunterricht) werden selten als „richtiger" Unterricht, sondern eher als „Bonbon" im Schulalltag angesehen. Die eigentlichen Ziele (Demokratie, Erwerb methodischer und inhaltlicher Kompetenz durch eigene bzw. gemeinsame Problemlösung einer Ernstsituation etc.) werden meist weder beabsichtigt noch verfolgt. Die Handlungsbefähigung wird reduziert auf tätigkeitsintensive Beschäftigungen.
- Die Eigenverantwortung des Lernens wird reduziert auf die Auswahl aus dem vorgegebenen Angebot. Das Material ist meist eher willkürlich nach Vorhandensein denn nach Qualität zusammengestellt – und/oder es herrscht ein großer Zeitaufwand bei der Herstellung der Angebote. Angebote werden „konstruiert", um den Anspruch an fächerübergreifendes oder ganzheitliches Arbeiten zu erfüllen.
- Die Materialien sind oft sehr (extrinsisch) motivierend aufgemacht – Lernen wird als Unterhaltung verkauft und dadurch wird die intrinsische Motivation des Kindes bzw. die Motivation durch das Fach beschnitten. Die Abhängigkeit vom (geschlossenen) Material ermöglicht keine qualitative Verbesserung des Zugangs zum Stoff. Es ist meist kein eigenes Erarbeiten von neuen Themen durch den Schüler möglich (höchstens das Anwenden bestehender Techniken auf ähnliche

Übungen) – der Frontalunterricht bleibt zur (gemeinsamen) Einführung neuer Inhalte durch die Lehrperson bestehen.

- Das selbstgesteuerte Lernen wird reduziert auf die Reihenfolge der Bearbeitung von Aufgaben oder die Wahl des Arbeitsortes. Die Selbstkontrolle wird reduziert auf die Fremdkontrolle durch das Material. Die „Lehrerrolle" verlagert sich ins Material, das aber starr ist und nicht auf das lernende Individuum reagieren kann. Die Differenzierung wird reduziert auf die Ausgabe zweier oder dreier (in sich undifferenzierter) Wochenpläne. Lernen wird zum „Aberledigen" möglichst vieler Aufgaben – anstatt zu einer qualitativen Auseinandersetzung mit Inhalten bzw. der Anwendung und dem Ausbau eigener Lernmethoden.

Dadurch wird Schule schnell zur Beschäftigungstherapie, bei der die Arbeit des einzelnen Kindes an einem bestimmten Auftrag bzw. Material oft konkret gar nicht zu begründen ist. Die beabsichtigte individuelle Passung wird nicht erreicht, die eigentlichen Ziele und Prinzipien des offenen Unterrichts werden nicht bzw. oft nur alibihaft umgesetzt, was zudem zu ihrer Verwässerung beiträgt. Trotzdem lassen sich alle kritisierten Formen offenen Unterrichts durch ein höheres Maß an Schülerbeteiligung und Eigenverantwortung der Lernenden bei gleichzeitigem Verzicht auf einen (Material-)Lehrgang qualitativ weiterentwickeln. Der geschlossene Wochenplan kann zur selbst erstellten Planungshilfe des einzelnen Kindes, die Freie Arbeit und der Projektunterricht genauso zu auf interessegeleitetem Lernen basierenden eigenen Arbeitsvorhaben werden wie Werkstattunterricht und Stationslernen, wobei das Chefprinzip des Werkstattunterrichts die Grundlage für eine stärke Selbstverwaltung der Klasse liefern kann. In dieser Form gehen diese Unterrichtsformen fast fließend in ein Gesamtkonzept Offenen Unterrichts über, das sich durch Freigabe der Lernwege der Kinder sowie eine Berücksichtigung ihrer Lernbedürfnisse und -interessen sowie größtmögliche Mitbestimmungsmöglichkeit auszeichnet.

Nach dem qualitätssichernden Weiterdenken einzelner „offener" Unterrichtsformen in die Richtung eines Offenen Unterrichts liegt es nahe, sich vor der Beschäftigung mit einem konkreten Konzept dem Versuch zu stellen, den Begriff der Offenheit bzw. die „offenen" Unterrichtssituationen begrifflich klarer zu fassen.

2 Systematische Einordnung des der Untersuchung zu Grunde liegenden Verständnisses von Offenem Unterricht – Überlegungen zu Dimensionen und Entwicklungsstufen

Im Folgenden erfolgt nach einem kurzen Bezug auf die Wurzeln des Offenen Unterrichts der Versuch, den Begriff des Offenen Unterrichts fassbarer und handhabbarer zu machen. Nach Überlegungen zum inflationären Gebrauch des Begriffes werden ein Bestimmungsraster sowie ein Stufenmodell vorgestellt, die dazu dienen können, den Grad der Offenheit in verschiedenen Dimensionen von Unterricht besser reflektieren bzw. bestimmen zu können (vgl. i. F. Peschel 2002a, 67-90).

2.1 Wurzeln, Vorläufer und Legitimationen offenen Unterrichts

Die Wurzeln des offenen Unterrichts sind vielfältig und entstammen den unterschiedlichsten Bereichen. Was es mit Sicherheit nicht gibt, ist eine lineare, durchgängige Entwicklung des offenen Unterrichts, ausgehend von einer bestimmten Idee und Vorstellung von Schule, die sich dann zielgerichtet weiterentwickelt hat. Vielmehr stellt sich der Terminus „offener Unterricht" eher als ein Sammelbegriff für Alternativen zum (jeweils herrschenden) traditionellen Unterrichtsverständnis denn als Beschreibung einheitlicher Vorstellungen dar. EIKO JÜRGENS (vgl. 1994a, 24) z. B. bezeichnet daher den offenen Unterricht analog zur Reformpädagogik als eine „Bewegung". Dadurch wird betont, dass offener Unterricht eine dynamische Angelegenheit ist und eine Bündelung vielfältiger Ideen und Interessen von Personen widerspiegelt, die aus unterschiedlichsten Motiven und mit unterschiedlichsten Begründungen Schule „öffnen" wollen.

Gerade diese Tatsache macht aber wiederum deutlich, dass es sich eigentlich nur sehr vordergründig um eine gemeinsame bzw. „geschlossene" Bewegung handelt, sondern eher um eine Zusammenfassung ganz verschieden legitimierter und daher auch verschieden auslegbarer Vorstellungen von „Offenheit". Zusätzlich zu den Bedürfnissen und Vorstellungen des Einzelnen werden die verschiedenen Ansätze und Strömungen einer Öffnung des Unterrichts durch ganz unterschiedliche Wissenschaften legitimiert bzw. sind davon abhängig: die Reformpädagogik vor allem von Philosophie und Anthropologie, die Curriculare Didaktik von der Lernpsychologie, die Emanzipatorische Didaktik von der Soziologie und die kommunikative Didaktik von der Sozialpsychologie (vgl. Kunert 1978, 53). Der Begriff „Bewegung" ist daher eher als Aktivitätsaufruf denn als Zusammenschluss Gleichgesinnter zu verstehen.

Dies hat zur Folge, dass es innerhalb der Diskussion um „offenen Unterricht" weder eine einheitliche Vorstellung von der eigentlich angestrebten „Offenheit" gibt noch überhaupt mit einem gleichgearteten Begriffsverständnis gearbeitet wird. Daraus resultieren dann die üblichen zirkularen Diskussionen, die durch unterschiedlich interpretierte Begriffe auch dort Übereinstimmungen erscheinen lassen, wo eigentlich eher konträre Vorstellungen geäußert werden. Um wenigstens ansatzweise eine Klarheit über das hier vertretene Begriffsverständnis zu schaffen, erscheint es sinnvoll, zumindest die allerwichtigsten Ursprünge des „Konglomerates" der historischen Einflüsse, die offenen Unterricht bedingt haben, aus heutiger Sicht zu beschreiben:

Zunächst wird man bei den Vorläufern offenen Unterrichts an die Reformpädagogik denken, deren Vertreter durch die Betonung eines Denkens „vom Kinde aus" die Vorstellung einer „Schule für Kinder" sowohl theoretisch als auch praktisch entscheidend beeinflusst haben. Dabei war auch die Reformpädagogik keine „Bewegung" Gleichgesinnter, sondern eher Oberbegriff vielfältigster „Strömungen", die sich selbst zwar auch „Bewegungen" nannten (Kunsterziehungsbewegung, Arbeitsschulbewegung usw.), in denen aber zum Teil sehr unterschiedliche, miteinander konkurrierende Richtungen vertreten waren. Auf ihren unterschiedlichen Konzepten basieren die entsprechend geprägten Regel- und Alternativschulen (z. B. Montessori-, Petersen-, Freinet- und Waldorfschulen).

Eine andere Art von Alternativschultradition können mittlerweile die „Freien Alternativschulen" aufzeigen, die Anfang der siebziger Jahre aus den antiautoritären Erziehungsansätzen hervorgegangen sind. Das In-Frage-Stellen der bisherigen Unterrichtspraxis war zur damaligen Zeit aber nicht nur einzelnen „Revolutionären" vorbehalten, sondern spiegelte auch allgemein die wissenschaftliche Diskussion wider. Die Eröffnung des Weltraumzeitalters durch die erfolgreiche Platzierung des russischen Erdsatelliten „Sputnik" im Jahre 1957 löste bei den westlichen Mächten den danach benannten „Sputnik-Schock" aus – und die Forderung nach einem Bildungssystem, von dem man mehr und frühere „Wissenschaftsorientierung" forderte. Veränderte gesellschaftliche Rahmenbedingungen sowie neue pädagogische und lernpsychologische Erkenntnisse ließen Kritik an ungenügender Differenzierung, unwissenschaftlicher Kindertümelei durch „Heile-Welt-Darstellungen" und gekünstelter „ganzheitlicher" Fächerverknüpfung laut werden. Hier wurden vom DEUTSCHEN BILDUNGSRAT unter Berücksichtigung ausländischer Erfahrungen (vornehmlich aus den USA) die Grundlagen für eine innovative Schulreform gelegt. Zustande kamen sehr „fortschrittliche" Richtlinien, die ein hohes Maß an Differenzierung bzw. Individualisierung im Unterricht forderten. Fast widersprüchlich dazu waren aber die Ergebnisse der Lehrplankommissionen, die die allgemein geforderte „Wissenschaftsorientierung" durch behavioristisch orientierte, kleinschrittige Stundenvorgaben in den Lehrplänen umzusetzen versuchten. Bedingt durch diese neue „Geschlossenheit" machte sich dann allerdings schnell die Forderung nach wirklich „handlungsorientierten" bzw. „offenen", vor Ort beeinflussbaren Curricula laut. Hier gaben dann vor allem englische Projekte wie z. B. „Science 5/13" (vgl. Schwedes 1976) Denkanstöße. Diese Idee „offener" Curricula spiegelt sich auch in den zurzeit gültigen Richtlinien und Lehrplänen wider.

Das heutige Verständnis von offenem Unterricht entspringt also einem langen Prozess unterschiedlichster Einflüsse. Stark religiös- (MONTESSORI) und führungsgeprägte Konzepte (PETERSEN, MONTESSORI) stehen dabei neben Auffassungen, die eine Beeinflussung durch religiös oder nationalistisch geprägte Erziehung vermeiden und Lehrerautorität relativieren wollen (FREINET, NEILL, Antiautoritäre Erziehung) oder letztendlich sogar von einer „Entschulung der Gesellschaft" (ILLICH) sprechen. Offener Unterricht, so wie er sich heute darstellt, entspricht daher keiner der oben angedeuteten Theorien. Er ist einer dauernden Weiterentwicklung ausgesetzt, die zumindest ab und zu eine Bestandsaufnahme erforderlich macht.

So scheinen gerade die Forschungsbemühungen der letzten Jahre eine ganz wichtige Begründung für offenen Unterricht zu liefern: Seit einiger Zeit sorgt der (gar nicht so neue) sogenannte „radikale Konstruktivismus" für einen Paradigmenwechsel in der Didaktik. Obwohl die Erkenntnis, dass Lernen immer ein Prozess des eigenen Konstruierens ist, so erst einmal noch nichts über die Unterrichtssituation aussagt, in der diese Konstruktion am besten erfolgt, weicht die behavioristisch geprägte Vorstellung eines Lernens durch (Be-)Lehren zunehmend der lernpsychologischen Forderung nach einem aktiv-entdeckenden Lernen. Das hat wiederum vor allem auf der Seite der Wissensaneignung eine Abkehr von herkömmlichen Lernmethoden zur Folge. Nach der Proklamation einer verstärkten, *vom Lehrer ausgehenden* Differenzierung in den siebziger bzw. achtziger Jahren wird heute die allgemeinpädagogisch-didaktische Forderung nach individualisierendem, *vom Schüler selbst gesteuerten* Unterricht laut.

Dabei wird die Notwendigkeit der weitgehenden Freigabe sowohl der Lernmethode des Schülers, d. h. der Art, mit der er sich Wissen aneignet, als auch die Freigabe der Inhalte durch aktuelle fachdidaktische Konzepte und Forschungsergebnisse bestätigt. Die Öffnung des Unterrichts hielt in den letzten Jahren gerade über diesen Weg Einzug in die Schulen. Sie wird dabei nicht mehr nur von einigen „progressiv" denkenden Lehrern als Leitmotiv ihres Unterrichts umgesetzt, sondern flächendeckend in Aus- und Weiterbildung gefordert – meist allerdings methodisch reduziert in der Form bestimmter fachdidaktischer Konzepte wie z. B. „Lesen durch Schreiben" (vgl. Reichen 1982, 2001), dem „Spracherfahrungsansatz" (vgl. Brügelmann/ Brinkmann 1998a; b) bzw. dem „freien Schreiben" im Sprachunterricht (vgl. Spitta 1988; 1992), „mathe 2000" (vgl. Wittmann/ Müller 1990; 1992) in der Mathematik oder als „Integrierender Sachunterricht" bzw. in der Form von thematisch aufbereiteten „Lerngärten" oder „Werkstätten". Unter dieser Voraussetzung und bei dieser Breitenwirkung muss „offener Unterricht" aber endlich grob definiert und pädagogisch, soziologisch und psychologisch zumindest so begründet werden, dass die wichtigsten übergreifenden Richtziele allen Praktikern klar sind und die Grundlage für alle fachdidaktischen Umsetzungen bilden.

Warum das bislang nur so völlig unzureichend erfolgt ist bzw. letztendlich überhaupt nur bis zu einem gewissen Grade erfolgen kann, hat vor allem mit der immerwährenden pädagogischen Grundfrage nach dem Grad der Erziehungsbedürftigkeit des Kindes, nach dem richtigen Verhältnis von Grenzen und Freiräumen, der Relation von Freiheit und Verbindlichkeit zu tun. Die Beantwortung dieser Fragen ist aber nicht wissenschaftlich lösbar, sondern spiegelt als pädagogisch-philosophisches Problem immer in sehr hohem Maße das Menschenbild bzw. die Wahrnehmung des Betrachters wider, sodass alle pädagogischen Bemühungen letztendlich daran gemessen und interpretiert werden.

2.2 Das Problem: Definition und Messbarkeit offenen Unterrichts

Die Problematik, über „offenen Unterricht" zu sprechen, beginnt schon auf der sprachlichen Ebene. Zunächst verlangt das Adjektiv „offen" eine ganz andere Definition von Unterricht, als sie im Alltagsbewusstsein der meisten Menschen verankert zu sein scheint. Damit sich „offen" und „Unterricht" nicht gegenseitig antithetisch ausschließen, darf Unterricht nicht mehr als „Unterrichten", als Belehren durch einen Lehrer aufgefasst werden. Vielleicht kann man sich in diesem Zusammenhang auch an den Ursprung des Wortes „Schule" vom lateinischen „schola" bzw. dem griechischen „schole", dem Begriff für Muße und Ruhe, für „Innehalten in der Arbeit", erinnern. Intensives und verstehendes Lernen erfolgt eher in Zeiten selbstregulierter Aktivitäten denn im 45-Minuten-Takt fremder Belehrungen und „Unterrichtungen". Versteht man Schule als einen auf das Lernen des Individuums ausgerichteten Raum, so kann man Schule und Lernen nicht mehr einfach mit dem Besuch von Unterricht gleichsetzen (vgl. auch Peschel 1997b).

Der Begriff des „Offenen" schafft aber auch innerhalb eines weiter gefassten Begriffs von Unterricht noch große Probleme. LENZEN kritisierte schon 1976 den Begriff der „offenen Curricula" als nichtssagenden „Slogan", dessen konstitutive Merkmale „Vagheit" und „Unbestimmbarkeit" sind, sodass keine intersubjektive Interpretation möglich ist, und damit die einzelnen inhaltlichen Entscheidungen weitgehend indiskutabel und unsinnig werden (vgl. Lenzen 1976, 144). Erscheint diese Folgerung wegen eines gewissen – allerdings schwer fassbaren – Konsenses über „offenen Unterricht" letztendlich doch übertrieben, so mangelt es trotzdem auch 25 Jahre später noch an einer systematischen Fassung der unter „Offenheit" bzw. „offenem Unterricht" vertretenen Interpretationen bzw. Forderungen an die Unterrichtspraxis: Die „offenen Schulen", die das „offene Lernen" in den „offenen Klassen" mit „offenen Aufgabenstellungen" und „offenen Medien" innerhalb der „offenen Lehrpläne" bzw. „offenen Curricula" betreiben, „öffnen" sich nach außen und stellen sich schließlich der „offenen Evaluation" (vgl. Nehles 1981, 9). Ende offen.

2.2.1 Die Bandbreite der Interpretationsmöglichkeiten und der Motive für offenen Unterricht

Recherchiert man einmal die Bandbreite der Verwendung des Begriffes „offener Unterricht" bzw. seiner Synonyme, so scheint die größte Übereinstimmung in Bezug auf eine Definition darin zu bestehen, dass „offener Unterricht" „schülerzentrierter Unterricht" sein sollte (vgl. Jürgens 1994a, 51). Diese Aussage ist im Hinblick auf eine Definition banal, denn beide Begriffe werden weitgehend gleichartig benutzt; obwohl der Begriff der Schülerzentrierung auch in Konzepten geschlosseneren Unterrichts auftauchen kann (Schülerorientierung oder „innere Differenzierung" als eine bestimmte methodisch-didaktische Maßnahme des Lehrers, nicht als pädagogisch begründete, durchgängige Erziehungsphilosophie).

Nach dieser Übereinstimmung tun sich dann allerdings Welten zwischen den einzelnen Interpretationen auf: Die Bandbreite dessen, was als „offener Unterricht" bezeichnet wird, geht

- von 'der Offenlegung der Planung am Stundenanfang' bis 'Schüler entscheiden über ihr Lernen selbst';
- von 'der Berücksichtigung der Lebenswelt der Schüler' bis 'Schüler können individuelle Interessen verfolgen';
- von 'der Differenzierung durch den Lehrer' bis zur 'Individualisierung und Metakommunikation durch die Schüler';
- von 'Methodenvielfalt im Unterricht' bis zu 'selbstgelenktem, prozessorientiertem, problemlösendem Lernen';
- von 'Motivierungshilfen' bis zur 'Eigenverantwortung beim Lernen';
- von 'festen Umgangsformen, Regeln und Ritualen' bis zur 'Freisetzung gruppendynamischer Wirkungsfaktoren' und 'basisdemokratischen Entscheidungen';
- von 'lehrergelenktem Medieneinsatz' bis zu 'variablen Lernangeboten inner- und außerhalb der Schule';
- von der Bereitstellung von 'Aufgaben mit wachsendem Schwierigkeitsgrad' bis zu 'nicht stark an konventionellen Standards orientierten Inhalten';
- von 'wenig Tests' bis 'individuelle Lernberatung durch den Lehrer';
- von 'Wärme im Umgang mit dem Schüler' bis zur 'symmetrischen Kommunikation und Kooperation zwischen Lehrern und Schülern';
- von 'Beziehungsarbeit im Unterricht' bis zur 'Verneinung der Lehrerdominanz'. (Peschel 2002a, 71)

Diese Liste ließe sich noch weiter fortsetzen. Vergleicht man einmal die jeweils erstgenannten Begriffe mit den zweitgenannten, so wird schnell deutlich, dass die erstgenannten Interpretationen eher als Mindestanforderung an Unterricht überhaupt gelten können denn unbedingt als Zeichen für „offenen Unterricht". Ihr Vorhandensein im Unterricht hat entsprechend wenig mit „offen" oder „geschlossen" zu tun als mit „gut" oder „schlecht". Das wird umso klarer, wenn man die Zielrichtung der zweitgenannten Begriffe damit vergleicht.

Zu dieser Bandbreite kommt dann noch die Interpretationsvariation innerhalb der einzelnen Punkte, wenn z. B. die „Berücksichtigung der Lebenswelt der Schüler" zum einen heißen kann, dass man das Diktat „Bei uns zu Hause" auswendig lernen lässt, oder aber zum anderen, dass die Kinder im Unterricht eigene Fragen an ihre Umwelt mit selbst mitgebrachtem Material eigenständig verfolgen können. Das drückt anschaulich das Problem aus, mit dem die Forschung über offenen Unterricht seit Jahrzehnten kämpft: Die fehlende Definition dessen, was als „offen" bezeichnet wird, erlaubt es, fast jede Unterrichtssituation nahezu völlig beliebig als offen oder als geschlossen zu werten – und somit auch jedes gewünschte Forschungsergebnis zu erzielen. GIACONIA und HEDGES drücken dies in ihrer vielbeachteten Meta-Untersuchung über offenen Unterricht so aus: „The identification of generell effects for open education is complicated by the fact that open education is not a single, well defined treatment." (Giaconia/ Hedges 1982, 579)

Diese Verschiedenartigkeit der theoretischen und praktischen Positionen findet man auch dann wieder, wenn man die Schwerpunkte und Motive zusammenstellt, die sich bei den einzelnen Autoren hinter dem Begriff „offener Unterricht" verbergen. Dabei sind die einzelnen Positionen auch hier nicht ausschließlich, sondern oft additiv zu verstehen.

„Offener Unterricht" stellt sich demzufolge dar:
- als Zusammenfassung verschiedener pädagogischer Strömungen, als pädagogische (Gegen-)Bewegung, als historische Entwicklung, als pädagogische Grundeinstellung, als verfassungsrechtliche Forderung nach möglichst wenig „Gewaltverhältnissen";
- als prozessorientierte Zielvorstellung, d. h. als Mittel zum Zweck, um z. B. Selbstständigkeit, Emanzipation oder Demokratieverständnis zu erreichen;
- als Bündelungskonzept aktueller unterrichtsmethodischer Prinzipien auf Grund aktueller wissenschaftlicher Forderungen (veränderte Kindheit, personenzentrierte Psychologie, Berücksichtigung der verschiedenen Lernkanäle, Kreativitätsforschung);
- als anzustrebendes idealtypisches Konzept mit der Anregung zur inhaltlichen, methodischen und organisatorischen Öffnung, bei der die Offenheit selbst das Ziel darstellt;
- als Öffnung des Unterrichts nach außen, als Forderung nach „Gemeinwesenorientierung";
- als Wunsch bzw. Verwirklichung einer schöneren Schüler-Lehrer-Schulbeziehung durch „schülerorientierte" Elemente (Wärme, Geborgenheit, Schulgemeinschaft, Lebensschule) – *bzw. als notgedrungene Reaktion auf die „veränderte Kindheit"?*;
- als Oberbegriff für einzelne „Handlungsformen" bzw. als Methodenrepertoire (Freie Arbeit, Wochenplanunterricht, Projektunterricht, Kreisphasen);

- als durchgehendes Unterrichtskonzept, als Unterrichtsstil, als konkrete Utopie (Freinet-Pädagogik, auch das im Weiteren vorgestellte Gesamtkonzept „Offenen Unterrichts").

Hält man sich diese Fülle von Zugängen bzw. Interpretationsmöglichkeiten von „offenem Unterricht" vor Augen, so erscheint es nicht länger verwunderlich, dass die adäquate Umsetzung in der Schule trotz der richtliniengemäßen Vorgaben so unbefriedigend ist. Vielleicht ist der Begriff des „offenen Unterrichts" zu offen?

2.2.2 Sollte es eine Definition für offenen Unterricht geben – oder nicht?

Während z. B. KASPER die Notwendigkeit einer Definition generell in Frage stellt: „Offenen Unterricht definieren zu wollen, ist ein Widerspruch in sich selbst" (Kasper 1989, 5) und HAARMANN zugibt: „Für die Öffnung des Unterrichts haben wir kein Rezept, kein Modell, keine Gebrauchsanweisung, keine Parameter" (Haarmann 1989, 118), sehen wiederum andere Autoren wie z. B. WALLRABENSTEIN den offenen Unterricht schon als ausreichend definiert an:

> Inzwischen zeichnet sich jedoch vor dem Hintergrund einer fast zwanzigjährigen Auseinandersetzung um „Offene Curricula", „Offenen Unterricht", „Offene Schule" in der Bundesrepublik eine weitreichende Übereinstimmung im Bereich der Definition ab. Auf der Grundlage verschiedener Vorschläge (u. a. Benner 1989, Kasper 1988 [1989; FP], Ramseger 1987) möchte ich Offenen Unterricht kennzeichnen als
>
> > Sammelbegriff für verschiedene Reformansätze in vielfältigen Formen inhaltlicher, methodischer und organisatorischer Öffnung mit dem Ziel eines veränderten Umgangs mit dem Kind auf der Grundlage eines veränderten Lernbegriffs. (Wallrabenstein 1991, 54)

Diese Autoren möchten den Lehrern dieselbe Freiheit im Umgang mit dem Begriff des „offenen Unterrichts" bzw. dessen Umsetzung gewähren, wie sie es in diesem Unterricht für die Schüler fordern. SENNLAUB drückt das so aus:

> Ich werde mich an der Diskussion, was denn rechte Freiarbeit sei, nicht beteiligen. Und welche Art Wochenplanarbeit wem warum genehm ist, halte ich für ganz und gar uninteressant. [...] Diese Diskussion kann uns nur schaden. Die da mitdisputieren, übersehen, meine ich, etwas Entscheidendes. Man kann nicht sagen: Kinder sind unterschiedlich, und gleichzeitig so tun, als seien Lehrer(innen) gleich. (Sennlaub 1990^{5}a, 11)

Aber vielleicht sollte man das mittlerweile doch anders sehen? WINKEL formuliert es so:

> In diese Müllschlucker-Definition ist mittlerweile so alles hineingeworfen worden, was reformpädagogisch Rang und Namen hat: Von der Freiarbeit über den Stuhlkreis bis hin zum Epochenunterricht und die Stadtteilschule. [...]
> Offener Unterricht chaotisiert in seiner eigenen Maßlosigkeit, wenn er versäumt, präzise anzugeben, wann und wo er sich gegenüber welchen Gegebenheiten bzw. Möglichkeiten öffnet und schließt. (Winkel 1993a, 12f.)

Betrachtet man die Trägheit, mit der offener Unterricht Einzug in die Schulen hält, und untersucht dann noch, in welcher Form er tatsächlich umgesetzt wird (vgl. Brügelmann 1997b), so bleibt nicht viel von den hehren Idealen übrig, die überall als Begründung für offenen Unterricht dienen (vgl. Peschel 1995a). Viel eher muss man davon ausgehen, dass die „bemerkenswerten, im Alltag verwirklichten Öffnungsversuche" und der durch die „führenden Grundschulzeitschriften vermittelte Eindruck einer euphorischen Aufbruchstimmung" die – vielleicht noch nicht einmal durchgängige – Praxis einer kleinen Gruppe „hoch-engagierter Persönlichkeiten" darstellt, die in wenigen Reformklassen an einzelnen Grundschulen ihre besondere Pädagogik leben (vgl. Hagstedt 1992, 367f.). HAGSTEDT nimmt an, dass die veröffentlichten Beispiele offenen, projektorientierten Unterrichts zu wenigstens 95% aus ca. 50 allseits bekannten Reformschulen mit besonderem Status (Versuchs- und Modellschulen) kommen. Auch – der sonst so optimistische – BRÜGELMANN bezeugt: „Die (wenigen) empirischen Untersuchungen stimmen eher pessimistisch: je nach Härte des Kriteriums sind es allenfalls 1-25% der LehrerInnen bzw. der Unterrichtsanteile, die sich an offenen Unterrichtskonzeptionen orientieren." (Brügelmann 1997a, 43)

Reflektiert man die aktuelle Grundschulpraxis einmal wirklich aus diesem Blickwinkel, so wird die Notwendigkeit einer „Qualitätssicherung" offenen Unterrichts schnell klar: Natürlich muss jeder Lehrer offenen Unterricht so umsetzen können, wie er es für richtig hält, aber die Begrifflichkeit muss dabei gewahrt bleiben. Ein morgendlicher Sitzkreis ist noch genauso wenig „offener Unterricht" wie ein monatliches Aufsuchen eines außerschulischen Lernortes, ganz zu schweigen von den im ersten Kapitel schon kritisch hinterfragten Formen offenen Unterrichts. So muss nicht nur aus Gründen der Evaluation eine Definition „offenen Unterrichts" geschaffen werden, sondern vor allem aus Gründen einer gemeinsamen Gesprächs- und Entwicklungsbasis: „Der mangelnde Konsens über Begriffe und Konzepte der Freien Arbeit und des Offenen Unterrichts kann zu ernsthaften Beeinträchtigungen und Störungen in der pädagogischen Arbeit führen." (Goetze 1995³, 256) Die Diskussion um „offenen Unterricht" erscheint als vorschnell abgeschlossen, wenn der Kreis der an der Diskussion Beteiligten gut überschaubar ist und nur sehr selten wirklich kritische Auseinandersetzungen geführt werden – und dann leider (auf beiden Seiten) eher polemisch als konstruktiv:

> Überhaupt scheinen „Öffnung" und „Offenheit" zu Lieblingswörtern vieler Didaktiker avanciert zu sein. Der neue Trend findet beachtliche Resonanz. Wer ihm die Gefolgschaft verweigert, hat wenig Aussicht, ein gewichtiges Wort mitreden zu dürfen. Seine Stimme geht im Tosen des Überschwangs unter. Von den Neuerern wird er kurzerhand der „alten Garde" zugerechnet; und er kommt noch glimpflich davon, wenn er nicht zum verschrobenen Sonderling abgestempelt wird. – Geht ein altbekanntes, in Pädagogenkreisen besonders geschätztes Satyrspiel in eine neue Runde? (Kozdon 1989, 485)

So wurde z. B. auch die Untersuchung „Freie Arbeit in der Grundschule", in der HENNING GÜNTHER (vgl. 1988) Sinn und Effizienz offener Unterrichtsformen in Frage stellt, von den Vertretern der Reform scharf kritisiert, aber nicht unbedingt als konstruktive Chance genutzt, den in der Schule *praktizierten* offenen Unterricht wirklich einmal zu hinterfragen und seine Mängel anzugehen. Selbst wenn die Untersuchung methodologischen Ansprüchen nicht standhalten kann (vgl. Brügelmann 1989; Arbeitskreis Grundschule 1990), so ist sie doch Ausdruck der großen Lücke zwischen der theoretischen Diskussion und der pädagogischen Praxis. An Stelle der teilweise sehr polemisch geführten Auseinandersetzung (z. B. durch SENNLAUB 1990b) würden entsprechende Felduntersuchungen Klarheit in die Angelegenheit bringen und dem offenen Unterricht wieder eine reelle Chance ermöglichen.

Offenbar wird der offene Unterricht von vielen seiner Befürworter immer noch als reine „Gegenbewegung" gesehen und so die Chance, daraus eine „*Hin*bewegung" zu machen, vertan. Offener Unterricht darf aber nicht länger ein leeres Begriffskonzept mit „eingebauter" Positiv- oder Negativrezeption ohne eigentlichen Inhalt darstellen, sondern muss trotz der geforderten Offenheit des Konzepts eine wissenschaftliche Grundlage bekommen. Nach einer klaren Zielbestimmung müssen die Begriffe definiert werden und ihrer willkürlichen Interpretation muss ein Riegel vorgeschoben werden. Die bisherige „Alibidefinition" ist zwar bequem, aber nicht konstruktiv. Die Differenz zwischen den derzeitigen „theoretischen" Anforderungen an den Lehrer und der tatsächlichen Schulpraxis überhöhen den offenen Unterricht zu einer nie erreichbaren und damit vielleicht in der Praxis gar nicht erst anzustrebenden Utopie. An die Stelle einer konzeptlosen „Allerlei-Werkstatt" muss eine wissenschaftliche Diskussionsbasis treten, die die Praktikabilität offenen Unterrichts erkennbar und vor allem *vermittelbar* macht. Dies würde dann auch eine ganz neue Einstellung bzw. Definition der Didaktik bedingen. Bislang existiert noch keinerlei wissenschaftlich fundierte Auseinandersetzung mit offenem Unterricht, die seine Wirksamkeit oder Untauglichkeit befriedigend nachweisen kann. Offener Unterricht muss nun, nach Jahrzehnten der Diskussion und bei der zurzeit bestehenden Aktualität, fassbarer und umsetzbarer, aber vor allem auch angreifbarer und damit weiterentwickelbarer werden.

2.3 *Ein neuer Definitionsversuch und seine Operationalisierung*

Um überhaupt die Chance einer Definition zu haben, darf man den Begriff „offener Unterricht" nicht mehr nur als „Ober- bzw. Sammelbegriff" oder als „Bewegung" (Jürgens 1994a, 24) verstehen, die die „geschlossenen Strukturen" der „alten" Schule aufbrechen bzw. „öffnen" will, sondern man muss ihn praxistauglicher machen, indem ein konkretes, schulpraktisch erprobtes Gesamtkonzept eines Offenen Unterrichts zur Diskussion – und Evaluation – gestellt wird.

Zurzeit wird die praktische Umsetzung des offenen Unterrichts in der Schule viel zu stark von der vorher beschriebenen hehren Theorie getrennt, wenn in Büchern zunächst Ziele wie Selbstständigkeit und Emanzipation als Begründung für den neuen Unterricht herhalten müssen, auf der nächsten Seite dann aber Stöpselkarten und Kopiervorlagen die gerade geäußerte Theorie völlig „in die Knie zwingen". Auch JÜRGENS (vgl. 1994a, 46) und WALLRABENSTEIN (vgl. 1991, 92ff.) geben nach ihren – sicherlich hervorragenden – Auseinandersetzungen mit dem Phänomen „offener Unterricht" als Realisierungsmöglichkeiten schließlich die Arbeitsformen Freie Arbeit, Wochenplan und Projektunterricht an, ohne zu bedenken, dass diese Arbeitsformen in der Regel schulpraktisch ganz anders umgesetzt werden, als es der offene

Unterricht eigentlich verlangt bzw. verlangen würde. Es ist mittlerweile zu bezweifeln, ob diese Arbeitsformen wirklich „Stufen" auf dem Weg zum offenen Unterricht sind oder ob sie nicht „Alibi-Sackgassen" darstellen, die Lehrern ermöglichen, den allseits gewünschten „offenen Unterricht" vorweisen zu können, ohne seine Ideale und Zielsetzungen tatsächlich zu verfolgen.

2.3.1 Dimensionen „offenen Unterrichts"

Auf die Problematik einer „offenen" Definition, wie z. B. die oben genannte von WALLRABENSTEIN, wurde schon eingegangen. Es erscheint notwendig, eine Definition „offenen Unterrichts" auf einer Dimensionierung des Begriffes aufzubauen, die eine quantitative, aber besser noch qualitative Einordnung bzw. Beurteilung der „Öffnung" von Unterricht zulässt. Ansonsten wird die Dehnbarkeit der verwendeten Begriffe jegliche Definition wieder zunichte machen. Es geht also um möglichst operationalisierbare Kriterien, die sich zur Beschreibung jeglichen Unterrichts eignen und darüber hinaus aber auch die wesentlichen Merkmale offenen Unterrichts zufrieden stellend berücksichtigen.

Im Gegensatz zu anderen Autoren (vgl. Jürgens 1994b, 27ff.; Ramseger 1977, 55f.; Wallrabenstein 1991, 170f.) ist es mir allerdings wichtig, nach der Darstellung der Zielsetzung eine Mindestanforderung an „offenen Unterricht" zu formulieren bzw. eine Einstufungshilfe für die Öffnung von Unterricht vorzugeben, damit eine Abgrenzung zu anderen Formen offenen Unterrichts vorgenommen werden kann. Das Kriterium „Sind alle anderen Bedingungen gleich, so ist ein Unterricht offener als ein anderer, wenn ..." (Ramseger 1977, 53ff.) erscheint bei der Notwendigkeit konkreter unterrichtspraktischer Hilfen für den „Durchschnittslehrer" nicht (mehr) angemessen. Nach 25- bis 30-jähriger Suche nach „offenem Unterricht" muss es endlich eine Abgrenzung bzw. Inbeziehungsetzung eines stimmigen Konzepts Offenen Unterrichts zu anderen – auch berechtigterweise praktizierten – Unterrichtsformen geben, damit die Ideale dieser Unterrichtsform nicht völlig beliebig interpretiert und reduziert werden können. Offener Unterricht ist eben weder ein Konglomerat aus Freier Arbeit, Wochenplan- und Projektunterricht noch ein Synonym für Erlebnispädagogik oder Erfahrungslernen, er ist auch mehr als schüler- oder handlungsorientierter Unterricht, vor allem aber ist er nicht das, was man landläufig unter „Laisserfaire-" oder Situations-Pädagogik versteht.

Als Grundlage für eine Einteilung möglicher Untersuchungskriterien für „offenen Unterricht" bieten sich die folgenden Dimensionen von Unterricht an, die sich ähnlich auch bei anderen Autoren in Bezug auf (offenen) Unterricht finden (vgl. Ramseger 1977, 53ff.; Bönsch/ Schittko 1979, 12; Wagner 1979, 175ff.; Benner 1989; Jürgens 1994b, 30; Goetze 1995³, 257; Peschel 1995a, 19f.; Brügelmann 1997b, 9f.;):

- organisatorische Offenheit (Bestimmung der Rahmenbedingungen: Raum/Zeit/Sozialformwahl usw.)
- methodische Offenheit (Bestimmung des Lernweges auf Seiten des Schülers)
- inhaltliche Offenheit (Bestimmung des Lernstoffs innerhalb der offenen Lehrplanvorgaben)
- soziale Offenheit (Bestimmung von Entscheidungen bzgl. der Klassenführung bzw. des gesamten Unterrichts, der (langfristigen) Unterrichtsplanung, des konkreten Unterrichtsablaufes, gemeinsamer Vorhaben usw. Bestimmung des sozialen Miteinanders bzgl. der Rahmenbedingungen, dem Erstellen von Regeln und Regelstrukturen usw.)
- persönliche Offenheit (Beziehung zwischen Lehrer/Kindern und Kindern/Kindern)

Die Beschränkung auf diese Dimensionen von offenem Unterricht kann mit der Notwendigkeit der Überschaubarkeit sowie der Operationalisierbarkeit begründet werden. Um praktizierten Unterricht intersubjektiv zumindest einigermaßen kategorisierbar zu machen, erscheint es angebracht, zunächst konkret nachweisbare Sachverhalte als Beobachtungsgrundlage zu verwenden. Dies ist in den genannten Bereichen möglich, auch wenn u. U. die Kategorisierung der sozialen Mitbestimmung bzw. der Beziehungsebene eher von der Interpretation des Betrachters bzw. der zufälligen Tagessituation abhängen kann als die eher formal und zeitunabhängiger zu beobachtenden Dimensionen im Bereich der Wissensaneignung. Dabei stellt die Dimension der sozialen Offenheit eine gewisse Verbindung zwischen der letztgenannten Dimension der persönlichen Offenheit und den drei erstgenannten Dimensionen der Wissensaneignung (organisatorische, methodische und inhaltliche Offenheit) dar.

2.3.2 Stufen der Öffnung des Unterrichts

Offener Unterricht ist dadurch gekennzeichnet, daß der Lehrer oder die Lehrerin den Kindern Gelegenheit gibt, selbstverantwortliches und selbständiges Lernen und Handeln zu üben. Er ist damit mehr als ein vom Lehrer arrangierter schülerorientierter Unterricht. Mit dem Terminus „offener Unterricht" wird vielmehr ein Unterricht bezeichnet, dessen Unterrichtsinhalt, -durchführung und -verlauf nicht primär vom Lehrer, sondern von den Interessen, Wünschen und Fähigkeiten der Schüler/innen bestimmt wird. Der Grad der Selbst- und Mitbestimmung des zu Lernenden durch die Kinder wird zum entscheidenden Kriterium des offenen Unterrichts. Je mehr Selbst- und Mitbestimmung den jungen Menschen in der Frage, wann sie was mit wem und wie lernen wollen, zugebilligt wird, um so offener ist der Unterricht. [...] Die Schule orientiert sich damit am Zielbild des mündigen Bürgers und seiner Verantwortung in der demokratischen Gesellschaft. (Neuhaus-Siemon 1996, 19f.)

Aufbauend auf der oben vorgestellten Dimensionierung lässt sich die hier grundgelegte Auffassung von „offenem Unterricht" folgendermaßen beschreiben:

Offener Unterricht gestattet es dem Schüler, sich unter der Freigabe von Raum, Zeit und Sozialform Wissen und Können innerhalb eines „offenen Lehrplanes" an selbst gewählten Inhalten auf methodisch individuellem Weg anzueignen.
Offener Unterricht zielt im sozialen Bereich auf eine möglichst hohe Mitbestimmung bzw. Mitverantwortung des Schülers bezüglich der Infrastruktur der Klasse, der Regelfindung innerhalb der Klassengemeinschaft sowie der gemeinsamen Gestaltung der Schulzeit ab.

Angelehnt an dieses Grundverständnis können nun die genannten Dimensionen so skaliert werden, dass einem zu untersuchenden Unterricht jeweils ein bestimmter Grad der Öffnung in jeder der Dimensionen zugeordnet werden kann:

Organisatorische Offenheit des Unterrichts:
Inwieweit können die Schüler Rahmenbedingungen ihrer Arbeit selbst bestimmen?

5	weitestgehend	Primär auf eigener Arbeitsorganisation der Kinder basierender Unterricht
4	schwerpunktmäßig	Offene Rahmenvorgaben
3	teils – teils	Öffnung der Rahmenvorgaben in einzelnen Teilbereichen
2	erste Schritte	Punktuelle Öffnung der Rahmenvorgaben in einzelnen Teilbereichen
1	ansatzweise	Öffnung der Rahmenvorgaben kaum wahrnehmbar/begründbar
0	nicht vorhanden	Vorgabe von Arbeitstempo, -ort, -abfolge usw. durch Lehrer oder Material

Methodische Offenheit des Unterrichts:
Inwieweit kann der Schüler seinem eigenen Lernweg folgen?

5	weitestgehend	Primär auf „natürlicher" Methode/Eigenproduktionen basierender Unterricht
4	schwerpunktmäßig	Meist Zulassen eigener Zugangsweisen/Lernwege der Kinder
3	teils – teils	In Teilbereichen stärkerer Einbezug/stärkeres Zulassen eigener Wege
2	erste Schritte	Kinderwege werden aufgegriffen, aber die Hinführung zum Normweg bestimmt das Geschehen
1	ansatzweise	Anhören einzelner Ideen der Kinder, aber der Lehrgang bestimmt das Geschehen
0	nicht vorhanden	Vorgaben von Lösungswegen/-techniken durch Lehrer oder Arbeitsmittel

Inhaltliche Offenheit des Unterrichts:
Inwieweit kann der Schüler über seine Lerninhalte selbst bestimmen?

5	weitestgehend	Primär auf selbstgesteuertem/interessegeleitetem Arbeiten basierender Unterricht
4	schwerpunktmäßig	Inhaltlich offene Vorgaben von Rahmenthemen oder Fachbereichen
3	teils – teils	In Teilbereichen stärkere Öffnung der inhaltl. Vorgaben zu vorgegebener Form
2	erste Schritte	Kinder können aus festem Arrangement frei auswählen oder sie können Inhalte zu fest vorgegebenen Aufgaben selbst bestimmen
1	ansatzweise	Einzelne inhaltliche Alternativen ohne große Abweichung werden zugelassen
0	nicht vorhanden	Vorgaben von Arbeitsaufgaben/-inhalten durch Lehrer oder Arbeitsmittel

Soziale Offenheit des Unterrichts:
Inwieweit kann der Schüler in der Klasse (Unterrichtsablauf und Regeln) mitbestimmen?

5	weitestgehend	Selbstregierung der Klassengemeinschaft
4	schwerpunktmäßig	Kinder können eigenverantwortlich in wichtigen Bereichen mitbestimmen
3	teils – teils	Kinder können eigenver. in vom Lehrer festgelegten Teilbereichen mitbestimmen
2	erste Schritte	Kinder können lehrergelenkt in Teilbereichen mitbestimmen
1	ansatzweise	Schüler werden nur peripher gefragt, Lehrer weiß schon vorher, wie es laufen sollte; Kinder können in (belanglosen) Teilbereichen mitbestimmen
0	nicht vorhanden	Vorgabe von Verhaltensregeln durch Lehrer oder Schulvorgaben

Persönliche Offenheit des Unterrichts:
Inwieweit besteht zwischen Lehrer/Schüler bzw. Schüler/Mitschülern ein positives Beziehungsklima?

5	weitestgehend	Auf „Gleichberechtigung" abzielende „überschulische" Beziehung
4	schwerpunktmäßig	Für Beachtung der Interessen des Einzelnen offene Beziehungsstruktur
3	teils – teils	In bestimmten Teilbereichen/bei bestimmten Kindern offenerer Umgang
2	erste Schritte	Schüler werden zeitweise angehört und dann auch beachtet
1	ansatzweise	Schüler werden angehört, aber der Lehrer bestimmt weiterhin das Geschehen
0	nicht vorhanden	Begründung der Beziehung durch Alter oder Rollen-/Gruppenhierarchie

Mit Hilfe dieser Raster kann man die Öffnung des Unterrichts grob unter verschiedenen Blickwinkeln untersuchen. Dabei sollten die Dimensionen weitgehend unabhängig voneinander beurteilt werden, obwohl sich in der Praxis oft eine gegenseitige Beziehung feststellen lassen wird, wenn z. B. inhaltliche oder methodische Offenheit in vielen Fällen auch organisatorische Offenheit einschließt. Trotzdem lassen sich auch immer Beispiele finden, in denen die Ausprägungen in den Dimensionen nicht direkt voneinander abhängig sind. Dies kann beispielhaft an der Untersuchung der Öffnung verschiedener Unterrichtskonzepte veranschaulicht werden, wobei die folgende Abbildung auf Grund der subjektiven Interpretation nur der groben Veranschaulichung dienen kann. Daher werden nur tendenzielle Unterschiede durch „stärkere" Ausprägung (↗), „mittlere" Ausprägung (→) oder „schwächere" Ausprägung (↘) angegeben. Eine genauere Zuordnung zur Öffnung in den verschiedenen Dimensionen ist aber letztendlich abhängig von der konkreten Umsetzung und Angebotsgestaltung! Als einrahmende Extremformen werden *Lehrgangsunterricht* und *Offener Unterricht* als Idealtypen angegeben.

Unterrichtskonzepte und ihre Öffnung in verschiedenen Dimensionen

	Organisatorische Öffnung	Methodische Öffnung	Inhaltliche Öffnung	Soziale Öffnung	Persönliche Öffnung
Lehrgangsunterricht	↘	↘	↘	--	--
Stationsbetrieb	↘	↘	↘	--	--
Wochenplanunterricht	→	↘	↘	--	--
Werkstattunterricht	↗	→	↘	--	--
Reisetagebücher-Unterricht	→	↗	↘	--	--
Freie Arbeit	↗	→	→	--	--
Projektorientierter U.	↗	↗	→	--	--
Freie Schulen (Klassenrat etc.)	--	--	--	↗	↗
Offener Unterricht	↗	↗	↗	↗	↗

- (↗) „stärkere" Ausprägung
- (→) „mittlere" Ausprägung
- (↘) „schwächere" Ausprägung
- (--) keine Angabe möglich

Einerseits zeigt die Tabelle, dass es sehr wohl Unterrichtsformen gibt, die bestimmte Dimensionen favorisieren, wie z. B. die methodische Dimension im „Reisetagebücherunterricht" (auf den im nächsten Kapitel genauer eingegangen wird), während z. B. der Wochenplanunterricht oft nur eine rein organisatorische Öffnung anstrebt. Allerdings ist auch ersichtlich, dass eine inhaltliche Öffnung nur schwer ohne methodische und organisatorische Öffnung vorstellbar ist – wenn Kinder sich ihre Themen weitgehend selber suchen dürfen (über das Freiarbeitsregal hinaus!), wird der Lehrer ihnen auch eher überlassen, mit wem sie wann, wo und wie arbeiten.

Das Beispiel der Freien (Alternativ-)Schulen soll zeigen, dass die dort praktizierte Basisdemokratie und die in der Regel gute (oft freundschaftliche) Beziehung zwischen Kindern und Lehrern nicht zwangsläufig mit einer Öffnung im Bereich der Wissensaneignung zu tun hat. An vielen dieser Schulen findet trotz der basisdemokratischen Grundhaltung ganz normaler Lehrgangsunterricht statt. Entsprechend sind hier keine Angaben über die Öffnung im organisatorischen, methodischen und inhaltlichen Bereich möglich. Der umgekehrte Fall ist dann vorhanden, wenn ein offeneres Unterrichtskonzept nicht unbedingt auch eine Öffnung im sozialen Bereich erfordert. Gerade der Bereich einer wirklich demokratischen Mitbestimmung der Schüler ist in der Schulpraxis nur selten anzutreffen.

2.3.3 Bestimmung des Öffnungsgrades einzelner Unterrichtssequenzen

Bei genauer Betrachtung erkennt man, dass sich die oben vorgestellten Raster zur Offenheit des Unterrichts allerdings nur bedingt zur Einordnung bestimmter Unterrichts*situationen* eignen. Da der Grad der Öffnung vor allem über die Konsequenz der Öffnung bzw. die *Anteile* offenerer und geschlossenerer Unterrichtsphasen gemessen wird, sind sie primär auf eine abschließende Beurteilung einer ganzen Unterrichtseinheit bzw. einer längeren Hospitation gerichtet. Während man für den persönlich-sozialen Bereich sicherlich immer auf einen Gesamteindruck bezüglich der Mitbestimmungsmöglichkeiten der Kinder bzw. ihrer Beziehungen untereinander und zum Lehrer angewiesen ist, könnte es für den Bereich der Wissensaneignung sehr wohl Sinn machen, festzustellen, welche Unterrichtsphasen sich in welchen Dimensionen geschlossener oder offener darstellen. Dazu muss die obige, eher quantitative Einteilung in eine eher qualitativ orientierte Stufung übergeführt werden.

Diese Raster (auf die Mitarbeit der Projektgruppe OASE der Universität Siegen an diesen Rastern wurde schon oben hingewiesen) können dann u. U. auch Hilfen zur Qualitätssicherung des Unterrichts geben. Wenn man dies wünscht, kann man den Grad der Öffnung einer praktizierten oder geplanten Unterrichtssituation in den verschiedenen Dimensionen analysieren und bekommt durch die darüber liegenden Stufen Anregungen für den „nächsten Schritt" in Richtung eines stärkeren Einbezuges der Schüler in ihr Lernen.

Organisatorische Offenheit von Unterrichtssequenzen:
Inwieweit kann der Schüler die Rahmenbedingungen seiner Arbeit selbst bestimmen?

	Organisatorischer Spielraum	Mögliche Arbeitsanweisungen als Beispiele
5	Ermöglichung ganz freier Zeiteinteilung, Orts- und Partnerwahl auf Dauer – langfristige eigene Arbeitsvorhaben	Wann arbeitest du mit wem wo?
4	Ermöglichung längerfristiger Planung von Arbeitsvorhaben Eigene Bestimmung der Sozialform/des Ortes	Arbeite/arbeitet innerhalb unserer Forscherstunden an deinem/eurem Arbeitsvorhaben (unter freiem Bestimmen der Arbeitsbedingungen).
3	Nur stunden- bzw. phasenweise Planung von Arbeitsvorhaben Mitbestimmung bei der Wahl der Sozialform/des Ortes	Plant und erarbeitet euren Beitrag bis zum Vorstelltermin aus. Musikraum und Kellerflur sind auch frei.
2	Möglichkeit zur eigenständigen Festlegung der Bearbeitungsreihenfolge vorgegebener Aufgaben/Teilthemen Eingeschränkte Wahl der Sozialform/des Ortes	Bearbeite die Aufgaben bis nächste Woche. (Du kannst mit Partnern arbeiten, du kannst im Atelier ... arbeiten.)
1	Organisatorische Öffnung in nur minderen Bereichen: Einbezug des Flures als Arbeitsort, Möglichkeit zur Änderung der Bearbeitungsreihenfolge einer Aufgabe, Möglichkeit zum Einbezug des Nachbarn bei der Bearbeitung einer vorgegebenen Aufgabe	Bearbeite jetzt die Aufgaben – egal in welcher Reihenfolge. Frage deinen Nachbarn, wenn du Hilfe brauchst. Wer ganz leise ist, kann auch im Gruppenraum arbeiten.
0	Feste, ganz konkrete Aufgabenvorgabe	Bearbeite die Aufgaben ... hintereinander (auf dem Flur, mit deinem Nachbarn).

Methodische Offenheit von Unterrichtssequenzen:
Inwieweit kann der Schüler seinem eigenen Lernweg folgen?

	Methodischer Spielraum	Mögliche Arbeitsanweisungen als Beispiele
5	eigene „vordidaktische" Zugangsweisen/Wege der Kinder: Aufgaben werden auf unterschiedlichsten Niveaus/mit unterschiedlichsten Zugangsweisen nebeneinander bearbeitet – „freier Ausdruck" ist grundlegendes Element	Wie machst du das?
4	eigene methodische Zugangsweisen in größeren Teilbereichen: Aufgaben können auf unterschiedliche Art/auf unterschiedlichen Wegen angegangen werden	Probiere die Aufgabe auf deine Art zu lösen. Wir stellen nachher fest, welcher Weg der beste ist/ich zeige euch nachher den besten Weg.
3	eigene methodische Zugangsweisen nur in bestimmten Teilbereichen	Löse diese Aufgabe mit einem beliebigen Anschauungsmittel.
2	eigene methodische Zugangsweisen nur in bestimmten Teilbereichen und mit engeren Vorgaben	Übe die Aufgaben mit dem unserer Verfahren, mit dem du am besten arbeiten kannst.
1	eigene methodische Zugangsweisen minimal	Übe die Aufgaben nach diesen drei Verfahren ...
0	Feste Aufgaben	Bearbeite die Aufgabe ... wie an der Tafel geübt.

Inhaltliche Offenheit von Unterrichtssequenzen:
Inwieweit kann der Schüler über seine Lerninhalte selbst bestimmen?

	Inhaltlicher Spielraum	Mögliche Arbeitsanweisungen als Beispiele
5	überfachliche eigene Arbeitsvorhaben (Mathe, Sprache, Sachunterricht usw. nebeneinander)	Was machst du?
4	innerfachliche eigene Arbeitsvorhaben (alle „forschen", können aber ihr Thema frei bestimmen)	Du kannst in den Fachstunden frei arbeiten. Nimm dir/nehmt euch selbst etwas im Fach ... vor.
3	Rahmenthema vorgegeben (alle arbeiten zum Thema, aber Unterthemen/Umsetzungsformen sind frei bestimmbar)	Überlege dir/überlegt euch einen eigenen Beitrag zu unserer Einheit ...
2	Aspekte des Rahmenthemas sind festgelegt und Kinder füllen dieses oder wählen zwischen den Aspekten (Unterthemen zum vom Lehrer ausgewählten Oberthema – konkrete inhaltliche Umsetzung aber durch die Kinder)	Such dir/sucht euch eines der vorgegebenen Teilthemen zu unserer Einheit ... aus und arbeite/arbeitet dazu.
1	Themenvariation/festes Thema mit Überangebot (vom Lehrer aufbereitete Unterthemen stehen zur Wahl bzw. können leicht variiert werden)	Du kannst dir aus diesen Aufgaben eine aussuchen oder das gestellte Thema auch etwas verändern.
0	Feste Aufgabenvorgabe	Bearbeite die Aufgaben x, y, z

Natürlich geht es auch hier nicht um ein pauschales „je offener, desto besser" (auch im Offenen Unterricht kann es „geschlossene" Informationsphasen/Kreisgespräche usw. geben), aber wenn man eine Entwicklung der Selbst-, Sach- und Sozialkompetenz bei den Schülern anstrebt, sollte man ihnen auch einen entsprechenden Spielraum zur Ausbildung dieser Kompetenzen gewähren. Und dieser Spielraum hat wiederum viel mit dem Grad der Übertragung von Verantwortung an den Einzelnen bzw. seine Mitbestimmungsmöglichkeiten zu tun – also mit dem Grad der Offenheit der Unterrichtssituation.

2.3.4 Ein „Stufenmodell" für Offenen Unterricht

Die oben beschriebenen Raster zur Einordnung von Unterricht an sich bzw. zur Analyse einzelner Unterrichtssequenzen in verschiedenen Dimensionen geben Anhaltspunkte in Bezug auf die gewährte Offenheit. Sie sagen allerdings nichts – oder nur wenig – über die Motive der Öffnung aus bzw. darüber, wie die Öffnung des Unterrichts vom Lehrer, von den Kindern und den Beobachtern erlebt wird. Hier können evtl. qualitative Erhebungen bzw. Befragungen der Betroffenen und des Umfelds zusätzlich Aufschluss geben.

Eine weitere Hilfe in Bezug auf eine umfassendere Beurteilung der Offenheit des Unterrichts bzw. der Konsequenz, mit der die Offenheit gewährt wird, kann das folgende „Stufenmodell des Offenen Unterrichts" geben, das die bisher gleichrangig behandelten Dimensionen der Öffnung nun selbst zu Öffnungskriterien macht (vgl. dazu auch Brügelmann 1997a, 45ff.).

So kommt in der Praxis die Öffnung des Unterrichts in bestimmten Dimensionen (organisatorische Öffnung) sehr häufig vor, in anderen hingegen eher selten (methodische/inhaltliche Öffnung). Gleichzeitig werden in den Dimensionen, in denen eher geöffnet wird, in der Regel höhere Stufen der Öffnung erreicht. Wenn man also statt auf den Einzelfall auf die Gesamtheit der Umsetzung offenen Unterrichts blickt, lässt sich so etwas wie eine Stufenfolge erkennen, die sich aus der Häufigkeit ergibt, mit der eine Dimension in der Praxis vorkommt bzw. umgesetzt wird. Unter diesem Blickwinkel schließen die Dimensionen dann zu einem großen Teil einander ein, d. h. z. B. ist die Stufe der organisatorischen Öffnung, die in der Praxis am häufigsten vorzufinden ist, fast immer auch dort vorhanden, wo andere Stufen (methodischer, inhaltlicher, sozialer) Öffnung anzutreffen sind. Aus der quantitativen Verbreitung der Dimensionen kann daher durchaus so etwas wie eine empirisch abgesicherte Stufenfolge der qualitativen Öffnung von Unterricht entwickelt werden.

Dies soll im Folgenden geschehen, wobei ein kurzer Zwischenschritt sinnvoll erscheint, der das hier dargelegte Verständnis von „inhaltlicher Offenheit" von dem in der Praxis vorzufindenden abgrenzt bzw. dieses qualitativ weiterentwickelt:

Was man in der Praxis mit Abstand am häufigsten vorfindet, ist eine organisatorische Öffnung des Unterrichts. Raum, Zeit und Sozialform werden vom Lehrer ganz oder teilweise freigegeben, aber Inhalte, Methode und Material sind hingegen weitgehend festgelegt. Als Umsetzungsbeispiele seien hier z. B. offenere Stationsbetriebe oder der übliche Wochenplanunterricht genannt. Diese Stufe der Öffnung ist leicht zu leisten und in der Schule häufig anzutreffen, da die inhaltliche Differenzierung von oben erfolgt und der (Sicherheit gewährende) Lehrgang im Grunde beibehalten werden kann.

Der nächste Schritt zu einem Mehr an Öffnung, dem man in der Praxis begegnet, ist die „Freigabe" *vorgegebener* Inhalte, d. h. die Schüler können in diesem Rahmen selbst entscheiden, mit was sie sich im Unterricht beschäftigen wollen. Allerdings greifen sie dabei vorwiegend auf bereitgestelltes Lehrgangsmaterial zurück, bearbeiten Karteien usw. Hier werden im Allgemeinen keine höheren Stufen inhaltlicher Öffnung erreicht. Auch der Lernweg, die Lernmethode ist immer noch weitgehend vom Material (oder evtl. vom Lehrer) vorbestimmt. Beispiele hierfür sind Werkstätten oder die übliche Form Freier Arbeit.

Das hier dargelegte Verständnis von Offenem Unterricht würde allerdings die Loslösung von den Materialvorgaben als Ausgangsbedingung jeglicher Öffnung ansehen, d. h. Öffnung ist nur da vorhanden, wo der Schüler nun auch methodische Freiheit hat und auf seinem eigenen Weg lernen kann – mit „Fehlern", „Umwegen" und „Sprüngen". Material und Lehrer müssen dem Weg des Schülers folgen.

Deshalb stellen die ersten beiden vorgeschlagenen Öffnungsdimensionen eigentlich gar keine „richtige" Öffnung dar, da bei einem Verzicht auf die methodische Öffnung der traditionelle Unterricht auch bei organisatorischer Öffnung (Freigabe von Zeit/Raum/Sozialform usw.) oder bei inhaltlicher Öffnung (Auswahl des Materials/Themas durch den Schüler) lediglich von einem lehrerzentrierten zu einem im Prinzip genauso geschlossenen, „materialzentrierten" Unterricht wird. Schülerzentrierter wird hier nichts in Bezug auf die Prinzipien, die die Lernpsychologie bzw. die Fachdidaktiken für Unterricht fordern: Der eigene Weg zum Wissenserwerb wird durch die meisten der verwendeten Arbeitsmittel genauso blockiert bzw. unterbunden wie auch ein interessegeleitetes Lernen. Ist es nicht ehrlicher, die sieben Arbeitsblätter der Woche frontal zu unterrichten, als sie in Form eines „Wochenplans" verpackt auszugeben und den Schülern dabei mehr Selbstständigkeit und Eigenverantwortung für das eigene Lernen zu unterstellen? Offenheit beginnt mit dem Loslassen der Kinder!

Nur so kann wirklich gelernt werden, weil es ja (und gerade heute!) um Verstehen und nicht nur um Auswendiglernen geht. Und Verstehen ist ein ganz individueller Prozess der eigenen Horizonterweiterung. Der Lehrer kann Impulse geben und das Lernen auf eigenen Wegen herausfordern, aber er darf nicht versuchen zu „lehren" bzw. zu „belehren", wenn er die Gefahr rein auswendig gelernter Techniken oder unverstandener Wissensanhäufung vermeiden will.

Vorzuschlagen ist deshalb die folgende einfache Stufung für Offenen Unterricht, der als Abgrenzung zu anderen „offenen Unterrichtsformen" immer dann groß geschrieben wird, wenn der Bezug auf das hier dargelegte Konzept bzw. die darin formulierten Zielsetzungen gilt. In den folgenden Kapiteln wird dieses Konzept dann noch weiter theoretisch und praktisch begründet. Dort werden auch die drei im Folgenden als Beispiel für die „Stufen der Öffnung" erwähnten Konzepte „Didaktik der Kernideen", „Didaktik des weißen Blatts" und „Didaktik der sozialen Integration" näher erläutert:

Stufenmodell des Offenen Unterrichts (vgl. i. F. Peschel 2002d, 237ff.)

Um den Begriff „Offener Unterricht" bzw. seine Dimensionen nun etwas fassbarer zu machen, würde ich (aufbauend auf die Vorschläge von Brügelmann 1997a) daher folgende „Stufen Offenen Unterrichts" vorschlagen:

Stufe 0 als Vorstufe: „Geöffneter Unterricht" – nicht „Offener Unterricht"

Differenzierende Arbeitsformen (Freie Arbeit, Wochenplan, Werkstätten, Stationen etc.), bei denen nur für das Lernen relativ unwichtige Komponenten freigegeben werden (Zeit, Ort, Sozialform, Arbeitsform). Inhalte und Methoden werden aber weitgehend durch Schulbücher, Karteien, Übungshefte, Werkstatt- oder Stationsaufträge bestimmt. Vor allem die Vorgabe des Lernweges durch Erklärungen des Lehrers oder die lehrgangsmäßige Gestaltung des Arbeitsmaterials widerspricht den Zielen eines „Offenen Unterrichts", da oft nicht die für ein autonomes Lernen wirklich wichtigen Bereiche geöffnet werden.

Stufe 1: Die methodische Öffnung

als Grundbedingung für jegliche „Öffnung". Sie basiert auf der konstruktivistischen und lernpsychologischen Annahme, dass Lernen ein eigenaktiver Prozess ist. Niemand kann für einen anderen lernen. Wirklich verstehen kann ich nur das, was ich selber „konstruiert" habe, d. h. durch aktive Auseinandersetzung in meine bestehenden Denkstrukturen eingebettet habe. Und das geschieht wahrscheinlich wesentlich effektiver, wenn ich selbstgesteuert durch eigene Aktivitäten und Versuche lerne, als wenn ich einem (fremdgesteuerten) Lehrgang folge.

Für den Unterricht bedeutet das, dass den Schülern der Lernweg ganz frei gegeben werden muss, d. h. es darf keine Vorgaben zum Kompetenzerwerb oder zur Problemlösung geben, sondern die Wege und „Umwege" der Kinder müssen als unbedingt notwendig für effektives und verstehendes Lernen erkannt werden.

Dieser Unterricht kann unter Umständen sogar relativ lehrerzentriert verlaufen, indem der Lehrer die Inhalte und Problemstellungen (Kernideen) auswählt und den Schülern zugänglich macht. Allerdings greift er nicht in die Lösungswege der Kinder ein, d. h. es erfolgt eine individuelle Auseinandersetzung des Schülers mit dem Stoff. Der Schüler diskutiert den Stoff mit Lehrer und Mitschülern, erfährt deren Zugänge und Meinungen und kommt mit ihnen im Laufe der Zeit zu „Vereinbarungen", d. h. Regeln, Strukturen und Konventionen. Es gibt keine vorstrukturierten Lehrgänge oder Arbeitsmaterialien, keine bloß einzuübenden Techniken, kein unverstandenes Auswendiglernen!
(Beispiel: „Didaktik der Kernideen" nach Gallin und Ruf 1990)

Stufe 2: Die methodische und inhaltliche Öffnung

ist die Erweiterung der methodischen Öffnung noch um die inhaltliche Dimension. Grundlage hierfür ist der Ansatz des interessebezogenen Lernens, d. h. man lernt am schnellsten und einfachsten (und meist sogar ohne es als „Lernen" zu empfinden), wenn man sich selber für einen Gegenstand interessiert. Durch die hohe innere Motivation ergibt sich zusammen mit dem selbstgesteuerten Lernen auf eigenen Wegen eine sehr hohe Effektivität beim Lernen.

Es gibt keine vorstrukturierten Lehrgänge oder Arbeitsmaterialien! Für den Unterricht bedeutet das, dass nicht nur die Lernwege, sondern auch die Inhalte vom Lehrer freigegeben werden. Die Kinder kommen morgens in die Schule und nehmen sich Sachen für den Tag vor, denken sich Geschichten und Kniffelaufgaben aus, führen Forscherprojekte durch, gestalten musisch etc. und stellen sich die Ergebnisse am Tagesende gegenseitig vor. Der Lehrer sorgt für die notwendige „Lernatmosphäre" in der Klasse, gibt Impulse, strukturiert, verfolgt den Fortschritt der Kinder und hält die Passung zum (offenen) Lehrplan im Auge. Er lässt den Kindern größtmöglichen Raum, ohne aber die Fäden aus der Hand zu geben.

(Beispiel: „Didaktik des weißen Blattes" nach Zehnpfennig und Zehnpfennig 1992)

Stufe 3: Die sozial-integrative Öffnung

ist als Ergänzung eines jeden Unterrichts auf der Ebene des sozialen Miteinanders zu verstehen.

Während Lehrer in der Regel die Unterschiedlichkeit bzgl. der „Leistungsmöglichkeiten" von Kindern nicht verneinen, sind die wenigsten bereit, diese Unterschiedlichkeit im sozialen Bereich zuzulassen. Dort werden Regeln meist implizit (z. B. in „suggestiven" Gesprächskreisen) vorgegeben, wenn die Diskussionen nicht gleichberechtigt verlaufen und die Kinder schnell wissen, welche Antworten/Regeln der Lehrer erwartet. Dadurch kann es passieren, dass Kinder, die – biographiebedingt – eben nicht in das von außen vorgegebene Raster passen oder sich nicht so schnell anpassen können, zuerst „segregiert" bzw. zu Außenseitern werden.

Die sozial-integrative Öffnung versucht Basisdemokratie und Schülermitgestaltung im Unterricht insgesamt zu verwirklichen, d. h. es werden vom Lehrer keinerlei Regeln und Normen vorgegeben (wohl aber vorgelebt bzw. als persönliches Recht eingefordert!), sondern die zum Zusammenleben notwendigen Absprachen befinden sich einem dauernden Findungs- und Evaluationsprozess. Regeln werden nicht fingiert und vorschnell zum „gemeinsamen" Ergebnis, sondern die sozialen Normen liegen in der Verantwortung aller Beteiligten. Normverstöße werden dadurch nicht als persönliches Defizit angesehen, sondern dienen als (nicht vom Lehrer initiierte oder missbrauchte) Reflexionsmöglichkeit.

Der Lehrer ist gleichberechtigtes Mitglied der Gemeinschaft und unterliegt den gleichen Regeln und Absprachen. Die Kombination mit der methodischen bzw. inhaltlichen Öffnung ist deshalb nicht leicht, weil bei diesen der Lehrer – trotz der „Öffnung" – oft eine direkte oder indirekte Lenkung innehat.
(Beispiel: Die von mir erprobte „Didaktik der sozialen Integration" – Peschel 2001a)

Stufenmodell des Offenen Unterrichts

Stufe 0: Die organisatorische Öffnung
als Vorstufe „Geöffneter Unterricht" – nicht „Offener Unterricht"
Organisatorische Öffnung durch „Differenzierung von oben" (durch den Lehrer).
Arbeitsformen: Freie Arbeit, Wochenplan, Werkstätten, Stationen etc.

> Lernen muss Passung haben (lernpsychologisch-didaktische Begründung).

Stufe 1: Die methodische Öffnung
als Grundbedingung für jeden „Offenen Unterricht"
Methodische Öffnung durch „Individualisierung von unten" (durch den Schüler).
Arbeitsformen: „Reisetagebücherunterricht" (Gallin/ Ruf 1998)

> Lernen ist ein eigenaktiver Konstruktionsprozess des Einzelnen (lern- und entwicklungspsychologische Begründung).

Stufe 2: Die methodische und inhaltliche Öffnung
als weitgehende Umsetzung eines „Offenen Unterrichts"
Zusätzlich zur methodischen auch inhaltliche Öffnung durch stoffbezogene Mit- / Selbstbestimmung bzw. interessegeleitetes Lernen des Schülers.
Arbeitsformen: „Didaktik des weißen Blattes" (Zehnpfennig 1992; Peschel 2002a;b)

> Lernen ist am effektivsten, wenn es vom Lernenden als selbstbestimmt und signifikant erlebt wird (lern- und motivationspsychologische Begründung).

Stufe 3: Die soziale Öffnung
ist die Öffnung des Unterrichts in Richtung Demokratie und Selbstverwaltung
Soziale/persönliche Öffnung durch Basisdemokratie und Schülermitgestaltung (Unterrichtsablauf, Rahmenbedingungen, Regelstrukturen etc.)
Arbeitsformen: „Didaktik der sozialen Integration" (Peschel 2002a; b)

> Soziale Erziehung ist am effektivsten, wenn die Strukturen vom Einzelnen selbst mitgeschaffen und als notwendig/sinnvoll erlebt werden (bildungstheoretisch-politische Begründung).

2.4 Zusammenfassung

Betrachtet man die entsprechende Literatur, so scheint der Begriff des Offenen Unterrichts nicht nur eine große Bandbreite von Umsetzungsformen zuzulassen, sondern sich auch jeglicher konkreterer Definition zu entziehen. Die Meinungen dazu sind unterschiedlich. Zum einen wird es gerade als Stärke und Chance des Konzepts gesehen, eben nicht in eine bestimmte Form gepresst werden zu können, sondern Lehrern und Wissenschaftlern situativen Interpretations- und Innovationsspielraum zu lassen. Zum anderen wird beim Blick auf die praktische Umsetzung Offenen Unterrichts aber auch schnell deutlich, dass im Hinblick auf die beliebige Verwendung des Begriffs zum Schutz des Konzepts eine grundsätzliche Orientierung an bestimmten Richtzielen gesichert werden muss.

Aufbauend auf grundlegenden Dimensionen von Unterricht lassen sich Raster entwickeln, die helfen können, einerseits die Offenheit von Unterricht generell, andererseits den Öffnungsgrad einzelner Unterrichtssequenzen zu bestimmen. Berücksichtigt werden dabei die

- organisatorische Offenheit (Bestimmung der Rahmenbedingungen: Raum/Zeit/Sozialformwahl usw.)
- methodische Offenheit (Bestimmung des Lernweges auf Seiten des Schülers)
- inhaltliche Offenheit (Bestimmung des Lerninhalts innerhalb der offenen Lehrplanvorgaben)
- soziale Offenheit (Bestimmung von Entscheidungen bzgl. der Klassenführung bzw. des gesamten Unterrichts, der (langfristigen) Unterrichtsplanung, des konkreten Unterrichtsablaufes, gemeinsamer Vorhaben usw. Bestimmung des sozialen Miteinanders bzgl. der Rahmenbedingungen, dem Erstellen von Regeln und Regelstrukturen usw.)
- persönliche Offenheit (Beziehung zwischen Lehrer/Kindern)

Dabei erscheint es sinnvoll, die Dimensionen der sozialen und der persönlichen Öffnung nur vor dem Hintergrund des gesamten Unterrichts und nicht im Rahmen der Betrachtung einzelner Unterrichtssequenzen zu analysieren.

Die Raster liefern eine Stufenfolge, die von geschlossenen Unterrichtssituationen mit konkreter Vorgabe von Arbeitsort, Arbeitszeit, Arbeitspartnern, Lernweg, Lerninhalten etc. hin zum Offenen Unterricht führen, der dem Kind eine (völlige) Selbstbestimmung bezüglich dieser Komponenten gewährt (s. o.). Die Stufung der Raster kann als konkrete Hilfe zur „Qualitätssicherung" des Unterrichts dienen, wenn man Sinn und Ziel der gewählten Unterrichtsform reflektiert und ggf. durch die darüber liegenden „Stufen" Anregungen für den „nächsten Schritt" in Richtung eines stärkeren Einbezuges der Schüler in ihr Lernen bekommt. Dabei geht es hier nicht um ein pauschales „je offener, desto besser" (auch im Offenen Unterricht kann es aus dem Unterrichtsverlauf resultierende „geschlossene" Informations- oder Gesprächsphasen geben), aber wenn man eine Entwicklung der Selbst-, Sach- und Sozialkompetenz bei den Schülern anstrebt, sollte man ihnen auch einen entsprechenden Spielraum zur Ausbildung dieser Kompetenzen gewähren. Und dieser Spielraum hat wiederum viel damit zu tun, bis zu welchem Grad Verantwortung an den Einzelnen bzw. seine Mitbestimmungsmöglichkeiten übertragen wird – also mit dem Grad der Offenheit der Unterrichtssituation.

Eine weitere Hilfe in Bezug auf eine umfassendere Beurteilung der Offenheit des Unterrichts bzw. der Konsequenz, mit der die Offenheit gewährt wird, bietet das „Stufenmodell des Offenen Unterrichts". Hier werden die Dimensionen der Öffnung nun selbst gestuft zu Kriterien für eine zunehmende Öffnung. Die Stufenfolge des Modells ergibt sich u. a. aus der quantitativen Verbreitung der Bemühungen um die Öffnung des Unterrichts. So findet man in der Praxis die organisatorische Öffnung mit Abstand am häufigsten vor. Raum, Zeit und Sozialform werden vom Lehrer ganz oder teilweise freigegeben, hingegen sind Inhalt, Methode und Material weitgehend festgelegt. Dieser Form der Öffnung wird im hier vorgestellten Modell nur die Stufe 0 zugewiesen, da nicht die für ein autonomes Lernen wirklich wichtigen Bereiche geöffnet werden. Die methodische Öffnung, d. h. die Freigabe der Lernwege der Kinder wäre die erste Stufe in Richtung einer größeren Öffnung – bei noch vorgegebenen inhaltlichen Strukturen. Die nächste Stufe wäre entsprechend eine zusätzliche inhaltliche Freigabe, sodass die Kinder nicht nur ihre Lerntätigkeit selbst organisieren und ihren Lernweg selbst bestimmen können, sondern auch die Lerninhalte selbst auswählen. Zusätzlich kann dann als dritte oder ergänzende Stufe noch die Sozialerziehung sowie die Mitbestimmung in der Klasse in die Hand der Kinder gegeben werden, sodass von einer sozialen bzw. politischen Öffnung gesprochen werden kann.

Diese drei Stufen der methodischen, der methodisch-inhaltlichen und der sozialen Öffnung werden im folgenden Kapitel anhand dreier Unterrichtskonzepte mit Ausführungen über ihre Hintergründe, ihre praktische Umsetzung und ihre möglichen Grenzen und Fragen noch weiter verdeutlicht.

3 Stufen Offenen Unterrichts – drei Konzepte als Beispiele für die praktische Umsetzung

Um einen weiteren, anderen Zugang zu dem in den ersten Kapiteln aus praktischer Umsetzung und theoretischer Überlegung abgeleiteten Offenen Unterricht zu bekommen, werden im Folgenden drei aktuelle Umsetzungsvarianten vorgestellt, die sich gut auf das gerade dargestellte Stufenmodell für Offenen Unterricht beziehen lassen. Das erste Konzept öffnet primär auf der methodischen Ebene, gibt die Inhalte aber weitgehend vor. Das zweite Konzept öffnet zusätzlich zur methodischen Freigabe auch die inhaltliche Seite, beinhaltet aber noch eine maßgebliche Lehrerlenkung in der sozialen Dimension. Das letzte Konzept hingegen öffnet den Unterricht in allen Dimensionen, indem die Klasse weitgehend basisdemokratisch von Kindern und Lehrer geführt wird. Im Folgenden seien diese drei Konzepte vor einer ausführlicheren Darstellung zunächst kurz skizziert (vgl. i. F. Peschel 2002a, 91-153):

Die „Didaktik der Kernideen" nach PETER GALLIN und URS RUF betont vor allem die methodische Freiheit des Schülers, seinen eigenen Lernweg gehen zu können bzw. gehen zu müssen, während die zu lernenden Inhalte – in besonderer Form – vom Lehrer vorgegeben werden. Das stellt auch den Vorteil dieses Konzepts im Rahmen einer Hinführung zu Offenem Unterricht dar, denn der Lehrer erfährt durch die mögliche Orientierung an Lernstoff- und Lehrplanvorgaben vielleicht gerade erst die Sicherheit, die er benötigt, um den Schülern wirklich den eigenen Lernweg zuzugestehen. Dabei wird hier trotz der Vorgabe der Inhalte eine ganz neue Lehrerrolle beschrieben, die auch für die anderen beiden Konzepte prägend ist.

Die „Didaktik des weißen Blatts" nach HANNELORE und HELMUT ZEHNPFENNIG geht dann aber doch noch einen Schritt weiter und lässt die Schüler auch die Inhalte in der Schule relativ frei wählen – wobei das Lernen an sich nicht in Frage gestellt wird. Während bei GALLIN und RUF das Arbeiten durch das Zusammentragen und Hinterfragen verschiedenster Lösungsmöglichkeiten zu einem Thema gerade Sinn bekommt, ergibt sich im Offenen Unterricht nach ZEHNPFENNIG durch die Unterschiedlichkeit der Aktivitäten der Kinder eine interessante Gruppendynamik und eine schwer zu beschreibende Vielseitigkeit der im Unterricht zu den unterschiedlichsten Zeitpunkten behandelten Themen.

Die „Didaktik der sozialen Integration" geht als von mir selbst erprobtes Konzept noch einen Schritt weiter im Hinblick auf eine Öffnung im sozialen Bereich. Während sowohl bei GALLIN und RUF als auch bei ZEHNPFENNIG und ZEHNPFENNIG dem Lehrer auch innerhalb seiner völlig neuen Lehrerrolle noch eine maßgebliche Lenkungsfunktion im Unterricht obliegt, wenn er z. B. die gemeinsamen Kreisphasen moderiert oder explizit oder implizit über die Einhaltung von Regeln wacht, so wird diese Lehrersteuerung nun noch weiter aufgebrochen. Gemäß der Umsetzung basisdemokratischer Prinzipien im Klassenraum versucht der Lehrer im dritten Konzept, die Selbstverantwortung der Schüler sowohl im Bereich der Wissensaneignung als auch im Bereich des sozialen Lernens durch eigene Zurückhaltung bzw. den Verzicht von Privilegien zu fördern. So ist auch er von Melde- und Klassenregeln betroffen und lässt die eigene Konfliktlösung, Regelfindung und Tagesgestaltung durch die Schüler zu.

Alle drei Konzepte basieren auf einer neuen Lehrerrolle, die sich nicht mehr nur als eine Verschiebung der bisherigen verstehen lässt, sondern ganz klar anders motiviert ist. Dadurch heben sie sich qualitativ von den oben besprochenen Formen offenen Unterrichts ab: Selbststeuerung und Eigenverantwortung bekommen eine andere Dimension. Zwar lässt sich in der Abfolge der hier geschilderten drei Konzepte die im letzten Kapitel angesprochene Zunahme der Öffnung feststellen (nur methodisch; methodisch und inhaltlich; methodisch, inhaltlich und sozial), eine vergleichende qualitative Bewertung kann allerdings nicht erfolgen, da die zusätzliche Öffnung eines Bereichs durchaus auch negativere Ergebnisse in anderen Bereichen hervorrufen kann. Die richtige Schwerpunktbildung kann nur individuell vom einzelnen Lehrer im Hinblick auf die unterrichtlichen Rahmenbedingungen und vor allem unter Berücksichtigung der eigenen Fähigkeiten und Fertigkeiten erfolgen. „Je offener, desto besser" kann eben nicht als Faustformel gelten, sondern ist abhängig von dem Grad an Offenheit, den die Beteiligten als für sich passend erleben. Dass allerdings alle drei Varianten qualitativ hochwertige Ergebnisse liefern, und die Offenheit eher als befreiende didaktische Hilfe denn als „Strukturverlust" erlebt wird, scheint sich in der Praxis zu bestätigen.

3.1 Offenheit trotz Gleichschritt: „Didaktik der Kernideen – Reisetagebücherunterricht"

Motiviert durch ihre eigenen positiven Erfahrungen im „dialogischen Lernen" haben der Mathematiker PETER GALLIN und der Germanist URS RUF Anfang der achtziger Jahre in der Schweiz ein Unterrichtskonzept entwickelt, das als „Reisetagebücherunterricht" von sich reden macht. Ausgangslage war für die beiden Kollegen ihre Unzufriedenheit mit dem bestehenden Unterricht am Gymnasium: Der Germanist empfand, dass das mühsam aufgebaute Interesse der Schüler, sich intensiver mit dem Lernstoff zu beschäftigen, regelmäßig durch das Stundenende zunichte gemacht wurde und der Mathematiker ärgerte sich darüber, dass die Schüler primär nur Interesse daran hatten, die Formeln für die nächste Prüfung zu lernen, um danach das meiste wieder zu vergessen (vgl. Gallin/ Ruf 1990, 7f.).

> Nur gerade die Kinder, denen im richtigen Moment die richtige Antwort einfällt, nur gerade die Kinder, die in der vorgegebenen Zeit richtig funktionieren und zum richtigen Resultat gelangen, dürfen sich in ihrem Selbstwert bestätigt fühlen. Aber auch sie können sich nicht in Sicherheit wiegen: Verfehlen sie das nächste Mal das richtige Resultat, verpassen sie die richtige Antwort, folgt sofort die korrigierende Zurechtweisung. (Ruf/ Gallin 1998b, 8)

Schulische Gegenstände sind eben nicht Aufforderungen zum Verweilen und zum Nachdenken, sondern bloß Auslöser schematischer Reaktionen: ICH KANN´S oder ICH KANN´S NICHT. Die Probleme, die wir im Unterricht stellen, erzeugen im Lernenden offenbar nicht das Gefühl ICH KÖNNTE ETWAS LERNEN, sondern das Gefühl DAS MÜSSTE ICH EIGENTLICH SCHON WISSEN. Folglich stehen nur zwei Möglichkeiten offen: schnelles Abspulen eingeübter Mechanismen oder resigniertes Abwenden. Muss das so sein? (Ruf/ Gallin 1998a, 21)

Nun zeichnen sich beide aber durch eine große Liebe zu ihrem jeweiligen Fach aus und wollen den Schülern mehr mitgeben als nur das auswendig gelernte Wissen für den nächsten Test. Ihre Überlegungen führten sie zu dem Schluss, dass, um eine wirkliche Auseinandersetzung des Lernenden mit dem Lernstoff zu ermöglichen, sowohl die Eigenwirkung des Lernstoffs wieder in den Vordergrund geholt werden muss als auch die individuelle Auseinandersetzung des Lernenden mit diesem. „Steht nicht die richtige Antwort im Zentrum der pädagogischen Reflexion, sondern das, was ein Kind tatsächlich denkt, fühlt, sagt und tut, haben alle eine Chance. [...] Bedingung ist nur, dass sich das Kind tatsächlich auf einen Dialog mit den Schulstoffen einlässt und dass es erfährt, was andere über seine Beiträge denken." (Ruf/ Gallin 1998b, 8) Dieses möchten sie als Lehrer durch zwei Dinge leisten:

- die Umwandlung stofflicher Inhalte in sogenannte „*Kernideen*" und
- die Dokumentation des eigenen Weges der Auseinandersetzung mit der Kernidee in einem „*Reisetagebuch*".

Der Begriff Kernidee soll dabei vor allem die Abwendung vom kleinschrittigen, didaktisch fein säuberlich aufbereiteten Lehrgang verdeutlichen und zu einer globaleren Sichtweise des Lernstoffs führen. Statt eines stundenweisen Abarbeitens der Lehrgänge soll die eigentliche Sache wieder in den Vordergrund rücken. Kann sich jeder Schüler selbstverantwortlich mit der geforderten Sache auseinandersetzen, Vorerfahrungen nutzen, für ihn zum Verstehen notwendige Umwege gehen, so gelangt er schneller ans Ziel, als wenn er einem für alle Schüler gleich konzipierten Lehrgang folgen muss. Ein echtes Verstehen kann darüber hinaus nur durch die eigenaktive Auseinandersetzung mit dem Lernstoff erfolgen, was im herkömmlichen Unterricht durch die Vorgabe der Lösungsmuster von vornherein nahezu unmöglich gemacht wird.

Versucht man stattdessen die dem Lernstoff zu Grunde liegende Kernidee in den Vordergrund zu stellen, kann sich jeder Schüler individuell damit auseinandersetzen, ohne dass Lösungen und Lösungswege vorgegeben werden:

> Kernideen müssen so beschaffen sein, dass sie in der singulären Welt der Schülerin oder des Schülers Fragen wecken, welche die Aufmerksamkeit auf ein bestimmtes Sachgebiet des Unterrichts lenken.
> Kernideen machen den Schüler also aufmerksam auf Unstimmigkeiten im Horizont seiner singulären Welt. Sie öffnen ihm Augen für neue Zusammenhänge und fordern ihn so heraus, seine eigenen Meinungen mit Hilfe des Schulstoffs neu zu überdenken und neu zu ordnen. (Gallin/ Ruf 1990, 37)

> Kernideen findet man selten am Schreibtisch, sie stellen sich oft zufällig ein: bei alltäglichen Verrichtungen wie Essen, Telefonieren, Spazieren. Voraussetzung ist der engagierte Umgang mit dem eigenen Fach und das Gespräch mit Kollegen und Freunden, die andere Akzente setzen oder Widerspruch anmelden. Auch Lehrmittel oder Lehrerkommentare können wertvolle Anregungen liefern, entbinden aber nicht von spielerischer Eigentätigkeit.
> Wer nach Kernideen sucht, gibt sich Rechenschaft darüber, was ihn eigentlich bewegt und lenkt, wenn er sich einer bestimmten Sache zuwendet. Warum eigentlich befasse ich mich mit Mathematik, Musik, Lyrik oder Geographie? Was treibt mich an, wenn ich wissen will, wie man ein Wort richtig schreibt oder einen Beweis korrekt durchführt? Die Antwort auf solche Fragen ist vorerst einmal eine ganz persönliche Angelegenheit. (Ruf/ Gallin 1998b, 17)

Kernideen lassen sich also charakterisieren als stoffbezogene Impulse eines „vordidaktischen" eigenen Zugangs, der den Schüler zur eigenaktiven Auseinandersetzung mit dem Thema, zu einem interessegeleiteten Lernen führen soll. Die Auseinandersetzung mit dem Lernstoff erfolgt dann ganz individuell, Lehrerhilfe kann in der Form von Impulsen in Anspruch genommen werden, muss aber nicht. Verpflichtend ist für den Schüler allerdings das Aufschreiben seiner Gedanken, Versuche und Erfahrungen in einem Buch, das ihn auf seiner „Reise" begleitet: sein „Reisetagebuch". Es gibt ihm selber, aber vor allem auch Außenstehenden, Aufschluss über die Auseinandersetzung mit dem Lernstoff: Thema und Art der Herangehensweise, die eigene Denk- und Vorgehensweise, der zeitliche Verlauf der Bemühungen, die Dauer und die Unterbrechungen und zu guter Letzt die Ergebnisse bzw. die noch offenen Fragen.

Der Stellenwert, der der schriftlichen Auseinandersetzung mit dem Thema eingeräumt wird, ist hoch. Für GALLIN und RUF ist gerade dies der Schlüssel zum Erfolg. Nicht nur, dass sich durch das eigene Aufschreiben auch der Lernstoff verändert und neue, individuelle Facetten gewinnt, vor allem bedingt die *Notation für andere* eine zwar immer noch rein subjektive Auseinandersetzung mit dem Thema, aber eben unter der Maßgabe einer objektiven Verständlichkeit. Man setzt sich also nicht nur mit dem eigentlichen Problem auseinander, sondern muss die eigene Auseinandersetzung quasi von außen wahrnehmen. Dadurch rückt der Lösungs*weg* in das Zentrum der Betrachtung, die Problemlösung an sich wird Mittel zum Zweck, Motiv und Motivation für die Denkprozesse, sie stellt aber nicht das primäre Lernziel dar. Das Ziel wird nur dann erreicht, wenn auch der Weg dorthin vom Schüler selbst konstruiert wurde. Dabei kann immer wieder eine Auseinandersetzung mit anderen stattfinden, es kann ein Austausch erfolgen, aber es darf nicht eine fertige Lösung einfach übernommen werden.

Entsprechend muss man den Begriff der Kernidee sehr weit fassen. Einerseits wird der Lernstoff, mit dem der Schüler sich auseinandersetzen soll, vom Lehrer gemäß seinen Lehrplänen vorgegeben, andererseits ist die Kernidee eben individueller Impuls und kann eben nicht Lehrgangscharakter haben:

> Kernideen sind selten übertragbar. Sie haben den Charakter von Einfällen, die sich spontan einstellen und die in der aktuellen Situation ihre grösste Wirksamkeit entfalten. Natürlich ist der Lehrer versucht, bewährte Kernideen zu perfektionieren und mehrmals einzusetzen. Das führt aber, soweit wir das aus unserer Erfahrung beurteilen können, selten zum Erfolg. Präparierte Kernideen nehmen zu schnell den Geruch von Lehrstoff an. Es fehlt der richtige Zeitpunkt, die richtige Erwartungshaltung, das richtige Klima. Die Schüler merken die Absicht und sind zu Recht verstimmt. Es ist nicht der Wissende, dem Kernideen zufallen, es ist der Suchende, der unvermittelt auf sie stösst. (Gallin/ Ruf 1990, 45)

Man kann deshalb für den Kern des Konzepts, die „Kernidee", – wieder einmal – kein richtiges Konstruktionsrezept liefern. Hier hält die Offenheit des Offenen Unterrichts Einzug. Situationsbezug und Individualität fordern ihren Tribut. Dennoch wird – laut GALLIN und RUF – dieses Problem dann, wenn man ein Gefühl für diese Art der Lehrerrolle und des Unterrichtens hat, ein Stück weit relativiert:

> Kernideen sind Impulse, sie entstehen in individuellen Situationen und sind nur rückblickend zu erkennen. Der Lehrer wird bald merken, dass er sich weniger um die Herstellung von Kernideen sorgen muss, als um ihre Erhaltung und Pflege. (Gallin/ Ruf 1990, 39)

Wie kann man nun als Lehrer vorgehen, um einen solchen Unterricht umzusetzen?

3.1.1 Kernideen und Reisetagebücher – praktische Umsetzung

> Dialogisches Lernen ist aufs Offene angelegt. Wohin die Reise führt, ist nicht ausgemacht. Wenn sich Lehrende und Lernende im Unterricht als Ich und als Du begegnen, wenn ihre Beiträge in stetem Wechsel das Geschehen im Unterricht strukturieren, ist nicht vorausseh-bar, welches der übernächste Schritt sein wird. Unterricht ist also nicht mehr in der traditionellen Weise planbar. [...] Wohin das dialogische Lernen führt, ist zwar nicht voraussehbar, trotzdem entwickelt es sich in keiner Weise beliebig. [...] In ihrer KERNIDEE bündelt die Lehrperson den Gehalt des persönlich-rezipierten Fachgebiets. Mit einem offenen AUFTRAG ermöglicht sie den Lernenden eine Annäherung in der Vorschauperspektive. Spuren dieser produktiven Tätigkeit finden ihren Niederschlag im REISETAGEBUCH der Lernenden. In einer persönlichen RÜCKMELDUNG schließlich gibt die Lehrperson Einblick in ihre Rezeption und generiert eine neue Kernidee, die zwischen den Kernideen der Lernenden und den Anforderungen des Fachs vermittelt. Damit fordert sie die Lernenden zu einem neuen Produktionsschwung heraus, den sie mit einem neuen Rezeptionsbogen beantwortet. So folgt im dialogischen Unterricht eines aus dem andern. (Ruf/ Gallin 1998b, 10f.)

Um einen Unterricht mit Kernideen und Reisetagebüchern umzusetzen, muss man sich als Lehrer zunächst einen kompetenten Überblick über das zu behandelnde Stoffgebiet schaffen. Einen Überblick, der es einem ermöglicht, die dem Lernstoff innewohnenden Grundideen herauszukristallisieren. Diese Grundideen werden dann zu Kernideen, wenn sie den Schüler zur eigenen Auseinandersetzung mit dem Thema anregen. Um das Stoffgebiet entsprechend darzustellen, sollte der Lehrer durchaus auch biographische Momente, seine Begeisterung, eigene Fragen an den Lernstoff einbeziehen. Er überlegt also in der Rückschau, was der Stoff für eine Motivation ausstrahlen kann, um den Schülern dann das Themengebiet in einer Vorschau vage und knapp zu umreißen. Als Anleitung zum „Aufspüren" von Kernideen schlagen RUF und GALLIN (vgl. 1998b, 18) Folgendes vor:

- Stellen Sie sich in Ihrem Fach ein verhältnismäßig großes Stoffgebiet vor, das Sie mögen. Blenden Sie alles aus, was Sie nur dann interessiert, wenn Sie an Ihre Schüler denken.
- Versuchen Sie sich an den Moment zu erinnern, wo Ihr Interesse an diesem Gebiet wach geworden ist: an die Quelle Ihrer Faszination, an ein Schlüsselerlebnis, das Ihnen die Augen geöffnet hat oder suchen Sie sich einen Dialogpartner, dem Sie in möglichst einfachen Worten erklären, was Sie persönlich über Ihr Fachgebiet denken und was für Sie der Witz an der Sache ist.
- Üben Sie sich jetzt im Erzählen! Geben Sie dem Erlebten die Gestalt einer Anekdote. Können Sie den Witz der Sache auf den Punkt bringen? Vielleicht mit einer herausfordernden Frage, einer simplen Geste, einer kühnen Behauptung, einem anregenden Spielangebot, einem ausbaufähigen Denkanstoß, einem animierenden Bild, einer dynamisierenden Handlungsanweisung? Gelingt Ihnen das, dann haben Sie eine keimfähige Kernidee geboren.

Hält der didaktische Einfall folgenden Prüfkriterien stand?

- Ermöglicht er einen Blick aufs Ganze eines größeren Stoffgebiets?
- Gibt er dem Stoff eine attraktive Gestalt?
- Öffnet er ein Fenster in die private Lernbiographie?
- Deutet er an, wie man mit dem Stoff sachgerecht umgehen muss?
- Regt er den Lernenden an, eigene sachbezogene Kernideen zu generieren, und eröffnet er dadurch individuelle Räume für sinnvolles Handeln?
- Liefert er eine grobe Orientierung im Ganzen, und ermöglicht er – ohne Verlust der sinnstiftenden Übersicht – eine Hinwendung zu den Details? (vgl. Ruf/ Gallin 1998b, 182)

Im Unterricht wird der Lehrer den Schülern dann frontal oder im Sitzkreis seine Kernidee vorstellen, indem er ihnen einen kurzen Überblick über das Stoffgebiet gibt oder entsprechende Impulse anspricht, die er als tragend und fruchtbar erachtet. Diese lehrergeleitete Kernidee nimmt dann im gemeinsamen Gespräch Gestalt an und es ergeben sich durch Assoziationen und Brainstorming vielfältige Kernideen auf Schülerseite. Diese können einander ähnlich oder auch ganz verschieden sein, sie dürfen sogar falsch sein. Sie stellen die Motivation für die Auseinandersetzung dar und können während der ständigen Reflexionen noch revidiert werden oder aber auch trotzdem zu richtigen Ergebnissen führen.

Während GALLIN und RUF in ihrem ersten Buch „Sprache und Mathematik" noch von den Kernideen eines Themas bzw. Stoffgebietes ausgehen und die Arbeitsaufträge und Notationsweisen durch die Schüler bzw. die Klasse entwickeln lassen, ändert sich der Begriff der Kernidee im Laufe der Zeit bei ihnen (leider?) immer mehr zu ganz präzisen Aufträgen für die Schüler. So geben sie in ihren späteren

Büchern konkretere Anweisungen für den Aufbau eines Kernidee-Auftrages bzw. die Notation im Reisetagebuch:

> Kernideen wecken Energien und lenken die Aufmerksamkeit auf die Sache. Ob es nun allerdings zu einer fruchtbaren und anhaltenden Auseinandersetzung mit dem Stoff kommt, steht und fällt mit den Perspektiven, die der Auftrag eröffnet. [...] Der Auftrag muss einen Einstieg in die Arbeit anbieten, die auf ganz unterschiedlichen Niveaus zu interessanten Lösungen führen kann. Er darf leistungsschwächere Kinder nicht vor den Kopf stoßen und leistungsstärkere Kinder nicht langweilen. Alle müssen sich zu einem eigenen Produktionsschwung eingeladen und herausgefordert fühlen. Im Auftrag muss zudem auch eine Rampe für Könner eingebaut sein. Sie sorgt dafür, dass auch die Schnellsten und Begabtesten ihre Möglichkeiten voll ausspielen können und vielleicht sogar an ihre Grenzen stoßen. Schließlich muss der Auftrag offen sein. Nur offene Aufträge, Aufträge also, zu denen viele Lösungen denkbar sind, ermöglichen kreative Eigentätigkeit und fordern Stärkere und Schwächere gleichermaßen heraus, Unerwartetes und Überraschendes zu Papier zu bringen. (Ruf/ Gallin 1998b, 49)

Der Schüler legt nun – im Rahmen der ihm zur Verfügung stehenden Zeit – selbst Dauer und Art der Auseinandersetzung fest und dokumentiert seinen Weg im Reisetagebuch. „Beim Schreiben verlangsamen und klären sich Gefühle und Gedanken, nehmen Gestalt an und fordern zur Stellungnahme heraus. Wer schreibt, übernimmt in besonderer Weise Verantwortung für seine Position und öffnet sich der Kritik." (Ruf/ Gallin 1998a, 55)

Ein vorgegebenes Raster dafür könnte folgende Punkte enthalten:

ORGANISATION DES REISETAGEBUCHS	
Datum	Wann habe ich diesen Eintrag gemacht? (Zeit als Ordnungsprinzip)
Thema	Womit befassen wir uns? (Schlagzeile/Blickfang)
Auftrag	Was muss ich tun? (Problem, Erwartungen, Hilfen, Ziele)
Orientierung	Wozu machen wir das? (Motive, Fragestellungen, Überblick)
Spuren	Welchen Weg beschreite ich bei der Lösung des Auftrags? (Persönliche Auseinandersetzung mit dem Thema)
Rückblick	Wo stehe ich? (Zusammenfassung, Merksatz, persönlicher Kommentar, offene Fragen, neue Aufträge)
Rückmeldung	Wer kann mir weiterhelfen? (Redaktion, Tips, Beurteilung: Lehrperson oder Mitschüler)

(Ruf/ Gallin 1998a, 64)

Der so entstehende Text bietet dann immer wieder Grundlage zu Reflexion und Auseinandersetzung, sowohl innerhalb der eigenen Betrachtungsweise als auch in der Kommunikation mit anderen Schülern oder dem Lehrer. Diese Phasen können institutionalisiert als feste Rituale vorkommen oder aber auch individuell dem Schüler überlassen werden. Lehrer und Schüler sind ja durch den Verzicht auf „gemeinsamen" Unterricht frei für Einzel- oder Gruppengespräche. In der Regel wird beides vorkommen, während der Arbeitszeit besteht immer die Möglichkeit für individuellen Austausch, in den gemeinsamen Kreisphasen werden evtl. verschiedene Lösungen zur Diskussion gestellt, Lösungswege verglichen, Gemeinsamkeiten erarbeitet.

Die Rückmeldung kann aber auch zum eigenen Unterrichtsprinzip werden, wenn statt der Lehrervorgabe die Schülerproduktion zur Kernidee wird und der Auftrag zum Forschen ein Auftrag zum Rückmelden ist.

> Wir stellen hier drei Möglichkeiten vor, wie Texte aus den Reisetagebüchern in spezieller Weise gewürdigt, ausgewertet und zur Basis für die nächste Produktionsrunde gemacht werden können. Diese drei Spielarten des dialogischen Lernens übernehmen Aufgaben, die im traditionellen Unterricht dem Erklären, dem Üben und dem Verbessern zufallen:
>
> - Die Aufgabe des Erklärens übernehmen gelungene und speziell erhellende Passagen aus den Reisetagebüchern. Sie werden für alle kopiert und dienen der Klasse als Lehrmittel.
> - An die Stelle des Abarbeitens von Aufgabenserien aus dem Lehrbuch tritt das Erfinden eigener Übungsaufgaben. Wenn sich die Schülerinnen und Schüler gegenseitig Aufgaben stellen und diese auch lösen, sorgen sie selber dafür, dass der Kreislauf von Produktion und Rezeption in Gang bleibt.
> - Fehler werden nicht bloß verbessert, sondern untersucht. Die Beschäftigung mit eigenen und oft mehr noch mit fremden Fehlern kann dann als lustvoll und produktiv erlebt werden, wenn man sich mit einer einfühlsamen Fehleranalyse die gleichen Lorbeeren holen kann wie mit einer fehlerfreien Prüfung. (Ruf/ Gallin 1998b, 167)

Der zielgerichtete, beschränktere Text wird dabei durch die Offenheit des Gespräches bereichert, denn hier lassen sich viel schneller andere Ideen und Vorschläge einbringen. Es gibt keine umfassenden, berichtigenden Erklärungen, sondern nur kurze, handlungsbezogene Gespräche, hervorgerufen durch die individuellen und damit „echten" Fragen des Schülers. Dadurch kann es auch keine „Fehler" im landläufigen Sinne mehr geben. Wenn es nur noch den individuellen Erfahrungsprozess des Schülers mit der Sache gibt, können zwar Fixpunkte auf dem Weg markiert und reflektiert werden, sie können aber nicht an einer vermeintlich „richtigen" Lösung gemessen werden, sondern nur an sich selbst, der Auseinandersetzung des Schülers mit der Sache. Diese ist aber höchst individuell und verfolgt nicht die Norm als Ziel. Das ist auch im Hinblick auf die Motivation wichtig: Solange man dem Schüler die Norm nicht vorschnell überstülpt, ist er mit seinen Erfahrungen und Lösungen immer „der Erste", er muss nicht anderen folgen, sondern schreitet selber voran.

Der Schritt zur allgemeingültigen Lösung, zur Vereinbarung, zur Regel, zum Algorithmus, zur Norm, wird für den Schüler zudem erst dann wichtig und nachvollziehbar, wenn er sich im Themengebiet durch die Entwicklung seiner eigenen Verfahren und Vorstellungen heimisch fühlt und dann auf Grund von Neugier, dem Bedarf nach Austausch über die Sache oder auch der Unzufriedenheit mit der eigenen (umständlichen) Bewältigung den Bedarf nach anderen, konventionelleren Lösungen hat. Dann erfolgt über das Gespräch in der Gruppe oder mit dem Lehrer der Schritt von der Subjektivität zur Objektivität, oder wie es GALLIN und RUF im Titel ihrer praxisbezogenen Lehrbücher ausdrücken, von der *singulären* Phase des „*Ich* mache das so!" über die *divergierende* Phase, in der man den anderen fragt: „Wie machst *du* es?" zur *regulären* Phase: „Das machen *wir* ab." (Gallin/ Ruf 1995; 1999)

3.1.2 Kernideen und Reisetagebücher – Grenzen und Fragen

Der Unterricht mit Kernideen und Reisetagebüchern ist ein auf Sachstruktur und Lehrerlenkung basierender Unterricht, der hier trotzdem als „Offener Unterricht" vorgestellt wird. Grund dafür ist die rigorose methodische Offenheit, die dem Schüler bei der Herangehensweise bzw. Bearbeitung des Unterrichtsstoffs eingeräumt wird. Diese Freiheit ist eine echte Freiheit, die ganz im Kontrast zur rein organisatorischen Freiheit herkömmlicher „offener Unterrichtsformen" steht.

Beobachtet man die Umsetzung dieses – primär lerntheoretisch durch den Konstruktivismus fundierten – Konzepts in der Primarschulpraxis, so fallen ein paar Dinge auf. Zum einen ist fraglich, ob die (verpflichtende) schriftliche Auseinandersetzung als Kernpunkt der schulischen Arbeit wirklich ein Bedürfnis des Schülers darstellt, oder ob hier nicht – bei aller Akzeptanz der Vorteile einer schriftlichen Reflexion des eigenen Lernprozesses – u. U. ein sehr großes Zugeständnis an Lehrer und Stoff gemacht wird. Ein vor allem deshalb notwendiges Zugeständnis, um den Lehrern die Öffnung des Unterrichts nicht zu bedrohlich vorkommen zu lassen, denn er kann jederzeit als Rechtfertigung vor sich und für andere auf das Schülerprodukt zurückgreifen – ohne sich fragen zu müssen, ob es nicht auch ein Lernen ohne schriftliche Notation geben könnte.

Zum anderen fällt auf, dass die Handhabung der Kernideen auch in den Klassen, die diesen Unterricht als grundsätzliches Prinzip verstehen, ein schwieriger Prozess ist. Sowohl vom Lehrer als auch vom Schüler wird viel erwartet. Der Lehrer muss kompetent Wesentliches in den Blick des Schülers rücken und zugleich nicht zu sehr in eine bestimmte Richtung lenken. Der Schüler muss dieses Wesentliche erfassen und mit großer Ausdauer seinem eigenen „entdeckenden" Lernen folgen. Dieser hohe Anspruch erfordert eine große Identifikation mit dem Konzept, wie sie bei GALLIN und RUF und ihren Schülern bestimmt vorhanden ist. Aber kann diese Klassen-Motivation, die sicherlich zu einem großen Teil mit der auf die Schüler abfärbenden Ausstrahlung der Konzepterfinder zurückzuführen ist, auch bei anderen Personen in diesem Maße vorausgesetzt werden?

In der Praxis taucht leider viel zu oft eine andere Art von „Reisetagebücherunterricht" auf, der nicht sonderlich von normalem Unterricht mit Einzel- oder Gruppenarbeitsphasen bzw. von Wochenplanunterricht zu unterscheiden ist: Der Lehrer gibt die Arbeitsaufträge vor, die die Schüler danach mehr oder weniger zeitgleich lösen bzw. bearbeiten. Oft wird vom Lehrer ein Modell bzw. Muster vorgestellt, an das sich die Schüler dann anlehnen. Die Arbeiten der Kinder orientieren sich im Allgemeinen eng an den Vorgaben. Es besteht zwar grundsätzlich eine Möglichkeit für entdeckendes Lernen, aber es scheint andererseits durch die Aufträge und den Unterrichtsverlauf nicht unbedingt eingefordert zu werden. Näher liegt vielfach ein Zugang über „kreative Nachahmung", wie ihn REGULA RUF beschreibt:

> Will man eine Geschichte als Vorlage für eine eigene Geschichte nutzen, muss man ihre Muster freilegen. [...] Nach dem Muster des ersten Auftrags entwickeln wir in der Projektgruppe nun Aufträge für die nachfolgenden Doppelseiten des Bilderbuchs. Die Aufträge waren alle so gemacht, dass sie die Kinder auf die wesentlichen Strukturelemente der Vorlage lenkten und sie so befähigten, die Vorlage nach dem Prinzip *Gleiche Struktur – andere Inhalte* kreativ abzuwandeln. [...] Sowohl sprachliche Muster als auch Ideen für die graphische Gestaltung konnten nach Bedarf der Vorlage entnommen werden. Einige Kinder veränderten einzelne Wörter, andere entfernten sich weiter weg und beschritten eigene Wege. Alle hatten am Schluss ein persönliches und perfekt gestaltetes Bilderbuch. (Ruf-Bräker 1998, 64ff.)

Wird ein solches Vorgehen, eine solche Vorplanung, die Lehrer gemeinsam für ihre unterschiedlichen Klassen vorausplanen, der Grundidee der Didaktik der Kernideen noch gerecht? Oder verwischt sich hier nicht die beabsichtigte subjektmotivierte Didaktik mit unserer Vorstellung einer traditionell vorgeplanten Unterrichtseinheit? Entsprechend sind die in der Praxis anzutreffenden Lehrerimpulse qualitativ sehr verschieden, sie bewegen sich von anspruchsvolleren Knobelaufgaben bis hin zu Aufgabenstellungen, die so auch in einem ganz normalen Unterricht gestellt werden könnten.

Im Gegensatz zu den anderen beiden, im Folgenden vorgestellten Konzepten, hat der Unterricht mit Reisetagebüchern durch die themengleiche Arbeit in der Gruppe den Vorteil, dass alle Schüler über den Stundeninhalt im Bilde sind und so einander einfach und gezielt helfen, fruchtbare Gespräche führen und zu gemeinsamen Regeln und Konventionen gelangen können. Aber geht dadurch nicht auch eine wichtige Dynamik im Hinblick auf die von GALLIN und RUF als Konzeptschwerpunkt formulierte individuelle „Entdeckung" des Stoffs verloren?

> Zufall lenkt das Interesse auf einen Gegenstand. Das Ganze liegt von allem Anfang an im Blickfeld. Selten stehen im entscheidenden Moment ideale Unterrichtshilfen zur Verfügung. Aber das ist ganz unwichtig. Hat sich eine Kernidee in einem Menschen einmal festgesetzt, kann fast nichts mehr schiefgehen. Lehrer und Berater mögen stützen und helfen, so gut es eben gerade geht. Nur eines dürfen sie nicht tun: Das Kind von seinem Vorhaben ablenken und seine Energie in konventionelle Bahnen und Stufen des Lernens lenken wollen. Jeder Mensch muss auf seinen eigenen Wegen zum Ziel kommen. (Gallin/ Ruf 1990, 90)

> Diese individuellen Handlungsräume sind es, an denen sich der Lehrer bei der Vermittlung des Wissens zu orientieren hat. Er darf die Schüler nicht mit immer scheinbar neuen Einzelheiten überschütten, und er darf auch nicht willkürlich neue Veranschaulichungen einführen.

> Damit entwertet er die individuell entwickelten Handlungsräume. Aufgabe des Lehrers ist es, die Schüler aufzufordern, neue Probleme vorerst mit Hilfe ihrer alten Vorstellungen zu lösen. Dabei darf er das individuelle Pröbeln und Experimentieren nicht durch wohlmeinende und altbewährte Ratschläge stören. (Gallin/ Ruf 1990, 95)

Wird aber nicht eine der grundlegenden Motivationen der Didaktik der Kernideen, „jeder soll der Erste sein", in hohem Maße in Frage gestellt, wenn die ganze Klasse zeitgleich dasselbe Problem löst und die Lösungen ausgetauscht werden? Kann es nicht sein, dass der für die Einzelförderung absolut stimmige Dreischritt, vom individuellen Probieren über das Reflektieren mit anderen zur Konvention zu gelangen, im Klassenverband schnell kontraproduktiv werden kann, wenn die Regulative im Gesprächskreis gemeinsam erarbeitet wird, und nicht alle Kinder schon auf dieser Stufe sind? Oder sie haben den Austauschbedarf evtl. gar nicht mehr, weil die Aufgabe für sie schon längst erledigt ist? Und kann es nicht auch passieren, dass bestimmte Kinder immer die besten oder schnellsten Lösungen haben, immer nahe an den Konventionen sind, andere sich aber schwerer damit tun? Man muss annehmen, dass die Begründung des Konzepts für die Umsetzung im Klassenverband zumindest teilweise relativiert werden muss.

Wie sähe denn die „Didaktik der Kernideen" aus, wenn durch den Verzicht auf eine Absprache der Themen dem Einzelnen ein größerer und vor allem freiwilligerer Raum gewährt würde? Ursprünglich war das einmal eine Kernidee, eine Kernfrage, die GALLIN und RUF durch ihre Forschungen lösen wollten:

> Beobachtet wurden individuelle Lernprozesse innerhalb und außerhalb der Schule. Ziel war es, Kräfte, die im nicht-organisierten Lernen wirksam sind, auch für die Schule nutzbar zu machen. Ist es möglich, dem regulären Schulstoffen etwas von der provokativen Unmittelbarkeit abzugewinnen, die uns außerhalb der Schule zum Überdenken alter Gewohnheiten und zum Lernen herausfordert? Kann die Schule Raum für individuelles Suchen und Irren anbieten? Kann sie ein Klima schaffen, in dem authentische Begegnungen möglich werden? Kann sie die Lernenden anregen, rund um Lehrplanthemen private Kernideen zu entwickeln und im Dialog mit der Lehrperson so zu konkretisieren, dass fachliche Anforderungen und persönliche Motive nicht in Widerspruch geraten? (Ruf/ Gallin 1998a, 54)

Dennoch scheinen sie die inhaltliche Freiheit, die doch mit Sicherheit ein maßgeblicher Faktor der Selbststeuerung und des sinnstiftenden Lernens ist, vorschnell abzutun.

> Wahlfreiheit [...] ist nicht unser primäres Anliegen. Es geht uns nicht in erster Linie um die WAHL DER THEMEN, das ist eine kurzlebige Freiheit, die dem Lernenden nur im Vorfeld der eigentlichen Arbeit einen gewissen Bewegungsspielraum zubilligt. Er entscheidet ja in Unkenntnis der Sache und kann sich deshalb nur an vordergründigen Kriterien orientieren. Die Freiheit, um die es uns geht, ist die Freiheit in der Wahl des Lernwegs. Und diese Freiheit kann der Lernende in jedem beliebigen Stoffgebiet wahrnehmen. Voraussetzung ist allerdings, dass ihm der Lehrer einen Zugang in dieses Stoffgebiet eröffnet, der ein Lernen auf eigenen Wegen möglich und attraktiv macht. (Ruf/ Gallin 1998, 37)

Diese Haltung ist aus der Sicht des engagierten und kompetenten Fachlehrers, der Kindern einen wirklichen und prägenden Zugang zu seinem Fach ermöglichen will, richtig. Er hat den Überblick und kann aus seinem Wissen ableiten, welches Wissen für den Laien vorteilhaft ist und welchen Zugang dieser dazu finden sollte. Das ist – wie es sich für einen „Lehrer" gehört – in erster Linie eine *stoffbezogene* Haltung. Auch wenn der daraus folgende Unterricht immer nah an den Kindern bleibt und diese als Menschen achtet, so ist diese Haltung aber noch keine *pädagogische*.

Aus radikal pädagogischer Sicht drückt die Haltung des Erwachsenen, zu wissen, was für ein Kind – oder sogar zeitgleich für 20 oder 30 Kinder – gut ist, schon eine gewisse Arroganz aus. Gehört nicht gerade die freie Wahl dessen, mit dem ich mich beschäftige – ob in Kenntnis oder Unkenntnis der Sache – zur grundlegenden Qualifikation des autonom Lernenden? Drückt nicht die in dieser Hinsicht unkritische Übernahme des schulischen Curriculums durch den Lehrer mehr aus als ein pragmatisches Zugeständnis an das starre System? Zeigt nicht unser Schulsystem gerade bei der Vorgabe der Inhalte durch Curriculum und Lehrer seine größte Schwäche, wenn Schüler immer wieder vergeblich nach dem Grund suchen, aus dem heraus sie bestimmte Inhalte (zu einer bestimmten Zeit) lernen müssen? Und werden nicht gerade die Inhalte, die in der Schule vermittelt werden, immer fragwürdiger, wenn man sie an den eigentlichen Anforderungen des Lebens und der Berufswelt misst? Weist nicht der größte Teil der Schulabgänger die bittere Qualifikation auf, nach zehn oder dreizehn Jahren „Beschulung" noch immer nicht zu wissen, was er mit seinem Leben überhaupt anfangen will? All dies sind Bedenken und Fragen, die sich mir stellen – wenngleich ich glaube, dass Menschen, die ihr Fach so lieben wie GALLIN und RUF, diese sicherlich sehr relativieren würden und könnten – zum Besten der Schüler. Aber das soll uns nicht daran hindern, nun ein Konzept näher zu beleuchten, das Schülern über das Zugeständnis des eigenen Zugangs hinaus größtmögliche Freiheit bei der Wahl der Inhalte gibt. Ein nächster Schritt auf der Suche nach der verlorenen Offenheit ...

3.2 Offenheit trotz Autorität: „Didaktik des weißen Blatts"

Um die Notwendigkeit von oder den Verzicht auf Vorgaben im Offenen Unterricht näher zu untersuchen, soll im Folgenden das ganz in der Praxis entwickelte Konzept einer Lehrerin vorgestellt werden, welches hier treffend als „Didaktik des weißen (leeren) Blatts" überschrieben wird. Die Grundschullehrerin HANNELORE ZEHNPFENNIG hat zusammen mit ihrem Mann, dem Soziologen HELMUT ZEHNPFENNIG, in zahlreichen Veröffentlichungen einen Offenen Unterricht vorgestellt, der von der Freigabe des Lernweges her stark dem Reisetagebücherunterricht entspricht, aber doch im inhaltlichen Bereich eine weitaus stärkere Öffnung anstrebt. Im Gegensatz zur lernpsychologischen Begründung des Konzepts von GALLIN und RUF begründen ZEHNPFENNIG und ZEHNPFENNIG den Wandel der Schule zum Offenen Unterricht eher soziologisch mit dem schnellen Wandel der Gesellschaft in den letzten Jahren bzw. Jahrzehnten:

> Verändert haben sich gesellschaftliche und individuelle Wertorientierungen und Lebensziele: weg von den sogenannten „materialistischen" Werten wie z. B. „Sicherheit",

„Wohlstand", „Wirtschaftswachstum", „Ordnung" oder „Vollbeschäftigung" hin zu „Selbstbestimmung", „Mündigkeit", „freier Wille", „Glück" und „Zufriedenheit". Dieser WERTEWANDEL beeinflußt natürlich auch die Definition und die Akzeptanz schulischer Erziehungsziele [...]. Eine ähnliche und parallele Entwicklung ist für den öffentlichen („politischen") Bereich festzustellen. [...] So sehen sich Lehrer/Lehrerinnen zunehmend Ansprüchen von Schülern (und Eltern) nach Mitentscheidung über Inhalte und Methoden schulischen Unterrichts gegenüber; und solche Ansprüche lassen sich nicht mehr – wie früher – so ohne weiteres abweisen. Auch familiäre Beziehungsformen und Erziehungsstile (sowie Erziehungs-Ziele) haben sich in den letzten Jahren grundlegend gewandelt, pointiert ausgedrückt: vom Patriarchat zur Partnerschaft. Dies gilt für die Beziehung zwischen den Eheleuten und für die Eltern-Kind-Beziehung. [...] Schließlich zwingen Umwälzungen im wirtschaftlichen Bereich die Schule, sich (erneut) die Frage zu stellen und zu beantworten, w o z u sie erziehen soll. Kann es allein oder vorwiegend um die Vermittlung von möglichst viel gesichertem Wissen („traditioneller Bildungskanon") gehen? Ständig entstehen neue Berufe und verschwinden alte, werden neue Fähigkeiten erforderlich und andere überflüssig. Hinzu kommt: Schulisches Wissen und Abgangszeugnisse garantieren längst nicht mehr einen entsprechenden lebenslangen Beruf bzw. Arbeitsplatz. Flexibilität, Bereitschaft und Fähigkeit zu lebenslangem (Um-)Lernen, Kreativität und Eigeninitiative: das sind m. E. Fähigkeiten, die immer wichtiger für die Bewältigung dieser Problematik werden. Ihnen muß sich daher Schule – mehr als bisher – öffnen.

Meine THESE ist nun: Der bislang – in der Praxis – vorherrschende Frontalunterricht kann kaum oder nur sehr begrenzt motivierte, aktiv lernende, kreative und mündige Schüler hervorbringen (selbst wenn man andere Formen wie z. B. Freiarbeit oder Projektunterricht als zusätzliche „Sonderangebote" einbaut). Der Unterricht muß sich in seinen Strukturen erneuern. Ich stelle ein Konzept vor, das unterrichtliche Strukturen wie „Raum", „Zeit", „Inhalt" und „Rollen" neu organisiert. Und ich berichte (im Referat) über meine Erfahrungen und „Erfolge" nach mehr als 10 Jahren eines solchen Offenen Unterrichts. Mein Fazit daraus: Wir sollten uns endgültig vom Frontalunterricht verabschieden. Er paßt nicht mehr in die Gegenwart; und er verpaßt die Zukunft. (Zehnpfennig 1995d)

Die Öffnung des Unterrichts machen ZEHNPFENNIG und ZEHNPFENNIG (vgl. i. F. 1992; 1995c; Peschel 1995a) an dem Aufbrechen dreier tradierter, längst nicht mehr aktueller „Strukturen" fest: der Raumstruktur, der Zeitstruktur und der Stoffstruktur, die im Folgenden unter eigenen Ergänzungen meinerseits kurz dargestellt werden:

Die herkömmliche *Raumstruktur* ist vom Lehrer her funktional geplant: Tische und Stühle stehen in Reih und Glied, es gibt für jeden Schüler einen festen Platz, auf dem er fortan – entgegen seinem natürlichen Bewegungsdrang – (still) sitzen muss. Die Sitzordnung spiegelt die Rangordnung wieder, die Kommunikation mit dem Lehrer steht zwar im Mittelpunkt, muss aber durch Melden und Drannehmen von diesem erlaubt werden (was im umgekehrten Falle nicht so ist), die Kommunikation der Schüler untereinander wird in der Regel als störend empfunden. Diese Raumstrukturen sind nachvollziehbar, denn sie sind auf den darauf entsprechend passenden, lehrerzentrierten Unterricht abgestimmt. Um der Vorgabe der Richtlinien „Dem Bewegungsbedürfnis der Kinder ist in besonderer Weise Rechnung zu tragen" (Kultusminister NRW 1985, 10) zu entsprechen, wird der Unterricht klein portioniert und das vor allem aus körperlichen Gründen (das Niveau kann es ja nun wirklich nicht sein) anstrengende Lernen wird immer wieder durch auflockernde Bewegungsspiele und Lieder unterbrochen.

Möchte man nun aber eine Raumstruktur schaffen, die sich schülerzentrierter darstellt, so folgt daraus zwangsläufig auch eine andere Sicht der notwendigen Ordnung. ZEHNPFENNIG und ZEHNPFENNIG nennen diese eine „*prozessuale* Ordnung", die nicht mehr statisch ist, sondern variabel an die jeweilige Situation in der Klasse angepasst wird. Anstelle der künstlichen Inszenierungen und Motivierungen durch unterbrechende Spielereien gestaltet der Lehrer zusammen mit den Kindern den Raum einfach so, dass sich die Kinder jederzeit frei bewegen können. Der Wunsch nach Bewegung muss vom Kind nicht mehr aufgeschoben werden, sondern es kann direkt auf sein Bedürfnis reagieren. Zusätzlich haben die Kinder dadurch die Möglichkeit, sich wirklich mit „ihrer" Klasse zu identifizieren, sie können nicht nur die Möbel den tatsächlichen Erfordernissen anpassen, sondern auch jederzeit andere Kinder bzw. den Lehrer aufsuchen, um Sachen mit ihnen abzusprechen oder sich Material zu besorgen. Das hat nicht nur Auswirkungen auf die räumliche Organisation in der Klasse, sondern ergibt zugleich auch eine ganz andere Unterrichtskultur mit anderen Lehrer- und Schülerrollen.

Diese Veränderungen haben auch entsprechende Auswirkungen auf die *Zeitstruktur*. Die vorgegebene Aufteilung des Schultages in Stunden und die Gliederung dieser Stunden in für alle Kinder gleiche Phasen der Motivation, der Erarbeitung, der Stillbeschäftigung, der Übung und der Lernkontrolle wird aufgebrochen. Der Gleichschritt weicht der individuellen Zeiteinteilung, sodass verschiedene „Aufwärmzeiten" und verschiedene Tempi der Kinder keine Rolle mehr spielen. Die durch das starre Zeitraster erzeugte Unter- bzw. Überforderung der Kinder mit ihren konträren Schwierigkeiten von Langeweile oder Hektik werden vermieden, und zugleich wird eine Kultur des „Einander-Zuarbeitens" geschaffen, bei der die Kinder ihre Unterschiedlichkeit im Leistungs- und Auffassungsvermögen eher als Vorteil denn als Nachteil empfinden. Stärken und Schwächen kommen ganz selbstverständlich zur Geltung, niemand wird am fiktiven Normalplan gemessen und entsprechend geächtet.

Daher muss sich auch die *Stoffstruktur* den lernenden Kindern anpassen. Die Fertigfabrikate der Lehrmittelverlage bereiten den Lernstoff aus Sicht der Erwachsenen auf, die Interessen und Perspektiven der Kinder werden schnell außen vor gelassen. Entsprechend muss nun für die Beschäftigung mit dem Stoff immer wieder neu motiviert werden. ZEHNPFENNIG und ZEHNPFENNIG schlagen einen einfacheren Weg vor:

> Warum nicht die Kinder selbst Unterrichtsmaterial herstellen lassen? Und siehe da: Vor ein leeres Blatt Papier gesetzt, nur versehen mit Stiften oder einer Schreibmaschine, begann ihre Phantasie und Kreativität zu sprudeln. Es entstanden phantastische Bilder und Geschichten, Berichte über eigene „Erfindungen", Gedichte, also zahllose „Freie Texte"; und dies, sobald sie einigermaßen schreiben konnten (1. Schuljahr, Ende des 1. Halbjahres). (Zehnpfennig/Zehnpfennig 1995c, 7)

Die Beschäftigung mit dem Lernstoff ist dabei nicht so zufällig oder willkürlich, wie man zunächst annehmen könnte, sondern folgt der implizit vorhandenen Struktur der Fächer bzw. dem breiten Interesse der Kinder an den verschiedensten Dingen. Die Inhalte und Anlässe für das Lernen gehen aus dem gemeinsamen Klassenleben hervor, das immer wieder durch Impulse einzelner Kinder oder auch der Lehrerin angestoßen wird. Oft ergibt sich dabei so etwas wie ein „Schneeballsystem", wenn ein Thema sich immer weiter in der Klasse fortpflanzt. So reicht es oft aus, dass sich ein Kind für ein Thema interessiert, um diese Kernidee dann auch für andere Kinder interessant zu machen: „Was der macht, kann bzw. will ich auch." (Holli 1997, 20)

Dieser Umgang mit Raum, Zeit, aber vor allem dem Lernstoff erfordert eine hohe Kompetenz des Lehrers – nicht nur im Hinblick auf das Vertrauen in die Kinder. Ähnlich wie bei GALLIN und RUF muss der Lehrer den in der Schule zu vermittelnden Stoff so kennen und für sich so durchdrungen haben, dass er weiß, was davon wichtig ist und was nicht. Während sich aber bei der „Didaktik der Kernideen" das Loslassenkönnen auf den vorher vom Lehrer thematisch eingegrenzten Raum bezieht, muss der Lehrer bei der „Didaktik des weißen Blatts" zeitgleich sämtliche Inhalte des Schuljahres bzw. sogar die darüber und darunter liegenden beherrschen, um entsprechend sicher den Schülerstand beurteilen und durch Impulse betreuen zu können. Vor allem aber muss er es verstehen, das meist sehr hohe Niveau der Eigenproduktionen der Kinder richtig „lesen" zu können.

Wie kann nun ein solcher Unterricht in der Grundschulpraxis aussehen?

3.2.1 Unterricht mit „weißen Blättern" – praktische Umsetzung

Obwohl HANNELORE ZEHNPFENNIG ihren Unterricht auch erst Fach für Fach geöffnet hat, sollte der Offene Unterricht möglichst durchgängiges Unterrichtsprinzip sein, d. h. alle Fächer weitestgehend einschließen. Die Eigenproduktion der Kinder ist das Herzstück dieses Unterrichts. Gelenktere Phasen kann es nur auf dieser Basis geben, wenn sie aus der Sache her erwachsen und ihr Sinn allen Beteiligten einleuchtet bzw. von diesen eingefordert wird (z. B. ein Informationsinput über ein bestimmtes Thema, das Einladen eines Experten). Sie dürfen aber nicht dem Grundprinzip des Unterrichts, dem *„Zwang zur Eigenaktivität"* entgegenlaufen. Eine so weitreichende Öffnung wie die im Unterricht von ZEHNPFENNIG muss von den Schülern täglich aufs Neue getragen werden. Dabei werden sehr viel Motivation und ein starker Arbeitswille gefordert, was von den Kindern dann leicht geleistet wird, wenn daneben eben nicht ein bequemerer, verlässlicher Lehrgang angeboten wird.

Da in der Klasse das *„weiße Blatt Papier"* das zentrale Arbeitsmittel ist und sich die Schüler ganz individuell für ein Lernthema entscheiden, *müssen* sie notgedrungen agieren, sie können nicht mehr nur konsumieren und „aberledigen". Jede Beschäftigung, die gewählt wird, zwingt dazu, aktiv zu sein und das Lernen zu lernen. Der Schüler *muss* sich ein Thema suchen, er *muss* sich überlegen, wie er dieses angeht, er *muss* produzieren und reflektieren, er *muss* gestalten und formulieren und zwar so, dass er den anderen Schülern ein für sie verständliches Ergebnis präsentieren kann. Der Schüler erzieht sich selbst zur Selbstständigkeit.

Die hohe Kompetenz des Lehrers innerhalb der „Didaktik des weißen Blatts" wurde schon angesprochen: der Lehrer muss seine Vorgaben jahresübergreifend, ja sogar schulformübergreifend im Kopf haben, denn es gibt nun keinen herkömmlichen Stoffkanon mehr, sondern nur die Leistung des einzelnen Kindes. Und dass dadurch eine Bandbreite von mehreren Jahrgangsstufen zeitgleich in einer Klasse vertreten ist (bzw. erst in ihrer Dimension als solche wahrgenommen wird), muss nicht betont werden. Die hohe Fachkompetenz muss zusätzlich noch ein Repertoire an Kernideen einschließen, d. h. zusätzlich zu den wesentlichen Stoffinhalten muss er auch immer passende Impulse, herausfordernde Fragen, knifflige Ideen usw. präsent haben. Zugleich muss er auch methodisch versiert sein und entsprechende Tipps zur Darstellung und Behandlung von Themen im Hinterkopf haben. In der Klasse sollte dazu auch immer ein gewisses Maß an Werkzeugen und Utensilien bereitstehen, damit die Forschungsvorhaben der Kinder entsprechend unterstützt werden können.

So umfassend ausgerüstet kann der Lehrer den Schultag nun mit den Kindern beginnen. Vor Schulbeginn treffen sich die Kinder im Rahmen des „offenen Anfangs" in der Klasse. Nachdem sie sich so zwanglos begrüßt, Neuigkeiten erzählt oder schon erste Arbeitsvorhaben geplant haben, kommt man im Sitzkreis zusammen. Der Lehrer weist auf eventuelle Termine und Absprachen hin, die Kinder stellen Sachen vom Vortag oder von zu Hause vor, Fragen werden geklärt, aber in der Regel gibt es dann schnell eine Runde, in der jedes Kind der Gruppe mitteilt, was es heute tun möchte und dann aus dem Kreis geht. Sollte ein Kind noch keine Idee haben, so wird es erst einmal übersprungen, bis zum Ende der Runde hat es entweder eine Idee oder wendet sich – was selten vorkommt – an den Lehrer, der dann mit ihm zusammen überlegt.

Die Kinder gehen dann alleine oder mit anderen an ihre Arbeit: es werden Geschichten und Gedichte geschrieben und überarbeitet, Kniffelaufgaben für Mathematik konstruiert, Erfindungen gemacht und dokumentiert, Sachen untersucht und protokolliert. Der Lehrer ist ansprechbar für Fragen, gibt Hilfen und Impulse, besorgt Material zum Kleben und Heften, organisiert Tonpapier und Kopien. Wichtig ist ihm dabei, das „Lernen hochzuhalten", d. h. die Kinder dürfen zwar ganz auf ihre Weise an ihren Sachen arbeiten, aber sie dürfen nicht nur spielen. Wollen sie Sachen untersuchen, so müssen sie ihr Vorgehen entsprechend protokollieren bzw. anderen vorstellen können. Hier ist klar die Parallele zum Reisetagebücherunterricht zu erkennen. Ansonsten hält sich der Lehrer aber weitgehend aus Stoffwahl und Vorgehensweise heraus, allerdings versucht er schon sein (ehrliches) Interesse an den eigenen Forschungen der Kinder zu bekunden, wenn er sich Erfindungen und Gedankengänge von ihnen erklären lässt und diese u. U. für sich selbst notiert. Der Lehrer ist dadurch immer wieder neu gefordert, den Weg der Kinder nachzuvollziehen und eigene Lösungen zu relativieren. Eine spannende und aufschlussreiche Sache – und für beide Seiten höchst motivierend!

Je nach Tagesgestaltung trifft sich die Klasse evtl. vor oder nach der Pause dann noch einmal im Kreis, um Kindern die Möglichkeit zu geben, schon erste Ergebnisse vorzustellen, Sachen aufzuführen oder Fragen zu klären. Auf jeden Fall aber findet solch ein Kreis gegen Ende des Tages statt. Hier geben sich die Kinder nun durch das Vorstellen ihrer Arbeitsergebnisse gegenseitig Rechenschaft über ihr Tun. Dabei scheint es keine große Rolle zu spielen, welchem Fach bzw. Stoffgebiet das Thema angehört, die Schüler äußern sich zu den Arbeiten der anderen, machen Verbesserungsvorschläge, greifen Ideen auf und sprechen gemeinsame Arbeiten ab. Der Lehrer strukturiert diese Vorstellrunde maßgeblich. Er hinterfragt Sachverhalte, bittet um Klärung bzw. Erklärung, gibt Impulse zum Weiterdenken und Weiterarbeiten, schlägt Brücken zu vorangegangenem Stoff und strahlt selbst eine gewisse Lernmotivation aus, die durch das ehrliche Würdigen der Kinderarbeiten noch verstärkt wird. Nach diesem Kreis wird entweder noch weitergearbeitet oder es ist Zeit zum Aufräumen der Klasse. Am nächsten Tag ist wieder (bzw. immer noch) eine endlose Zahl von Kernideen im Raum, die von den Schülern aufgegriffen werden können.

3.2.2 Unterricht mit „weißen Blättern" – Grenzen und Fragen

Die Freigabe der Inhalte, die das Konzept von ZEHNPFENNIG und ZEHNPFENNIG auszeichnet, ist für viele Lehrer ein nicht nachvollziehbarer Schritt der Öffnung, vor allem im Zusammenhang mit der zusätzlichen Freigabe der Methode bzw. der Lernwege der Kinder. Während für viele Lehrer ein Freies Arbeiten, das aus dem normalen Klassenunterricht resultiert, noch denkbar ist (freies Schreiben, freies Forschen, freies Gestalten – freie Mathematik schon weniger ...), so wirft die völlige Aufgabe des Klassenunterrichts als strukturierendes und erklärendes Moment doch Fragen auf. Wie können Kinder die zu unterrichtenden Inhalte lernen, wenn diese nicht mehr eingeführt werden? Und wofür braucht man dann noch eine Schule, wenn Kinder anscheinend gar nicht unterrichtet werden müssen?

Während man sich den methodisch offenen Unterricht mit Reisetagebüchern auf Grund seiner Nähe zu einem „normalen" Unterricht mit qualitativ hochwertigen, individualisierten Aufträgen noch irgendwie vorstellen kann, so wird einem bei der „Didaktik des weißen Blatts" die veränderte Lehrerrolle radikal vor Augen geführt – und zwar auch optisch. Die Tafel ist nicht mehr Zentrum des Unterrichts, sondern die ganze Klasse passt sich den momentanen Bedürfnissen der Lernenden an. Einzel-, Partner- und Gruppenarbeiten werden nicht mehr verordnet, sondern ergeben sich aus den momentanen Erfordernissen. Der Lehrgang ist in höchstem Maße individualisiert, noch nicht mal ein gemeinsames Oberthema kann jetzt noch über die Verschiedenheit der Kinder hinwegtäuschen.

Und dennoch ist gerade diese „Strukturlosigkeit" die Struktur, die dem Individuum wirklich Halt gibt, denn erst sie ermöglicht es ihm, eine *eigene* Struktur ohne das Risiko einer nur kurzfristigen Nachahmung zu bilden. Und nur diese *eigene* Struktur ist langfristig tragkräftig. Genau wie im Reisetagebücherunterricht resultiert sie aus der individuellen, subjektiven Auseinandersetzung mit dem Stoff, die durch die Veröffentlichung bzw. den Austausch mit anderen herausgefordert und objektiviert wird, ohne dabei die Verwurzelung im eigenen Denken aufzugeben. Während der Unterricht mit Kernideen in der Praxis oft die regulative Struktur als Muster bzw. Kernidee implizit vorgibt und die Schüler z. B. durch die oben angesprochene „kreative Nachahmung" herausgefordert werden, so geht das Konzept von ZEHNPFENNIG darüber hinaus. Hier gibt es nicht mehr *ein* herausforderndes Muster, sondern *unzählige*: all die der verschiedenen Schüler. Diese Herausforderungen sind dabei weder sortiert noch strukturiert und erst recht nicht zeitgleich vertreten wie im Reisetagebücherunterricht, sondern tauchen an allen Ecken und Enden und in den unterschiedlichsten Formen immer wieder auf – wenngleich es auch so etwas wie eine ständig vorhandene herausfordernde Lernatmosphäre als ruhenden Pol bzw. „roten Faden" zu geben scheint.

Natürlich braucht es einige Zeit, bis sich ein solches Arbeiten in einer Klasse etabliert hat. Aber es scheitert nicht etwa – wie immer als Entschuldigung für kleinschrittigen, reproduktiven Unterricht angeführt wird – am Unvermögen der Kinder. Derjenige, der den Lehrgang vermisst, ist nicht das Kind, sondern der Lehrer. Ohne den Schutz (oder die Verschleierung) des Lehrgangs bekommt der Lehrer plötzlich einen unverstellten Blick auf das, was wirklich bei den Kindern und ihrem Lernen passiert. An jeder Produktion der Kinder kann er schonungslos den Leistungsstand auf dem jeweiligen Gebiet ablesen, und zwar ohne den Filter reproduzierter Übungen oder auswendig gelernter Techniken. Mit allen Höhen und Tiefen, Sprüngen und Rückschritten, die Lernen nun mal mit sich bringt. Zudem bekommt er zum ersten Mal hautnah mit, wie – und wie unterschiedlich – Kinder wirklich schreiben, lesen, rechnen lernen – ohne Lehrer und Lehrgang.

Die Kinder wissen in der Regel, warum sie in der Schule sind: sie wollen lernen und tun dies auch. Und zwar von sich aus, durch die stetige Auseinandersetzung mit dem, was sie interessiert bzw. was um sie herum passiert. Und die wenigen Inhalte bzw. Normierungen, die sich nicht aus dem impliziten Lehrgang des Faches selbst ergeben (man schreibt und liest immer besser und richtiger, man rechnet mit immer komplexeren Zahlen und Operatoren usw.), tauchen in der Regel von selbst über die verschiedensten Kanäle auf: aufgeschnappt bei Geschwistern, entdeckt beim Stöbern in Arbeitsheften und Büchern oder auch bewusst oder unbewusst vom Lehrer oder von Mitschülern angestoßen. Diese Vorgehensweise ist dabei alles andere als beliebig, denn dadurch, dass alle möglichen Inhalte im Laufe der Grundschulzeit immer wieder zu den unterschiedlichsten Zeitpunkten und auf unterschiedlichstem Niveau auftauchen, wird ein Spiralcurriculum erzeugt, das sicherer nicht sein könnte: Jedes

Kind kann sich zu jedem Zeitpunkt genau auf seinem Niveau mit einer Sache beschäftigen, umgeben von der ständigen Herausforderung, noch einen Schritt weiter zu gehen.

Mit dieser Betrachtungsweise scheint sich der Vorteil der Auftragsgleichheit für alle Kinder beim Unterricht mit Kernideen zumindest zu relativieren, denn ein in dieser Weise verstandenes offenes Curriculum kann den Verzicht auf die Beschäftigung und den Austausch aller Kinder mit bzw. über dieselbe Sache durchaus verschmerzen. Und bei den Themen, die zu einem bestimmten Zeitpunkt alle bzw. viele Kinder bewegen, ist der konkrete Austausch ja genauso möglich wie beim Reisetagebücherunterricht – wahrscheinlich weniger vom Lehrer vorstrukturiert, dafür aber durch die uneingeschränkte Selbststeuerung ganz anders beim Schüler motiviert. Und dennoch steuert der Lehrer auch im Unterricht von ZEHNPFENNIG noch maßgeblich durch seine Impulse und Strukturierungen im von ihm gelenkten Kreisgespräch, sei es im Bereich der Wissensaneignung oder auch im Bereich des sozialen Miteinanders: Seine primäre Aufgabe ist es, das „Lernen" in der Klasse „hochzuhalten", d. h. zusammen mit den Kindern für eine lern- und arbeitsorientierte Atmosphäre zu sorgen.

Dabei ergibt sich ein sehr hohes Maß an Lernerfolg auf Schülerseite, denn auf diese Art fordert die Kompetenz und das Wissen des Lehrers die Arbeit des Schülers immer wieder bis an die Grenzen heraus: Alle Durchgänge Offenen Unterrichts bei HANNELORE ZEHNPFENNIG lagen leistungsmäßig immer weit über dem Durchschnitt bzw. den Parallelklassen mit Kindern desselben Einzugsgebietes. Dem Einwand ihrer Kolleginnen, sie bekäme ja auch immer die „besten" Schüler, wurde begegnet, indem ihnen die Zusammenstellung der ersten Klassen übertragen wurde. Und trotzdem änderte sich nichts an den hohen Leistungen der offen unterrichteten Schüler. Die guten Ergebnisse können daher wahrscheinlich in hohem Maße auf die Unterrichtsmethode (und natürlich das Engagement) der Lehrerin zurückgeführt werden.

Als Pädagoge stellt sich mir aber auch hier die Frage, wie weit mein Eingriffsrecht in das Lernen (und Leben) der Kinder eigentlich gehen darf. Kann es nicht eine Unterrichtsform geben, die den Lernenden noch stärker als Individuum ernst nimmt und sein Mitbestimmungsrecht nicht nur auf den Bereich der Wissensaneignung beschränkt, sondern das ganze Schulleben einschließen lässt? Sowohl GALLIN und RUF (bzw. die Lehrer, die ich Reisetagebücherunterricht praktizieren gesehen habe) als auch ZEHNPFENNIG nutzen ihre charismatische Ausstrahlung, um die Schüler direkt oder indirekt zu der Beschäftigung mit dem Lernstoff zu motivieren, sei es durch mitreißende „authentische" Kernideen, sei es durch die – genauso mitreißende – echte Begeisterung für jedes einzelne Schülerprodukt. Dieses Vorgehen ist vollkommen in Ordnung, aber es lässt schnell zwei Fragen aufkommen: die Frage nach der Übertragbarkeit eines solchen Konzepts auf andere Lehrer und Schulsituationen und die Frage nach einem möglichen Missbrauch des Konzepts, z. B. durch Personen, die andere Ziele verfolgen und ihre Ausstrahlung nicht zur Emanzipation, sondern zur Manipulation des Kindes nutzen würden.

Als mögliche Antwort auf diese beiden Fragen soll im Folgenden die Erweiterung des Konzepts von GALLIN und RUF bzw. ZEHNPFENNIG und ZEHNPFENNIG im Hinblick auf eine radikale Schülermitbestimmung im Unterricht bzw. bezüglich des gemeinsamen Klassenlebens erfolgen. Wenn Offenheit solche Erfolge bei der Wissensaneignung zeigt, warum nicht auch beim sozialen Lernen? Angestrebt wird deshalb eine noch größere Loslösung von der traditionellen Lehrerrolle durch die Einführung basisdemokratischer Elemente in der Klasse, sodass die Schüler nicht nur die Verantwortung über die zu lernenden Lerninhalte und Lernmethoden innehaben, sondern zusätzlich auch die organisatorischen Rahmenbedingungen festlegen können (soweit rechtlich und schulorganisatorisch möglich).

Während in den beiden oben beschriebenen Konzepten der Lehrer trotz der methodischen bzw. inhaltlichen Öffnung noch immer die Autorität darstellt und für die notwendige Disziplin sorgt, müssen dies nun die Schüler selbst tun. Sie müssen selber Regeln des Zusammenlebens entwickeln und können sich nicht einfach auf jemand anderen verlassen. Die Schüler lernen dabei, ihre eigenen Interessen zu vertreten, aber auch die der anderen zu berücksichtigen. Die freie Raum- und Zeitnutzung und die damit einhergehenden Begleiterscheinungen müssen vor den Mitschülern verantwortet werden können. Der Lehrer hat gleiches Kritikrecht wie alle, auch er kann Impulse in Richtung einer gleichberechtigten und fairen Auseinandersetzung geben. Er ist aber nicht mehr derjenige, der die Abläufe vorgibt und regelt.

Kann auch ein solcher Unterricht funktionieren – und welche Leistungen sind hier im Bereich der Wissensaneignung bzw. der Sozialerziehung möglich?

3.3 *Offenheit trotz Grenzen: „Didaktik der sozialen Integration"*

Ziel und ständig zu sichernde Basis des Zusammenlebens von Menschen in einer vielfältig zusammengesetzten demokratischen Gesellschaft ist die Achtung der Freiheitsrechte jedes einzelnen und die Übernahme sozialer Verantwortung.
Der Beitrag der Schule dazu besteht darin, daß sie im Unterricht und im Schulleben möglichst viele Anstöße und Gelegenheiten dafür bietet, daß junge Menschen positive Erfahrungen demokratischen und sozialen Verhaltens gewinnen können. Fragwürdige Verhaltensweisen in der Schule und außerhalb der Schule müssen – insbesondere angesichts der Zunahme von Verhaltensschwierigkeiten – das Thema reflexiver und praktischer Auseinandersetzung bilden. (Bildungskommission NRW 1995, 84)

Genau wie auch bei den Konzepten von GALLIN und RUF bzw. ZEHNPFENNIG und ZEHNPFENNIG spielt bei meinem Versuch einer Öffnung des sozialen Bereichs durch eine „Didaktik der sozialen Integration" die eigene Biographie eine große Rolle. Geprägt durch meine eigenen Schulerfahrungen haben mich schülerorientierte Alternativen zum herkömmlichen Unterricht schon immer beschäftigt. Hellhörig wurde ich, als ich von Schulen wie „Summerhill" (vgl. Neill 1969, Appleton 2000) und „Glocksee" (vgl. Peschel 1995b, c) hörte. Schulen, in denen Schüler nur dann zum

Unterricht gehen, wenn sie auch wirklich selber etwas lernen wollen. Schulen, in denen Lehrer und Schüler zwar ihre festen Rollen innehaben, aber doch versuchen, diese partnerschaftlich zu interpretieren und sich zugleich im Umgang miteinander als gleichberechtigt anzusehen. Die Beschreibungen der täglichen Praxis machten mich neugierig, sodass ich Kontakt aufnahm und die tatsächliche Umsetzung jeweils eine Zeit lang erleben durfte.

Das Faszinierende an diesen Schulen war die nahe und ehrliche Beziehung, nicht nur zwischen Lehrern und Kindern, sondern auch zwischen den Kindern. Obwohl oberflächlich gesehen doch oft ein ziemlich rauer Ton herrschte, war man sich gegenseitig sehr wichtig und es schien durchweg ein wirkliches Interesse am Anderen zu bestehen, das nicht nur mit einer verantwortlichen oder zu beschützenden Rolle zu erklären war. Es waren echte Bindungen vorhanden. So etwas hatte ich auf so gleichberechtigte Art noch nie in einer Schule erlebt.

Dies wurde mir dann für die Unterrichtsgestaltung in meiner Klasse auch sehr wichtig. Ich wollte nicht eine Klassengemeinschaft von Kindern, die mir meine Erwartungen von den Augen ablasen oder unhinterfragt irgendwelche Konventionen akzeptierten, sondern Kinder, die den schwierigen Gang der eigenen Regelfindung gemeinsam gehen. Nur so, dachte ich, kann eine richtige soziale Integration erfolgen. Dazu wollte ich ZEHNPFENNIGS „Didaktik des weißen Blatts" umsetzen, ergänzt durch andere aktuelle fachdidaktische Konzepte wie „Lesen durch Schreiben" und „mathe 2000". In der Praxis hatte ich allerdings selber – trotz zahlreicher „Expeditionen" in alle möglichen reformfreudigen Schulen – noch nie die Kombination einer so großen Offenheit bei der Wissensaneignung mit einer so großen Offenheit im sozialen Bereich gesehen. Entweder waren – wie z. B. an den Freien Alternativschulen – Basisdemokratie und Selbstverwaltung der Klasse Grundprinzip, dann wurde der Unterricht aber meist doch vom Lehrer mehr oder weniger „unfrei" mit verbindlichen Wochenplänen oder „normalen" Unterrichtsstunden konzipiert, oder der Lehrer griff – wie beim Reisetagebücherunterricht bzw. der „Didaktik des weißen Blatts" – durch subtile, indirekte Steuerung doch so maßgeblich und bestimmend in das Geschehen ein, dass das zwangsläufig Auswirkungen auf die vermeintlich gleichberechtigte Rolle bei der Lösung sozialer Probleme hatte.

Akzeptiert man die Verschiedenheit der Kinder, so muss man nicht nur die Leistungsbandbreite im kognitiven Bereich berücksichtigen, sondern vor allem auch die im sozialen. Nur während ein individualisierter Unterricht mit 26 Kindern relativ problemlos stattfinden kann, ohne dass man sich *zwangsläufig* miteinander auseinandersetzen muss (jeder kann ja im Prinzip über Jahre nur für sich arbeiten), so ist das in der sozialen Dimension anders. Diese schließt immer den Kontakt zu anderen ein. Da es aber auch hier wie im kognitiven Bereich zunächst keine verbindliche Norm gibt, sondern nur 26 individuelle, höchst unterschiedliche und unterschiedlich motivierte Vorstellungen über die eigenen Interessen und die der anderen, stellt sich die Ausgangssituation anders dar. Während im Bereich der Wissensaneignung ein Zusammentreffen verschiedener Lernstände meist zur gegenseitigen Hilfe in Richtung des „Richtigeren" geht, ist dies im sozialen Bereich nicht unbedingt selbstverständlich. Hier können z. B. rüdere Umgangsweisen durchaus auch für Kinder mit bislang „vorbildhaftem" Sozialverhalten interessant werden und dann erst einmal zu Hause an den ziemlich verwunderten Eltern ausgetestet werden.

Eine tragfähige klasseneigene „Norm" lässt sich nur in vielen gemeinsamen Gesprächen und Diskussionen finden – Gespräche, die nicht von vornherein eine bestimmte Lösung anstreben, sondern ein „echter" Austausch sind. Dies kostet sehr viel Zeit und ist ein langwieriger Prozess, denn es müssen Beschlüsse zum Teil sehr individuell, d. h. auf einzelne Kinder und Situationen bezogen, gefasst werden. Zugleich ist diese Entwicklung immer ein schwieriger Balanceakt, denn sollte z. B. phasenweise der Anteil der „destruktiver" eingestellten Kinder überwiegen, führt die Demokratie nicht zwangsläufig zur schnellsten bzw. langfristig besten Lösung – zudem hat natürlich auch nicht unbedingt die Mehrheit Recht! Und bei jeder Entscheidung einen Konsens zu finden ist nicht nur fast unmöglich, dieses Vorgehen diskreditiert (man möge mir diese Ansicht verzeihen) auch massiv das Recht des Einzelnen auf freie Meinungsäußerung. Ich muss als Einzelner immer das Recht haben, auf meine eigene Meinung bestehen zu können – auch wenn ein Gruppenkonsens vielleicht harmonischer und für alle entlastender wäre (vgl. auch Appleton 2000, 82).

Alles in allem ist die Klassenselbstverwaltung für wahrscheinlich alle Kinder aber ein großer Gewinn. Die ihnen im unterrichtlichen Bereich zugestandene Freiheit muss nicht in anderen Bereichen zurückgenommen werden und im Laufe der Zeit bildet sich wahrscheinlich eine versiert mit Konflikten und Problemen Einzelner umgehende Gemeinschaft. Die offenen Strukturen bieten dabei auch „auffälligen" Kindern einen Raum, in dem sie sich nicht instinktiv gegen Schule wehren müssen, sondern ihr kognitives und *soziales* Lernen *selbst bestimmen* können: sie können sich in der Klasse als gleichberechtigt und integriert fühlen und sich *selber* (wieder) Ziele für *ihr* Lernen setzen. Die Öffnung des sozialen Bereichs gibt dadurch allen Kindern die Möglichkeit einer wirklichen sozialen Integration. Niemand kann bezüglich des ihm geläufigen Verhaltens stigmatisiert werden, da die „Norm" ja erst mit allen erarbeitet werden muss. Wie auch bei der Individualisierung im Bereich der Wissensaneignung kann es kein Ziel sein, dass zu einem bestimmten Zeitpunkt alle Kinder die gleichen (vorbildlichen) Verhaltensweisen zeigen. Dazu sind die Kinder viel zu verschieden, sei es bezüglich ihrer eigenen Reife, sei es bezüglich ihres privaten Umfelds. Allerdings ist die Erweiterung der sozialen Kompetenzen – wie auch die Entwicklung im Bereich der Wissensaneignung – kein linear verlaufender Prozess. Es gibt auch beim sozialen Lernen Rückschritte, Chaosphasen, Lernsprünge usw. Aber diese scheinen für die Beteiligten auf Grund der Authentizität der Situation in der Regel als viel selbstverständlicher und unbelasteter wahrgenommen als im Rahmen einer Sozialerziehung, die losgelöst von den individuellen Bedürfnissen versucht, durch die direkte Vorgabe von Regeln oder Verhaltensmustern eine „Gemeinschaft" zu erzeugen.

Wie muss nun aber ein Unterricht organisiert sein, der die beschriebene Selbstverwaltung gewähren will?

3.3.1 Soziale Integration als Vermeidung von Segregation – Hilfen zur Umsetzung

SoziologInnen nennen zehn verschiedene „Milieus", deren Normen und Alltagsverhalten sich deutlich unterscheiden. Für die Erfahrungen von Schulanfängern bedeutsam: Zwei Drittel der LehrerInnen kommen aus einem dieser zehn Milieus – aber nur zehn Prozent der Kinder. (Brügelmann 2001a, 10)

Wie kann ich nun als Lehrer auf diese Heterogenität, diese Verschiedenartigkeit der Kinder reagieren? Eine Möglichkeit ist, meinen Unterricht nett und herzlich zu gestalten und zu versuchen, all die verschiedenen Kinder zusammenzuführen, sie langsam, aber sicher meinem Ideal von Schule anzupassen. Von Anfang an werde ich dann darauf achten, dass alle liebevoll miteinander umgehen, sich an die Klassenregeln halten, die Sachen der Klasse ordentlich behandeln, leise arbeiten, einander helfen ...

Was wird passieren? Die meisten Kinder werden sich mit der Zeit an unsere Art von Unterricht gewöhnen, immer brav das tun, was ihnen aufgetragen wird, das richtig abschreiben, was angeschrieben wird, das richtig ausrechnen, was gerechnet werden soll, das abheften, was ausgeteilt wird, das aufräumen, was aufgeräumt werden soll, dann leise sein, wenn es leise sein soll.

Die meisten. Aber nicht alle. Denn ein paar Kinder werden herausfallen aus meinem schönen Unterricht. Es wird immer ein paar Kinder geben, die eben nicht immer brav das tun, was ihnen aufgetragen wird, nicht immer ...

Zunächst werden diese Kinder toleriert. Von der ganzen Klasse. Dann holt man alle Kinder zusammen und spricht über „diese" Kinder. Was sie besser machen können. Wie man das normalerweise macht. Was richtig ist.

Bei einigen nützt das etwas. Bei anderen nicht. Und plötzlich sind sie da. Die „Integrationskinder". Die Kinder, die nicht mit dem System zurecht kommen. Nicht zurecht kommen wollen. Oder nicht zurecht kommen können.

Vielleicht sind sie zu „unbegabt". Vielleicht sind sie zu „aggressiv". Vielleicht haben sie einfach andere Sorgen.

Was werde ich als Lehrer machen? Ich werde Rat suchen. Zuerst in der Pause bei befreundeten Kollegen. Dann bei der Schulleitung. Dann bei der Schulaufsicht. Jeder von uns kennt das Verfahren. Jeder von uns kennt das Verfahren wie „Integrationskinder" entstehen. Kinder, die *nicht passen.*

Vielleicht aber passt mein Unterricht nicht? Vielleicht mache ich durch meinen Unterricht erst „Integration" nötig?

Um nicht missverstanden zu werden: Ich rede hier von Kindern, die auffällig sind, aber nicht „behindert". Ich rede hier von den vielen Kindern, die durch das herrschende System fallen, weil sie über Jahre trotz sechs Stunden Unterricht plus Förderprogramm einfach nichts zu lernen scheinen – obwohl sie im Alltag ganz „normal" erscheinen. Ich rede hier von den vielen Kindern, die scheinbar nichts anders zu tun haben, als den Unterrichtsfrieden zu sabotieren – entweder durch ihre „Dummheit" oder durch ihre „Aufmüpfigkeit". Kandidaten für die LB- oder die E-Schule? (Peschel 2001a, 76f.)

Wenn ich also davon spreche, das Bedingungsfeld, in dem ich mich als Lehrer bewege, wirklich anzunehmen, um präventiv zu arbeiten, so habe ich dabei eine Integration vor Augen, die eben nicht erst aussondern muss, um die so „segregierten" Teile dann wieder (hochgelobt) zusammenzuführen, zu „integrieren". Für mich ist die Hochform einer integrativen Erziehung die, erst gar keine „Segregation" aufkommen zu lassen. Möchte ich das, dann muss sich mein Unterricht allerdings ganz auf dieses Ziel hin ausrichten. Dann muss die Verschiedenheit der Köpfe und Verhaltensweisen fast rückhaltlos akzeptiert werden. Dann darf nicht ein fertiges Konzept übergestülpt werden, egal wie liebevoll und engagiert es aufbereitet ist. Die Kinder durchschauen schnell, ob Offenheit und Freiheit ernst gemeint sind oder nicht. Aufgesetzte Konstrukte, mühevolle Motivationsvorhaben, „gemeinsame" Regeln werden schnell boykottiert, wenn die Kinder erkennen, dass sie nur als Mittel zum Zweck gebraucht werden. Wenn ich also hier von meinem Konzept eines Offenen Unterrichts spreche, dann ist dies leider kein fix und fertiges Rezept, sondern vielmehr ein prozessuales Gebilde, eine konkrete Utopie, die vielleicht ferne Ziele aufzeigt, nicht aber fertige Lösungsalgorithmen vorgibt bzw. vorgeben kann.

Dabei ist das Wichtigste, was Offener Unterricht (präventiv) bieten kann: Das Setzen eigener Ziele innerhalb eines stützenden Rahmens. Eines Rahmen, der deshalb als Stütze und nicht als Sperre empfunden wird, weil er vom Kind mitbestimmt wird. Klar ist, dass das, wozu ich mich aus mir selbst heraus entscheide, die größten Chancen auf Erfolg und Engagement hat. Das gilt sicherlich in hohem Maße für den kognitiven Bereich der Wissensaneignung, aber in noch höherem Maße für den Bereich der Sozialerziehung, d. h. das Anerkennen von Regeln, das Achten anderer Menschen, die eigene Disziplin, das Entwickeln einer „emotionalen Intelligenz". Genau wie ich Buchstaben, Zahlen, ja sogar Schreib- und Rechentechniken einfach unverstanden auswendig lernen kann, genauso kann ich eine Sozialerziehung über mich ergehen lassen, die mich in keiner Weise berührt bzw. nur dazu führt, mich in einem bestimmten Umfeld sozial zu verhalten, sobald ich dieses Umfeld aber verlasse, auch die ganze Sozialerziehung hinter mir zu lassen.

Das ist ein Problem, das mir oft in entsprechend „sozial trainierten" Klassen auffällt. Kaum dass die leitenden Strukturen oder die herrschenden Autoritäten wegfallen oder aufgebrochen werden, scheint auch das über die Jahre anerzogene Sozialverhalten weg zu sein. Nicht selten endet es direkt vor der Schultür oder aber sogar innerhalb der Klasse, wenn Praktikanten oder Lehramtsanwärter nicht in dieselbe Lehrerrolle (mit all ihren impliziten Zeichen und Signalen) schlüpfen, die die Schüler bis dato gewohnt sind. Ich würde das allenfalls als ein Antrainieren von Verhaltensweisen bezeichnen, nicht aber als eine positive soziale Entwicklung. Diese scheint mir dadurch sogar eher noch erschwert, weil die Kinder schnell Doppelbindungssituationen ausgesetzt sind, d. h. sie müssen sich anders (regelkonform) verhalten, als sie „aus sich heraus" fühlen und als sie eigentlich handeln wollen. Es ergibt sich eine negative Art opportuner Anpassung, die Kinder schnell erlernen und die ihnen dann ihre weitere emotionale Entwicklung im Sinne eines von innen getragenen, selbstverantwortlichen Verhaltens sehr erschwert.

Um den Unterricht in die Richtung einer sozialen Integration durch die Vermeidung von Segregation zu öffnen, bedarf es auf Seiten des Lehrers einer intensiven Selbstprüfung, denn man begibt sich absichtlich in ein vollkommen offenes Gebiet. Zunächst einmal sollte man sich als Klassenleiter über den Grad des gewährten Freiraums klar sein. Wie stark möchte man die Klassenführung an die Kinder abgeben? Welche Bereiche sollen konkret geöffnet werden? Welchen Grad der Öffnung hält man selber aus? Was lässt sich in Anbetracht der Zusammensetzung der Klasse umsetzen?

Ist man sich über den angestrebten Grad der Öffnung im sozialen Bereich klar, so sollte man die entsprechenden basisdemokratischen Umgangsformen der Mitbestimmung der Schüler am besten vom ersten Schultag an praktizieren. Wie am Verhalten von Schülern zu sehen war, die aus anderen Klassen in die hier untersuchte Klasse gekommen sind, kann eine Gewöhnung an die (ständigen) Vorgaben des Lehrers nicht nur im Bereich der Wissensaneignung, sondern auch im Bereich des sozialen Lernens schnell eintreten. Ist einmal die Rolle des Lehrers als Regelfinder und Entscheidungsinstanz etabliert, so richten sich die meisten Kinder der Einfachheit halber danach. Ist den Kindern aber das demokratische Prinzip zumindest in der Schule selbstverständlich, so wird die Meinung des Lehrers als eine unter anderen akzeptiert und relativ gleichrangig gewertet, was unabdingbare Grundlage für eine echte eigene Meinungsbildung ist.

Natürlich behält der Lehrer seine Rolle als letztendlich Verantwortlicher für das Geschehen, das ist den Kindern auch sehr wichtig, aber die Beziehung wechselt vom Bestimmenden zum Partner, ähnlich der Beziehung, die auch vermehrt in Familien zu Hause zu finden ist. Die Meinung des Kindes wird nicht abgetan, sondern als gleichwertig akzeptiert, es wird nicht einfach etwas bestimmt, sondern erklärt und besprochen. Dabei braucht man keine Angst davor zu haben, dass die Kinder plötzlich zu besserwisserisch oder aufsässig werden. Ist die Atmosphäre ehrlich, so hat das Kind kein provozierendes Verhalten nötig und weiß in der Regel die Gleichberechtigung zu würdigen: Erziehung zur Demokratie durch demokratische Erziehung.

Für den weiteren Verlauf der gemeinsamen Regelfindung und des Miteinanders in der Klasse kann hier kein konkretes Vorgehen beschrieben, können keine Rezepte gegeben werden, denn gerade das ist ja der individuelle Prozess, den jede Klasse (mehr oder weniger schmerzlich bzw. anstrengend) durchmachen muss. Auch das Konzept des hier untersuchten Offenen Unterrichts sollte nicht als Muster verwendet werden, auch wenn es bestimmt stützende Strukturen bei der Durchführung gibt, die man anderen abgucken kann (wie z. B. die den Tag einrahmenden Kreisgespräche oder die Loslösung vom Diktat der Arbeitsmittel).

3.3.2 Soziale Integration – Grenzen und Fragen

Während die Freigabe der Sozialerziehung vor allem an Freien Alternativschulen und an Freinet-Schulen durchaus öfter zu finden ist, ist mir die Kombination der Öffnung des sozialen Bereichs mit einer Öffnung im methodischen und inhaltlichen Bereich auch dort eher selten begegnet. In der Tat wirft die höchste Stufe der Öffnung, die Mitbestimmung der Schüler über alle Bereiche des Schullebens, eine Menge Fragen auf, die nicht leicht zu beantworten sind – eben weil ihre Beantwortung von der Lehrerpersönlichkeit selbst abhängt. Es kann daher eigentlich immer nur individuelle Antworten und Begründungen geben.

Theoretisch könnte sich in einer auf diese radikale Art basisdemokratisch geführten Klasse bzw. Schulgemeinschaft schnell auch eine nicht verantwortbare Sozialkultur etablieren. Man denke nur an das Buch „Der Herr der Fliegen" von WILLIAM GOLDING (vgl. 1954), in dem sich eine auf einer Insel gestrandete Gruppe von Kindern teilweise zu „unsozialen Wilden" zurückentwickelt. Nur darf man nicht vergessen, dass es sich bei diesem Buch um eine Fiktion handelt, mit der der Autor vor allem darauf hinweisen wollte, dass die Stärke einer Gesellschaft von der ethischen Stärke des Individuums abhängt – und nicht vom System als solchem. (Dabei darf sich der Pädagoge aber durchaus die Frage stellen, welches System die individuelle ethische Stärke am besten fördert!) Aber selbst wenn man die Übertragbarkeit des Romans auf die Wirklichkeit nicht anzweifeln würde, wäre die Beschreibung GOLDINGs ein hervorragendes Beispiel für das, was aus der Disziplin(-ierung) strenger Internate bzw. Schulen resultieren kann, wenn plötzlich die gewohnten Autoritäten wegfallen. In der Praxis scheint es hingegen so zu sein, dass der gesunde Menschenverstand langfristig immer dann haushoch siegt, wenn die äußeren Bedingungen so sind, dass sie eine Selbstregulierung – sowohl des Individuums als auch der Gemeinschaft – zulassen. Das zeigen nicht nur unter Mitbestimmung der Kinder geführte Schulklassen, sondern auch bestehende oder vergangene Kinderdemokratien anschaulich (vgl. Kamp 1995; Appleton 2000).

In der hier untersuchten Klasse habe ich mit meinem (nicht immer einfach zu bewahrenden) Vertrauen in die Kinder festgestellt, dass die sich selbstregulierende Gemeinschaft letztendlich allen Kindern Vorteile bringt. Die Sachen, die einem Einzelnen wichtig sind, werden in ihrer Wichtigkeit immer auch von der Gemeinschaft erkannt – nicht immer sofort, aber immer in einem verträglichen Zeitraum. D. h. dass – trotz der das Subjekt diskriminierenden Form der Mehrheitsentscheidung – das Recht und das Empfinden des Einzelnen in der Regel gewahrt bleiben, denn jede Sache ist für die Abstimmenden von ganz unterschiedlicher Bedeutung und die Beteiligten merken schnell, wenn jemandem etwas wirklich wichtig ist, und unterstützen ihn dann in der Regel bzw. stecken selber zurück. Deshalb hatte und habe ich auch selbst keine Angst vor dem scheinbaren Verlust meines Verfügungsrechts als Lehrer. Wenn mir etwas wirklich wichtig ist, werden die Kinder das schon durch mein Engagement und meine Begründungen merken – und ihre eigene Meinung entsprechend überprüfen. Und zwar nicht, weil ich Lehrer bin, sondern weil sie mich als Person akzeptieren. (Es hat nämlich oft genug nicht geklappt und ich bin überstimmt worden – bei Sachen, die für mich auch so in Ordnung waren bzw. wo ich mich oder mein Anliegen gut zurücknehmen konnte.)

Man könnte einwenden, dass die Öffnung der Sozialerziehung nicht nur positive Vorbilder hervorbringt, die den anderen Kindern als Modell dienen können, sondern dass negative Einflüsse genauso vorhanden sein werden. Obliegt es da nicht der Sorgfaltspflicht des Lehrers, einzugreifen und die Kinder vor diesen negativen Verhaltensweisen zu schützen? Ich denke nicht. Nehmen wir die Kinder, die mit einem wirklich vorbildlichen Sozialverhalten in die Schule kamen. Sie waren vor allem deshalb so, weil sie es bislang nicht anders kannten (bzw. brauchten). Ihr Erfahrungshorizont ist zwangsläufig recht schnell erweitert worden (das wäre er in jeder Klasse), als Schimpfwörter die Runde machten oder vor der Klassentür bzw. auf dem Schulhof auf einmal das Faustrecht galt. Während in anderen Klassen den Kindern dann implizit oder explizit die „Lösung" vorgegeben wird, d. h. von vornherein klar war, wer „gut" und wer „böse" ist, erfolgte diese Kategorisierung in der hier untersuchten Klasse nicht. Sie wurde zu einem längeren Prozess eigener und gemeinschaftlicher Auseinandersetzung mit der Wertung und Wichtung von Verhaltensweisen, der zum Teil sogar dazu führte, dass einzelne Kinder die neuen Techniken kurzzeitig erst einmal selbst erprobten (ohne größeren Schaden). Über kurz oder lang haben aber all diese Kinder das neu Gelernte dann wieder als unbrauchbar verworfen und die alten (sozialeren) Verhaltensweisen angenommen – diesmal aber auf einem ganz anderen Niveau. Sie haben nicht mehr nachgeahmt, weil man etwas „so macht", sondern sie haben sich ganz bewusst für den sozialeren Umgang entschieden, weil er ihnen einleuchtender und effektiver für die Lösung von Problemen erschien. Sie haben sich von den Erwartungen der Eltern bzw. Erwachsenen emanzipiert und ihren eigenen Weg gefunden.

Ich konnte mich in der Klasse über die vier Jahre wirklich sehr zurückhalten und ganz auf den gesunden Menschenverstand der Kinder verlassen. Sie haben viele Entscheidungen gefällt, die mir imponiert haben. So hat es z. B. irgendwann Kinder gestört, dass andere Kinder neben ihnen am Computer gespielt haben, während sie an ihren Geschichten schreiben wollten (s. u.). Sie fanden das blöd, weil sie sich dadurch immer wieder selbst vor die Entscheidung zwischen Spiel und Arbeit gestellt sahen. Nach einiger Diskussion wurde dann beschlossen, dass nur noch in der Pause am Computer gespielt werden dürfe. Und daran haben sich auch prompt alle Kinder gehalten – auch die, denen es wirklich sehr schwer gefallen ist. Bei allen Entscheidungen haben die Kinder nie aus den Augen verloren, warum sie in die Schule kommen: zum Lernen. Sie haben es immer als selbstverständliches Recht des Einzelnen angesehen, wenn jemand nicht lernen wollte, aber sie haben bei den für die Gemeinschaft zu fällenden Entscheidungen im Zweifelsfall immer das Lernen geschützt bzw. „hochgehalten".

Dabei möchte ich noch einmal betonen, dass sich meine Erfahrungen auf die Zusammensetzung in einer Regelschulklasse beziehen. Ich kann mir schon vorstellen, dass die Situation in einer Klasse mit vorwiegend als „erziehungsschwierig" eingestuften Kindern mit entsprechend negativer Schulerfahrung viel komplizierter ist. Allerdings würde mir trotzdem keine Alternative zu einem ehrlichen basisdemokratischen Vorgehen einfallen. Noch so logische oder „einsichtige" von außen vorgegebene Regeln haben nicht das Geringste mit eigenen inneren Regeln zu tun. Regeln kann man nicht wirklich auswendig lernen. Man kann sie nur selbst für sich erstellen.

Ich möchte daher abschließend dafür plädieren, (integrative) Sozialerziehung als Förderung der Selbstregulierung eines Individuums zu verstehen. Schülern muss dadurch eine ehrliche Auseinandersetzung mit sich und der Gemeinschaft ermöglicht werden, dass nicht versucht wird, sie mittels einer trickreichen Erziehung zu schon vorher festgelegten Zielen wie Harmonie, Hilfsbereitschaft, Ordnung usw. hinzuführen, sondern man muss sich zutrauen, 30 Individuen auch 30 Individuen sein zu lassen. So traurig (oder beruhigend) es klingen mag: Die Kinder von heute lassen sich nichts vormachen. Sie sind durch die teilweise haarsträubenden Verhältnisse, in denen sie aufwachsen (von Überbehütung bis zu Verwahrlosung, von völligem Im-Stich-gelassen-werden bis zum Leistungsdruck schon im Kindergartenalter), gewohnt, den „Deal", den sie machen, erst einmal zu prüfen. Und das tun sie. Wenn er ehrlich gemeint ist und auf sie passt, werden sie ihn akzeptieren und wahrscheinlich sogar „alles dafür geben". Wenn sie sich aber hintergangen fühlen, werden sie so viele Schlupflöcher und Sabotagemöglichkeiten finden, dass viele Erwachsene als einzig mögliche Reaktion darauf nur noch die Isolation von der bestehenden Gemeinschaft in Erwägung ziehen.

Wir können immer wählen: *Mühevolle Integration – oder Verzicht auf Segregation*

3.4 Kurzer Blick auf die Unterschiede der drei Konzepte

Der unterschiedliche Zugang zum Thema Offener Unterricht bei GALLIN und RUF, ZEHNPFENNIG und ZEHNPFENNIG sowie meinem Konzept drückt sich auch im unterschiedlichen Stil der hier erfolgten Schilderungen und den angeführten Begründungen der Autoren aus. Während GALLIN und RUF primär eine Verbesserung der ihnen unfruchtbar vorkommenden Unterrichtssituation im Blick haben und neben der lerntheoretischen Begründung als Ergebnis ihrer langjährigen Tätigkeit in der Lehrerfortbildung ein Konzept mit relativ konkreten Handlungsanweisungen z. B. für die Auswahl von Kernideen oder die Erstellung von Aufträgen liefern, ist die Begründung bei ZEHNPFENNIG und ZEHNPFENNIG und mir eine andere. Hier geht es nicht um eine Verbesserung der tradierten Unterrichtssituation, sondern um eine *Pädago-*

gisierung der Schule. Entsprechend bleiben konkrete Handlungsanweisungen zunächst aus. Die Idee der „Didaktik des weißen Blatts" bzw. der „Didaktik der sozialen Integration" ist fundamentaler und im Prinzip in dem schon oben genannten Zitat zu finden, das – im Gegensatz zum Konzept von GALLIN und RUF – auf den ersten Blick keinerlei fachlichen Anspruch zu formulieren scheint, auf den zweiten Blick aber gerade durch den individuellen Zugang dem Stoff, dem Lernen und der Wissensaneignung höchste Priorität verleiht:

> Ich mag dich so, wie du bist.
> Ich habe Vertrauen in deine Fähigkeiten.
> Ich bin für dich da, wenn du mich brauchst, aber probier zuerst selbst.

Natürlich sehen GALLIN und RUF ihre Schüler genauso und gehen auch so mit ihnen um – aber wahrscheinlich doch fokussierter auf ihre Funktion der Vermittlung eines bestimmten Lernstoffs hin. Das müssen sie als Sekundarstufenlehrer auch zwangsläufig viel eher als wir Grundschulpädagogen. Unsere Lehrpläne sind auf Grund der Basisforderung der Grundlegung der Bildung, des Lernens des Lernens bzw. der Vermittlung der Kulturtechniken von einer hochgradigen Offenheit, die einen sehr am einzelnen Kind und seiner individuellen Entwicklung orientierten Unterricht ermöglicht. Und zwar ohne den täglichen Druck, den verbindlichen Lernstoff gerade jetzt und im 45-Minuten-Takt zu lehren.

Von daher stellen das Unterrichtsprinzip von ZEHNPFENNIG auf der inhaltlichen Ebene und seine von mir vorgestellte Erweiterung auf der sozialen Ebene einen andersartigen Zugang zu Schule dar; einen Zugang, der vielleicht am ehesten mit dem folgenden ANTOINE DE SAINT-EXUPÉRY zugeschriebenen Zitat greifbarer werden kann – aber letztendlich unfasslich bleiben wird:

> Wenn du ein Schiff bauen willst,
> so trommle nicht Männer zusammen,
> um Holz zu beschaffen,
> Werkzeuge vorzubereiten,
> Aufgaben zu vergeben
> und die Arbeit einzuteilen,
> sondern lehre sie die Sehnsucht
> nach dem weiten, endlosen Meer. (Orig. unb.; vgl. Saint-Exupéry 1956, 247f.)

Entweder ist die Offenheit, die ZEHNPFENNIG und ich im Unterricht umgesetzt haben, bislang noch nicht ausgereift und ausreichend erprobt, sodass noch keine konkreteren Handlungsanweisungen vorhanden sind, oder aber diese Vorgaben würden in so vielen Fällen dem Grundprinzip dieses Unterrichts widersprechen, dass es eben keine solchen Handlungsanweisungen geben kann (– wohl aber fachdidaktische Konzepte und Überlegungen zur größtmöglichen Offenheit und Selbststeuerung der Schüler, s. u.). Man kann (und muss) in der Grundschule zwangsläufig abstraktere und unkonkretere Kernideen verfolgen als es z. B. die Lehrpläne in der Sekundarstufe tun, die für jedes Schuljahr und jedes Fach die zu lernenden Inhalte doch immer noch relativ konkret vorgeben. Die Kernideen der Grundschule sind – pointiert formuliert – weitaus einfacher und umfassender: (immer besser) Schreiben und Lesen lernen, (immer besser) Rechnen lernen, (immer besser) Forschen lernen usw.

Das macht allerdings den Anspruch an das Lernen der Kinder nicht etwa leichter, sondern im Gegenteil, die Herausforderung des offenen Lehrplans ist ungleich höher als die eines vorgegebenen Kanons oder Lehrgangs. Aber trotzdem hat die beschriebene offene Sichtweise einen entscheidenden Vorteil: Sie entlastet den Lehrer von der schwierigsten Aufgabe im Konzept von GALLIN und RUF, dem (täglichen) Erschaffen von Kernideen. Nicht nur der Lernweg wird in die Hand der Kinder gelegt, sondern auch die Inhalte. Dabei ist diese Freiheit auf Seiten der Kinder durch die Sachstrukturen bereits so vorgezeichnet, dass das bewusste Loslassen kein Im-Stichlassen, kein Alleine-lassen ist, sondern die ehrliche Rücksicht auf die Interessen und die vorhandene Lernbegeisterung des Kindes.

Das hier von mir vertretene Konzept erleichtert bzw. vereinfacht durch die weitgehende Delegierung der Verantwortung bezüglich der Wissensaneignung und der Sozialerziehung an die Kinder das unterrichtliche Vorgehen in gewisser Weise sogar. Durch den Ersatz der traditionellen Lehrerrolle mit ihrem immer vorhandenen „Lehrauftrag" durch den des „Wegbegleiters", der sich eher als ansprechbarer Lernpartner denn als Wissensvermittler sieht, fallen viele didaktische bzw. methodische Vorüberlegungen weg. Der Lehrer lässt sich quasi „vor-didaktisch" auf die Kinder ein, reagiert dadurch spontan und authentisch und vor allem auch ohne den indirekten Druck, das Kind zu einem bestimmten Zeitpunkt zu einem bestimmten Ziel zu führen. Man findet diese Haltung z. B. in Schulen ohne Unterrichtspflicht wie Summerhill in England oder Sudbury Valley in Amerika wieder, wenn die Entscheidung für oder gegen das Lernen wirklich dem Kind überlassen wird – eben ohne direkte Erwartungshaltung des Lehrers. Dass daraus bei den Kindern eher eine verstärkte Lernmotivation als eine Beliebigkeit resultiert, beweisen diese Schulen anschaulich – und seit mehreren Jahrzehnten.

Hingegen wird das Konzept von GALLIN und RUF in besonderem Maße, das von ZEHNPFENNIG immer noch stark von der indirekten Ausstrahlung des Lehrers gestützt: Trotz des eigenständigen Arbeitens der Kinder ist der Lehrer immer noch die Person, um die sich alles dreht, der die Fäden mehr oder weniger allein in der Hand hat. Die Erweiterung dieser beiden Konzepte um die „Didaktik der sozialen Integration" verändert die Lehrerrolle zwar nicht in eine Schülerrolle, aber hier steht der Lehrer noch ein Stück mehr als Person und nicht als „Lehrinstanz" im Raum. Das hat Vor- und Nachteile, die genau abgewogen werden müssen. Aus pädagogischer Sichtweise haben wir es hier sicherlich mit der am wenigsten manipulativen Rollenfunktion zu tun, da die Kinder weitgehend vor einer direkten oder indirekten Führung des Lehrers geschützt werden (ohne dass dieser seinen Einfluss als Person aufgibt!). Andererseits kann die hier überspitzt als Manipulation bezeichnete Motivation durch den Lehrer in den anderen Konzepten bei einigen Kindern durchaus auch leistungssteigernd wirken. Kurzfristig ist das – bei entsprechender Qualifikation des Lehrers – sogar mit Sicherheit der Fall, denn die Bestätigung durch Erwachsene hat gerade bei Grundschulkindern einen hohen Stellenwert.

Langfristig scheinen sich allerdings alle Konzepte bezüglich der Fähigkeiten der Schüler einander anzunähern. Der von vornherein von der Lehrermotivation unabhängige Schüler „holt auf", verschafft sich seine Motivation und seine Impulse aus vielfältigen anderen Quellen (vor allem auch über die Mitschüler bzw. die Klasse). Zusätzlich aber wird die „Didaktik der sozialen Integration" positivere Ergebnisse im sozialen Bereich bzw. bei der Inangriffnahme der eigenen Lebensgestaltung aufweisen. Aber das sind – solange die Stichproben so klein (und jung) sind – zunächst erst einmal bloße Vermutungen. Um die andere Art bzw. Basis eines methodisch, inhaltlich und sozial geöffneten Unterrichts weiter zu veranschaulichen, sollen im Folgenden die wichtigsten „Rollenverschiebungen", die sich aus der konsequenten Öffnung ergeben, exemplarisch beschrieben werden. Vielleicht kann durch diese Anregungen ja die Stichprobe langsam vergrößert werden ...

3.5 Zusammenfassung

Als Veranschaulichung der Stufen der methodischen, der methodisch-inhaltlichen und der sozialen Öffnung können drei praxiserprobte Unterrichtskonzepte dienen.

Die „Didaktik der Kernideen" nach GALLIN und RUF (vgl. 1990) veranschaulicht dabei die Stufe der methodischen Öffnung bei der möglichen Vorgabe der Inhalte sowie der Regeln für die Sozialerziehung. Der Lehrer stellt den Kindern zu Stunden-, Tages- oder Wochenanfang Arbeitsaufträge, an denen diese dann arbeiten. Das, was die Offenheit dieses Unterrichts ausmacht, ist gleichzeitig das, was zu seiner hohen Qualität führt: Der Arbeitsauftrag des Lehrers ist nicht der herkömmliche Lern- bzw. Übungsauftrag, sondern Impuls für eigene Auseinandersetzung, eigenes Forschen. RUF und GALLIN sprechen deshalb von der Bereitstellung von „Kernideen": Fragen, welche die Aufmerksamkeit des Schülers auf ein bestimmtes Sachgebiet, auf bestimmte Zusammenhänge und Strukturen lenken. Und diese soll der Schüler nun selbst, ohne Vorgabe einer Anleitung oder eines Lernweges erkunden.

Auf seinem Weg begleitet ihn dabei sein „Reisetagebuch", in das er nicht nur die Frage oder das Problem und seine Lösung einträgt, sondern jeden Schritt, jeden Gedanken auf dem eigenen Weg festhält. Zunächst handelt es sich dabei um eine *„singuläre"* Betrachtung der Welt, d. h. das Verschriften der eigenen Sichtweise: *„Ich* mache das so!" Aber auf seiner Reise begegnet der Schüler anderen Menschen: dem Tischnachbarn, anderen Klassenkameraden, den Eltern, dem Lehrer. Er kommt in die *„divergierende"* Phase des Gesprächs, tauscht gegenseitig Meinungen und Zugangsweisen aus, fragt nach anderen Sichtweisen: „Wie machst *du* es?" Durch diesen Austausch ergibt sich dann die dritte Phase, der Schritt zum *„Regulären"*.

Die Erkundung und Reflexion des eigenen Zugangs erfährt in Verbindung mit dem Austausch mit anderen eine neue Qualität. Der Schritt zur gemeinsamen Lösung, zur Vereinbarung, zur Regel, zum Algorithmus, zur Norm, wird für den Schüler wichtig und nachvollziehbar. Er gelangt über das Gespräch in der Gruppe oder mit dem Lehrer von der Subjektivität zur Intersubjektivität bzw. Objektivität.

Dieses Zulassen des eigenen Weges zur gemeinsamen Vereinbarung ist das qualitätssichernde Element jedes offenen Unterrichts, weshalb der Reisetagebücherunterricht trotz der starken Lehrerlenkung in Bezug auf die Auswahl und Bereitstellung der Themen bzw. Kernideen als „offener Unterricht" bezeichnet werden kann. Durch seine Möglichkeit zur „Lehrerlenkung" stellt er dabei zugleich einen guten Einstieg in die Öffnung des eigenen Unterrichts dar, denn Öffnung ist nicht der Ersatz des Lehrerlehrganges durch den Materiallehrgang, sondern der Ersatz jeden Lehrganges durch den eigenen Lernweg des Kindes. Ein solcher von den Eigenproduktionen der Kinder getragener Unterricht ist Herausforderung, Förderung und Prophylaxe zugleich, da er statt differenzierender Maßnahmen „von oben" die Individualisierung „von unten", d. h. durch das Kind selbst, ermöglicht.

Einen entscheidenden Schritt weiter in Richtung der Öffnung des Unterrichts als die „Didaktik der Kernideen" geht die „Didaktik des weißen Blatts" von ZEHNPFENNIG und ZEHNPFENNIG (vgl. 1992). In diesem Konzept wird den Kindern nicht nur der Lernweg freigegeben, sondern auch die individuellen Arbeitsinhalte werden weitgehend von den Kindern selbst bestimmt. Während im Unterricht von GALLIN und RUF alle Kinder an derselben Problemstellung arbeiten, tragen sie im Unterricht von ZEHNPFENNIG zusätzlich die Verantwortung für die Inhalte, die sie sich zum Lernen wählen. Wie auch beim Reisetagebücherunterricht, aber im Gegensatz zu den landläufigen Konzepten eines Wochenplan- oder Werkstattunterrichts, gibt es dabei keine Vorbereitung der Angebote o. Ä. durch den Lehrer. Statt auf vorgefertigte Lernmaterialien zurückgreifen zu können, stellt das zentrale „Arbeitsmittel" in diesem Unterricht das „weiße" bzw. „leere Blatt" dar – mit dem ihm innewohnenden Zwang zur Eigenproduktion.

Die Kinder treffen sich morgens im Sitzkreis und teilen sich gegenseitig mit, womit sie sich beschäftigen wollen: ein paar Kinder möchten an ihren freien Texten weiterschreiben, andere möchten sich knifflige Rechenaufgaben ausdenken und wieder andere Forschervorträge vorbereiten. Obwohl sicherlich die Möglichkeit des gemeinsamen Austauschs bei der „Didaktik der Kernideen" als positive Komponente nicht von der Hand zu weisen ist, beeindruckt das selbstverantwortete und interessegeleitete Lernen im Unterricht von ZEHNPFENNIG noch mehr. Auch hier erfolgt am Tagesende ein gegenseitiger Austausch im Kreis, der aber durch die Vielfalt besticht, die die unterschiedlichen Tätigkeiten der Kinder erzeugt haben. Dadurch, dass alle möglichen Inhalte immer wieder auf unterschiedlichstem Niveau in der Klasse bzw. im Kreis auftauchen, kann sich jedes Kind zum individuell passenden

Zeitpunkt mit einem Thema beschäftigen – umgeben von einer ständigen Herausforderung durch die anderen Kinder, die in der Regel an den Sachen arbeiten, die sie wirklich interessieren.

Das dritte Konzept, von mir als „Didaktik der sozialen Integration" bezeichnet, schließt die beiden vorigen Konzepte der methodischen und der methodisch-inhaltlichen Öffnung ein und erweitert sie auf der Ebene der Sozialerziehung. Während die „Didaktik der Kernideen" und die „Didaktik des weißen Blatts" keine direkte Vorgabe für eine Öffnung im sozialen Bereich machen, versucht die „Didaktik der sozialen Integration" den Anspruch einer möglichst großen Öffnung in die Richtung der Bedürfnisse des einzelnen Kindes bzw. der Klassengemeinschaft umzusetzen. Basis dieser Vorgehensweise ist dabei die Akzeptanz der Verschiedenheit der Kinder auch im sozialen Bereich. Es wird keine fertige Norm in Bezug auf die Gemeinschaftserziehung vorgegeben, sondern das Zusammenleben in der Klasse bzw. die Regelstrukturen werden im Prozess selbst und unter Beteiligung aller entwickelt. Diese Selbstverantwortung bezieht sich auch auf den Bereich der Klassen- und Unterrichtsorganisation, wenn die Kinder Institutionen wie die gemeinsamen Treffen im Sitzkreis oder ihre Arbeitsvorhaben selber regeln und gemeinsam miteinander abstimmen. Die beeindruckenden Erfolge dieses Selbstregulierung und Selbstregierung einschließenden Konzepts auch im Hinblick auf die „Integration" von Kindern, die als nicht in der Regelschule beschulbar galten, werden unten in den Befunden aus der Evaluation des Unterrichts bzw. in den entsprechenden Fallstudien einzelner Kinder deutlich.

4 Allgemeindidaktische Einordnung des der Untersuchung zu Grunde liegenden Verständnisses von Offenem Unterricht

Das in der hier untersuchten Klasse praktizierte Konzept eines Offenen Unterrichts ist eines, das seine Basis nicht in den einzelnen Fachdidaktiken hat, sondern in einer allgemeindidaktischen Grundposition, die ihrerseits die fachdidaktische Umsetzung des Unterrichts maßgeblich bestimmt. Von daher macht eine Beschreibung der entsprechenden lerntheoretischen und schulpädagogischen Grundlagen des Konzepts Sinn (vgl. i. F. Peschel 2002b, 4-50; 2002a, 154-209).

Zunächst findet sich eine exemplarische Auseinandersetzung mit dem in der hier untersuchten Klasse zu Grunde gelegten Lernverständnis. Im Zentrum der Reflexion stehen die Begriffe Selbststeuerung und Selbstregulierung, die aus pädagogischer Sichtweise aufgegriffen und im Rahmen verschiedener Fragestellungen beleuchtet werden. Es geht dabei u. a. darum, den Unterschied der Interpretation dieser Begriff in der wissenschaftlichen Literatur aufzuarbeiten und zu einem weiter gefassten Lernbegriff zu kommen, der u. a. auch beiläufige und unbewusste Lernprozesse als wichtige Komponenten schulischen Lernens einbezieht.

Nach einer kurzen Auseinandersetzung mit den Bildungszielen des Offenen Unterrichts wird dann konkreter auf das in der hier untersuchten Klasse praktizierte Unterrichtskonzept eingegangen, indem die methodisch-didaktischen Grundsätze der Unterrichtsgestaltung dargelegt werden. Dabei werden vor allem die Rollenänderungen deutlich: didaktische Theorie, Stoffkanon, Sozialerziehung, Schülerrolle, Lehrerrolle, Arbeitsmittel, Leistungsmessung, Unterrichtsplanung und Elternrolle verschieben sich in einem Offenen Unterricht im Gegensatz zur gewohnten Form in hohem Maße. Abschließend werden die überfachlichen Grundsätze der Unterrichtsgestaltung noch einmal zusammengefasst dargestellt, bevor in den nächsten Kapiteln eine fachdidaktische Einordnung des in der Klasse praktizierten Unterrichts erfolgt.

4.1 Das Lernverständnis des Offenen Unterrichts: Selbstgesteuertes und selbstreguliertes Lernen

> Daß Lernende ihre eigenen Lehrer sein sollten, ist eine alte pädagogische Forderung und ein aktueller Trend in der pädagogisch-psychologischen Diskussion. Dabei vermischen sich nicht selten ideologische (autonomes Lernen als Wert an sich), gesellschaftliche (die Notwendigkeit lebenslangen Lernens erfordert die Entwicklung entsprechender Fähigkeiten) und pädagogisch-psychologische Argumente (günstige kognitive, motivationale und volitionale (= willentliche) Rückwirkungen dieser Methode auf den Lernenden). (Weinert 1996a, 35)

Die verschiedenen Vorstellungen vom Menschen, von den Anforderungen der Gesellschaft an diesen und letztendlich von der Schule, die dem gerecht wird, gehen weit auseinander – auch unter den Wissenschaftlern, die sich damit beschäftigen. Schnell merkt man, dass sogar Begriffe, die eigentlich eindeutig definiert sein müssten, eine wahre Bandbreite von Interpretationen und Verwendungen ermöglichen. Dies wäre nicht so schlimm, wenn nicht durch scheinbar erprobte wissenschaftliche Zugänge und Methodologien bestimmte andere Sichtweisen regelrecht unterbunden würden. Für den hier angesprochenen Offenen Unterricht mit dem ihm eigenen Bild von Mensch, Lernen, Schule usw. bedeutet die eingeschränkte Interpretation einzelner Wissenschaften in Bezug auf Begriffe wie Selbststeuerung, Selbstregulierung, Autonomie, Lernkompetenz usw., dass die Undurchführbarkeit des offenen Ansatzes implizit belegt erscheint, wenn diese Begriffe weitgehend so verwendet werden, dass ihre *konsequente* Umsetzung von vornherein als unmöglich dargestellt wird.

Diese Problematik hat vermutlich mit der wissenschaftlichen Tradition eines „geschlossenen" Bildes von Lernen und Unterricht zu tun, aus dem sich dann andere Forschungszweige entwickelt haben. So hat sich z. B. historisch gesehen „die Forschung zum selbstgesteuerten Lernen ausgehend von Modellen des fremdgesteuerten Lernens entwickelt." (Schiefele/ Pekrun 1996, 256) Trotz der sogenannten „kognitiven Wende", in der man sich in Pädagogik und Psychologie offiziell vom Behaviorismus, vom Reiz-Reaktions-Lernen, gelöst hat und zu einer eher konstruktivistischen Auffassung vom Lernen gelangt ist, scheinen die alten Schemata, Untersuchungsmethoden, Interpretationsweisen und Vorurteile immer noch viel zu stark mitzuschwingen, um eine wirkliche Wende und wirklich neue Erkenntnisse bewirken zu können. Daher ist die Gefahr groß, dass auch in Zukunft Forschungsvorhaben und Einordnungen von Phänomenen sehr eingeschränkt und einseitig interpretiert werden – von einer Basis ausgehend, die sich nicht als Basis eignet:

> We study these processes to build modells of them. We build models of them so that we can teach them. Our first goal ist to understand the processes and our ultimate goal is to teach them. (Wittrock 1988, 289)

Entsprechend der unterschiedlichen und meist unabhängig voneinander erfolgten Entwicklungen der verschiedenen Wissenschaften haben diese zumeist auch einen sehr unterschiedlichen Zugang zu gleichen Themen – was zu einer völlig unterschiedlichen Nutzung der gleichen Begriffe führt. So verstehen sich z. B. Selbstregulierung und Selbststeuerung unter einer sozialwissenschaftlichen, pädagogischen oder philosophischen Zugangsweise ganz anders als z. B. unter einer rein biologischen oder psychologischen. Statt einer Gesamtsicht geht es hier nämlich immer noch eher um Laborversuche und darin erworbene Teilerkenntnisse, die dann per Theorie zu einem Gesamtbild zusammengefügt werden, ohne dass diese aber in ein übergreifendes Konzept eingebettet werden bzw. so einfach auf die komplexe Lebenswirklichkeit übertragbar wären. Etwas böse formuliert TERHART diese Reduktion folgendermaßen:

> Unterrichten ist dann angewandte Lernpsychologie – und sonst nichts. [...] Ergebnisse der Lernforschung, die an Tieren gewonnen worden sind, lassen sich nicht auf menschliches Lernen übertragen. Geschieht dies doch, so finden tatsächlich auch nur solche Lernprozesse statt, die tierischem Lernen entsprechen. (Terhart 1997[2], 53)

Der Lehrer oder Pädagoge findet sich darin oft nicht wieder, denn es scheint so zu sein, dass viele Phänomene der Praxis trotz langjähriger Forschung auf diese Art nicht oder nur sehr unbefriedigend erklärt werden können. Entweder werden immer noch die falschen Forschungsfragen gestellt oder aber pädagogische Erklärungen der Beweggründe des Lernens nicht zur Kenntnis genommen. So bleibt die alte Vorstellung der Leistungsmotivationstheorie bestehen: Lernleistung in der Leistungsgesellschaft kann nur unter Instruktion und Zwang erfolgen.

> Der Begriff der Selbststeuerung wird künftig im Zentrum aller didaktischen Überlegungen stehen; ähnlich wie der Begriff der Motivation in den vergangenen 20-30 Jahren den Mittelpunkt aller Überlegungen über Lernen, Schule und Unterricht bildete. Denn so gewiss es ist, dass ohne Motivation nichts gelernt wird, so gewiss wird auch ohne Selbststeuerung nichts gelernt. (Reichen 1991, 20)

Um der pädagogischen Sichtweise ein bisschen Vorschub zu leisten, sollen in den folgenden Unterkapiteln die Begrifflichkeiten und die dahinter stehenden Vorstellungen beispielhaft ausgehend vom zentralen Begriff der „Selbststeuerung" in verschiedene Richtungen hinterfragt werden. Dabei ist zu beachten, dass die Begriffe „selbstgesteuertes Lernen", „selbstreguliertes Lernen", „autonomes Lernen", „selbstbestimmtes Lernen" in der Literatur vielfach austauschbar erscheinen. Sie hängen in dem Sinne zusammen, als dass Lernen dann als selbstreguliert bezeichnet wird, wenn Selbststeuerungsmaßnahmen erfolgen. Selbstregulation bezieht sich dabei eher auf den Lernvollzug, Autonomie eher auf die klassische Selbstbildung (eigenverantwortliche Lernplanung und Lernbedürfnisbefriedigung) und Selbstbestimmung eher auf Entscheidungsprozesse. Der übliche Begriff des selbstgesteuerten Lernens ist dabei nicht unproblematisch, denn im naturwissenschaftlichen bzw. technischen Bereich ist die „Steuerung" ein Informationsfluss, der nur in *eine* Richtung erfolgt, die „Regelung" hat hingegen zusätzlich eine Rückkopplung, sodass ein Regelkreis entsteht. Lernen ist daher eigentlich immer selbstreguliertes und nicht selbstgesteuertes Lernen. Obwohl man sprachlich exakt zwischen selbstgesteuertem bzw. selbstreguliertem Lernen und Selbststeuerung bzw. Selbstregulierung als einer auf den ganzen Menschen bezogenen Verhaltensform unterscheiden sollte, erfolgt diese Unterscheidung in der Regel nicht – was u. a. zu den im Folgenden beschriebenen unterschiedlichen Konnotationen der Begriffe führt.

4.1.1 Selbstgesteuertes und selbstreguliertes Lernen – Innen- oder Außensteuerung?

> Die Diskussion um Selbststeuerung von Lernprozessen nimmt ihren Ausgangspunkt in Piagets Theorie der kognitiven Entwicklung. Zu den drei klassischen Entwicklungsfaktoren (Reifung, Erfahrung der materiellen Umwelt, Wirkung der sozialen Umwelt) fügte er die Äquilibration (Selbstregulierung) als weiteren hinzu. Für das Lernen ergeben sich im Anschluß daran zwei Konsequenzen: Lernen als personinterner, selbstregulatorischer Prozeß enthält eine Selbststeuerungskomponente. Gleichzeitig erfordert Lernen als interaktiver Prozeß, in dem ein Individuum intentional in Auseinandersetzung mit seiner Umwelt tritt, bewußte Steuerung der Lernaktivitäten durch den Lernenden. (Wagner/ Schöll 1992, 6 mit Bezug auf Wenzel, H. 1987, 39)

Für die Aneignung von Wissen bedeutet das:
- Wissen wird nicht durch die bloße Reproduktion von Informationen, sondern in einem aktivem Konstruktionsprozeß erworben.
- Die eingesetzten Konstruktionsprozesse sind individuell verschieden. Deshalb sind auch die Ergebnisse von Lernprozessen nicht identisch.
- Wissen ist immer subjektives Wissen, das durch wahrnehmungsbedingte Erfahrungen entsteht.
- Neues Wissen impliziert die Umstrukturierung bereits vorhandenen Wissens. Der soziale Kontext, das soziale Aushandeln von Bedeutungen, sind beim Lernen ausschlaggebend.
- Von besonderer Bedeutung ist das Prinzip der Selbstorganisation. Der Mensch als in sich geschlossenes System organisiert sich selbst und organisiert damit für sich die Welt.
- Zur Reflexion bzw. Kontrolle des eigenen Lernhandelns ist der Einsatz metakognitiver Fertigkeiten wesentlich. (Konrad/ Traub 1999, 65 mit Bezug auf Gerstenmaier/ Mandl 1995)

Während diese Vorstellung von Lernen als Wissensaneignung mittlerweile eigentlich von niemandem mehr in Frage gestellt wird (höchstens die Art der Wissensdarbietung), so überliest man beim letzten Punkt der Aufzählung schnell die dieser Ausführung innewohnende Problematik: Lernen – und damit auch jede Form selbstregulierten oder selbstgesteuerten Lernens wird auf das altbekannte Regelmodell reduziert (das eigene Lernen vorbereiten können; die notwendigen Lernschritte ausführen; Lernen selbst regulieren; sich selbst Feedback geben; Konzentration und Motivation aufrechterhalten; vgl. Konrad/ Traub 1999, 43f.). Obwohl man also gerade vorher noch in hohem Maße individualpädagogisch und konstruktivistisch argumentiert hat, degradiert man den hochkomplexen Prozess des Lernens nun auf bestimmte Fähigkeiten und Fertigkeiten, die in vorbestimmter Weise ablaufen bzw. ablaufen sollten. Dadurch wird indirekt die Möglichkeit der Fremdsteuerung dieses Lernens (z. B. durch Lernstrategietraining) suggeriert. Hält hier nicht die (geschlossene) Vorstellung der Wissenschaftler über die Hintertreppe Einzug, dass Fremdsteuerung zum Erlernen von Selbststeuerung unabdingbar notwendig sei?

Vielleicht ist an dieser Sichtweise auch der Begriff der „Steuerung" oder der „Regulierung" Schuld, da er eine technische Interpretation nahe legt. Lernen ist aber kein technischer Vorgang, denn es geht nicht um eine einfache Input-Output-Reaktion, keinen einfachen Ursache-Wirkungs-Zusammenhang, der beliebig manipulierbar oder überhaupt von außen steuerbar wäre. Der Wortteil „Selbst" in Selbststeuerung weist ja gerade darauf hin, dass das Lernen möglichst vom *„Selbst"* gesteuert wird – und nicht etwa das Selbst *„reguliert"*, wie es in der englischen Literatur als „regulation of the self" zu finden ist. Der Begriff „autoregulation", den z. B. PIAGET (vgl. 1971 nach Neber u. a. 1978, 5) benutzt hat, wäre hier wahrscheinlich unmissverständlicher. Vom „Selbst" gesteuerte Handlungen schließen dabei auch automatisch und unbewusst ablaufende Prozesse mit ein. Ansonsten würde man den ganzen Bereich impliziten oder inzidentellen (beiläufigen) Lernens vorsätzlich aus allen Betrachtungen des (schulischen) Lernens ausklammern.

Das Bild des Menschen ist in der Lernpsychologie im Grunde in hohem Maße ein behavioristisches geblieben, d. h. der Mensch wird als ein passives und manipulierbares Wesen angesehen und die Steuerung/Verstärkung seines Verhaltens erfolgt primär von außen – und zwar durch Verstärker, die per se in keiner direkten Beziehung zum Lerninhalt oder zum Lernenden stehen (vgl. Schiefele/ Pekrun 1996, 255). Aspekte der Selbststeuerung beim Lernen werden maximal als Ergänzung der traditionellen Formen angeführt. Das ist umso verwunderlicher, als dass ja gerade die Lernpsychologie aufzeigt, wie effektiv und sinnvoll gelernt wird bzw. was den Lernerfolg einschränkt: neben dem anzunehmenden geringen Lernerfolg eines Lernens gegen den eigenen Willen, entsteht vor allem dann, wenn der Wunsch, das eigene Tun selbst zu steuern, durch Vorgaben eingeschränkt wird, automatisch Unzufriedenheit, Opposition und Reaktanz auf Seiten des Lernenden. Dabei führt eine Verbesserung der Lehrtätigkeit bzw. der vom Lehrer zu handhabenden Variablen für den Schüler oft zu einem Teufelskreis von erlebter Fremdbestimmung (vgl. Wenzel, H. 1987, 23):

> *Die Lösungen, die Lehrern in den Sinn kommen, haben gewöhnlich eines gemeinsam: sie gehen alle davon aus, daß es darauf ankommt, die Fremdsteuerung des Schülerverhaltens zu verfeinern oder zu intensivieren.* Eine Verfeinerung der Steuerung wird versucht, wenn Lehrer sich noch bessere Methoden überlegen, die Schüler zu motivieren. Da diese Versuche nur selten erfolgreich sind, gehen viele Lehrer bald zum zweiten Verfahren über und verschärfen die Fremdsteuerung, indem sie ihr Lenkungsverhalten autokratischer gestalten. *Auf den Gedanken, daß das Sperrigkeitsverhalten von Schülern gerade durch zuviel Fremdsteuerung bewirkt worden sein könnte und am besten dadurch „behandelt" oder beantwortet wird, daß man das Ausmaß der Fremdsteuerung verringert und den Schülern in größerem Umfang als bisher Selbststeuerung zugesteht, kommen Lehrer entweder gar nicht oder sie können ihn nicht umsetzen.* (Grell/ Pallasch 1978, 95)

Auch noch so durchdachter oder guter lehrer- bzw. fremdgesteuerter Unterricht muss daher auf Dauer zwangsläufig scheitern. Das alte Modell vom „lehrenden Lehrer" kann nicht funktionieren – zumindest nicht auf lange Sicht und als durchgängiges Unterrichtskonzept.

> Meine Erfahrung ist gewesen, daß ich einen anderen Menschen nicht lehren kann, wie man lehrt. Es zu versuchen, ist für mich – auf lange Sicht hin – sinnlos. Mir scheint, daß alles, was man einen anderen lehren kann, relativ belanglos ist und wenig oder keinen signifikanten Einfluß auf sein Verhalten hat. [...] Ich bin zu der Ansicht gekommen, daß die einzigen Lerninhalte, die Verhalten signifikant beeinflussen, selbst entdeckt, selbst angeeignet werden müssen. Solch ein selbst entdeckter Lerninhalt – Wahrheit nämlich, die man sich durch Erfahrung persönlich zu eigen gemacht und die man assimiliert hat – kann einem anderen nicht direkt vermittelt werden. Sobald ein Mensch versucht, solch eine Erfahrung – oft mit einem völlig natürlichen Enthusiasmus – direkt zu vermitteln, wird Belehrung daraus, und die Ergebnisse sind irrelevant. (Rogers 1974, 153f.)

4.1.2 Selbstgesteuertes und selbstreguliertes Lernen – durch Fremdsteuerung und Fremdregulierung?

Selbststeuerung und Selbstregulierung dürfen also nicht – zumindest nicht von Pädagogen – als eine mögliche Lerntechnik angesehen werden, sondern sie müssen als

Forderung nach Mitspracherecht bzw. Selbstbestimmung des Lernenden gewertet werden. Diese Auffassung von Selbstregulierung hat in der Pädagogik eine lange Tradition, sie kann genauso auf die Beschreibung der Idee einer natürlichen Erziehung bei ROUSSEAU angewendet werden wie auch im Zusammenhang mit den Bemühungen Freier Alternativschulen. Hier werden vor allem die (echte) Freigabe von Zeit (das Erlauben von „Eigenzeit"), Raum (auch Inhalten/Tätigkeiten/Kontakten) und Konfliktlösungen (eigene Sozialerziehung und Regelfindung in der Gemeinschaft) als Grundprinzipien des Lernens gewertet (vgl. Köhler/ Krammling 1997; Peschel 1995b). Selbststeuerung und Selbstregulierung ermöglichen dem Individuum in der Gemeinschaft, so zu sein, wie es ist. Sie stellen zugleich auf individueller Ebene das dar, „was das Ideal der Demokratie auf der gesellschaftlich-politischen Ebene anstrebt: Mündigkeit, Selbstbestimmung und aktive Selbstverwirklichung." (Deitering 1995, 26) Sie sind damit sowohl Ziele als auch Unterrichtsprinzipien.

Für viele Autoren sind sie allerdings irrigerweise auch Voraussetzungen für sich selbst, d. h. diese gehen davon aus, dass man Selbststeuerung erst (fremdgesteuert) erlernen muss, um sie dann praktizieren zu können. Hier werden Voraussetzungen mit Niveaumessungen verwechselt – oder sollen vielleicht die hohen Zielansprüche bzw. die daraus resultierende Unterstellung der Unmöglichkeit selbstgesteuerten Lernens des Schülers nur den Machtverlust des Lehrers beim autonomen Lernen möglichst klein halten?

> Selbstgesteuertes Lernen bedarf sorgfältiger Anleitung und Begleitung. Die Lehrkraft muss den Lernenden Schritt für Schritt und häufig über einen längeren Zeitraum an das selbstgesteuerte Lernen heranführen.[...] Selbstgesteuertes Lernen setzt bei den Lehrpersonen Kompetenzen hinsichtlich des Erkennens von Lernbedarf, des Planens von Lernschritten, der Ausführung dieser Lernschritte und der Einschätzung von Lernfortschritten voraus. (Konrad/ Traub 1999, 50f.)
>
> Der [...] Selbststeuerung der Lernprozesse sind – unter dem Anspruch von Qualität und Leistung – selbst in der gymnasialen Oberstufe enge Grenzen zu setzen. Zumindest für die Schüler der Klassenstufen 5 bis 10 gilt, daß sie weder in der Lage noch willens sind, ihre Lernprozesse selbstverantwortlich zu steuern. (Nordrhein-Westfälischer Lehrerverband 1997, 41)

Diese Sichtweise erscheint aus der Sicht des Offenen Unterrichts zu einfach und eingeschränkt, das Bild vom Kind so negativ, dass Erprobungen innerhalb dieser Konstellation zwangsläufig schief gehen müssen – und sich die Annahmen bzw. Befürchtungen dadurch selbst bestätigen werden. Genau wie eine halbherzige Öffnung des Unterrichts nie die Kraft entwickeln kann, die dieser Unterrichtsform im Falle einer wirklichen Identifikation aller Beteiligten mit ihr innewohnt, genauso wird ein auf diese Art selbstgesteuerter Unterricht nicht etwa der immer noch völlig fremdgesteuerten Situation zugeschrieben werden, sondern den unzureichenden Fähigkeiten der Schüler, die eben ohne Lehrer nicht lernen können – was man eigentlich (bewusst oder unbewusst) auch beweisen wollte.

Auch in internationalen Studien wie z. B. in der „PISA-Studie" (Programme for International Student Assessment) wird mittlerweile die allgemeine Forderung nach selbstgesteuertem Lernen gewürdigt – und zwar in einem Extra-Teil „Komponenten selbstregulierten Lernens". Wenn man dann allerdings liest, was die Wissenschaftler unter „selbstreguliertem Lernen" verstehen und worauf sie dieses durch das Abfragen von Lernstrategien und -formen reduzieren, verliert man schon ein wenig den Glauben daran, dass sich irgendwann etwas an der geschlossenen Auffassung ändern könnte. Beschrieben wird hier keine wirkliche Veränderung in Richtung eines effektiveren oder sinnvolleren Lernens, sondern nur eine andere Form herkömmlicher Unterrichtstradition, die maximal in „Lerntätigkeit", aber wahrscheinlich nicht unbedingt in Lernen endet (vgl. www.mpib-berlin.mpg.de/pisa; März 2000; Artelt u. a. 2001, 271ff.).

An die Stelle solcher, sich fast selbst karikierender Bemühungen um selbstreguliertes Lernen muss ein Unterricht treten, der weder dem Primat der Didaktik noch dem der Methodik folgt, sondern dem Primat der Lernenden und dem Primat des Faches – allerdings dem unverfälschten und undidaktisierten Fach aus der Sicht der Lernenden. Die Lernenden müssen dann selbst im Rahmen der ihnen durchaus bewussten gesellschaftlichen Anforderungen und der ihnen eigenen Möglichkeiten über Inhalte und Methoden entscheiden und sie so einsetzen, dass sie für sich sinnvoll (und damit effektiv) lernen können. Es geht also nicht um einen Verzicht des Erlernens von Lernstrategien, sondern um ein selbstgesteuertes, eher indirektes als direktes Aneignen ebendieser.

4.1.3 Selbstgesteuertes und selbstreguliertes Lernen – intrinsische, extrinsische oder interessengeleitete Motivation?

> Wir gehen davon aus, daß hochqualifiziertes Lernen nur durch ein vom individuellen Selbst ausgehendes Engagement erreicht werden kann. Mit anderen Worten: Effektives Lernen ist auf intrinsische Motivation und/oder integrierte Selbstregulation angewiesen. Die gleichen sozialen Faktoren, die zur Steigerung von intrinsischer Motivation und integrierter extrinsischer Motivation beitragen, sollten deshalb auch hochqualifiziertes Lernen unterstützen. (Deci/ Ryan 1993, 233)

Eng mit dem selbstgesteuerten oder selbstregulierten Lernen ist die Forderung nach intrinsischer statt extrinsischer Motivation verknüpft, basierend auf der Forderung nach einem möglichst interessegeleiteten Lernen des Einzelnen. Ein vom Selbst und seinen Interessen bzw. Bedürfnissen gesteuertes Lernen wird vom Individuum als ein sinnvoller bzw. notwendiger Vorgang erlebt und entspringt einer inneren Motivation (oder erzeugt diese?). Dabei ist die Motivation ein auf den Augenblick bezogener Zustand, der nicht erlernt werden kann – im Gegensatz zum Prinzip des Interesses, das sich über Lernprozesse entwickeln kann (vgl. Prenzel/ Lankes 1995, 12f.). Dass sich ein solches bedürfnisorientiertes Lernen durch sehr hohe Anforderungen des Lernenden an sich selbst auszeichnet, wird immer wieder belegt – obwohl Kritiker oft versuchen, die hohe innere Lernmotivation auf ein Lustprinzip herabzuwürdigen. Vielleicht muss in diesem Zusammenhang das interessegeleitete Lernen stärker von allgemeinen Interessen der Kinder abgegrenzt werden. Beim interessegeleiteten Lernen entspringt das Lerninteresse einer inhaltsbezogenen Leistungsbereitschaft, d. h. der Situation der Kinder im Offenen Unterricht im Austausch mit Freunden und den Herausforderungen des Stoffs bzw. der Lernumgebung, aber nicht zwangsläufig irgendwelchen Hobby-Interessen. Leider wird das auch in der Literatur nicht immer voneinander getrennt.

Ob man dabei alle Lernmotive als intrinsische Motivation definiert, d. h. das Ziel liegt für den Lernenden in der Lernhandlung selbst, oder aber auch extrinsische Momente findet, d. h. der Lernende zielt eher auf die Folgen seiner Handlungen, liegt eher an den Motiven des Betrachters als an der Situation selbst. Solange die Motivationsanlässe im Sinne selbstintentionalen und selbstbestimmten Lernens die Folge haben, dass sich das Kind selbst mit ihnen identifiziert und nicht einer Manipulation von außen erlegen ist, kann die Benennung der Art der Motivation relativ egal sein. Extrinsische und intrinsische Motivation sind dann kein Widerspruch an sich, denn auch extrinsische Motivationsanlässe können zu intrinsischen werden: Gruppenmotivation, Freundschaften, anregende Lernumgebungen, Zufälle können innere Begeisterung und Neugier für eine Sache bzw. die Auseinandersetzung mit dieser auslösen. Diese Art äußerer Motivation ist eine, die Menschen, Sachen, Situationen entspringt – sie ist klar abzugrenzen von einer vorsätzlichen äußeren Motivierung, die als didaktisches Mittel zum Zweck fungiert und deren Funktion dem Individuum nicht klar ist. Es geht also für die Schule nicht um die Frage, wie man eine „interessante Unterrichtsgestaltung" vornimmt, um den Schülern ein „interessiertes Lernen" zu ermöglichen, sondern es geht darum, dass die Schüler ihr Lernen als (für sie) sinnvoll und selbstbestimmt und damit als interessegeleitet *erleben* können.

> Die Selbstbestimmungstheorie postuliert dreierlei angeborene psychologische Bedürfnisse, die für intrinsische und extrinsische Motivation gleichermaßen relevant sind [...]: Bedürfnis nach Kompetenz oder Wirksamkeit, Autonomie oder Selbstbestimmung und soziale Eingebundenheit. (Deci/ Ryan 1993, 229)

> Je offener die Lernsituation ist und um so mehr der Lerner zum Organisator seiner eigenen Lernbemühungen wird, um so stärker empfindet er sich für das Lernergebnis selbst verantwortlich, um so weniger Möglichkeiten hat er, das Scheitern seiner Bemühungen auf externe Faktoren zurückzuführen und um so größer ist seine Anstrengungsbereitschaft. (Deitering 1995, 88)

Nicht nur, dass ein fremdgesteuertes, also ein von außen kontrolliertes Lernen genau das demotivierende Gegenteil eines selbstintentionalen, autonomen Lernens darstellt, es birgt zudem viel eher die Gefahr einer oberflächlichen Motivierung als Mittel zum Zweck. „Kinder lernen besser, wenn sie Interesse an einer Sache haben. Ziel der Schule darf aber nicht nur sein, Interesse zu wecken, damit der Unterricht ‚klappt'. Vielmehr sollte sie helfen, lang anhaltendes Interesse zu entwickeln." (Blumenstock 1995, 10) Zu verzichten ist auf eine extrinsische Motivation, die die Selbstbestimmung des Schülers und damit ein für ihn sinngebendes Lernen untergräbt. Dies tut man – meist unbewusst – auch dann, wenn selbstmotivierte Arbeiten unaufgefordert von außen belohnt werden. Man nimmt dem Agierenden durch die extrinsische Motivation seine Selbstbestimmung bzw. reduziert sein Motiv auf innewohnende Belohnungsabsichten:

> In einer Reihe empirischer Untersuchungen wurde nachgewiesen, daß die intrinsische Motivation abnimmt, wenn man Versuchspersonen extrinsische Belohnungen wie Geld oder Auszeichnungen für eine ursprünglich intrinsische Aktivität anbietet. [...] Nachdem man Versuchspersonen belohnt hatte, waren sie weniger geneigt, die gleiche Tätigkeit in ihrer Freizeit erneut aufzunehmen; sie äußerten weniger Interesse als Personen, die für dieselbe Tätigkeit keine Belohnung erhalten hatten. (Deci/ Ryan 1993, 226).

Vielleicht wird an diesen Überlegungen noch einmal der Unterschied zwischen einer auf Freiwilligkeit und Interesse beruhenden „geschlossenen" Unterrichtssequenz und einem Unterricht, der eben nicht auf Freiwilligkeit oder Interesse beruht, klarer. Dieselbe Vermittlungsform frontaler Unterweisung kann zum einen als Hochform eines geschlossenen Unterrichts vorkommen, der das Kind auf Grund fehlender Mitbestimmung konzeptbedingt zum Objekt degradiert, zum anderen kann sie aber auch als Element eines Offenen Unterrichts vorkommen – nämlich dann, wenn der Lernende die frontale Vermittlung als ein informierendes Element in seinem selbstgesteuerten Lernprozess wahrnimmt. Solange ich als Lernender selbst über diese Lernform bestimmen kann (und dies auch willentlich bzw. reflektiert tue), kann mein Lernen durchaus auch in solchen Phasen noch als autonom bezeichnet werden, auch wenn es kein autodidaktisches Lernen ist. Es geht um die vom Individuum selbst erlebte bzw. empfundene Autonomie und Selbstbestimmung.

Im Offenen Unterricht finden sich diese Formen neben der Lehrererklärung auf Nachfragen z. B. als ständige Institution des Kreisgespräches mit frontalen Vorträgen der Schüler oder bei der Einladung von Experten, die über ein bestimmtes Thema Auskunft geben. Dabei kann Interesse nicht auf ein kognitives Wissensbedürfnis in Bezug auf ein bestimmtes Thema reduziert werden, sondern wird sich auch im sozialen, emotionalen und affektiven Bereich einstellen: aus dem Interesse am gemeinsamen Kreisgespräch bzw. am Miteinander wird wiederum Interesse an der Sache erzeugt. Interessegeleitetes Lernen erzeugt langfristige Lernmotivation in allen Dimensionen, es legt die Grundlage zu Wissensdurst und neugierigem Verhalten – was mehr kann Schule in dieser Hinsicht leisten?

4.1.4 Selbstgesteuertes und selbstreguliertes Lernen – bewusstes, unbewusstes oder intuitives Ausbilden von Kompetenzen?

Alles, was zur Lernkompetenz gehört, ist den Kindern bereits aus ihrem vorschulischen Lernen bekannt. Im Umgang mit Menschen und Gegenständen haben sie erfahren, was es bedeutet, Resonanz zu spüren und zu erzeugen, Vorhandenes spielerisch zu variieren und Regelhaftigkeiten zu entdecken. Weil Lernprozesse außerhalb der Schule aber kaum je von langer Hand vorbereitet und systematisch auf gewisse Ziele hin gelenkt werden, verlaufen sie spontan und unbemerkt. Kinder lernen unmittelbar aus den Situationen, in die sie mehr oder weniger zufällig hineingeraten, darum brauchen sie kein Bewusstsein des Lernens zu entwickeln. Das ändert sich radikal beim Eintritt in die Schule. Schulisches Lernen ist bewusst inszeniertes, auf globale Normen gerichtetes Lernen. Angesichts der Leistungsfähigkeit der globalen Normen kann die persönliche Lernfähigkeit nur überleben, wenn sie ins

Bewusstsein gehoben und als Instrument verfügbar gemacht wird. Aufgabe der Schule ist es, die Kinder auf ihre Fähigkeit zur Resonanz, zur Variation und zur Regelbildung aufmerksam zu machen und sie herauszufordern und zu ermutigen, diese Fähigkeiten im Umgang mit den fachlichen Objekten systematisch einzusetzen. (Ruf/ Gallin 1998a, 239)

Obwohl der primär natürliche Erwerb von Kompetenzen und Strategien von den meisten Autoren (irgendwie) zugegeben und auch die Unzulänglichkeit der Schule bei der Förderung entsprechender Kompetenzen nicht unterschlagen wird, gibt es bislang noch kein Gesamtkonzept „natürlichen" bzw. „selbstgesteuerten" Lernens. Für ein solches Modell würde sich vor allem die wichtige Frage nach der Notwendigkeit der Bewusstmachung des eigenen Lernprozesses stellen. GALLIN UND RUF gehen im obigen Zitat davon aus, dass es auf Grund der „inszenierten" Gestaltung der Schule notwendig ist, die unbewusst vorhandenen Kompetenzen bewusst zu machen, um sie systematisch einzusetzen. Dies muss nicht so sein. Die Bewusstmachung der eigenen Lernstrategien ist ein individuelles Erkennen eigener Vorgehensweisen und Strukturen und kann nicht gelehrt, höchstens herausgefordert werden – mit der üblichen Gefahr, im normalen Schulbetrieb daraus doch wieder das Lehren von nicht wirklich verstandenen Techniken zu machen.

Das klassische „Lern-Modell" ist ein lineares, das davon ausgeht, dass der Lernende kein Vorwissen hat. Entsprechend werden bestimmte Teilleistungen gelehrt, die dann ein bewusstes Können auf niedrigem Niveau („er-lesen", „er-schreiben", „er-rechnen") erzeugen. Dieses Können wird durch ständige Übung weiter automatisiert, bis es ein unbewusstes Können von Techniken wird (flüssig lesen, schreiben, automatisiertes Rechnen), um dann – meist mit zunehmendem Alter – ein Nachdenken über diese Fertigkeiten und ihre Strukturen anzubahnen. Dabei kommt die wirklich bewusste und reflektierte Anwendung von Strategien in der Praxis nur in relativ wenigen Fällen vor (z. B. bei Experten). Meistens erfolgt ein unverstandenes Reproduzieren der (fremd-)gelehrten Zusammenhänge und auswendig gelernten Fakten – es scheint sich also nicht um leicht zu erwerbende Kompetenzen zu handeln. Ganz im Gegenteil zu einer anderen Form von Perfektion, die jedem Menschen von klein auf gegeben zu sein scheint: das *unbewusste* Nutzen und Ausführen von Strategien und Techniken.

> Die Kinder, die so mühelos Symbolsysteme wie Sprachen und Künste wie die Musik meistern; dieselben Kinder, die komplexe Theorien über das Universum oder den Geist entwickeln, haben oft die größten Schwierigkeiten beim Schuleintritt. Es war unproblematisch, Sprache zu sprechen und zu verstehen, aber Lesen und Schreiben erweisen sich vielleicht als schwierige Herausforderungen; Zählen und Zahlenspiele sind vergnüglich, aber mathematische Verfahrensweisen zu erlernen, kann mühevoll sein, und die höheren Bereiche der Mathematik bleiben den Kindern manchmal für immer verschlossen. Auf eine Weise scheint das natürliche, universale oder intuitive Lernen, das in den ersten Lebensjahren zu Hause oder im näheren Umkreis vor sich geht, von einer völlig anderen Art zu sein als das Lernen, das in der ganzen schreib- und lesekundigen Welt mit dem Schuleintritt gefordert wird. (Gardner 1994, 14)

> Fängt man an, darüber nachzudenken, was ein Schulanfänger im Vergleich zu einem Neugeborenen schon alles gelernt hat (und zwar ohne Schule), dann kann man nachvollziehen, dass es Schätzungen gibt, wonach Schulanfänger bereits mehr als die Hälfte dessen erlernt haben, was in unserem Kulturkreis ein durchschnittlicher 20-Jähriger weiß und kann. (Reichen 2001, 34)

Entsprechend widersprüchlich zu dem oben angesprochenen klassischen, linearen Modell sind viele unserer tagtäglichen Erfahrungen mit Kindern, wenn wir ihre unzähligen Fähigkeiten und Fertigkeiten beobachten, die sie unbewusst und auf hohem Niveau richtig ausführen, ohne sie bewusst eingeübt haben zu müssen. Daran erinnern uns immer wieder die „geborenen" Rechenkünstler oder Rechtschreiber. Aber auch das schnelle Erlernen einer in der Umgebung vorhandenen (Fremd-)Sprache oder das Expertenwissen, das Kinder in bestimmten Bereichen an den Tag legen, sind alles Kompetenzen, die sie nicht in einer linearen Stufenfolge gelernt haben. Oft ist es sogar so, dass sie diese Dinge schnell verlernen, wenn sie dann beschult werden – und damit bewusst lernen sollen: Das Lehren und seine Motivation überwältigt das Lernen und seine Motivation ... (Vgl. von Hentig 1985, 105)

Man könnte sich ja auch ein anderes Modell vorstellen, das statt eines linearen Ansteigens eher einen „U"-Verlauf zeigt: Den Anfang des „U" bildet oben links das unbewusste Können auf hohem Niveau, eine Fähigkeit, die von jedem Lernenden (bei einigermaßen ergiebiger Umgebung) zu einem ihm eigenen Zeitpunkt auf einem ihm eigenen Niveau erreicht wird. Greift man aber in das natürliche Lernen ein und unterwirft es einem anderen Weg, einer anderen Zeit, anderen Interessen, so kann sich diese Fähigkeit nicht mehr von selbst entwickeln (womit keine Reifung gemeint ist, sondern schon das Zusammenspiel von Umweltherausforderungen und Reaktionen des Individuums!), sondern wird auf eine hart zu erlernende, fremdgesteuerte Technik reduziert – oft genug auf niedrigstem Niveau. Der „U"-Bogen sinkt in der Mitte ab. Diesen zu heben ist ein Prozess, der mit viel Üben und Anstrengung in Einzelfällen dann wieder hoch gehen kann – zur rechten Seite des „U"s – bestenfalls zur bewussten Automatisation als Hochform.

> In diesem Zusammenhang ist es wichtig, zwischen implizitem Wissen und Automatisierungen zu unterscheiden. Implizites Wissen funktioniert in der Produktion und Perzeption, gerade ohne segmentale strukturierte Repräsentationen notwendig vorauszusetzen. Das heißt, es ist automatisch von Anfang an da. Automatisierungen dagegen sind sekundäre Produkte des Geläufigwerdens eines zuvor segmental repräsentierten und gesteuerten Zusammenhangs. (Feilke 2000, 16)

GARDNER kommt in ähnlichen Überlegungen zu dem Schluss, dass Schüler zwar durchaus in einem gewissen Maße „gelerntes" Wissen reproduzieren können, aber sobald sie es in anderen Situationen anwenden oder auf andere Zusammenhänge transferieren müssen, schnell wieder die intuitiv erworbenen Lernvorstellungen des Kindes hervorkommen. „Intuitiv erworbenes Wissen" und „schulisches Wissen" lösen sich also nicht ab (wie es z. B. die Stufentheorie PIAGETS nahe legen würde), sondern bleiben bezugslos nebeneinander stehen. Das Wissen des Experten ist hingegen genauso leicht verfügbar wie das intuitiv gelernte, aber von eher reflexiver Qualität. Es ist daher dem intuitiven Wissen viel näher als dem „schulischen Wissen" (vgl. Gardner 1994, 19ff.).

Zusammenfassend ist festzustellen: Primat muss das intuitive Lernen haben, das möglichst wenig durch „verschultes" Lernen, d. h. auswendig gelerntes Wissen gestört wird. Während die Bewusstmachung von außen ineffektiv bzw. störend ist, erfolgt vom Kind selbst ganz automatisch eine eigene Bewusstmachung bzw. Musterbildung. Das Entscheidende ist also der intuitive Zugang, der auf der Seite des Lernenden sowohl bewusste als auch unbewusste Elemente enthalten kann. Diese gehen dann in eine höhere Stufe eines verstandenen Wissens über, die durch das wirkliche Verständnis dann wie automatisiert erscheint, aber von einer ganz anderen Qualität ist als die Automatisierung, die im normalen schulischen Unterricht durch Üben oder Auswendiglernen angestrebt wird. Weil die meisten dieser Prozesse höchst individuell und selbstgesteuert (im Sinne eines „vom *Selbst* gesteuert") verlaufen, erübrigt sich eigentlich die Frage nach einem Strategietraining. Dieses erfolgt durch das Lernen und den Lernenden selbst.

4.1.5 Selbstgesteuertes und selbstreguliertes Lernen – bewusstes Trainieren oder prozessuales Ausbilden von Strategien?

Es ist pädagogisch relevant, auf welche Weise sich die menschliche Lernkompetenz ausbildet und wie dieser Vorgang von außen gefördert werden kann. Eine wichtige Quelle hierfür ist die Lerntätigkeit selbst. Indem der Lerner sein Lernhandeln realisiert, sammelt er Erfahrungen über den Bereich des Informationsgewinnens und -speicherns und lernt zugleich beiläufig, seine Lerntätigkeit zu planen und zu regulieren. Er gewinnt so Informationen darüber, unter welchen Bedingungen welche strategischen Vorgehensweisen zum Lernerfolg beitragen können und welche Art von Lernzielen er mit welchem Anstrengungsaufwand realisieren kann. Gleichzeitig sind mit dem Lernhandeln Übungseffekte bei den eingesetzten Lernfähigkeiten und -fertigkeiten verbunden. (Deitering 1995, 90f.)

Es geht also bei den zu erlernenden Strategien nicht um lineare Abfolgen und Rezepte im Sinne einer „hierarchisch sequentiellen Organisation des Lernhandelns" (Deitering 1995, 81), sondern vielmehr um die zeitweise bewusst, in hohem Umfang aber auch *unbewusst* erfolgende Reflexion der eigenen Vorgehensweise im Rahmen des eigenaktiven Suchens, Erarbeitens und Strukturierens von Informationen. Dafür ist keine direkte Lehrerinstruktion notwendig, sondern vielmehr ein „herausfordernder" Raum, in dem mit einer eigenen Zielsetzung (allerdings keiner statischen, sondern einer jederzeit anpassbaren) selbstreguliert gearbeitet werden kann – eingebunden in ein soziales Umfeld, das auf Anfrage des Lernenden Hilfe und Unterstützung bieten kann. Dabei nehmen auch Kinder mit Lernproblemen in kritischen Lernsituationen eher eine aktive statt einer passiven Lernhaltung ein und überwinden so problematische Lernmomente konstruktiv, anstatt sie resignativ abzubrechen. Das Unterbrechen, Verschieben, Abbrechen und neu Aufrollen von Lernprozessen ermöglicht Kindern die nicht reibungslosen Lernverläufe des (selbstgesteuerten) Lernens nicht als verunsichernd, sondern als sicherheitsgebend zu erleben (vgl. Lambrich 1992, 322f.).

Die für die Selbststeuerung geforderten zu erlernenden „metakognitiven" Strategien (z. B. Analyseprozesse, Planungsprozesse, Überwachungsprozesse, Bewertungsprozesse) müssen keineswegs als Metawissen vom Lernenden formulierbar sein oder explizit reflektiert werden, sondern es kommt auf die prozeduralen Fähigkeiten, die Fähigkeiten im Prozess der Auseinandersetzung an. Auf diese Weise werden sich die intuitiv erworbenen Theorien und Muster durch den selbstgesteuerten, reflektierten und kritischen Umgang in die Richtung eines Expertenwissens entwickeln. Dabei ist zu beachten, dass der Übergang vom naiven, intuitiven Wissen zum Expertenwissen nicht unbedingt bewusst bzw. durch explizites Lernen erfolgen muss.

> Vielleicht ist es in der Schule mehr angebracht, dem jeweils individuellen Sach-Zeit-Rhythmus eines Kindes Raum zu geben, damit lernende Kinder die Routine entwickeln können, mit einem selbstdosierten Aufwand an einem Lernbereich verharren zu können, um dann mit dem Gefühl, ihn zu beherrschen, sich anderen Dingen zuzuwenden. In diesem Sinne wäre auch zu überlegen, ob nicht das Hin- und Hergezerre von Kindern von einer häppchenweise zu bearbeitenden Lernsache zur anderen gerade solche Lernhemmnisse wie Abgelenktsein und Unkonzentriertheit erst hervorbringt. Statt an Lerncurricula ist mehr an individuelle Lernstile zu denken. (Lambrich 1992, 323)

4.1.6 Selbstgesteuertes und selbstreguliertes Lernen – implizites, explizites oder inzidentelles Lernen?

> It is the exception, not the rule, when thinking is conscious; but by its very nature, conscious thought seems the only sort. It is not the only sort; it is the minority.
> [... Consciousness; FP] is not necessary for effective cognition. In fact, most cognition goes on outside of awareness, though it is nevertheless exceedingly complex. (Lachman u. a. 1979, 207f.)

Während die Schule konzeptionell durch das „Unterrichten" der Schüler primär von expliziten Lernprozessen ausgeht, Lernen also als eine bewusste Tätigkeit ansieht, weisen viele Effekte darauf hin, dass das meiste Lernen eher implizit oder inzidentell, d. h. unbewusst und beiläufig vonstatten geht. Es kann daher sein, dass langfristig gar nicht das explizit Gelehrte für einen Lernerfolg wichtig ist, sondern der Lernende eher „zwischen den Zeilen" lernt und nahezu unabhängig vom dargebotenen Lernstoff bzw. von der didaktischen Absicht Kompetenzen und Fähigkeiten ausbildet. Da das inzidentelle Lernen wegen seiner Zufälligkeit nur schwer zu erfassen ist, soll hier vor allem das implizite Lernen kurz beschrieben werden. Beim impliziten Lernen lernt der Lernende nicht bewusst auf einen bestimmten Sachverhalt hin, sondern es erfolgt ein unbewusster oder beiläufiger Wissenszuwachs, meist in der Art, dass so etwas wie „ein Gefühl" für komplexe Prozesse und Strukturen erworben wird. Das Erlernen von Sprachen (Grammatik/Rechtschreibung), die Sozialerziehung, das Wahrnehmungsvermögen usw. gelten als naheliegende Beispiele. Implizites Lernen ist dabei weitgehend unabhängig von strategie- und wissensabhängigen Lernvorgängen:

Damit wird ein Grundmechanismus skizziert, der die Verbindung einer grundlegenden Gedächtnisfunktion der Sinne zu höheren interpretativen Formen der bewußten Begriffsbildung und -nutzung und damit die Begründung des Lernens darstellt. Daß diese primitive Gedächtnis- oder Lernkomponente von ihrer Funktion her selber unempfänglich ist für strategie- und wissensabhängige Lernvorgänge, ist eine notwendige Voraussetzung für das skizzierte Lerngeschehen. (Perrig/ Perrig 1993, 45)

Beachtenswert ist, dass mit dem hier als „primitive Gedächtnis- oder Lernkomponente" benannten impliziten Lernen zwar einfach (deshalb „primitiv"), aber keineswegs auf einfachem Niveau gelernt wird. Implizite Lernprozesse zeichnen sich gerade dadurch aus, dass sie komplexe Systeme erfassen und dort hohe Abstraktions- und Transferleistungen bedingen, d. h. der „nicht-bewusste" Lernvorgang ermöglicht ein unbewusstes Erfassen der Strukturen und Zusammenhänge und vor allem ein Übertragen auf andere, fremde Situationen, das sich durch ein implizites Bilden von Regularitäten auszeichnet – und nichts mit der „Transferleistung" zu tun hat, die als Hochform im herkömmlichen Unterricht kleinschrittig und mühevoll eintrainiert wird.

So haben insbesondere die Arbeiten aus der Forschungsgruppe um Reber [...] empirisch belegt, daß eine aktive, bewußte Suche nach Regularitäten nicht notwendigerweise vorteilhaft sein muß, sondern sogar hinderlich sein kann, wenn es um den induktiven Erwerb komplexer Relationen geht. In mehreren Studien konnte überzeugend demonstriert werden, daß erwachsene Probanden die komplexen, abstrakten Regeln einer Kunstsprache auch dann – oder gerade dann – abstrahieren und in Transferaufgaben nutzen konnten, wenn ihnen nicht bewußt wurde, daß das Lernmaterial strukturiert war, und sie deshalb auch nicht gezielt auf die Regularitäten achteten oder nach diesen suchten. (Weinert, S. 1991, 39)

Die Abstraktion formaler Invarianten erfolgt beim impliziten Lernen nicht sequentiell, sondern durch parallele Verarbeitung holistischer, d. h. nicht selektiv gespeicherter Informationen. Auf diesen Prozeß haben explizite Instruktionen und Informationen über die zu lernenden Regeln entweder keinen, nur einen geringen, lediglich unter sehr speziellen Bedingungen einen größeren und gelegentlich sogar einen störenden Einfluß. (Weinert, S. 1991, 230)

Explizites Lernen (z. B. das, das durch „Lehren" hervorgerufen wird) kann also das implizite Lernen stören – im schlimmsten Falle sogar so weit, dass der Lernende seine implizit vorhandenen Fähigkeiten nicht mehr nutzt bzw. nutzen kann – sie werden blockiert. Man denke an die Kinder, die z. B. als „geborene Rechtschreiber" plötzlich anfangen, haufenweise Fehler zu machen, nachdem Rechtschreibung auf einmal geübt oder irgendwelche Regeln thematisiert werden. Diese Fehler sind dann keine produktiven Fehler der Übergeneralisierung, die zum Aufbau bzw. Umstrukturieren der eigenen Strukturen und Muster unverzichtbar sind, sondern es sind echte Fehler, die aus Nichtverständnis der Sache und eigener Bezugslosigkeit entstehen. Fehler, die es ohne den Einfluss von außen nicht gäbe.

Um Experte in einem Inhaltsgebiet zu werden, bedarf es nicht nur der verhältnismäßig leicht explizierbaren fachspezifischen Wissensbestände wie sie etwa in Lehrbüchern zu finden sind. Man benötigt darüber hinaus implizites Wissen, das normalerweise im offiziellen Wissenskanon einer Disziplin nicht dokumentiert ist, etwa heuristische Problemlösestrategien, Kontrollstrategien, Wissenserwerbs- bzw. Lernstrategien. Der Lernende muß von Anfang auch an diesem impliziten Wissen partizipieren können, da ansonsten das explizite „Lehrbuchwissen" in Problemsituationen häufig nicht angemessen genutzt werden kann. (Friedrich 1995, 137)

Der größte Teil unseres „Lernens im Prozess der Arbeit" beruht auf unbewusster Qualifikation, die STRAKA treffend mit „...denn sie wissen nicht, was sie tun" (Straka 1999, 20) bezeichnet. Dabei ist der größte Teil dieses Wissens nicht nur dem Lernenden nicht bewusst, sondern auch demjenigen, der ihm als Vorbild dient – der „Novize" lernt bei seinem „Meister" Handlungs- und Vorgehensweisen, von denen selbst der Meister nicht wusste, dass er sie beherrscht. Implizites Wissen wird deshalb als „Kern der praktischen Intelligenz" bezeichnet. D. h. aber auch, dass das in der Schule explizit gelehrte Wissen von sich aus nur einen verhältnismäßig kleinen Wissensbereich überhaupt zugänglich machen kann. Es ist dadurch maßgeblich für das „Theorie-Praxis-Problem" verantwortlich – zumal es den Aufbau impliziten Wissens eher zu behindern als zu stützen scheint.

> Die Konzepte des impliziten Lernens und Wissens beziehen ihren didaktischen Reiz vor allem aus der Bezugnahme auf das Phänomen möglicher Deckungsungleichheiten zwischen Wissens- und Handlungsexpertentum, das – etwa in der Debatte um das sogenannte „Theorie-Praxis-Problem" – zu den Dauerbrennern der didaktischen Diskussion gehört. Während schulisches Lehren und schulische Leistungsbeurteilung in hohem Maße auf die Vermittlung und Messung expliziten Wissens in meist ausschließlich zu Lernzwecken veranstalteten Aneignungsprozessen hin ausgelegt sind, legt die experimentalpsychologische Forschung die Vermutung nahe, dass Lerner in der direkten Konfrontation mit praktischen Aufgabenstellungen vieles und mehr, als man vermuten möchte, *auch* implizit lernen können. Polanyi betont darüber hinaus, dass vieles nur auf diese Weise erlernt werden kann. In dem Ausmaß, in dem sich komplexe Dispositionen der Formalisierung entziehen, können sie nur implizit erworben [...] werden. (Neuweg 2000, 210)

Implizites und inzidentelles Lernen erscheint daher als genau das, was sinnvolles und effektives Lernen in der Schule ermöglicht. Genauso wie sich die Fachdidaktiken im Laufe der letzten Jahre immer mehr von der Vorgabe eines expliziten Lehrgangs hin zur Akzeptanz der unterschiedlichen und verschlungenen Lernwege der Kinder entwickelt haben, wird sich Schule zu einem Ort weiterentwickeln müssen, an dem impliziten Lernprozessen als Basis für „flexibles" Wissen und nachhaltigen Kompetenzerwerb der hohe Stellenwert eingeräumt wird, den sie verdienen. Denn es ist zu vermuten, dass die Bildung, die Schule momentan erzeugt, viel eher durch das implizite Lernen der Schüler „zwischen den Zeilen" erfolgt, als durch die explizite Behandlung des Lernstoffs. Das explizit gelehrte Wissen wird erfahrungsgemäß schnell vergessen – die implizit gebildeten Strukturen, Muster, Zusammenhänge jedoch nicht – wenn sie denn entstehen. Es geht also um eine Schule, die um ein Vielfaches effektiver wird, wenn sie die Lernprozesse unterstützt, die auch wirklich „Lernen" bewirken. Etwas überspitzt formuliert könnte man sagen: Zurzeit geschieht Lernen vielfach *trotz* der Schule, nicht auf Grund der Schule ...

> Da die Unterrichtsdidaktik einschließlich der Ansätze des selbstgesteuerten Lernens fast ausschließlich explizites Lernen im Auge hat, ist zu vermuten, daß Formen des expliziten Lernens didaktisch ausgereizt sind. (Oerter 2000, 254)

Durch ungeeignete Formen von Fremdsteuerung werden vermutlich die für erfolgreiches Lernen unerlässlichen Selbststeuerungsprozesse irritiert oder blockiert. [...]
Es sieht so aus, als ob wir dann am effektivsten lernen, wenn unser Lernen selbstgesteuert ist, d. h. wenn wir unabhängig von direkter zielorientierter Fremdsteuerung durch andere Personen lernen. In der Tat erwerben wir den weitaus größten Teil unseres Wissens und Könnens über selbstgesteuerte Lernaktivitäten im Alltagsleben, zu denen uns niemand einen direkten Lernauftrag gegeben hat. (Grell/ Pallasch 1978, 91)

4.1.7 Selbstgesteuertes und selbstreguliertes Lernen – Einüben von Lehrstoff oder integriertes Ausüben von Lerninteressen?

Obwohl es, je nach vorherrschendem Zeitgeist, schulpolitischer Orientierung und didaktischer Position, durchaus Unterschiede hinsichtlich der Wertschätzung von Übung im Unterricht gibt, kann es keinen ernsthaften Zweifel daran geben, daß das Üben ein unverzichtbarer Bestandteil schulisch organisierten Lernens ist. (Helmke u. a. 1987, 247)

Eigentlich zweifelt ja niemand im Ernst daran: Um dauerhaft zu sichern, was im Unterricht gelernt werden soll, kann auf Üben und Wiederholen nicht verzichtet werden. (Heymann 1998, 7)

Üben ist wohl ein Hauptthema von Schule; egal welche Lerntheorie einem Konzept zu Grunde liegt, die Notwendigkeit des Übens zweifeln nur wenige Didaktiker an – erstaunlicherweise auch die, die ansonsten sehr fortschrittlich und konstruktivistisch denken – beim Thema „Üben" fallen sie alle zurück in behavioristische Traditionen. Es bleibt dabei unklar, warum „effektives Lernen" und „Üben" immer wieder wie zwei völlig unterschiedliche Dinge behandelt werden. Der Lernzuwachs eines Individuums sollte doch als eine dauerhafte Verhaltensänderung definiert sein.

Reine Wiederholungen haben nur unbedeutende Auswirkungen auf einen Lernprozeß; andere Faktoren (z. B. aus Fehlern, aus Rückmeldungen lernen) können bei der Wiederholung allerdings wirksam werden, so daß Üben nur in indirekter Weise förderlich ist. (Kohnen/ Kohnen 1987, 254)

Von „**Übung**" sprechen wir in der Regel dann, wenn ein Satz von Wissenselementen oder eine Fertigkeit anhand eine **größeren** Zahl **gleichartiger** Aufgaben geübt wird. (Wittmann/ Müller 1992, 177)

Aus dem traditionellen Schema 1. Einführung, 2. Übung, 3. Anwendung wird im Offenen Unterricht ein vielfach vernetztes Lernen, in dem die oben genannten Phasen eben nicht – und schon gar nicht mehr in dieser Reihenfolge – durchlaufen werden. Durch die selbstgesteuerte Auseinandersetzung mit einem Inhalt, durch das Überlegen und Ausprobieren von Lösungsmöglichkeiten, durch das Einordnen und Reflektieren der Ergebnisse wird immer gleichzeitig auch geübt, denn es werden wiederholt Gedächtnisinhalte durchmustert, umgeordnet, neugeordnet (vgl. Winter 1987, 31). Sinnvolles Üben sollte man als „Aus-Üben", als „Üben im Gebrauch" sehen:

Die Handwerker halten ihre Lehrlinge nicht mit Betrachtungen hin, sondern führen sie sogleich zur Arbeit, daß sie schmieden durchs Schmieden, bildhauen durchs Bildhauen, malen durchs Malen, tanzen durchs Tanzen lernen. Deshalb soll auch in den Schulen schreiben durch Schreiben, sprechen durch Sprechen, singen durch Singen und rechnen durch Rechnen gelernt werden. Die Schulen sollen nichts anderes sein als Werkstätten, in denen tüchtig gearbeitet wird. (Comenius 1960, 142 nach Piaget 1999, 259)

Üben geschieht dabei nicht in einer reproduktiven Art eines reinen Auswendiglernens, sondern fordert vom Schüler immer eigene Denkleistungen, die über den (dann nebenbei wiederholten) Übungsstoff hinausgehen. Ein solches Üben kann nicht das übliche tote oder träge Wissen erzeugen. Es geht darum, ein selbstgesteuertes Üben „im Gebrauch" zu ermöglichen, das in den Lernprozess des Einzelnen integriert ist und nicht darum, weitere „interessante, didaktische Ansätze zu einem ‚anderen', nämlich lebendigeren, lustvolleren und zugleich effizienteren Üben" (Heymann 1998, 7) zu entwickeln.

> Wenn man beobachtet, mit welcher Ausdauer sich Kinder und Jugendliche in ihrer Freizeit der Vervollkommnung von Fertigkeiten widmen, über die sie im Prinzip bereits verfügen, wird deutlich, dass die verbreitete Unbeliebtheit des Übens im Unterricht ein Charakteristikum unserer üblichen Lehr-Lern-Kultur und der mit ihr verknüpften Wertungen ist. [...] In vieles, was sich Kinder und Jugendliche (und übrigens auch Erwachsene) außerhalb schulischen Unterrichts aneignen, investieren sie unglaublich viel Zeit und zielgerichtetes Bemühen, das oft von einer beeindruckenden Funktionslust getragen ist und Rückschläge spielend überwindet. [...] Rein zeitlich nimmt das Üben und Wiederholen in derartigen Lernprozessen mehr Raum ein als alles andere, doch es bleibt meist implizit und wird als solches nicht bewusst. So bleibt es eingebettet in das Streben nach Vervollkommnung des angezielten Könnens und der spielerische Charakter des Tuns trägt zur emotional positiven Besetzung bei.
> Üben von Fertigkeiten im Unterricht sollte so organisiert werden, dass möglichst viele der genannten Merkmale aus außerschulischen Situationen dabei zum Tragen kommen. (Heymann 1998, 9)

4.1.8 Selbstgesteuertes und selbstreguliertes Lernen – Kompetenzerwerb statt trägem Wissen?

> Ist die Schule in der Lage, ihre Absolventen für die Herausforderungen der neunziger Jahre und danach ausreichend ausgebildet in die Gesellschaft zu entlassen? [...] Kritisiert wird vor allem die Art, in der der Wissenserwerb in der Schule gefördert wird sowie der unzureichende Anwendungsbezug des gelehrten und gelernten Wissens. „Träges" Wissen ist die Folge: Wissen, das nicht zur Anwendung kommt, das in bestehende Vorwissen nicht integriert wird und zu wenig vernetzt und damit zusammenhanglos ist. Als Ursache dieser für das Lehren und Lernen zentralen Probleme identifizieren fast alle Kritiker die fehlende Einbettung des Lernens in authentische Kontexte. Sie betonen die Notwendigkeit, den Erwerb von Wissen in dem Kontext zu verankern, der ihm seine Bedeutung verleiht. Gefördert werden soll aktives und selbstreguliertes Lernen in authentischen Kontexten [...] (Gerstenmaier/ Mandl 1995, 867)

Wenn sich – wie GERSTENMAIER und MANDL es fordern – die Pädagogik und Psychologie des Wissenserwerbs ändern müssen, um Schülern ein sinnvolles Lernen in authentischen Kontexten zu ermöglichen, kann es nicht mehr um ein didaktisch ausgefeiltes Arrangieren von Lernumgebungen gehen. Authentizität erreicht man nicht durch didaktische Arrangements, sondern durch den ehrlichen Einbezug des Lernenden (bzw. aller Lernenden einschließlich des Lehrers) in den Lernprozess. HARTINGER hat in seiner Untersuchung festgestellt, dass ein eher interessegeleitetes Vorgehen im Unterricht nicht nur deshalb effektiver ist, weil die Inhalte „verstehender" gelernt werden, sondern dass diese Art des Lernens bzw. Wissenserwerbs

– anders als beim „schulischen Lernen" – direkt ganz in das Lernen des Kindes integriert ist und so auch auf andere Bereiche ausstrahlt bzw. von sich aus zum Weiterlernen, zum Anwenden, zum Übertragen auffordert.

> Ein zentrales Ergebnis der Untersuchung war die Tatsache, daß sich die Schüler/innen der Klasse, deren Unterricht als interessenfördernd vermutet wurde, in ihrer Freizeit nach dem Unterricht signifikant häufiger mit Fragestellungen und Tätigkeiten aus dem unterrichteten Themenbereich beschäftigten [...]. Die Gefahr, daß das in der Schule gelernte Wissen ‚träge' bleibt, indem es keine Anwendung außerhalb des Unterrichtskontextes findet, ist demnach überwunden. Dabei waren die Unterschiede vor allem bei den Tätigkeiten bemerkenswert, die eine vergleichsweise hohe Kompetenz von den Schüler/innen einfordern. So führten diese Kinder deutlich mehr ‚kleine Untersuchungen' durch als die Schüler/innen der anderen Klassen. [...]. Die Schüler/innen, die gerne mehr weitergehende Aktivitäten am Teich unternehmen wollten, gaben auch mehr Tätigkeiten an, die sie im Rahmen des Themas ‚Tiere und Pflanzen im Wald' ausführen wollen. (Hartinger 1997, 229)

Der Vorteil eines solchen Lernverständnisses, bei dem es nicht um die Vermittlung eines bestimmten Curriculums geht, ist die gleichzeitige Schulung im Umgang mit Gelerntem und Ungelerntem, d. h. die Verbindung von vorhandenem Wissen mit noch zu erwerbendem Wissen zu erkennen und zu erlernen. Diese Qualifikation ist gerade deshalb zukunftsweisend, weil Bildung – auch fachlicher Art – nicht mehr nur auf Schule reduziert ist, sondern die neuen Medien immer mehr leicht verfügbare und nachfrageorientierte Bildungsangebote ermöglichen, die individuell genutzt werden können und müssen. Die neuen Medien werden Bildung im Sinne von Vielwisserei durch den direkten Informationszugriff immer mehr in Frage stellen. Es ist vielmehr der „gebildete" Umgang mit diesen Medien zu erlernen: verantwortliches, selbstständiges, kompetentes Handeln tritt an Stelle einer Wissensanhäufung.

Für die Schule heißt das, dass die (ethisch orientierte) Handlungsbefähigung des Lernenden den höchsten Stellenwert bekommt, damit dieser einmal Probleme der Zukunft lösen kann, die jetzt noch gar nicht bekannt sind. Dabei kann das Prinzip selbstgesteuerten und selbstregulierten Lernens nur funktionieren, wenn es ehrlich und authentisch umgesetzt wird – und nicht als methodisch-didaktischer Trick:

> Will man Unterricht verbessern, indem man die Interessen der Schüler/innen aufgreift, so ist große Vorsicht geboten. Es dürfte ohne Auswirkungen bleiben oder vielleicht sogar kontraproduktiv wirken, wenn angeblich das Interesse der Kinder aufgegriffen wird, indem der/ie Lehrer/in einzelne Aspekte eines ‚interessanten' Gegenstandes in den Unterricht aufnimmt ohne zu überprüfen, ob diese Elemente diejenigen sind, die für das Kind wirklich interessant sind. Drastisch formuliert: Ein Kind, das sich für Pferde interessiert, weil es gerne reitet, striegelt u.ä., muß es nicht als interessanter empfinden, mit Pferden anstatt mit Äpfeln zu rechnen. Es wäre deshalb verfehlt, wieder gesamtunterrichtliche Überlegungen, diesmal ausgehend von einem Interesse der Kinder, aufgreifen zu wollen. Ein Aufgreifen der Interessen von Kindern ist nur möglich, wenn die Kinder weitreichende Entscheidungsmöglichkeiten haben, wie sie ihr Interesse in den Unterricht einbeziehen möchten. Auch dazu ist es erforderlich, die Schüler/innen den Unterricht mitbestimmen zu lassen. (Hartinger 1997, 233)

Um die bildungstheoretische Position des Offenen Unterrichts etwas greifbarer zu machen, werden im Folgenden kurz die Bildungsziele des hier beschriebenen Unterrichtskonzepts angerissen.

4.2 Die Bildungsziele des Offenen Unterrichts

Das wohl weitgehendste – aber auch strittigste – Reformkonzept für die „Schule der Zukunft", das in den letzten Jahren von einer Bildungskommission entwickelt worden ist, ist wohl die Denkschrift „Zukunft der Bildung – Schule der Zukunft". Dort werden die Aufgaben von Schule und Unterricht – für alle Schultypen – folgendermaßen umrissen:

> Schule soll sich auf das Lernen konzentrieren, jedoch nicht im Sinne einer historisch überwundenen Lernschule. Schule bedarf vielmehr der Ausgestaltung und Ausformung einer *Lernkultur*, die Mittelpunkt für die damit verbundenen erzieherischen und sozialen Aufgaben sein kann.
> Der traditionelle Lernbegriff geht von einem festen, geschlossenen Wissenskanon und einem auf seine Vermittlung hin organisierten Unterrichtsplan aus. Er ist auf Lernergebnisse im Sinne von Reproduktion überprüfbaren Wissens orientiert.
> Das von der Kommission vertretene Verständnis von Lernen und Lernkultur setzt andere Schwerpunkte. Es zielt darauf, in den Lernzusammenhängen Identitätsfindung und soziale Erfahrung zu ermöglichen. Dies erfordert anders gestaltete Lernsituationen. Sie müssen Fachlichkeit und überfachliches Lernen, individuelle und soziale Erfahrungen, Praxisbezug und die Einbeziehung des gesellschaftlichen Umfeldes miteinander verknüpfen. (Bildungskommission NRW 1995, 82)

Das hier entwickelte bzw. beschriebene Konzept eines Offenen Unterrichts stellt eine naheliegende Möglichkeit dar, diese Ziele zu erreichen – und nicht nur in der Grundschule. Allerdings erscheint es dabei notwendig, dass es sich um ein Gesamtkonzept von Unterricht, ein durchgängiges Unterrichtsprinzip handelt. Was nicht zum Erreichen dieser hohen Ziele führen wird – und das wissen alle engagierten Lehrer, die dies tagtäglich versuchen –, ist, herkömmlichen Unterricht mit ein paar Stunden Offenheit zu garnieren. Es ist nicht zu bestreiten, dass es höchst effektive Einzelstunden eines offeneren Unterrichts auch im regulären System gibt. Aber es kann sein, dass sich die hohen Ziele eines wirklich autonom und verantwortlich Lernenden nur dann erreichen lassen, wenn sie als Grundhaltung in der Schule gefordert sind. Ein solches Vorgehen hat zwangsläufig Auswirkungen auf die Fächer und die dazugehörigen Fachdidaktiken. Es muss also geprüft werden, wo sich hier Überschneidungen oder Widersprüche ergeben und in der Folge bewusst Schwerpunkte gesetzt werden müssen (siehe fachdidaktische Konzeptbeschreibung).

4.2.1 Der Wandel des Bildungsbegriffes – der Wandel der Fächer

> Die heutige Schule ist reformbedürftig. „Bildung ist das, was übrig bleibt, wenn man alles vergessen hat, was man in der Schule gelernt hat", lautet eine häufig zitierte Ketzerei. Und in der Tat ließe sich darüber streiten, ob sich Bildung gegenwärtig wegen oder eher trotz Schulbesuchs vollzieht. (Wollersheim 1996, 31)

Bei allen im Rahmen dieser Arbeit thematisierten fachdidaktischen Konzepten geht es nicht um das Verbinden der Fächer zu einem „fächerübergreifenden offenen Unterricht", sondern um das Nutzen der Fächer als inhaltliche und verfahrenstechnische Zubringer einer entfachlichten bzw. fachübergeordneten Vorstellung von Bildung. Natürlich gehen von den Fächern kulturgenetisch bedingt gewisse Strukturen aus, die unser Bild von Bildung prägen, aber sie dürfen dieses nicht vorgeben. Der Zugang über die Fächer darf nicht zu einem Alibi für bildungstheoretisch nicht zu begründende Inhalte und Verfahren führen, indem die jeweiligen Fachinteressen separiert und dem angestrebten Bildungsziel übergeordnet werden. Bildung ist mehr als die geschickte Kombination einzelfachlichen Wissens und kann nur durch eine ganzheitliche Sichtweise auf die Welt sinnvoll erworben werden.

> *Bildung* betrifft das Wissen eines Schülers und seinen Umgang damit. Lange Zeit in der Geschichte schien es einen bestimmten Wissenskanon zu geben, den man als Gebildeter beherrschen musste; er wurde zumeist mit den Fächern des humanistischen Gymnasiums gleichgesetzt. Diese scheinbare Gewissheit war falsch und sie war schädlich. [...] Heute sind wir davon überzeugt, dass sich Bildung kaum mehr an ganz bestimmten Inhalten festmachen lässt. [...] Vor dem Hintergrund „gebildeter" Mörder und Mitläufer im Nationalsozialismus wird wohl vollends klar, dass als entscheidendes Bestimmungsmerkmal der Bildung außer Wissen auch dessen verantwortungsbewusste Handhabung gehören muss. (Bennack 1998, 288)
>
> Bildung soll [...] als individueller, aber auf die Gesellschaft bezogener Lern- und Entwicklungsprozess verstanden werden, in dessen Verlauf die Befähigung erworben wird
> - den Anspruch auf Selbstbestimmung und die Entwicklung eigener Lebens-Sinnbestimmungen zu verwirklichen,
> - diesen Anspruch auch für alle Mitmenschen anzuerkennen,
> - Mitverantwortung für die Gestaltung der zwischenmenschlichen Beziehungen und der ökonomischen, gesellschaftlichen, politischen und kulturellen Verhältnisse zu übernehmen und
> - die eigenen Ansprüche, die Ansprüche der Mitmenschen und die Anforderungen der Gesellschaft in eine vertretbare, den eigenen Möglichkeiten entsprechende Relation zu bringen.
> (Bildungskommission NRW 1995, 31)

Wir haben es hier in der Abkehr von einer vorrangig auf materiale Wissensinhalte und formale Fertigkeiten ausgerichteten Bildung mit einer individualpädagogischen und sozialintegrativen, ethischen Vorstellung von Bildung zu tun. Wo die Einigung auf ein bestimmtes, unbedingt von jedem Menschen zu benennendes Faktenwissen mit Recht in Frage gestellt wird, bekommt (Allgemein-)Bildung einen neuen Auftrag. Sie soll der zentrifugalen Tendenz der Vielfalt auf der inhaltlichen Seite durch das Schaffen einer neuen „Gemeinsamkeit" auf der sozial-ethischen Seite begegnen. Einer individualpädagogischen Gemeinsamkeit, die vom Einzelnen ausgehend die Belange seiner Umwelt reflektiert und so eine übergreifende Verbindung zwischen Individuum und Gesellschaft hervorbringt. Es ist eine Bildung, die von der „intellektuellen Außenseite der Geistesbildung" zur „subjektiven Innenseite von Bildung als Entfaltung, Prägung und Umwendung des *ganzen* (individuellen) Menschen" (Krawitz 1997, 14) unsere Vorstellung von Erziehung mit einschließt und so die – zumindest für den Lehrer in der Praxis – leidliche Diskussion über den Stellenwert der Erziehung in der Schule auflöst (vgl. Giesecke 1997; Fauser 1996).

Es ist eine Bildung, die nicht fremdbestimmt und vom Lernenden losgelöst einfach „übergestülpt" wird, sondern die den sich in einer bestimmten Kultur (selbst) bildenden Menschen zu ihrem Zentrum macht. Fachliches Wissen und fachliche Qualifikationen, Wissenschaft an sich, hilft dem Menschen unter diesem Bildungsbegriff, sich die Welt zu erschließen, sich darin wiederzuerkennen. Ausgehend von seiner individuellen, immer mehr oder weniger subjektiven Sichtweise ermöglicht das tradierte Wissen eines Faches so eine Erweiterung des Blicks in Richtung einer differenzierteren oder objektiveren Wahrnehmung. Auf diese Weise lässt sich Wirklichkeit erschließen und nutzbar machen. Ganz im Gegenteil zu einer ganz von der Wirklichkeit losgelösten Fachvermittlung bzw. einer mutwilligen Konstruktion eines Wirklichkeitsbezuges aus didaktischen bzw. methodischen Gründen.

Dieser Wandel des Bildungsbegriffes hat viele Ursachen, die hier nicht im Einzelnen dargestellt werden können. Allerdings erscheint im Zusammenhang mit der Zukunftsorientierung des Konzepts vor allem der Hinweis auf die gesellschaftlichen Veränderungen im Hinblick auf den Wandel zur „Informations-" oder „Wissensgesellschaft" wichtig. Leicht kann dieser Begriff als die Forderung nach noch mehr zu erlernendem Faktenwissen missverstanden werden. Natürlich gibt es so etwas wie ein „Grundwissen" unserer Kultur, aber es muss in der Schule von heute auf Grund der zunehmenden Informationsdichte und Spezialisierung um etwas anderes gehen: Statt der reinen Anhäufung fachlichen Wissens (Wissen konnte man sich schon immer beschaffen), muss dem bestehenden Mangel an Informationsverarbeitung, an gezielter Unterscheidung relevanter und weniger relevanter Informationen als Basis für eine kompetente Teilnahme am gesellschaftlichen Leben begegnet werden. Und das ist ein individueller, von jedem Menschen einzeln zu entwickelnder Prozess, der wegen der hohen affektiven Komponente, die der Bereitschaft zu einem „lebenslangen Lernen" zu Grunde liegt, eben nicht „gelehrt" werden kann, sondern von der Sinngebung des Einzelnen abhängt.

Lerntheoretisch können dazu als Maßgabe die von ROGERS für ein „signifikantes" Lernen herangezogenen Kriterien gelten, die auf Grund des humanistischen bzw. personenzentrierten Ansatzes Selbststeuerung und Selbstregulierung aller Beteiligten – auch die des Lehrers – mit einschließen:

<small>Signifikantes Lernen zeichnet sich dadurch aus, daß es die ganze Person erfaßt, praktisch und erfahrungsbezogen ist, selbstinitiiert und freigewählt und Themen und Einsichten behandelt, die einen Einfluß auf die Entwicklung und Lebensgestaltung des Einzelnen Einfluß nimmt. Signifikantes Lernen ist begleitet von Emotionen und orientiert an einer existentiellen Suche nach „Sinn". Es schließt die Bewertung des Lernerfolgs durch den Lernenden selbst mit ein, und verändert sein Selbstbild sowie seine Auffassungen und Überzeugungen von der ihn umgebenden Welt. (Groddeck 1998, 92 mit Bezug auf Rogers 1974, 11ff.)</small>

<small>*Menschen besitzen ein natürliches Potential zum Lernen.* [...] *Der gesamte Erziehungsansatz, den wir beschrieben haben, baut auf dem natürlichen Wunsch des Schülers zum Lernen auf. Signifikantes Lernen findet statt, wenn der Lerninhalt vom Lernenden als für seine eigenen Zwecke relevant wahrgenommen wird.* Ein Mensch lernt in belangvoller Weise nur jene Dinge, die für ihn mit der Erhaltung oder mit der Entfaltung seines Selbsts verbunden sind. [...] Wenn ein Mensch ein Ziel hat, das er erreichen möchte, und wenn er sieht, daß das ihm zur Verfügung stehende Material nützlich ist, um dieses Ziel zu erreichen, findet Lernen mit größter Geschwindigkeit statt. [...] *Lernen wird gefördert, wenn der Lernende den Lernprozeß verantwortlich mitbestimmt.* [...] *Selbstinitiiertes Lernen, das die ganze Person des Lernenden – seine Gefühle wie seinen Intellekt – miteinbeziehen, ist am eindringlichsten und in*</small>

seinen Ergebnissen am dauerhaftesten. [...] Ein wichtiges Element in diesen Situationen ist, daß der Lernende weiß, daß es sich um seinen eigenen Lernweg handelt. [...] *Unabhängigkeit, Kreativität und Selbstvertrauen werden gefördert, wenn Selbstkritik und Selbstbeurteilung von grundlegender Bedeutung sind* [...]. *Das sozial brauchbarste Lernverhalten in der modernen Welt ist jenes, bei dem das Lernen als Prozeß gelernt wird; darin drückt sich aus, daß man ständig für Erfahrung offen ist und Wandlungsprozesse verarbeitet.* (Rogers 1974, 156ff.)

„Der Lehrer steht im Mittelpunkt des Unterrichts – und damit allen im Weg." Dieser provozierende Spruch ist u. U. gar nicht so aus der Luft gegriffen, wie es den Anschein haben könnte. Grundlage allen (schulischen) Lernens muss die Sicht auf die Dinge selbst sein – und zwar nicht durch den didaktischen Filter des Lehrers, der von außen auswählt, vereinfacht, modelliert, motiviert, lehrt, sondern durch die des Schülers, der ja als Einziger inmitten dieses (seines) Lerngeschehens ist. Deshalb müssen Selbstregulierung und Selbststeuerung des Lernens oberstes Primat jedes Lernarrangements sein: Der Weg zwischen Kind und Sache darf nicht durch (gut gemeinte) Arrangements und Absichten verstellt werden. Dabei soll auch der Lehrer authentisch bleiben. Ohne Kind oder Sache aus dem Auge zu verlieren, kann er zum Lernprozess Stellung nehmen, seine Gedanken äußern, Sachen gut finden und auch Missmut äußern, aber als Freund, Begleiter und Experte, nicht als (Be-)Lehrer mit sach- und kindfremden didaktischen Motiven. Ein solcher Unterricht ist überfachlich und exemplarisch anzulegen, er integriert die Fächer in dem Sinne, als dass er sie zur Lösung bestimmter Problemstellungen oder zum Erwerb bestimmter Qualifikationen nutzt, aber es wird vermieden, „um des Faches willen" zu lernen.

Eine neue Ordnung des Lernens erweist sich dann als geeignet, wenn sie gewährleistet,
- daß schulisches Lernen in Fächern und Lernbereichen auf Bildungsziele hin zusammengeführt wird und auf Seiten der Schülerinnen und Schüler „Lernsinn" ergibt,
- daß Lerndimensionen, die im Lernen und im Unterricht aller Schülerinnen und Schüler präsent sein müssen, ihren festen Platz in der Unterrichtsplanung haben,
- daß Offenheit für eine Vielzahl von Gegenstandsbereichen – zum Beispiel für aktuelle Probleme – und für individuelle Lerninteressen gewährleistet ist,
- daß selbstgesteuertes Lernen und damit die Entwicklung von Lernkompetenz selbst Gegenstand des Lernens ist. (Bildungskommission NRW 1995, 106)

Wir haben es hier mit einem Lernkonzept zu tun, das nicht die einfache Erweiterung traditioneller Überlegungen oder Vorgehensweisen darstellt, sondern von einer ganz anderen Qualität ist. Dabei scheint es so zu sein, dass dieser Unterschied zwar beschrieben, aber von den Forschern und Didaktikern in letzter Konsequenz gar nicht wirklich wahrgenommen wird: Die alten Vorstellungen setzen sich trotz anderer Forschungsergebnisse immer wieder in den Fragestellungen und Interpretationen von Untersuchungen, in den Überlegungen der Didaktiker und ihren Umsetzungsvorschlägen für die Praxis und nicht zuletzt bei den Anwendern vor Ort, den Lehrern, durch und lassen so Neues gar nicht zu.

4.2.2 Der Beitrag der Fächer zur schulischen Bildung

Zahlreiche empirische Belege unterstützen die in älteren spekulativen Theorien geäußerte Vermutung, daß die interessenorientierte Auseinandersetzung mit einem bestimmten Themengebiet besonders intensive und wirkungsvolle Lernprozesse in Gang setzt. Lernen aus Interesse führt zu vergleichsweise umfangreichen, differenzierten und tief verankerten Wissensstrukturen [...]. So betrachtet unterstützen diese Befunde die tradierte pädagogische Überzeugung, daß die formellen Lehrpläne und das aktuelle Lehrangebot so weit wie möglich auf vorhandene individuelle Interessen abgestimmt werden sollten. (Krapp 1992, 765)

Das erste Auftreten von Lernmüdigkeit bei Schulkindern fällt in der Regel zeitlich mit dem Übergang zum überwiegend fachlich parzellierten Lernen zusammen, das dem Bedürfnis nach ganzheitlicher Wahrnehmung und Erkenntnis widerspricht. [...] Es kann nicht Ziel der Schule der Zukunft sein, eine fachbezogene Ordnung der Lernzusammenhänge als alleiniges und zentrales Ordnungsprinzip beizubehalten. (Bildungskommission NRW 1995, 102f.)

Wie konkret lässt sich nun das, was Schule zur Bildung beitragen soll, im Hinblick auf die – ja immer noch vorhandenen und nicht wegzudiskutierenden – Fächer benennen, oder stehen wir gar vor einer ganz neuen Art von Schule, die so stark mit der Tradition bricht, dass die angestrebte Reform von vornherein zum Scheitern verurteilt ist?

Historische Erfahrungen sprechen dafür, daß eine über „Fächer" repräsentierte Ordnung des von der Schule zu vermittelnden Wissens zu den nur schwer veränderbaren Rahmenbedingungen schulischen Lernens gehört. Welche Fächer aber für die Allgemeinbildung unverzichtbar sind, in welchen Punkten der traditionelle Fächerkanon der allgemeinbildenden Schulen reduzierbar, ergänzungs- oder revisionsbedürftig ist, diese Frage ist immer wieder neu zu stellen – unabhängig von der Tatsache, daß der reale Gestaltungsspielraum schon wegen der fächerorientierten Lehrerausbildung eher als gering einzuschätzen ist. (Heymann 1996, 29)

Dabei erscheint das Umdenken der primär fachwissenschaftlich ausgebildeten Lehrer als der schwierigste Punkt innerhalb der Bemühungen. HEYMANN folgert vollkommen realitätsnah, dass es darum gehen muss, die bestehenden Fächer so zu unterrichten, dass der Unterricht, d. h. die zu vermittelnden Inhalte und ihre methodische Aufbereitung, im Dienste eines übergreifenden Allgemeinbildungskonzept steht bzw. stehen. Dieses schlüsselt er in die „sieben Aufgaben der allgemeinbildenden Schule" auf, die hier zusammenfassend dargestellt sind:

1. Lebensvorbereitung (Lern- und Arbeitstechniken, Informationsbeschaffung und -nutzung, Artikulationsfähigkeit, basale Qualifikationen/Kulturtechniken/Fremdsprache etc.)
2. Stiftung kultureller Kohärenz (Generationenverständigung, reflektierte (multikulturelle Identität, Fortschreibung der Alltagskultur)
3. Weltorientierung (fachliches Entgrenzen, Schlüsselprobleme)
4. Anleitung zum kritischen Vernunftgebrauch (vernünftiger Umgang mit Personen und Sachen, Denkenlernen, Mündigkeit)
5. Entfaltung von Verantwortungsbereitschaft (Verantwortung für andere, Verantwortung für das eigene Lernen)
6. Einübung in Verständigung und Kooperation (Kooperation zwischen Experten und Laien, Interkulturelle Erziehung)

7. Stärkung des Schüler-Ichs (Schutz vor Fremdbestimmung, Stützung realitätsgerechten Verhaltens, Hilfe zur Identitätsfindung und Identitätsbalance/Phantasie/Kreativität/Ganzheitlichkeit) (vgl. Heymann 1996, 50ff.)

HEYMANN zeigt dann am Beispiel des Mathematikunterrichts, dass sich die Erfüllung dieser Aufgaben durchaus im Unterricht umsetzen lässt – wenn man das Fach so offen und schülerbezogen unterrichtet, wie er das entwickelt. Trotzdem muss eine Schulreform weiter gehen, denn einzelne Schulfächer lassen sich durch einen größeren Anteil allgemeinbildenden Unterrichts zwar besser rechtfertigen als vorher, aber sie verfehlen durch die ihnen eigene Einteilung der Welt in einzelne Fachaspekte immer noch den Kern der oben ausgeführten Bildungsaufgaben. Und zwar auch die von HEYMANN genannten, denn die lassen sich – fast sämtlich – nicht fächerübergreifend, sondern nur überfachlich bzw. fachunabhängig erreichen. Sie haben sowohl Welt als auch Individuum als komplexe Ganzheit zur Grundlage, die sich zwar aus dem Blickwinkel verschiedener Fächer beleuchten, aber nicht aus einer einzelfachlichen Betrachtungsweise zusammenfügen oder rekonstruieren lässt.

Es muss ein anderer, ein „überfachlicher" Zugang geschaffen werden, in dem nicht mehr vom Fach aus, sondern vom fachunabhängigen Bildungsauftrag der Schule gedacht wird. Die Bildungskommission NRW schlägt dazu aktuelle Fragen und Problemlagen vor, die sich aus der Lebensaktualität des einzelnen Schülers bzw. der Gesellschaft, in der er lebt, ergeben:

> Die Dimensionen des Lernens sollen die Verknüpfung fachlicher Wissensbestände und Methodenansätze im Hinblick auf den Erwerb „intelligenten" Wissens leisten. Sie bezeichnen Grundsituationen individueller und gesellschaftlicher Existenz, die Bezugsrahmen für Erkenntnisprozesse werden können; sie weisen ihre Gestaltungskraft dadurch aus, daß sie dem Bedarf nach „Lernsinn" entgegenkommen. [...] Die Dimensionen sind keine Fächer, Lernbereiche oder Unterrichtsthemen. Dimensionen sind dynamische, nicht streng voneinander abgesetzte Perspektiven, in denen Menschen ihre Wirklichkeit erfahren, sie erkennen, sich mit ihr auseinandersetzen, sie gestalten. Sie eröffnen bestimmte Denk- und Erschließungsmöglichkeiten von Welt, die sich wechselseitig ergänzen, aber auch in Frage stellen können. (Bildungskommission NRW 1995, 107)

Als beispielhafter Grundbestand werden sieben Lerndimensionen zur Diskussion gestellt:
1. Identität und soziale Beziehungen, eigene Körperlichkeit und Psyche [...]
2. Kulturelle Tradition: Weltbilder, Wissenschaften, weltanschauliche Gemeinschaften, Kulturen [...]
3. Natur, Kunst und Malerei: gestaltender Umgang mit Materialien, Konstruktion und Rekonstruktion, Informieren, Manipulieren, Inszenieren und Schaffen, Erleben von Natur und Kunst [...]
4. Sprache, Kommunikation: Sprache als Medium des Ausdrucks und der Verständigung, Wege und Medien der Kommunikation, Internationalisierung der Lebensverhältnisse [...]
5. Arbeit, Wirtschaft, Beruflichkeit: Fremdbestimmung und Selbstverwirklichung in der Arbeitswelt, ökonomische Sachzwänge und Gestaltbarkeit wirtschaftlicher Verhältnisse, Beruflichkeit als Lebens- und Bildungsform [...]
6. Demokratie und Partizipation: verantwortliche Entscheidungen, Beteiligung an der Gestaltung der Wirklichkeit [...]

7. Ökologie: Umgang mit der Welt der heute lebenden und der folgenden Generationen (Bildungskommission NRW 1995, 108ff.)

Diese Lerndimensionen dienen als Grundlage für einen Unterricht mit „Lernsinn", der auf die Sicherung der Kulturtechniken (gemeint im weiteren Sinne einschließlich der Erschließung und Darstellung von Informationen aller Art) und den Erwerb von „Schlüsselqualifikationen" ausgerichtet ist:

> *Schlüsselqualifikationen* sind erwerbbare allgemeine Fähigkeiten, Einstellungen und Strategien, die bei der Lösung von Problemen und beim Erwerb neuer Kompetenzen in möglichst vielen Inhaltsbereichen von Nutzen sind. [...] Sie sind nicht auf direktem Wege zu erwerben, z. B. in Form eines eigenen fachlichen Lernangebotes; sie müssen vielmehr in Verbindung mit fachlichem und überfachlichem Lernen aufgebaut werden. (Bildungskommission NRW 1995, 113ff.)
> 1. Problemlösefähigkeit und Kreativität
> 2. Lern- und Denkfähigkeit
> 3. Begründungs- und Bewertungsfähigkeit
> 4. Kooperations- und Kommunikationsfähigkeit
> 5. Verantwortungsfähigkeit
> 6. Selbständigkeit und Leistungsfähigkeit (Projektgruppe Schlüsselqualifikationen 1992, 22 nach Heymann 1996, 58)

Von den oben genannten „sieben Aufgaben der allgemeinbildenden Schule" nach HEYMANN unterscheidet sich diese Aufstellung nur geringfügig, wenn man die Dimensionen des Lernens, die Schlüsselqualifikationen und die Kulturtechniken zusammennimmt. Der Unterschied besteht darin, dass die Vorschläge der Bildungskommission nicht als Referenz zum Bestimmen der „Allgemeinbildungstauglichkeit" eines Faches oder Unterrichtsvorhabens entwickelt wurden, sondern als alternatives Vorgehen zum üblichen Einzel-Fachunterricht. Entsprechend sind die betreffenden „Dimensionen des Lernens" nicht als „Fächer" mit bestimmten zu unterrichtenden Fachinhalten zu verstehen, sondern weisen auf Betrachtungsmöglichkeiten hin, die nicht fachlich reduziert, sondern überfachlich integrativ wirken. Der „Inhalt" dieses Unterrichts entspringt individuellen und gesellschaftlichen Problemstellungen und Fragen, die exemplarisch zu verstehen sind und auf die Grundlegung bzw. den Ausbau der oben genannten Schlüsselqualifikationen bzw. der Kulturtechniken zielen.

Um die allgemeindidaktischen Grundlagen eines solchen „überfachlichen" oder „integrierenden" Unterrichts weiter zu veranschaulichen, werden im Folgenden einzelne Konzeptbereiche durch die Darstellung von Rollenverschiebungen konkretisiert. Sie stellen damit nicht nur die Basis der in der Klasse institutionalisierten Rollen und Rituale dar, sondern auch den Ausgangspunkt der fachdidaktischen Überlegungen.

4.3 Methodisch-didaktische Grundsätze des Offenen Unterrichts

Wer mit Kernideen und Reisetagebüchern arbeitet, vertraut auf die Attraktivität der Stoffe und die Eigentätigkeit der Lernenden. Das ist eine deutliche Abkehr vom Paradigma der Machbarkeit, das alle Erwartungen in die Lehrperson setzt und Unterricht im Geist des Maschinendenkens organisiert. Merkmale dieser mechanistischen Didaktik sind

- die Zerstückelung, Segmentierung und Normierung der Lehrstoffe bis zur Unkenntlichkeit und der daraus resultierende Stoffdruck;
- die Beherrschung des Unterrichts durch perfekte Unterrichtsmaterialien und makellose Reinhefte, die eine falsche Sicherheit vortäuschen und den Blick auf die Schlüsselstellen im persönlichen Lernprozess verstellen;
- die exhibitionistische Vorzeigementalität, die in Übungs- und Prüfungslektionen ihre Blüten treibt und Lernende zu Marionetten degradiert, die in der Hand ihres virtuosen Regisseurs perfekt funktionieren;
- die mechanistische Arbeitsteilung unter den Fächern, welche die Lehrkräfte zwingt, isolierte Wissenssegmente (Fachwissen) zu vermitteln, ohne sich um deren Zusammenwirken (Bildung) zu kümmern;
- die starre Zeiteinteilung des Stundenplans und die ermüdende Gleichförmigkeit des Klassenunterrichts, die passives Konsumieren oder Abschalten als Überlebensstrategie erfordern;
- die eindimensionale Leistungsbewertung, die sich nur an normierten Zielvorgaben orientiert und keinerlei Anreize schafft, Initiative zu entwickeln, Entscheidungen zu treffen, etwas zu riskieren, Verantwortung zu übernehmen, sich zu einem eigenständigen Mitglied einer Klassengemeinschaft zu entwickeln, Solidarität zu üben und seinen Beitrag zum Ganzen zu leisten.

Auch wenn man in einem solchen Unterricht sehr freundlich miteinander umgeht und sich in Rücksicht, Verständnis und Geduld übt, ändert das nichts an der Tatsache, dass die Beziehung Mensch-Stoff, um die es beim Lernen geht, nicht menschlich ist, sondern mechanistisch. Menschliches Wissen – in vielfältigen Lebenszusammenhängen gebraucht und weiterentwickelt – verkümmert in der genormten Lehrbuchsprache zum Stoff, und die Menschen im Unterricht – neugierig, wissbegierig und kreativ im persönlichen Gespräch – erstarren in der Lehrer- und Schülerrolle zu Subjekt und Objekt, zu Programmierer und Automat. Die Lehrperson hat ihre Pflicht erfüllt, wenn sie die Maschine erfolgreich startet (Motivation), die Eingabe optimal arrangiert (Präparation und Vermittlung des Wissens), das vorschriftsmäßige Funktionieren kontrolliert (Üben) und die Ausgabe korrekt überprüft und bewertet (Prüfungen). Wenn die Ausgabe trotz ausgedehnten Übens zu stark abweicht von der Eingabe, wird die Maschine als zu wenig leistungsfähig qualifiziert und auf weniger anspruchsvolle Arbeit umprogrammiert (Selektion). (Ruf/ Gallin 1998b, 182f.)

Wenn man Unterricht öffnen will oder – wie es GALLIN und RUF im obigen Zitat ausdrücken – „mechanistisches Lernen" vermeiden will, stellt sich die Frage, ob es dafür überhaupt ein *Konzept* geben darf? Ginge ein Konzept für Offenen Unterricht nicht genau wieder in die Richtung einer mechanistischen Didaktik, die man ja gerade vermeiden möchte? Macht den Offenen Unterricht nicht gerade die Tatsache aus, dass er eben nicht konkreten Handlungsanweisungen und didaktischen Theorien unterliegt, sondern im Unterricht das ganze verfügbare Repertoire an Methoden und Medien zum Wohle des Kindes eingesetzt werden kann, ohne auf irgendeine Konzeptvorschrift Rücksicht nehmen zu müssen?

Aber gibt es nicht längst stillschweigend so etwas wie ein Konzept? Wenn die Lern- und Unterrichtsformen des offenen Unterrichts in Theorie und Praxis schon lange mit Freier Arbeit, Wochenplan- und Projektunterricht gleichgesetzt werden, so begegnet der „offene Unterricht" den Lehrern in Aus- und Fortbildung als ein ziemlich konkretes Konzept. „Offener Unterricht" ist dann eben nicht mehr der Sammelbegriff für viele innovative Schul- und Unterrichtsversuche, in denen Lehrer zusammen oder alleine versuchen, neue Wege des Lernens oder der Unterrichtsgestaltung zu gehen. Das Fatale ist dabei, dass es in Wirklichkeit eben kein praxiserprobtes, konstituierendes, theoriestimmiges Konzept gibt, sondern die verschiedenst motivierten Vorbilder und Umsetzungsformen zu einem Modus geführt haben, der primär durch eine (unreflektierte) Adaption der modernen Begriffe auf die alte Praxis geprägt ist. Zusätzlich werden die wenigen noch verbleibenden Freiräume in der Umsetzung immer mehr von den Lehrmittelverlagen als Absatzchance genutzt. Es gibt also schon längst das mechanistische Konzept offenen Unterrichts, das ähnlich geschlossen ist wie der traditionelle Frontalunterricht, der eigentlich aufgebrochen werden sollte – und zeitweise macht dieser „offene" Unterricht einen dann sogar mehr als sprachlos:

> Für mich ist, didaktisch gesehen, Freiarbeit vor allem ein Wechsel der Unterrichtsform, eine Abwechslung, ein Durchbrechen des Gewohnten mit allem Neuorientieren und Kräftefreisetzen, das dazugehört. Auf jede Periode mehr selbstbestimmter Arbeitsformen und Aktivität folgt Frontalunterricht, wenigstens zwei Wochen lang als wunderbares erleichterndes „UFF!" für mich. Und jedes Mal biete ich dann kräftiges Futter an, es wird „was durchgekaut", erarbeitet, verlangt. Die Kinder sitzen alle in einer Richtung, die Tische sind blank und leer (was sie bei den anderen Arbeitsformen eben nie sind), die Augen auf mich gerichtet, froh-erwartungsvoll, was nun wohl kommt, was *ich* mir habe einfallen lassen. Sie brauchen ja selber nichts zu tun. (Lemmer 1990[5]a, 70)

Dabei ist fragwürdig, ob die Freiheit der offenen Unterrichtsformen Lehrern und Schülern in der Praxis wirklich zugute kommt, denn oft genug wissen weder Lehrer noch Schüler, wozu genau die offenen Phasen der Freien Arbeit oder des Projektunterrichts nun eigentlich gut sein sollen. Viele Schüler, Lehrer (und Eltern) halten freie Arbeit und Projektunterricht, ja sogar oft auch Stations-, Wochenplan- oder Werkstattarbeit nur für den „richtigen" Unterricht auflockernde Spielphasen. Das kann ihnen auch keiner verdenken, denn die Umsetzung ist oft genau das: Lernen wird als Spielen verkauft, als Unterhaltung und Beschäftigung. Dass ein echtes spielerisches Lernen, ein unterhaltendes und den Lernenden beschäftigendes Lernen aber eben nicht die motivational immer raffinierter werdenden bunten Verpackungen braucht, sondern die ernste, von innen motivierte Auseinandersetzung mit der Sache, wird vergessen bzw. tritt in den Hintergrund. So ist die Sache selbst irgendwann inmitten all des Arbeitsmittelkonsums gar nicht mehr zu erkennen; zu groß ist die Verlockung, immer spielend leicht zu lernen.

Wenn es denn nun aber schon solche heimlichen Konzepte offenen Unterrichts gibt, die den eigentlichen Zielen völlig gegenläufig erscheinen, so muss die Frage nach einem Grundkonzept Offenen Unterrichts nicht nur erlaubt sein, sie muss sogar ziemlich schnell beantwortet werden, um endlich Sinn oder Unsinn dieser Unterrichtsform überprüfen zu können. Nur dann, wenn die „hehren Ziele" des offenen Unterrichts wie Individualisierung, Situationsorientierung, Lebenswirklichkeitsbezug, Handlungsbefähigung, Erziehung zu Demokratie und Mitverantwortung usw. so in einem Gesamtkonzept verankert werden, dass eine unterschwellige Verletzung gar nicht mehr erfolgen kann, nur dann verlieren sie ihren Schlagwortcharakter und können auch als Begründung der Vorgehensweise im Unterricht herangezogen werden. Und das ist die Grundvoraussetzung dafür, dass endlich die diesen Prinzipien von Befürwortern und Gegnern unterstellten Effekte überprüft werden können. Dies sollte allen an der Diskussion Beteiligten wichtig sein. Sich noch länger mit einer in der Praxis gar nicht vorzufindenden Illusion auseinander zu setzen, macht wenig Sinn. Denn erstaunlicherweise wird der offene Unterricht zurzeit ja für Missstände in der Bildungslandschaft verantwortlich gemacht, für die er gar nichts kann, denn die untersuchten Stichproben enthalten ja gar keine Klassen, in denen konsequent „richtiger" Offener Unterricht praktiziert wird.

Wie kann nun aber ein Konzept Offenen Unterrichts entwickelt bzw. abgesichert werden? Welche Grundannahmen benötigt es? Und welche Rollenverschiebungen ergeben sich in der Praxis?

4.3.1 Die neue Rolle der Theorie – von der Vorschrift zur Absicherung

> Das Verhältnis von Theorie und Praxis wird vielfach falsch verstanden. Ein Mißverständnis ist, der Theorie einen höheren Stellenwert als der Praxis zuzuweisen und der Praxis Zielvorgaben aus der Theorie vorzusetzen. Dies führt dazu, daß tatsächlich gerade die theoretischen Zielvorgaben wenig Eingang in die Praxis finden und daß die Praxis, ohne daß dies theoretisch bewußt würde, ihrer eigenen Logik folgt. (Kaiser 1996, 236)

Diesem berechtigten Vorwurf kann man nur auf eine Art begegnen. Man muss ein Konzept in der Praxis entwickeln, um es dann – im ständigen Widerspiel mit dieser – in die entsprechende Theorie einzubetten. Ziel ist dabei, die Umsetzung des Konzepts so in die richtigen Bahnen zu lenken, dass die Grundideen – und damit auch die entsprechenden Begründungen des Konzepts – dem Leser immer klar vor Augen sind und bewusste oder unbewusste Abweichungen als solche erkennbar werden.

Um dies zu leisten, werden im Folgenden entsprechende Vorschläge für die Unterrichtsorganisation sowie in den folgenden Kapiteln Hilfen bzw. „Werkzeuge" für die einzelnen Fächer vorgestellt. Sie sollen keinen Unterrichtsablauf vorschreiben, sondern möchten die zur Öffnung des Unterrichts notwendige Sicherheit bereitstellen: dem Schüler werden Impulse und Werkzeuge für die Auseinandersetzung mit bestimmten Inhalten zur Verfügung gestellt und dem Lehrer wird veranschaulicht, wie

Kinder über Eigenproduktionen lernen – beides im Rückgriff auf die Vorgaben der Lehrpläne bzw. die ihnen innewohnenden Kernideen.

Entsprechend den oben beschriebenen Auffassungen bzw. Begründungen für Offenen Unterricht basiert das Konzept dabei auf mehreren Annahmen:

- Sachkompetenz als Ziel schulischer Bemühungen bedeutet kompetentes, (mit-verantwortliches Handeln eines Einzelnen in einer Gemeinschaft, zu dem nicht eine möglichst große Anhäufung von Faktenwissen führt, sondern primär die Möglichkeit und Bereitschaft, Informationen und Methoden zu nutzen, um Probleme zu erkennen und zu lösen.

- Selbstkompetenz als Ziel schulischer Bemühungen bedeutet kompetentes, (mit-)verantwortliches Handeln eines Einzelnen in einer Gemeinschaft und entwickelt sich eher, wenn man eigenverantwortlich, natürlich, entdeckend und interessegeleitet auf seinem eigenen Weg lernt, als wenn man einem fremdverordneten und geordneten Lehrgang folgt. Das gilt auch – bzw. vor allem – für die in der Grundschule anvisierte „grundlegende Bildung" einschließlich der Kulturtechniken.

- Sozialkompetenz als Ziel schulischer Bemühungen bedeutet kompetentes, (mit-)verantwortliches Handeln eines Einzelnen in einer Gemeinschaft, wobei sich eine entsprechende Mitmenschlichkeit und Verantwortlichkeit gegenüber dem gesamten Umfeld am ehesten entwickelt, wenn man sich und andere als eigenständige, sich möglichst selbst regulierende Individuen akzeptiert und durch demokratische Formen ein verantwortungsbewusstes und fürsorgliches Miteinander praktiziert.

Sollten sich diese Annahmen als nicht für eine größere Stichprobe tauglich erweisen – individuelle Abweichungen sind ja durchaus möglich –, so muss das Konzept als allgemein Umsetzbares in Frage gestellt werden. Dagegen sprechen allerdings bisherige Erprobungen bzw. Teilerprobungen, die aber noch nicht durch eine größere Stichprobe empirisch abgesichert werden können, weil es eben (noch) gar nicht viele Klassen gibt, die entsprechend offen arbeiten.

Ziel der folgenden Ausführungen ist es, die Voraussetzungen, die zur Umsetzung dieser Annahmen notwendig erscheinen, durch die Einforderung bestimmter unterrichtlicher Grundsätze bzw. durch die Veranschaulichung der Rollenverschiebungen abzusichern. Den äußeren Rahmen des Konzepts bestimmen dabei die gesetzlichen Vorgaben, der innere Rahmen wird von Lehrern und Schülern situativ angepasst. Dabei stützen die Richtlinien und Lehrpläne das situative Vorgehen bzw. den Offenen Unterricht in hohem Maße. Sie sind in der Regel auf demselben pädagogisch-didaktischen Fundament gebaut, aus dem auch die genannten Annahmen zur Kompetenzentwicklung hervorgehen. Der Offene Unterricht scheint sogar in letzter Konsequenz die einzige Umsetzungsmöglichkeit darzustellen, die Aussagen und (hehren) Ziele der Richtlinien und Lehrpläne in der angestrebten Form erreichen zu können.

4.3.2 Die neue Rolle des Stoffs – von der „Norm" zur „Lupe"

Da stehe ich nun in meiner ersten Klasse. 24 grundverschiedene Kinder sind individuell zu fördern. Da ist D., der trotz seiner 8 Jahre und eines Jahres Schulkindergarten emotional auf der Stufe eines Vierjährigen steht. Da ist der hyperaktive B., der hochbegabt alles sofort fehlerfrei wiedergeben kann, was er einmal irgendwo gesehen oder gehört hat. Auch zwanzig Meter entfernt. Oder da ist M., die völlig verspielt und naiv wahrscheinlich noch lange nicht wissen wird, was Schule eigentlich ist. Oder K., der früher eingeschult wurde, weil sein Wissensdrang im Kindergarten nicht mehr gestillt werden konnte. Und daneben stehen G. und N., die als Asylanten aus Bosnien und Zaire mit ihren nicht deutsch sprechenden Familien auf knapp 20 qm in einer alten Fabrik wohnen. Sie alle sollen in dieser Klasse gemeinsam [...] lernen.

Ein gemeinsamer Lehrgang im herkömmlichen Sinne fällt somit flach. Mir ist klar, dass ich gar nicht so differenziert unterrichten könnte, um Vorkenntnisse, Arbeitstempo, Wissensdrang und emotionale Entwicklung des Einzelnen ausreichend zu berücksichtigen. Ich würde so oder so an den Kindern vorbei unterrichten. Einen guten Teil würde ich völlig überfahren, den Rest schnell langweilen. Aber: sie wollen ja eigentlich alle lernen. Gerne sogar. Aber etwas Neues, etwas Spannendes. Etwas, was sie nicht schon wissen. Und etwas, womit sie etwas anfangen können. (Peschel 1997d, 10)

Mit der unten noch näher ausgeführten neuen Lehrer- und Schülerrolle ändert sich im Offenen Unterricht auch die Rolle des Lernstoffs bzw. der Blick auf den Stoffplan. Es gibt nicht mehr die Vorschrift für das einzelne Schuljahr, genauso wenig wie die durch ein Schulbuch verordnete Vorgabe für einen Schultag. Ausgangspunkt der Betrachtung des Stoffs ist nun der Schüler.

Individuelle und umfassende Sicht auf Person, Lernentwicklung und Lernziele

Dabei muss sich der Blick des Lehrers erweitern. Genauso wie für den Schüler die einzelnen Bereiche des Lernens nicht trennbar sind – jedes Lernen umfasst neben dem reinen Aneignen von Stoff oder Techniken auch soziales und nicht-schulisches Lernen –, genauso muss auch der Lehrer immer diese Ganzheitlichkeit sehen. Die verschiedenen Bereiche des individuellen Lernens hängen in hohem Maße voneinander ab. So können z. B. kurzzeitige oder langwierige psychische oder soziale Probleme jeglichen Lernfortschritt eines Kindes behindern. Hat das Kind keine Möglichkeit, keine Zeit diese anzugehen und zumindest teilweise aufzuarbeiten, kann sein Lernen bzw. seine Lernentwicklung in hohem Maße beeinträchtigt werden – oder es bedarf eines sehr großen individuellen Förderaufwandes, der durch Einzelbeschäftigung und Einzelmotivation ein Stück weit die vorhandenen psychischen Ursachen „umschifft". Eine mühsame Lösung, die ohne eine Aufarbeitung der eigentlichen Probleme wahrscheinlich nur selten zu einer dauerhaften Änderung bzw. einem anhaltenden Erfolg führen wird.

Ähnlich sieht es auch mit der kognitiven Entwicklung an sich aus. Wenn ein Kind schon ein bestimmtes Wissen in einem Bereich hat, sollte es direkt darauf aufbauen können und auf seinem Niveau weiterlernen dürfen. Der übliche, durch die Lehrgänge der Schulbücher vorgegebene Stoffplan stellt im Allgemeinen eine Unterforderung dar, da er ja in der Regel zwangsläufig immer bei Null anfangen muss und so per se die schon vorhandenen Fähigkeiten und Fertigkeiten der Kinder ignoriert. Aber auch Lehrer orientieren sich in ihrem Anspruch in der Regel an so etwas wie dem unteren Durchschnittsniveau der Klasse. Nicht nur, dass auf diese Weise besondere Begabungen von Kindern nicht berücksichtigt werden, nein, es sind sogar die meisten Kinder einer Klasse, die so in ihrem Lernen unter ihren Fähigkeiten gehalten werden. Und die „schwachen" Kinder, die einfach noch nicht so weit sind, werden unproduktiv überfordert. An ihnen geht auch der bei Null anfangende Lehrgang meist völlig vorbei, weil ihr Problem weniger mit dem Durchschauen des Stoffs zu tun hat, sondern mit der ihnen fehlenden Sinnhaftigkeit. Sie verstehen nicht, warum sie gerade jetzt diesen Inhalt lernen sollen. Die Sache ist noch nicht wirklich zu „ihrer" Sache geworden.

Im Gegensatz zu dieser negativen Art der Überforderung stellt der Lernraum des Offenen Unterrichts für alle Kinder eine produktive Überforderung, eine selbstbestimmte Herausforderung dar. Solche „ ‚Überforderungen' sind dabei zu rechtfertigen, wenn man in einer Atmosphäre des gegenseitigen Vertrauens ohne Druck und Zwang arbeitet, den ‚zu früh aufgegriffenen' Stoff nicht als schon zu beherrschenden darstellt und eine gleichsam experimentelle, neugierige Lernhaltung einnimmt." (Reichen 1991, 116) Verzichtet man unter dieser Maßgabe auf die enge Orientierung am Lehrgang bzw. am Klassen-Stoffplan, so kann jedes Kind gemäß seiner Vorkenntnisse und Möglichkeiten lernen – mit einer hohen Wahrscheinlichkeit, dass fast alle Kinder dem eigentlichen Stoffplan vorauseilen anstatt ihm hinterherzuhinken.

Es geht also darum, ein Konzept zu verfolgen, in dem das einzelne Kind möglichst gut lernen kann. D. h. es kommt in die Schule und erwirbt dort zwangsläufig immer mehr Kenntnisse und Fähigkeiten aller Art, sei es in Bezug auf sein Verhalten in der Gruppe, sei es im Bereich der Fächer, sei es im Hinblick auf den großen Bereich, der eben nicht so einfach schulisch kategorisierbar ist. Die Betrachtung des gelernten Schulstoffs erfolgt entsprechend nicht mehr wie im herkömmlichen Unterricht durch den engen Fokus der Stoffvorgaben, sondern umfassender „durch das Kind". Vorrangiges Ziel ist daher nicht die „Vermittlung" bestimmter Inhalte, sondern Ausgangsbasis ist ein Lernraum, in dem das Kind möglichst auf einem Weg und in einem Umfang lernen kann, der für es selbst am aussichtsreichsten ist.

Verzicht auf Lehrplannormen und Lehrplandeckelung

Dabei können die individuellen Lernziele von Kind zu Kind ganz unterschiedlich sein: von der Wissensaneignung über Integrationsversuche in die Gruppe bis hin zum Ausleben bzw. Bearbeiten der eigenen „Macken". Hat das Kind auf diese Art immer möglichst optimale Lernvoraussetzungen gehabt, dann erst können die Lehrplanvorgaben als Orientierung für den kleinen Teilbereich der Wissensaneignung dienen. Man kann mit ihrer Hilfe den Lernstand des Kindes in Bezug zu einer Norm setzen und feststellen, an welcher Stelle der Lernentwicklung das Kind in einem Fach steht. Darüber hinaus darf man aber die vielfältigen anderen Lernentwicklungen nicht vergessen. Die Erfüllung des Lehrplans spiegelt immer nur einen verschwindend kleinen Teilbereich des Lernerfolgs wider – allerdings zugegebenermaßen einen juristisch bzw. für die Selektionsfunktion der Schule bedeutsamen. Entsprechend darf in unserem Falle die im Lehrplan vorgegebene Schuljahreseinteilung wirklich nur eben diese juristische Orientierung widerspiegeln, wenn es um die rechtmäßige Formulierung im Zeugnis geht bzw. wenn evtl. über Vor- oder Rückversetzungen entschieden werden muss. Ansonsten gilt nicht der Lehrplan als Stoffplan für das einzelne Kind, sondern das möglichst gutes Fortschreiten des Lernenden stellt den Plan dar. Das Kind selbst ist der Maßstab, an dem gemessen werden muss; das Kind ist das einzige Maß, das etwas über die nächsten Schritte aussagen kann.

Durch diese ganzheitliche Sichtweise des Lernstoffs ergibt sich von selbst die Notwendigkeit einiger weniger Grundideen, die die Lehrplaninhalte auf das wirklich notwendige Minimum reduziert widerspiegeln. Stoffdruck ergibt sich nur aus der Sicht des Lehrenden, wenn dieser die Grundideen nicht erkennt und glaubt, statt weniger Kernideen nun Hunderte Buch- und Übungsseiten pro Schuljahr und Fach durchnehmen zu müssen. Dass es im Offenen Unterricht nicht bei einem Minimum an Stoff bleibt, liegt auf der Hand. Dafür sind sowohl diese Grundideen zu gehaltvoll als auch die Arbeitsvorhaben der Kinder zu reichhaltig, tiefgehend und ausstrahlend. Es geht zwar darum, den unsinnigen Ballast der Schulbücher über Bord zu werfen, aber nicht auf Kosten des letztendlich zu erwerbenden Wissens, sondern zu dessen Vorteil. Qualität statt Quantität, Verstehen statt Auswendiglernen.

Die Grundideen werden – je reduzierter sie dargestellt werden – immer banaler klingen. Auch die Verknüpfung mit der unterrichtlichen Grundkonzeption wird einfache methodische Konzepte zur Folge haben, die im Idealfall alle einander ähneln, denn sie sind trotz ihrer Zurechnung zu einer Fachdidaktik im Grunde allgemeindidaktischen Ursprungs. Lernen ist kein fachspezifischer, sondern ein überfachlicher Vorgang. Nur die bei der Umsetzung als Hilfe dienenden Werkzeuge werden fachspezifisch geprägt sein, aber auch hier ist m. E. eine gewisse Ähnlichkeit auf Grund der gleichen Prinzipien bzw. Ziele auszumachen.

4.3.3 Die neue Rolle der Sozialerziehung – von der Harmonisierung zur Selbstregierung

Zu Beginn der 2. Stunde bittet Frau A. die Kinder, leise zu sein. Es dauert fünf Minuten, bis eine Flüsterlautstärke erreicht ist. Als es alle geschafft haben, ruft M. „Kikeriki". Sofort fallen G. und P. ein. Frau A. schreit sie voller Verzweiflung an. Mir scheint, als hätten die Kinder einen Machtkampf gewonnen. [...]
Nachdem es wieder ruhig geworden ist, bittet Frau A. die Kinder, die mitarbeiten wollen, mit ihren Stühlen in der Klasse einen Kreis zu bilden. Sie stellt folgende Fragen: ... Einige Kinder beteiligen sich überhaupt nicht und stören. Frau A. schlägt ihnen vor, sich außerhalb des Kreises einen Platz zu suchen und sich mit einem Spiel oder einem Buch zu beschäftigen. Von diesem Vorschlag begeistert, verschwinden gleich fünfzehn Kinder. Dadurch wird

es noch lauter, fast chaotisch. Deprimiert bricht Frau A. das Gespräch ab und schickt die Kinder auf ihre Plätze zurück. (Boettcher u. a. 1982, 112f.)

Welcher Lehrer hat Erlebnisse wie diese nicht auch schon durchgemacht? Da gibt man sich die größte Mühe, all die schülerorientierten Methoden und Elemente in den Unterricht einfließen zu lassen, ist stolz, dass man den Kindern einen langweiligen Frontalunterricht – den man ja auch machen könnte – erspart, und dann ... dann würdigen die undankbaren Kinder diese Mühe in keiner Weise, sondern ersticken sie schon so im Keim, dass einem nichts anderes mehr übrig bleibt, als auf die alten Disziplinierungsmaßnahmen zurückzugreifen – wenn die denn nach der vorausgegangenen „Niederlage" überhaupt noch greifen. „Offener Unterricht" funktioniert halt nicht. Vielleicht bei reiferen Kindern, die die Gewährung der Offenheit zu schätzen wissen ... (Peschel 2002a, 164)

Ehrliche und umfassende Mitbestimmung

Betrachtet man einmal die gerade zitierten Situationen aus den Augen des einzelnen Kindes, so ist schnell verständlich, warum diese Art der Mitbestimmung von den Kindern nicht konstruktiv genutzt wird: sie ist nicht ehrlich gemeint. Zumindest nicht im Sinne einer ehrlichen Duldung von Mit- oder Selbstbestimmung des Einzelnen. Vielmehr erscheinen die „schülerorientierten" Methoden hier als im Grunde inhaltsleere Elemente eines lehrerzentrierten Unterrichts. Die in den beiden Situationen beschriebenen Vorgehensweisen sind zwar als solche nicht verkehrt – zu warten, bis alle Kinder ruhig sind, oder Kindern zu gestatten, dass sie nicht am Kreis teilnehmen müssen –, aber es erfolgt im beschriebenen Beispiel keine echte Delegation der Verantwortung für das Klassengeschehen an die Kinder: z. B. entzieht die Lehrerin den Kindern durch ihr Eingreifen die Möglichkeit, ihr Recht auf Unterricht oder Arbeitsruhe selbst einzuklagen. Dabei werden die Kinder ihren diesbezüglichen Anspruch wahrscheinlich umso eher einfordern, je eher sie ihr Lernen auch in anderen Dimensionen als selbstbestimmt und für sich selbst sinnvoll erleben.

Versteht sich Schule als ein „Haus des Lernens", bei dem Lernen nicht mehr nur beschränkt wird auf bestimmte Stoffinhalte bzw. Aufgabenschwerpunkte, sondern neben Handlungsbefähigung und Problemlösekompetenz auch soziales Lernen und Persönlichkeitsbildung einschließt, können auf Selbst- oder Mitbestimmung des Schülers zielende Elemente nicht stundenweise einfach an- und abgeschaltet oder problemlos in andere, eher fremdbestimmte Strukturen eingebaut werden. Öffnet man ein ansonsten geschlossenes System, so werden die offenen Phasen von den Beteiligten verständlicherweise zunächst dazu genutzt, andere Missstände oder aufgestaute Empfindungen zu kompensieren. Vor allem der Versuch, Selbstbestimmung nur bei einzelnen Lehrern und in einzelnen Stunden zu gewähren, erscheint als von vornherein zum Scheitern verurteilt. Die selbstbestimmten Stunden werden voraussichtlich erst einmal als kompensatorischer Ausgleich zu den sonst üblichen fremdbestimmten Stunden verwendet werden – und Lehrer und Schüler können dann u. U. schnell in ein Kräftemessen geraten, das im Frontalunterricht auf Grund des (genau deswegen von vornherein angestrebten) Machtgefälles gar nicht möglich wäre bzw. möglich ist.

Ein solcher Machtkampf kann im Offenen Unterricht so gar nicht stattfinden, denn eine wirkliche Öffnung des Unterrichts in Richtung Selbst- bzw. Mitbestimmung der Schüler erzeugt eine ganz andere Beziehung der Beteiligten untereinander. Es gibt nicht mehr so etwas wie eine dem Lehrer bzw. der Schule entgegengesetzte Gruppensolidarität der Schüler, sondern es entwickelt sich ein komplexes, 25 bis 30 Menschen umfassendes Beziehungsgefüge, in das der Lehrer vorrangig als Person und nicht als Rolleninhaber eingeschlossen ist. Aber auch beim Lehrer ergibt sich zwangsläufig eine andere Sichtweise auf die Klasse. Sie wird von ihm nicht mehr nur als eine mehr oder weniger homogene Masse empfunden, die richtig oder falsch auf seine Impulse reagiert, „schwer" oder „leicht" zu unterrichten ist, sondern er nimmt die einzelnen Beteiligten viel stärker wahr, als es ihm sonst überhaupt möglich ist. Und zwar nicht nur differenzierter, d. h. als Nuancen innerhalb der Klasse, sondern individualisierter: wirklich als einzelne, unverwechselbare Personen.

Individualisierung als Voraussetzung für echte Gemeinschaft

In diesem Zusammenhang ist ganz wichtig, die Forderung nach Individualisierung im Offenen Unterricht nicht negativ als anti-sozial oder egoistisch zu konnotieren (wie es leider viele Lehrer auf Grund eines naiven und harmonisierenden Gemeinschaftsbegriffes machen), sondern sie als Voraussetzung für möglichst gewinnbringendes Lernen in der und für die Gemeinschaft zu erkennen – und zwar sowohl kognitiv als auch sozial. Im Gegensatz z. B. zu PETER PETERSEN, der die (harmonisierende) Gemeinschaftserziehung unter einem „Führer" als vorrangiges Mittel ansah, individuelle und soziale Persönlichkeit zu entwickeln, denke ich, dass gerade die Individualisierung Voraussetzung für den Aufbau einer echten Sozialkompetenz darstellt. Nur wem die eigene Person und das eigene Lernen transparent sind, der kann die Individualität und die Bedürfnisse des anderen in ihrer ganzen Differenziertheit und Komplexität erfassen und sich in ihn hineinversetzen. Genauso wie der Sinn des Wissenserwerbs dem Lernenden einsichtig sein muss, damit er effektiv lernen kann, genauso muss ihm die Notwendigkeit sozialer Regeln als Vereinbarung von Individuen einleuchten. Der Zwang, solche Regeln zu finden, ergibt sich dabei durch den Wegfall ihrer Vorgabe: die Klasse ist nun einmal zwangsläufig ein sozialer Raum, in dem sich Menschen begegnen und miteinander leben (müssen). Die unhinterfragte Akzeptanz etwaiger Vorgaben von außen kann dabei aber zu keiner wirklichen „Identifikation", keiner kritischen Überprüfung an eigenen Maßstäben führen. Dies stellt aber erst die Basis für kompetente und verantwortliche Entscheidungen dar.

Wie schon oben im Zusammenhang mit den Ausführungen zur „Didaktik der sozialen Integration" ausführlicher beschrieben, fordert das hier dargelegte Konzept Offenen Unterrichts nicht nur das gegenseitige Akzeptieren der Individualität der verschiedenen in der Klasse miteinander umgehenden Menschen, sondern möchte diese auch weitmöglichst bewahren. D. h. der Lehrer führt die Schüler nicht mittels einer trickreichen Sozialerziehung zu einem vorher festgesteckten Ziel einer „gut funktionierenden Gemeinschaft", sondern er begibt sich mit dreißig Individuen auf einen unbekannten Weg, zu dem alle Beteiligten positive und negative Komponenten beisteuern. Weder die Lernwege der gesamten Klasse noch die des Einzelnen sind vorhersehbar und sie müssen eben so akzeptiert werden, wie sie sich entwickeln. Gerade aber dadurch ergeben sich unzählige produktive Momente der Sozialerziehung, bei denen sich auch die „sozial schwierigeren" Schüler angenommen und nicht abgestempelt oder bevormundet fühlen.

Demokratische Entscheidungen werden auf diese Weise viel eher akzeptiert werden als bei einer Sozialerziehung, bei der das Ergebnis von vornherein als Erwartung feststeht. Schulklassen bieten dabei – im Gegensatz zu größeren Einheiten – die Chance, wirklich so etwas wie eine Basisdemokratie umzusetzen bzw. zu erproben. Die Klasse kann eine Gemeinschaftsform bilden, in der es nicht nur um das Stimmrecht des Einzelnen geht, sondern um das Suchen nach der besten Lösung für alle. Da, wo jeder jeden gut kennt, vermag er seine Entscheidungen viel differenzierter und reflektierter zu fällen als in einer anonymen Gemeinschaft, in der demokratisch oder sogar als Konsens gefällte Beschlüsse oft genug der sozialen oder mitmenschlichen Komponente entbehren.

Dabei bilden soziales und inhaltliches Lernen eine untrennbare Einheit. Die Sozialerziehung wird zum Motor des Schullebens und dadurch auch zum Motor des „Stofflernens". Der ständige gegenseitige Austausch, die Selbstverständlichkeit der Begabungs- und Verhaltensunterschiede, der ganz selbstverständliche Einbezug des vielfältigen Schülerwissens, die unterschiedliche Herangehensweise und Auseinandersetzung der Beteiligten, all das geschieht nicht mehr vorgeplant und durchstrukturiert, sondern auf natürliche Art, eben dann, wenn der Bedarf da ist bzw. die Situation es erfordert. Einen solchen didaktischen Reichtum kann kein lehrergelenktes Konzept bieten. Wir müssen dringend wegkommen von einer Sozialerziehung mit einem nicht-sachbezogenen Wärme- und Harmoniestreben und sollten der sozialen Dimension in den organisierten Lehr-Lern-Prozessen mehr Aufmerksamkeit schenken, sie für die *Sache* selbst nutzen, wie es BAUERSFELD (vgl. 1999) ausdrückt.

4.3.4 Die neue Schülerrolle – vom Aberledigen zum Erfinden

Aus der Optik der Schüler stellt sich die Situation so dar: In den Anfängen ihrer Schulzeit fühlen sie sich als Person angesprochen. [...] Sie verfolgen den Unterricht gespannt und wollen überall noch etwas Eigenes beitragen. Zehn, zwanzig erhobene Hände strecken sich dem Lehrer entgegen, versuchen geräuschvoll seine Aufmerksamkeit auf sich zu ziehen, zeugen von einer aktiven Lernbereitschaft. Jeder weiss etwas anzumerken, kann auf ein passendes oder unpassendes Erlebnis verweisen, hat eine Idee, wie man das gestellte Problem anpacken und lösen könnte. Der Lehrer steht vor der Klasse und bemüht sich verzweifelt, jeden Schüler wenigstens einmal pro Lektion dranzunehmen. Doch mit diesem Problem braucht er sich nicht lange herumzuschlagen: Je höher der Stoffberg sich türmt, desto mehr verstummen die Schüler. Ihre persönlichen Beiträge, das merken sie bald, haben ohnehin keinen Einfluss auf den Gang der Dinge. Das Individuelle, Private, Singuläre ist kein bestimmender Faktor im

Lernprogramm. Ob ihm viel oder wenig Platz eingeräumt wird im Unterricht, ändert nichts daran, dass Schülerbeiträge in Wirklichkeit entbehrliches Beiwerk sind. (Gallin/ Ruf 1990, 25)

Das selbstgesteuerte Lernen im Offenen Unterricht, das oft mit dem Hinweis auf die Überforderung der Kinder auf Grund der fehlenden Lehrgangshilfen abgelehnt wird, paradoxerweise aber zumeist im selben Atemzug geringschätzend als ein *„die können machen, was sie wollen"* deklassiert wird, kommt den Kindern durch seine Transparenz und Ehrlichkeit in vielen Bereichen sehr entgegen – aber es stellt wiederum auch sehr hohe Ansprüche an sie, denn *„sie müssen ja auch wollen, was sie machen"* (vgl. Pitzschel 1986, 221). Es gibt nur wenige Menschen, die ihre Zeit freiwillig dazu nutzen, sich intensiv und unermüdlich mit Sachen auseinander zu setzen, immer wieder den nächsten Schritt zu gehen bzw. gehen zu wollen, in unerschlossene Gebiete vorzustoßen. Die meisten passen sich schnell dem Prinzip der Vorgaben an und überlassen ihr Leben oft genug dem üblichen Gang von Schulpflicht über Ausbildung zur Berufstätigkeit – ohne wirklich entscheidend einzugreifen. Durch die Selbstbestimmung über ihr Leben und Lernen im Offenen Unterricht lernen Kinder hingegen vom ersten Schultag an, ihr Leben relativ selbstverantwortlich in die Hand zu nehmen und sich ganz bewusst für oder gegen Sachen zu entscheiden. Dabei lernen sie vor allem auch sich selber, ihre Stärken und Schwächen, ihre Ziele und Vorstellungen kennen – und zwar reflektiert im Wechselspiel mit denen der anderen Kinder.

Eigener Lernweg, eigene Fehler und eigene Zeit

> Wenn Kinder in die Schule kommen, ist es wichtig, dass sie in ihrer Individualität angenommen werden und Möglichkeiten erhalten, ihren eigenen Lerntyp zu entdecken (vgl. Vester 1978), einen eigenen Lernstil aufbauen und nach eigenem Lerntempo arbeiten können. Nur so kann eine stabile, positive Lernhaltung aufgebaut werden, die über die Schulzeit hinaus wirksam bleiben kann. (Knauf 2001, 32)

Viele Lern- und Disziplinschwierigkeiten herkömmlichen Unterrichts tauchen im Offenen Unterricht gar nicht erst auf. Dadurch, dass das Kind sein Thema nach eigenem Interesse aussuchen und selbstreguliert bearbeiten kann, erfolgt eine individuelle Differenzierung durch das Kind selbst. Der Einzelne kann den Lernstoff dabei so angehen, wie es seiner Art zu lernen, seinem derzeitigen Fähigkeitsstand und seinem Lerntyp entspricht. Lernen ist die Vernetzung von etwas Neuem mit schon bestehendem Wissen. Dabei hat der Lernende meistens schon irgendeine Theorie über den Lernstoff, die der Lehrer gar nicht kennen kann. Entsprechend kann nur der Lernende selbst die Vernetzung so vornehmen, dass der neue Lernstoff nicht isoliert und damit unbrauchbar bleibt.

Vor allem aber kann das Kind erst durch die Möglichkeit, konsequent den eigenen Weg gehen zu dürfen, aus seinen selbst produzierten Fehlern lernen. Aus Fehlern, die es selbst nachvollziehen kann – und die deshalb keine „Fehler" sondern „Hilfen" sind. Eine Fremdkorrektur durch Lehrer oder Material bezieht sich hingegen meist nicht auf den individuellen Lernweg des Kindes, sondern auf den zu Grunde liegenden Lehrgang. Hier können dann „echte" Fehler auftauchen. Fehler, die das Kind weder versteht noch einordnen kann. Fehler, die es aus Unverständnis der Sache macht und die ihm eben nicht beim Weiterlernen helfen, sondern ihm eher immer wieder seine eigene Unzulänglichkeit vor Augen führen. Geht das Kind aber seinen eigenen Lernweg, so endet sein Lernvorgang nicht mit der Fremdkorrektur der Arbeit durch Lehrer oder Material, sondern erst nach dem wirklichen Verstehen der Lösung der selbst gesetzten Lernanforderung. Aus der Fremdkontrolle wird eine Eigenkontrolle.

Wichtig ist, dass die Kinder beim Lernen weitmöglich ihrer Eigenzeit folgen können und nicht hilflos der Tempovorgabe oder der Zeiteinteilung des Lehrers ausgeliefert sind. Beim Lernen wechseln Phasen hoher Konzentration und engagierter Auseinandersetzung mit ausgleichenden Entspannungsphasen. Die Ermüdung ist dabei dann am größten, wenn man fremden Vorgaben folgen und zeitgleich dazu Verbindungen zu vorhandenem Wissen herstellen muss. Eine solche Belastung ist immer nur kurzzeitig möglich, weshalb Unterricht üblicherweise einen Wechsel von Spannungs- und Entspannungsphasen anstrebt – was allerdings in der Regel nicht viel hilft, denn nun sind beide Phasen vorgegeben und passen mit ziemlicher Sicherheit nicht zu den individuellen Spannungs- und Entspannungsphasen des Lernenden. Zusätzlich implizieren gerade diese Auflockerungsphasen immer wieder aufs Neue, wie ungeliebt und anstrengend Lernen scheinbar ist: man freut sich beim Lernen nicht am Lernen, sondern man wartet auf die nächsten Auflockerungen und Pausen.

Dabei gibt es eine ganz einfache Methode, dieser Unstimmigkeit zu begegnen: Räumt man dem Lernenden seine Eigenzeit ein, so ist festzustellen, dass er nicht nur Spannungs- und Entspannungsphasen selber am besten arrangieren kann, sondern vor allem auch, dass die Konzentrationsphasen wesentlich länger werden, da selbstgesteuertes Lernen bedeutend weniger ermüdend ist als fremdgesteuertes Lernen. Dabei darf man nicht vergessen, dass die Eigenzeit der Kinder bzw. ihr Lernrhythmus so unterschiedlich ist, dass es nicht nur um kurzzeitige Entspannungsphasen geht, sondern auch um Tages- bzw. sogar Wochen- oder Monatsrhythmen. Diese lassen sich durch noch so große Differenzierung des Unterrichts nicht auffangen. Viel sinnvoller erscheint es deshalb, die Variation von Spannung und Entspannung den Schülern zu überlassen. So können sie längere Anlaufphasen, schlechte Tage oder mehrwöchige „Durchhänger" selbst kompensieren, indem sie diese in einen größeren Zeitraum einbetten.

In diesem Zusammenhang zeigt sich in der Praxis ein wichtiges Phänomen: eine scheinbare Verlangsamung des Lernens durch das mühselige Finden des eigenen Weges bei der Erstbegegnung mit einem Gebiet führt im Allgemeinen später zu einer „Verschnellung" beim Vordringen in andere Bereiche. Dadurch wird das zeitlich unlineare Vorgehen mittels Selbststeuerung unter dem Strich viel effektiver als das lineare Vorgehen des Lehrgangs. Auch erweisen sich scheinbare Umwege auf dem Weg zum Ziel selten als solche: „Wir vermuten sogar, dass die Lernenden sich selten weit von der Ideallinie des kürzesten Weges entfernen, den zu beschreiten sie überhaupt in der Lage sind." (Gallin/ Ruf 1990, 45)

Eigene Ziele, eigene Leistungen und eigene Leistungsbewertung
Entsprechend muss der Lehrer nicht nur diese individuellen Phasen und Rhythmen zulassen, sondern auch die Entwicklung des Kindes in einem größeren Zusammenhang sehen. Dies ist vor allem bei Kindern wichtig, die mit dem selbstständigen Lernen noch Probleme haben und erst einmal eigene Ziele in einer druckfreien Umgebung entwickeln müssen. Der Offene Unterricht kann nur dann funktionieren, wenn die den Schülern abverlangte Selbstverantwortung ehrlich gemeint ist, und für die Kinder *ihr* eigenes Lernen zu *ihrem* eigenen Ziel wird.

Vertrauen in die Ernstgemeintheit der Offenheit wird dabei – gerade bei „erziehungsschwierigen" Kindern bzw. Kindern mit negativen Schulerfahrungen – u. U. erst einmal durch ein Überprüfen bzw. Austesten der Ehrlichkeit der Situation gewonnen. Da massive Disziplinierung in der Regel keine positive Änderung bewirkt (Druck erzeugt Gegendruck), sollte dieses Testen der Freiheit ruhig zugelassen werden, solange es von der Klasse als individuell notwendig erachtet wird und von allen Kindern gemeinsam aufgefangen werden kann (z. B. durch Toleranz oder auch Ignoranz). Dann wird über kurz oder lang das interessante Tun der anderen im Zusammenhang mit der sich aus dem eigenen Nichtstun ergebenden Langeweile zum Setzen eigener Ziele führen. Und dann haben sowohl das Kind als auch der Lehrer langfristig gewonnen.

Wie aus dieser Schilderung ersichtlich wird, geht es im Offenen Unterricht in keiner Weise um ein anstrengungsvermeidendes Lernen nach dem Motto einer „Spaßpädagogik" (vgl. Kraus 1998). Ganz im Gegenteil, die Anforderungen des hier dargelegten Konzepts Offenen Unterrichts an die Kinder sind enorm. Sie müssen sich jeden Tag neu für das Lernen entscheiden, Inhalte und Austausch suchen, Probleme angehen, Sachen dokumentieren, die eigene Leistung hinterfragen. Wie schon gesagt, ein Anspruch, den nicht viele Menschen an sich selbst stellen. Material zum einfachen Beschäftigen, zum Verdrängen von Langeweile ist nicht vorhanden, es gibt keinen einfachen „Arbeitsmittelkonsum". Wie auch das (eigentlich) zur Suchtprävention entwickelte Konzept „Spielzeugfreier Kindergarten" (vgl. Schubert/ Strick 1994; Winner 1996) zeigt, werden durch den Verzicht auf die üblichen Beschäftigungsmittel bei den Kindern hohe Kompetenzen sowohl im kognitiven Bereich als auch im zwischenmenschlichen Bereich ausgebildet. Die wenigen zum Lernen notwendigen Werkzeuge müssen durch selbstständige Materialbeschaffung oder eigene Kreativität ergänzt und auf die vorhandenen Bedürfnisse des Einzelnen bzw. die Interessen anderer abgestimmt werden. Dabei schult ein solches Lernen automatisch sowohl die eigene Frustrationstoleranz als auch den Umgang mit Leistungsdruck – und zwar auf eine selbstregulierte Weise, die auf dem ständigen Widerspiel zwischen dem eigenen Anspruch und den Tätigkeiten der Gruppe basiert. Dies ist wahrscheinlich mit Abstand die beste Form einer individualisierten Leistungserziehung im Sinne einer reflektierten (von Eltern oft so massiv eingeforderten) Vorbereitung auf unsere Leistungsgesellschaft.

Die selbst gesteckten Ziele beruhen dann entweder auf eigener Neugier oder auf dem Wunsch, es anderen nachzumachen. Beides erzeugt eine Motivation, wie sie nur schwer von außen aufzubauen wäre. Probleme und Fragen werden zu Anker- und Austauschpunkten –– und nicht etwa zu „Defiziten", die es zu vermeiden oder zu vertuschen gilt. Kognitive Konflikte werden zum Kommunikationsanlass: das gegenseitige Erklären, das gemeinsame Besprechen, das individuelle Überlegen, all das ist Sprungbrett zu höheren Erkenntnissen. „Fehler" werden vom Mangel zur Herausforderung. Die Beurteilung der eigenen Leistung erfolgt auf diese Art zunächst durch das einzelne Kind, und zwar als ständige begleitende Reflexion im Lernprozess selbst.

Entsprechend unterliegt auch das Arbeitsprodukt nicht vorrangig der Fremdbeurteilung, sondern in erster Linie – auch durch die Freiwilligkeit seiner Erstellung – der eigenen Leistungsbewertung. Der Schüler selbst entscheidet letztendlich, ob er sein Produkt einzelnen Schülern, dem Lehrer oder der ganzen Klasse öffentlich macht oder ob er dies nicht für notwendig hält. So steuert er selbst die Entwicklung vom eigenen subjektiven Bewerten seiner Leistung über die subjektiven Bewertungen der anderen immer mehr hin zu einer gewissen „Bewertungsnorm". Diese wird die meiste Zeit in der Grundschule eher individuell geprägt bleiben, aber zunehmend sowohl durch vergleichsorientierte als auch normative Elemente beeinflusst werden. Die Entwicklung zur normierten Leistungsmessung erfolgt also individuell und selbstgesteuert, was vor allem auch im Hinblick auf die Akzeptanz bzw. Sichtweise solcher Normen entscheidend ist. Die – ja doch als Selektionskriterium ziemlich willkürlich gesetzte – Norm bestimmt nicht mehr unhinterfragbar die Lerninhalte des Kindes, sondern wird für den Lernenden schon früh als notwendige Vereinbarung einer Gruppe erkennbar, Leistungen evaluierbar zu machen bzw. gemeinsame Ziele zu formulieren.

4.3.5 Die neue Lehrerrolle – vom Belehrenden zum Lernbegleiter

In der Schule treffen Menschen, die etwas wissen, auf Menschen, die das, was die Wissenden wissen, noch nicht wissen. Das Wissen der Wissenden ist nicht nur das Ziel, das die Nichtwissenden zu erreichen haben, sondern meist auch die Norm, an der sie laufend gemessen werden. Und hier passiert das Unglück. Weil die Wissenden in der Regel nicht die Produzenten des Wissens sind, das sie verwalten, sondern bloß dessen Vermittler, erscheint Nichtwissen als Makel. Fehlt einer Lehrkraft die Erfahrung des Produzierens – ist sie also immer nur Lehrende und nie Forschende –, so ist sie auch nicht in der Lage, einen Lernprozess kompetent zu begleiten und zu beurteilen. Sie misst dann alles, was die Schüler sagen und tun, an dem, was sie sagen und tun müssten, wenn sie schon wüssten, was es zu wissen gibt. (Ruf/ Gallin 1998b, 96)

> Selbstgesteuerte Formen des Lernens verändern die Rolle von Lehrerinnen und Lehrern im „Haus des Lernens". Sie können nicht mehr vorrangig Wissensvermittler sein. Ihr professionelles Selbstverständnis muß sich in der neuen Rolle des „Coaching", der Kompetenz von Lernberatern und „Lernhelfern" (learn-facilitators) ausdrücken [...]. So kann Schule für Lehrende und Lernende zum gemeinsamen sozialen Erfahrungsraum werden. (Bildungskommission NRW 1995, 85)

Die Aufgaben des Lehrers im Offenen Unterricht weichen stark von seiner Tätigkeit im traditionellen Unterricht ab. Seine Kompetenz liegt nicht mehr darin, den zu vermittelnden Stoff oder die Sozialerziehung als Transporteur in entsprechend wohldurchdachten, differenzierten Einheiten zum Schüler zu bringen, d. h. ein sozial harmonierendes Umfeld zu schaffen und die von den Schulbuchautoren mundgerecht verpackten Häppchen auf motivierende Weise den Schülern schmackhaft zu machen, sondern er muss diese Tätigkeiten an die delegieren, die viel besser individualisieren können als er es jemals können wird: die Schüler. Er könnte im Unterricht zwar Stück für Stück einen – zumindest aus der Rückschau – nachvollziehbaren Lernweg darbieten, das hieße aber noch lange nicht, dass die Schüler dadurch zu einer eigenen Wissenskonstruktion bzw. zu einem wirklichen Lernerfolg kommen. Vielmehr geht er damit das Risiko ein, dass auf Schülerseite Unverstandenes einfach nur reproduziert wird.

Es geht also nicht mehr darum, den Schüler „dort abzuholen, wo er steht", um ihn dann zusammen mit den anderen zu der Stelle zu führen, wo sich der Stoff gerade befindet, sondern es geht um die Freigabe der Beziehung zwischen Schüler und Stoff. Der Schüler soll eben nicht mehr der vermeintlichen Kunst des Lehrers vertrauen, er werde ihm den Stoff schon irgendwie beibringen, sondern er soll sich selber damit auseinandersetzen, und zwar von der Stelle aus, an der er sich momentan befindet. Entsprechend muss auch genau das als Richtschnur für den Lernprozess gelten. Es ist eben kein Defizit, sich nicht am Zielpunkt zu befinden, es gibt lediglich den Punkt auf dem eigenen Weg zum eigenen Ziel.

Ansprechpartner, Materiallieferant und „Lernförderer"

Schon in den sechziger Jahren hat CARL RANSOM ROGERS die Aufgaben des Lehrers als „Lern-Facilitator" formuliert, der im Folgenden als „Lehrer im Offenen Unterricht" zitiert wird:

> *Der Lehrer im Offenen Unterricht trägt viel dazu bei, die Ausgangsstimmung oder das anfängliche Klima für das Geschehen in der Gruppe oder der Klasse zu schaffen.* [...]
> *Er hilft, die Ziele der einzelnen Mitglieder der Klasse wie die allgemeinen Absichten der Gruppe ans Licht zu bringen und abzuklären.* Wenn er keine Angst davor hat, widersprüchliche Absichten und miteinander in Konflikt stehende Ziele zu akzeptieren, und wenn er dazu fähig ist, den einzelnen ein Gefühl der Freiheit zu gewähren, das ausdrücken zu können, was sie gern tun würden, dann hilft er, ein Klima zu schaffen, in dem gelernt werden kann. [...]

Er vertraut darauf, daß jeder Lernende wünscht, solche Vorhaben durchzuführen, die für ihn Sinn haben, worin ja die motivierende Kraft für signifikantes Lernen liegt [...].

Er bemüht sich, ein möglichst breites Angebot von Hilfsquellen, mit denen gelernt werden kann, zu organisieren und leicht verfügbar zu machen [...].

Sich selbst betrachtet der Lehrer im Offenen Unterricht als ein flexibles Hilfsmittel, das die Gruppe nutzen kann. Er degradiert sich nicht zum Gebrauchsgegenstand, sondern er stellt sich als Anwalt seiner Lernenden, als Dozent, als Studienberater und als Person, die auf dem jeweiligen Gebiet Erfahrung hat, zur Verfügung. Er will von den einzelnen und von der Gruppe so in Anspruch genommen werden, wie es für sie am sinnvollsten erscheint und soweit das, was sie von ihm wünschen, für ihn tragbar ist. [...]

Er ergreift die Initiative, sich selbst – seine Gefühle wie seine Gedanken – der Gruppe mitzuteilen, ohne damit etwas zu fordern oder aufzudrängen. Er bringt einfach sich persönlich ein, ob nun die Lernenden davon Gebrauch machen oder nicht. [...]

In seiner Funktion als Facilitator des Lernens bemüht sich der Leiter, seine eigenen Grenzen zu erkennen und zu akzeptieren. Er sieht, daß er für seine Schüler Freiheit nur in dem Maß garantieren kann, wie es für ihn selbst annehmbar ist. [...] An der Gruppe kann er als deren Mitglied nur teilnehmen, wenn er wirklich fühlt, daß er und seine Schüler als Lernende gleichberechtigt sind. (Vgl. Rogers 1974, 163ff.)

Weil nicht mehr unterrichtet wird, ist der Lehrer bei Bedarf ganz für das Kind da; es erfolgt ein individuelles Eingehen auf das Kind und seine ganz persönliche Problemlösung. Da der Lehrer das Kind nicht belehrt, sondern nur Impulse setzt, steht er trotz der intensiven Beschäftigung mit dem Einzelnen allen Kindern zur Verfügung. Weil die Kinder darum wissen und die Tätigkeit des Lehrers jederzeit nachvollziehen können, stört es sie nicht, auch schon mal vertröstet zu werden. Für Warteschlangen haben sie keine Zeit: entweder der Lehrer meldet sich kurz darauf, oder man fragt später noch einmal nach. Das häufig in anderen Klassen bis in höhere Schuljahre zu beobachtende „Abholen" der Lehrerbestätigung mancher Kinder nach jeder kleinsten erledigten Aufgabe entfällt – zumal die Kinder auch durch die eigene Auseinandersetzung mit dem Lernstoff nicht der sonst üblichen Unsicherheit über die richtige Aufgabenlösung ausgeliefert sind.

Der Lehrer hat in der Klasse eine klare Funktion als Ansprechpartner, „Abladeplatz und Sammelstelle für Arbeitsergebnisse" (Zehnpfennig/ Zehnpfennig 1992, 48), Impulsgeber und Verstärker der Schüleraktivitäten. Er vollführt dabei immer eine Gratwanderung zwischen der notwendigen Hilfe durch Impulse und überflüssiger Belehrung. Er hat zwar die Pflicht, das Tun der Kinder im Auge zu behalten, hat aber nicht das Recht, die Kinder (unbegründet) bei der Arbeit zu stören, wie es so viele Lehrer in anderen Klassen machen. Er nimmt die Anliegen der Kinder ernst und reagiert je nach Möglichkeit früher oder später auf diese. Es ergibt sich eine „Atmosphäre, wie in einer (großen) Familie" (Zehnpfennig/ Zehnpfennig 1994d, 28) – was aber auch bedeutet, dass alle Beteiligten auf dieser Ebene miteinander umgehen, d. h. auch der Lehrer hat – bei aller Verantwortung und seiner selbstverständlich anderen Rolle im Unterricht – ein Recht auf Selbstregulierung. Gerade diese Möglichkeit des Offenen Unterrichts, sich nicht einer fremdgesteuerten Rolle zu unterwerfen, sondern situativ und authentisch auf die Kinder reagieren und mit ihnen lernen zu können, macht den Offenen Unterricht ja als Alternative zum (für Schüler *und Lehrer* fremdgesteuerten) Frontalunterricht so attraktiv.

Verzicht auf Lehrgangskrücken und Unterrichtstraditionen

Dass für die beschriebene Lehrerfunktion neben der sehr anspruchsvollen menschlichen Komponente eine sehr hohe Fachkompetenz erforderlich ist, liegt auf der Hand. Der Lehrer muss sich so sicher über Stoff und Schüler sein, dass er sich wirklich nicht mehr als (Be-)Lehrender versteht, sondern viel eher als Moderator in dem Sinne, als dass er durch kompetente Fragen und Impulse die Auseinandersetzung anregt, diese aber eben nicht stört. Diese Fähigkeit des Zulassens hat REICHEN einmal provokativ „qualifiziertes Nichtstun" genannt.

Qualifiziertes Nichtstun hat dabei nichts mit Abwarten zu tun, sondern ist von ganz anderer, weiterreichender Qualität, da die eigene Auseinandersetzung des Lehrers mit dem Stoff weit über das Durchlesen des Lehrerkommentars hinausgeht. Es wird im Unterricht ja nicht mehr nur eine bestimmte Teilleistung oder Technik eingeübt, sondern es ergeben sich unzählige Frage- und Problemstellungen bzw. Lernanlässe. Dafür muss keine unerschütterliche Kenntnis auf ganzer Bandbreite vorhanden sein, aber die Faszination, die ein Fach oder Themengebiet ausstrahlen kann, sollte auf jeden Fall exemplarisch selbst erfahren worden sein. Die gleiche Faszination muss auch im Hinblick auf die Lernwege der Schüler erfolgt sein. Wirkliches Interesse an den gewählten Wegen, die Faszination und Logik scheinbarer Umwege, die Verblüffung über riesige Lernsprünge, all das sind unabdingbare Erfahrungen, die einem als Lehrer das Loslassen erleichtern. Man spürt in einem solchen Unterricht immer wieder, wie wenig wichtig man eigentlich als „Lehrender" für die Kinder ist, wie wichtig aber als Wegbegleiter und Freund.

Dadurch begibt man sich in ein vermeintlich sehr unsicheres Feld. Man verliert den großen Halt, den der – auch noch so differenzierte – Lehrgang immer mit sich bringt und durch den dieser seine einzige Berechtigung erhält: als Krücke für den Lehrer. In diesem Zusammenhang gehe ich davon aus, dass die in der Literatur beschriebenen 1000 Wege der Hinführung zu Offenem Unterricht bzw. der Öffnung von Schule in erster Linie für den Lehrer notwendig sind. Sie führen nicht etwa den Schüler von einer angeborenen Unselbstständigkeit oder einer angeborenen Sozialfeindlichkeit zu einem selbstständigen und verantwortungsbewussten Lernenden, sondern sie ermöglichen vor allem dem Lehrer, seine bereits erfolgte schulische Sozialisation und seine festgeschriebene Rolle als Belehrender langsam abzulegen. Warum sollten die emanzipierten Schüler von heute auch geschlossenen Unterricht besser beherrschen als offenen Unterricht und entsprechend von der Geschlossenheit zur Offenheit geführt werden müssen? Neben den Erfahrungen offen unterrichteter Klassen zeigen entsprechende Versuche mit offenen Kindergartengruppen, dass Kinder schon als Kleinkinder sehr wohl mit offenen Situationen in entsprechenden Institutionen umgehen können (vgl. Pliefke 2000) – genauso überleben sie ja auch außerhalb dieser Institutionen.

Sollte es auf breiter Basis der Fall sein, dass Schülern Offenheit von Anfang an eben nicht schwer fällt, so hätte dies weitreichende Konsequenzen für die gesamte Lehrerausbildung. Momentan geht man im Grunde noch davon aus, dass der traditionelle Unterricht die Grundlage für die offenen Formen darstellt. Nur wer frontal unterrichten kann, kann in der Klasse überhaupt bestehen. Ob diese Qualifikation wirklich das ist, was der Lehrer im Offenen Unterricht braucht, ist fraglich. Im Offenen Unterricht gibt es für den Lehrer keinen Stoff mehr, der einfach abgehakt werden kann, keine Sicherheit bezüglich der Tagesgestaltung. Er weiß als Lehrer nie, welche Fragen und Probleme auftauchen werden, was die Kinder gerade brauchen. Das ist zwar bei genauer Betrachtung auch im Lehrgangsunterricht nicht anders – nur dort ist man gewohnt, sich hinter dem Lehrgang vor der Entwicklung der Kinder und ihren eigentlichen Bedürfnissen zu verstecken (– und sei es durch ein Verbot, schon die nächste Seite zu bearbeiten).

4.3.6 Die neue Rolle der Arbeitsmittel – vom Lehrgang zum Werkzeug

Die Anforderung an die Arbeitsmittel „vom Lehrgang zum Werkzeug" ist eine der wichtigsten Komponenten des hier dargelegten Offenen Unterrichts. Wie schon oben beschrieben, kann das Lernen der Schüler nur dann auf eigenen Wegen erfolgen, wenn vorgegebene Lehrgänge nicht einfach übernommen werden. Methodisch stellt dabei das selbstgesteuerte Lernen das Grundprinzip für *alle* Fächer dar. Entsprechend muss das in der Klasse befindliche Material ausgelegt sein. Vorstrukturierte Materialien mit festen Vorgaben und reproduktivem Charakter werden gegen kreative Materialien ausgetauscht. Dabei stellt das „weiße Blatt" wahrscheinlich die größte Herausforderung an die Imagination dar.

Verzicht auf den Konsum von Lehrgängen, Arbeitsmitteln und Lernspielen

Da sich beim selbstgesteuerten, freiwilligen Lernen der einzelne Schüler jeden Tag aufs Neue selbst zum Lernen motivieren muss, sollte man ihm diese Entscheidung nicht noch dadurch erschweren, dass man ihm didaktisch und motivational aufbereitete Arbeitsmittel als ständige Alternative zum entdeckenden Lernen darbietet. Die Verführung zu einem reinen Konsum von Arbeitsmitteln oder zum leichten Aberledigen von Lernstoff ist zu groß, als dass sich alle Schüler dagegen behaupten könnten. Begeben sie sich aber in die passive Rolle einer Abhängigkeit von vorgegebenen Materialien, so wird die Motivation zu einer von innen kommenden Auseinandersetzung mit dem Stoff, zum Finden einer eigenen Problemstellung, einer Kernidee, zum Besorgen des zur Bearbeitung notwendigen Materials, zum Verfolgen verschiedenster und umfangreicher Lösungswege, zum Reflektieren der Erfahrungen usw. schnell verloren gehen. Denn es ist auf jeden Fall einfacher, die Verantwortung für das Lernen an das Material abzugeben, als sie selber zu tragen.

Man muss sich auch darüber im Klaren sein, dass alle Sachen, die im vorhinein geplant oder speziell für ein Thema oder Ergebnis vorbereitet worden sind, immer auch eine gewisse Erwartungshaltung darstellen, egal mit wie vielen Alternativen sie versehen wurden. Sind solche Vorplanungen oder Angebote vorhanden, ist es – sowohl für den Schüler als auch für den Lehrer – immer einfacher, auf diese „im Raume stehenden" Dinge zurückzugreifen, anstatt eigene Zugangsweisen, Hilfen und Vorgehensweisen zu nutzen. Sie sollten daher weitmöglichst vermieden werden bzw. nur da eine Rolle spielen, wo sie von allen als unabdingbar bzw. hilfreich empfunden werden. Im Rahmen einer aktiven Reaktion auf das passive Konsumieren ist daher weniger immer mehr. Je *weniger* vorgegebene Arbeitsmittel, desto *mehr* müssen die Schüler ihr Lernen selbst organisieren. Eine vermeintliche Öffnung des Unterrichts durch ein Überangebot an Arbeitsblättern oder -material ist in der Regel kontraproduktiv. Quantität hat nichts mit Qualität zu tun. In dieser Hinsicht ist der Offene Unterricht endlich einmal kompromisslos geschlossen ...

Genauso kompromisslos sollte der Offene Unterricht mit der Rolle des Spiels in der Schule umgehen. Sind die gängigen Spiele und Lernspiele wirklich kindorientiert, oder handelt es sich nicht viel mehr um Modelle, mit denen der Erwachsene die Welt des Kindes einrichtet bzw. vorgibt? Kann man „Spiel" nicht auch einfach als selbstreguliertes Lernen verstehen? Die intensive Beschäftigung mit einer Sache, die den Akteur die Umgebung ganz vergessen lässt? Das, was das Spiel von Kindern auszeichnet, ist nicht das „Spielerische", sondern die Autonomie, die Lernfreiheit, die Möglichkeit zur Selbststeuerung, die das Spiel dem Kind ermöglicht (vgl. auch Reichen 1991, 9). Spiel könnte definiert werden als nicht ermüdendes Arbeiten auf Grund intrinsischer motivationaler Elemente. Dabei stellt das so verstandene Spiel eine Hochform des Lernens dar, weil vielfältige Lernprozesse beiläufig, natürlich und unbewusst ablaufen und sich dadurch auf einer höchst effektiven Aneignungsebene befinden (vgl. auch Oerter 2000, 254f.).

Was man hingegen in der Schule vorfindet, ist ein mehr oder weniger passiver Konsum von Spielen anstatt einer aktiven Auseinandersetzung mit der Wirklichkeit – oder aber die strikte Trennung von Arbeit als Pflicht und Spiel als zwangsläufiger Erholung davon. Dies kann gravierende Konsequenzen für die Lebenseinstellung des Kindes in der heutigen Wohlstands- bzw. Konsumgesellschaft haben und wird damit sogar u. U. schnell von einem schulischen zu einem gesellschaftlichen Problem. Um hier pädagogisch vorzubeugen, sollten Spiel und Lernen wieder eins werden, die künstliche Trennung aufgehoben werden. Selbstreguliertes, interessegeleitetes Lernen ist ein Lernen, das sowohl harte Arbeit als auch spielerische Auseinandersetzung miteinander vereint – ohne didaktisierte „spielerische" Arbeitsmittel, deren Botschaft ja im Grunde ist: „Lernen ist eigentlich unangenehm und anstrengend und wir müssen irgendwie (am besten spielerisch verpackt) dadurch."

Herausforderung durch Werkzeuge, Alltagsmaterialien und Informationsmöglichkeiten

In den fachdidaktischen Ausführungen werden deshalb erste konkrete Vorschläge für Werkzeuge gemacht, die eine eigenaktive Erschließung der Fächer ermöglichen. Der Begriff „Werkzeug" verdeutlicht dabei nicht nur die Abgrenzung zum Lehrgang sondern auch zum traditionellen Arbeitsmittel. Während herkömmliche Arbeitsmittel in der Regel „ergebnisorientiert" sind, stellen Werkzeuge „prozessorientierte" Hilfen dar – und sind damit von einer ganz anderen Effektivität, da „ergebnisorientierte Hilfen einen verschwindend geringen Transfereffekt haben." (Lange 1988, 120) Zusätzliches Material stellen solche Gegenstände dar, die so auch im Alltag vorkommen und nicht speziell für die Schule konstruiert wurden. Am sinnvollsten erscheint es daher, den Kindern einfach das Mitbringen von „Forschersachen" zu erlauben. Dieses ist vor allem auch im Zusammenhang mit dem Sachunterricht bzw. den musischen Fächern wichtig. Eine spezielle Stellung bei den Arbeitsmitteln in der Klasse nehmen darüber hinaus Sach- und Geschichtenbücher ein, die als Lesestoff und Informationsträger für das eigene Forschen in allen Fächern unabdingbar sind.

Zusätzlich können „Ideenkisten" Impulse durch herausfordernde oder faszinierende Fragestellungen der Fächer geben. Die Handhabung dieser Ideenkisten erscheint dabei nicht leicht, denn es kann nicht darum gehen, dass die Kinder eine Quelle für Aufgaben (z. B. eine Lernkartei o. Ä.) bekommen, die sie in alter Lehrbuchmanier „abarbeiten" können. Zu überlegen ist daher, in welcher Form solche Impulse am sinnvollsten sind: In der Form einer Version für die Hand der Kinder, sodass sie lehrerunabhängig darin stöbern können? Oder eher als eine Gedankenhilfe für den Lehrer, die ihn bei seiner Tätigkeit als Moderator und Impulsgeber unterstützt? Oder eine Kinderversion für den Lehrer ...? Wahrscheinlich kann diese Frage nur individuell auf den einzelnen Lehrer bzw. eine Klasse bezogen beantwortet werden. Sicher ist jedoch, dass sich erfahrungsgemäß einzelne, in die Klasse gestreute Fragestellungen bzw. Themen, mit denen einzelne Kinder sich beschäftigen, meist ziemlich schnell und sicher in der ganzen Klasse verbreiten. Dabei haben diese dann eben nicht den Charakter vorgegebener zu lösender Aufgaben, sondern pflanzen sich durch die Neugier der Kinder fort – motivational ein riesiger Unterschied. Wie schon oben gesagt, müssen solche Sammlungen oder Anregungen aber erst noch gesammelt bzw. erstellt werden. Erste Hinweise und Vorschläge finden sich bei der fachdidaktischen Beschreibung bzw. Einordnung des Konzepts.

4.3.7 Die neue Rolle der Leistungsmessung – von der Kontrolle von oben zur Begleitung von unten

Die Schule muß für Schülerinnen und Schüler und deren Eltern erfahrbar machen, daß Schulzeit eine zwar wichtige, aber zeitlich begrenzte Episode in dem Prozeß lebenslangen Lernens ist. [...] Im „Haus des Lernens" soll deshalb so gelernt werden, daß nicht vorrangig auf Prüfungen, Abschlüsse und Berechtigungen hingearbeitet wird, sondern das Lernen als eine das Leben insgesamt tragende individuelle und sozial orientierte Befähigung eingeübt und verstanden wird. [...]

Auch zwischen Lernen und Leisten wird oft nicht genügend unterschieden, das Lernergebnis wird dann leicht für das Lernen selbst gehalten. Schülerinnen und Schüler machen zum Teil sehr früh die enttäuschende Erfahrung, daß ihre Umgebung, vor allem die eigene Familie, sich weniger für das Lernen selbst, für seine Schwierigkeiten und seine Inhalte interessiert, als für seine Ergebnisse in Form quantifizierend bewerteter Leistungen. Die alltägliche Erfahrung von Schule könnte bei Kindern und Jugendlichen den Schluß nahelegen, Lernen sei nur dazu da, damit seine Ergebnisse als Leistung registriert, verglichen und bewertet werden können. (Bildungskommission NRW 1995, 85ff.)

Das andere Verständnis der Leistungsmessung im Offenen Unterricht klang schon mehrfach im Zusammenhang mit der Rolle des Lehrplans und der anderen Sichtweise auf Fehler an. Wenn auf den Lehrgang und auf reproduktive Arbeitsformen verzichtet wird, gibt jedes entsprechend frei erstellte Schülerprodukt Aufschluss über den momentanen Leistungsstand. Das, was die Schüler machen, können sie auch. Der Lehrer sieht, was gearbeitet wird, er bekommt alle Produkte bei der Besprechung im Sitzkreis mit, ja er kann sie sogar täglich sammeln und bekommt so ein lückenloses Bild über die individuellen Lernwege der Kinder. Er sieht dann auch, dass diese meist nicht geradlinig verlaufen: Was schon mal richtig gemacht worden ist, wird plötzlich falsch gemacht, Hypothesen werden ausprobiert und verworfen, es wird übergeneralisiert, es gibt chaotische Phasen, in denen bei einzelnen Kindern z. B. Schreib- und Druckschrift, Groß- und Kleinschreibung usw. völlig durcheinandergeraten, und es gibt Kinder, die können von einem auf den anderen Tag ganz plötzlich (richtig) schreiben, lesen oder rechnen.

„Fehler sind Versuche des Kindes, Anforderungen so zu vereinfachen, daß es sie auf seinem Entwicklungsstand bewältigen kann." (Brügelmann/ Brinkmann 1994, 9) Wenn wir die Anforderungen an das Kind durch die positiv überfordernde Herausforderung im Offenen Unterricht so hoch stecken, wie wir das tun, müssen wir auch seinen natürlichen Weg aushalten und dürfen nicht vorschnell von außen intervenieren. Es geben ja gerade die Fehler genauen Aufschluss über den Lernstand des Kindes. Bei genauer Betrachtung fällt dabei auf: Es ist gar nicht alles falsch, was falsch aussieht – und es ist gar nicht alles richtig, was richtig aussieht! Fehler sind Kommunikationsanlässe, keine Bewertungskorrektive:

> Während die ganze Klasse an einem Auftrag im Reisetagebuch arbeitet, habe ich Zeit, mich zu diesem oder jenem Kind hinzusetzen und mich in seine singuläre Welt einzuleben. Was Kinder in ihr Reisetagebuch schreiben, ist für mich nicht immer auf Anhieb verständlich. Darum stelle ich immer wieder die Frage: *Warum hast du das gerade so gemacht? Was hast du dir dabei gedacht?* Nicht selten sind Verstöße gegen fachliche Normen Anlass zu solchen Fragen. Und nicht selten stelle ich verwundert fest, dass sich hinter einem scheinbaren Fehler ein sehr klarer und konsequenter Gedanke verbirgt: Das Kind hat etwas Wichtiges entdeckt, es weiß aber noch nicht, wie das in die Welt des Regulären übersetzt werden muss. (Berger-Kündig 1998a, 161)

Bewertung von Können, Arbeitsverhalten oder Anpassungsbereitschaft?

Da es im Offenen Unterricht weder einen normierten Lehrgang noch das herkömmliche Frage-Antwort-Spiel gibt, wird die Leistungsmessung nicht als Druckmittel gegen den Schüler eingesetzt bzw. muss nicht mehr so eingesetzt werden (vgl. i. F. Peschel 1999, 41). Kann es sein, dass Lehrern die Beurteilung des Arbeitsverhaltens der Schüler als Lern*prozess*bewertung so wichtig ist, weil es dabei um das letzte Kontrollmittel geht, die Schüler zu disziplinieren und den „Unterricht" sicherzustellen? Würde das Arbeitsverhalten nicht in die Bewertung einfließen, gäbe es keine unmittelbaren Mittel zur Sanktionierung mehr und ein lehrergelenkter Unterricht ließe sich nur schwer aufrechterhalten.

Sinn der stärkeren Berücksichtigung des Lernprozesses bei der Bewertung der Kinder war es ursprünglich einmal, den Blick des Lehrers auf individuelle Wege und Lösungsprozesse zu lenken, d. h. dem Kind wirklichen Freiraum bezüglich seines Lernweges zu gestatten, Umwege und Fehlschlüsse zu erlauben und als produktive, für das Lernen notwendige Kraft zu sehen. Gewährt man in seinem Unterricht mit Freier Arbeit, Wochenplan oder Werkstatt diese Form der Offenheit aber gar nicht, so bleibt an „Prozessbewertung" nur die möglichst ordentliche bzw. arbeitsbereite Nachfolge der Vorgaben zu beurteilen. Das hohe Ziel der Achtung vor den so vielfältigen und individuellen Lernwegen der Kinder karikiert sich selber zu einem Werkzeug, ihre Anpassung an Fremdvorgaben zu kontrollieren und das individuelle und selbstregulierte Lernen zu unterbinden.

Da im Offenen Unterricht die Kinder völlig selbstständig arbeiten, braucht der Lehrer sie nicht als Stützen seines Unterrichts. Er ist nicht mehr abhängig von ihrer Kunst (oder Gunst), im Unterricht mitzumachen, niemanden zu stören, aufmerksam zu scheinen. Entsprechend offen ist er dafür, wie sich jemand etwas beibringt, wie lange er dafür braucht, und sogar auch, an was die Kinder lernen. Ein sauber geführtes Heft oder ein immer aufzeigender, fleißiger Schüler weisen nun einmal in keiner Weise auf einen Lernerfolg hin. Das wissen wir alle aus Erfahrung. Lernen hat nicht viel mit dem äußeren Schein von Interesse oder Fleiß zu tun. Können das dann aber Kriterien sein, nach denen man Schüler aussortieren kann?

Man muss differenzierter herangehen und überlegen, wann ein Einbezug des Arbeitsverhaltens in die Note wichtig ist. Generell sollte die tatsächliche Leistung, das individuelle Können des Kindes als Produkt maßgeblich sein. Bevor also ein Bezug zur Norm hergestellt wird, muss man sich das gesamte Können des Kindes im zu bewertenden Bereich ansehen, nicht nur eine Teilleistung, wie sie z. B. üblicherweise in Klassenarbeiten abgefragt wird. Man möchte ja nicht das Kurzzeitgedächtnis oder die Stressfähigkeit testen, sondern die Qualifikation des Kindes. Aber natürlich sollte bei einzelnen Kindern auch der Arbeitseinsatz berücksichtigt werden – primär aber bei den „schwachen" Kindern. Strengt sich hier jemand besonders an oder zeigt er gute Fortschritte beim Lernen, so kann er nicht trotzdem auf seiner schlechten

Note sitzen bleiben, nur weil er kognitiv oder vom Umfeld her nicht dieselben Voraussetzungen wie andere Kinder hat. Allerdings muss die Note auch im Vergleich rechtfertigbar bleiben oder sie muss gegebenenfalls durch ein ärztliches Gutachten bzw. offizielle Integrationsbemühungen außer Kraft gesetzt werden.

Leistungsbewertung als Einforderung des Lehrers oder des Schülers?

Wenn nun die Schülerprodukte das Medium der Leistungsmessung des Lehrers darstellen, so stellt sich die Frage, ob denn jedes dieser von den Kindern erstellten Produkte täglich bewertet werden sollte?

> Es mag überraschen, vielleicht sogar schockieren, dass die Lehrerin unter fast jede Schülerarbeit ihre qualifizierenden Bildstempel setzt. Muss denn, so kann man sich fragen, alles und jedes bewertet sein? [...] Offene Aufträge, wie sie im Rahmen des dialogischen Lernens gestellt werden, zielen auf eine sachbezogene und intensive Auseinandersetzung mit den Unterrichtsstoffen. Wenn wir als Lehrkräfte nicht in der Lage sind, solche Auseinandersetzungen zu würdigen und zu beurteilen, muss bei den Kindern der Eindruck entstehen, ihr Tun und Lassen im Unterricht sei beliebig, es habe keine – oder noch schlimmer – eine unberechenbare Wirkung. Gibt die Lehrperson ihre Leistungseinschätzung nicht klar und unmissverständlich bekannt, erzeugt sie früher oder später Desinteresse oder wilde Spekulationen über das, was wohl der Kern der Sache und die Intention des Unterrichts sei. (Ruf/ Gallin 1998b, 157f.)

Während GALLIN und RUF die tägliche Beurteilung für den auf Lehreraufträgen basierenden Reisetagebücherunterricht durchaus für richtig und wichtig halten, würde ich die Kontrolle bzw. Bestätigung der Schülerleistungen im Offenen Unterricht nur da vornehmen, wo sie von den Schülern individuell eingefordert wird. Eine kontinuierliche Bewertung (und Berichtigung) der Arbeiten mit entsprechenden Belohnungsstempeln o. Ä. drückt gleichzeitig neben der Kontrolle auch eine gewisse Herabwürdigung der Eigentätigkeit des Schülers aus, der ja eigentlich aus eigenem (Sach-)Interesse – und eben nicht für den Lehrer oder die Eltern – lernen soll. Die aus der inneren Eigenmotivation heraus entstehenden Leistungen werden plötzlich von jemandem ungefragt eingeordnet und auf Kriterien reduziert, die nicht viel mit dem eigenen Zugang zur Sache zu tun haben:

> Many of the activities we ask children to attempt in school, in fact, are of intrinsic interest to at least some of the children; one effect of presenting these activities within a system of extrinsic incentives [...] is to undermine the intrinsic interest in these activities of at least those children who have had some interest to begin with. (Lepper/ Greene 1973, 136)

Auch die landläufige Begründung, dem Schüler durch den Hinweis auf Unzulänglichkeiten und Fehler die notwendige Unterstützung in seinem Lernprozess zukommen zu lassen, greift nicht, denn die Erfahrungen zeigen, dass sich aus lerntheoretischen Überlegungen keine Gründe für eine Fehlerkorrektur im Sinne „nichts Falsches stehen lassen" finden lassen. Lernen ist ein dauerndes Hin- und Herpendeln von falschen und richtigen Vorstellungen, sodass eine Korrektur höchstens unmittelbar beim Entstehen des „Fehlers" wirklich nützen würde. Und das ist durch den Lehrer schon rein organisatorisch nicht leistbar. Und die von ihm erst später korrigierten Arbeiten hingegen nützen dem Schüler in der Regel nichts mehr. Der sieht sich diese sowieso nicht mehr an ...

> Aber nicht nur für die Schüler, auch für die Lehrer hat die Korrektur von Aufsätzen etwas Frustrierendes. Da sitzt ein Lehrer oder eine Lehrerin stundenlang hinter Schülerarbeiten und müht sich, die Überlegungen der Lernenden nachzuvollziehen, ja keinen Fehler zu übersehen und die Leistungen mit einem ausgeklügelten Kriterienkatalog ausführlich und gerecht zu beurteilen. Und wie reagieren die Lernenden? Sie werfen einen kurzen Blick auf die Note, sind erfreut oder verärgert und versuchen allenfalls, ihre Zensuren durch geschicktes Taktieren noch etwas aufzumöbeln. (Ruf/ Gallin 1998a, 200)
>
> Wir glauben vielleicht, dass die Schüler mithilfe unserer Korrekturen aus ihren Arbeiten noch etwas lernen könnten. Mit anderen Worten: Wir sehen in diesen Arbeiten weitere Lern-Möglichkeiten. *Aber der Schüler hat sie ja nicht in erster Linie als Gelegenheit zum Lernen betrachtet.* Er hat sie nicht so gemacht, dass er dabei hätte etwas lernen können. Er hat sie gemacht, weil es ihm angetragen worden ist. Darin besteht die Ungerechtigkeit der Welt, dass Korrekturen, statt den Kindern zu nutzen, ihnen zu helfen, besser zu schreiben, ihnen oft nur schaden. (Holt 1999, 260f.)

Viel wichtiger ist es daher, dass der Lehrer Zeit für die vom Schüler gewollten Korrekturen und Impulse hat, wenn dieser z. B. eine eigene Geschichte oder einen Vortrag rechtschriftlich überarbeiten will und Hinweise auf die Fehler braucht, oder eine Rechenaufgabe kontrolliert haben möchte, aber die Umkehrung eines Rechenverfahrens noch nicht kennt.

Bei der Resonanz auf die von den Kindern vorgelegten Arbeiten ist wichtig, dass diese immer ein ehrliches Feedback darstellt. Fehler zu akzeptieren heißt nicht, sie zu ignorieren. Nicht alles, was Kinder produzieren, ist toll – und das wissen die Kinder selbst meist am besten. Aber die Bewertung durch den Lehrer muss andererseits auch die Möglichkeiten des einzelnen Kindes berücksichtigen, und zwar ähnlich der differenzierenden Form, in der das Kinder untereinander machen: die Möglichkeiten und Anstrengungen des Einzelnen sind nicht nur einzubeziehen, sondern Grundlage des Bewertungsprozesses. Das, was das einzelne Kind auf Grund seines jeweiligen Entwicklungsstands bzw. seiner Fähigkeiten können müsste, kann als Maßstab gelten; das, was es noch gar nicht beherrschen kann, dient als Ausblick bzw. Herausforderung, aber daran kann es natürlich nicht gemessen werden. Auf Dauer können dann die meisten dieser Kontrollen von den Schülern selbst (evtl. auch mit entsprechenden Hilfsmitteln wie einem Taschenrechner oder der Rechtschreibkontrolle am Computer) bzw. von anderen Kindern übernommen werden.

Leistungsbewertung als gemeinsamer Prozess „von unten" statt als Vorgabe „von oben"

Die Leistungsbewertung sollte in der Klasse von Anfang an eine Rolle spielen – was sie auf eine positive Art von selbst tut. Durch den Prozess des Vorstellens und Reflektierens ihrer eigenen Arbeiten sowie der Arbeiten ihrer Mitschüler sind die Kinder Beurteilungen gewohnt und entwickeln ein sehr genaues Gefühl für die richtige Bewertung von Leistungen – und zwar eines, das sowohl der individuellen Entwicklung als auch dem Anspruch der Leistungsnorm gerecht wird. Die Leistungsbewertung ist ein ganz alltäglicher Prozess in der Klasse, sodass auch andere Formen der Leistungsmessung und Leistungsbeurteilung keine Stresssituationen o. Ä. erzeugen – eine nicht unwichtige Vorbereitung auf die weiterführende Schule und ihre Art der Leistungsmessung. Dabei ist allen klar, dass Leistungen nicht immer Höchstleistungen sein können und ein Kind trotzdem (bzw. gerade durch den Verzicht auf punktuelle Messungen) fair beurteilt werden kann. Von daher macht es auch keinen Sinn, Schüler zeitweise spezielle Bewertungsmappen o. Ä. erstellen zu lassen, mit denen sie sich dann möglichst gut verkaufen sollen.

Die Kinder tauschen sich von Anfang an über ihre Produkte und ihre „Tagesleistungen" aus, schätzen ihre Leistungen selber ein und fordern auch von anderen Bewertungen ein – wenn sie das wollen. Im dritten bzw. vierten Schuljahr können zusätzlich zur verbalen Einschätzung auch Ziffernnoten vorgeschlagen werden. Am besten äußert sich zuerst der „Produzent" reflektierend über sein Werk und formuliert eine Noteneinschätzung. Dann nimmt er selbst andere Kinder dran, die sich zu seiner Arbeit konstruktiv-kritisch und benotend äußern wollen. Zum Schluss kann dann eine Notenabstimmung durch alle Zuhörer erfolgen. In der Regel wird die Benotung der Kinder so zutreffend sein, dass sie vom Lehrer problemlos mitgetragen bzw. übernommen werden kann. Jedes halbe Jahr sollten die Kinder dem Lehrer, aber auch sich selbst (zunächst mündlich, dann zusätzlich schriftlich) ein „Zeugnis" schreiben, das als Gesprächsgrundlage über ihre Leistungen dienen kann. Aus den Notizen des Lehrers bzw. dem individuellen Gespräch mit dem einzelnen Kind (und evtl. zusätzlich einbezogenen Klassenkameraden) kann dann ein persönlich an die Kinder adressiertes Lerngutachten formuliert werden (in den Halbjahren der ersten und zweiten Klasse als „Privatzeugnisse", wenn keine Schulzeugnisse vorgesehen sind).

Zusammenfassend ist also zu sagen, dass die Leistungsbewertung im Offenen Unterricht neben dem Gesamteindruck bzw. dem Hintergrundwissen des Lehrers maßgeblich auf den täglichen Eigenproduktionen der Kinder beruht, die dem Lehrer sowohl Aufschluss über den momentanen Leistungsstand geben als auch die Lernentwicklung des Kindes in ihrem Verlauf genau dokumentieren. Möchte man darüber hinaus die Lernentwicklung in einem Quer- oder Längsschnittvergleich der Klasse bzw. einzelner Schüler dokumentieren, so kann man „Überforderungstests" durchführen, in denen sich Aufgaben oder Aufgabenformate über die Schuljahre hinweg regelmäßig wiederholen. Dabei muss jedem Kind sowohl nach oben als auch nach unten so viel Raum gelassen werden, wie es braucht. D. h. auch der stärkste Schüler darf nicht alle Aufgaben richtig lösen können, und auch die Betrachtung des Ergebnisses des schwächsten Schülers muss noch so viel Substanz aufweisen, dass eine differenzierte Diagnose des Leistungsstands möglich ist. Normtests (z. B. May 1997^3; Lehmann 1997; Lobeck 1987; 1990) bieten darüber hinaus die Einbettung der Ergebnisse in eine umfassende Stichprobe, sodass der Leistungsstand der Klasse bzw. des einzelnen Kindes quantifizierbar wird – eine sehr entlastende Sache für den Lehrer bzw. die Eltern.

4.3.8 Die neue Elternrolle – vom Kontrolleur zum Impulsgeber

Für die Selbstherrlichkeit, mit der sie die Eltern abspeist,
hat die Schule, ähnlich wie die Kirche, eine ideologische Begründung.
Die Kirche behauptet, nur sie allein wisse, wie der Mensch erlöst werden kann.
Die Schule behauptet, nur sie allein wisse, wie der Mensch etwas lernen kann.
Diese Behauptung ist falsch. (Zander 1976, 48)

Die SchülerInnen der 4. Klasse gehen gerne in die Schule, wollen keinen Tag versäumen; sie freuen sich auf ihre Hausaufgaben, die kreativ sind und von den Kindern als ‚spannend' empfunden werden; sie sind neugierig und wissbegierig – mit einem Wort zusammengefasst: motiviert. Es weht ein Hauch von Leichtigkeit im Umgang mit Schule, Spielerisches im Erwerb von Wissen, Lust am Fragen und Lernen. [...]

Was aber geschah auf diesem Elternabend?

Die Lehrerin wurde mit Vorwürfen überschüttet; mir als Vertreterin der Eltern wurde vorgeworfen, dies alles zugelassen zu haben, daß es nun mit unseren Kindern so weit gekommen sei, daß sie das Gymnasium nicht werden schaffen können. Ich war auf diese Vorwürfe vorbereitet und konnte anhand von Schularbeiten und Leistungsvergleichen nachweisen, dass die Kinder genau das können, was sie nach Abschluß der vierten Klasse können sollen. Ich dachte – voreilig – damit wäre der Fall geklärt, jedoch war damit das Problem nicht gelöst. Eine Mutter schrie: „Dann machen Sie doch unseren Kindern endlich Angst!" (Heitzlhofer 1991, 2)

Eltern sind wahrscheinlich das, vor dem Lehrer am meisten Angst haben. Das ist durchaus verständlich, denn Eltern können sich gegen eine ihnen nicht zusagende Schule mit ganz anderen Mitteln wehren als die (zwangsverpflichteten) und vom Schulsystem noch lange abhängigen Kinder. Dabei haben die meisten Eltern Schule und Lernen als notwendiges Übel bzw. als Vorbereitung auf „die Leistungsgesellschaft, in der wir nun einmal leben" erfahren, und können sich oft nur den selbst erfahrenen Weg mit traditionellem Unterricht vorstellen. (Wenn Lernen auch anders ginge, würde man ja implizit die eigene Biographie bzw. Teile des eigenen Lebens völlig in Frage stellen – und wer macht das schon gerne?) Und die Eltern, die sich zu Wort melden bzw. überhaupt in der Klassenpflegschaft blicken lassen, sind meist die, die gelernt haben, diese Leistungsgesellschaft – trotz aller eigenen Vorbehalte – für sich zu nutzen. Und sie wollen, dass ihre Kinder dies genauso tun.

Und jetzt werden ihnen vom Lehrer auf einmal Grundsätze für eine Unterrichtsgestaltung präsentiert, die ganz anderen Prämissen folgt, als die, die man bislang als zu Schule passend angesehen hat:

- Die institutionellen und organisatorischen Vorgaben (Richtlinien, Lehrpläne, Verwaltungsvorschriften, Stundenplangestaltung, Klassenraum) sind nicht mehr strenger Arbeitsplan, sondern ermöglichen eine autonome Klassenorganisation, d. h. sie gewähren sowohl im Hinblick auf die inhaltliche und methodische, aber auch die zeitliche Gestaltung des Schultages einen fast unbegrenzten Freiraum.
- Der Lehrer „lehrt" nicht mehr, er „unterrichtet" niemanden, sondern er begleitet den Lernenden auf seinem individuellen Lernweg, hinterfragt, gibt Impulse, stellt

Bezüge her. Die Schüler müssen nicht mehr brav stillsitzen und den Lehrstoff „einpauken", sondern eignen sich Wissen, Fertigkeiten und soziale Kompetenz durch eigenes Forschen und gemeinsame Gespräche an. Sie entscheiden selbst über Lernwege, Hilfsmittel und Inhalte, ja sogar über die Klassenregeln und die Tagesgestaltung.

- Auch gibt es keine Schulbücher mehr, die den Kindern Aufgaben und Hilfen geben – und an denen man so gut ablesen kann, wie gut das eigene Kind ist. Stattdessen erforschen die Kinder selber die Zusammenhänge und Strukturen in den Fächern. Arbeits- und Hilfsmittel sollen ihnen dabei als „Werkzeuge" helfen – aber die eigene Hilfe durch gemeinsames Üben mit dem Kind wird den Eltern vom Lehrer untersagt.

Information und Transparenz als vorbeugende Maßnahme

Wenngleich dieses Modell Offenen Unterrichts durch die Richtlinien und Lehrpläne juristisch abgesichert ist, so ist es immer besser, einen bestmöglichen Einklang mit den Personen zu schaffen, die involviert sind. Dabei ist die Information der Eltern, der Kinder selbst, aber möglichst auch der Geschwister und Verwandten wichtig. Zum einen können abfällige Äußerungen („Wie, ihr könnt immer machen, was ihr wollt – da kannst du ja nichts lernen") oder aber auch häusliche „Nachhilfeeingriffe" fatale Folgen durch „Blockieren" der Kinder haben. Zum anderen greift aber auch der auf Mitbestimmung der Kinder ausgerichtete Offene Unterricht stark in die familiäre Erziehung ein, denn dort ist das demokratische Grundverständnis einer gewissen Gleichberechtigung von Kindern und Erwachsenen in persönlichen Entscheidungen nicht immer selbstverständlich.

Aber selbst wenn es zwischen der häuslichen und der schulischen Erziehung Differenzen gibt, stellen diese nicht unbedingt ein Problem dar, wenn sich die Beteiligten über ihre unterschiedlichen Meinungen und Auffassungen im Klaren sind. Gerade Kinder können unterschiedliches Verhalten von Personen gut differenzieren und entsprechend angepasst (oder diplomatisch) reagieren. Ein entsprechender Austausch erfordert allerdings eine ehrliche und – vor allem am Anfang – umfassende Elternarbeit in Einzel- oder Klassengesprächen, in denen den Eltern das Gesamtkonzept und die Vorgehensweise in den Fächern erklärt werden. Dazu gehören Informationen darüber,

- wie (signifikantes) Lernen eigentlich vonstatten geht (interessegeleitet, selbstgesteuert, individuell, nicht linear, nicht bei Null anfangend usw.) – am besten anknüpfend an die eigenen Lernerfahrungen der Anwesenden (Wie, was, wo und wann lernen sie selbst am besten?);
- wie die kindliche Schreib- und Rechtschreibentwicklung vor sich geht (Schreibentwicklungstabelle, Lesen durch Schreiben);
- wie die mathematische Entwicklung unter Einbezug der hohen Vorkenntnisse der Kinder verläuft (Fragen nach dem Vorwissen der Kinder – und ihrer anzuneh-

menden Reaktion auf einen Lehrgang, bei dem sie erst nach mehr als einem Jahr über 20 rechnen dürfen);
- worauf es in allen Fächern unter dem Stichwort „Lernen des Lernens" bzw. der Ausbildung von Schlüsselqualifikationen und -kompetenzen als Qualifikationen für das spätere (Erwerbs-)Leben ankommt (Wortgewandtheit und Ausdrucksvermögen statt kalligraphischer Schönschreibleistung, mathematisches Denken statt heruntergeleierten Einmaleinsreihen, Forschergeist statt Teilnahmslosigkeit usw.);
- worauf es bei der Leistungserziehung und Leistungsmessung ankommt (eigenmotiviertes, selbstverantwortliches Leisten statt „Aberledigen", Erfassen der Gesamtqualifikation in einem Bereich statt Abtesten eingepaukter Techniken);
- wie eine (integrierende) Sozialerziehung die größten Chancen hat (Achtung der Rechte des Einzelnen und der Gemeinschaft durch demokratische Selbstverwaltung);
- und worin beim individualisierenden Vorgehen die Unterschiede zum traditionellen Vorgehen bestehen bzw. welche Probleme oder Andersartigkeiten sich ergeben können (kein lineares Lehrgangslernen, Erforschen statt Auswendiglernen, Ausüben statt Einüben usw.).

Dabei sollte den Eltern die Einbettung dieser didaktischen/fachdidaktischen Punkte in ein erzieherisches Gesamtkonzept klar werden. Ein Gesamtkonzept, das Selbstständigkeit und Selbstverantwortung einfordert – und dies auch da, wo es evtl. schwerer fällt:

> Selbstständigkeitserziehung ist [...] nicht möglich, wenn das Kind ständig kontrolliert, kritisiert und bemuttert wird. Selbständig wird das Kind, wenn man es selbständig gewähren lässt. So soll es z. B. seinen Schulranzen selber packen. Die Mutter ist auch nicht dazu da, ihm den Turnbeutel nachzutragen, wenn es ihn vergessen hat. Es soll selber vor der Lehrerin für seine Vergesslichkeit einstehen. Normalerweise soll man das Kind nicht in die Schule begleiten und von der Schule abholen. Wenn es einen gefährlichen Schulweg hat, dann zeigen Sie ihm, wo und wie es auf den Verkehr achten soll. Im Übrigen genügt es, wenn man das Kind rechtzeitig von zu Hause wegschickt. Dass es nicht herumtrödelt, ist seine Sache. (Reichen 2001, 198)

Zusätzlich sollte es immer wieder eine situative Informationsversorgung bezüglich bestimmter Abläufe sowie der Lernentwicklung des einzelnen Kindes geben. Dadurch behalten die Eltern auch in schwierigeren „Chaosphasen" das Vertrauen in das ungewohnte Konzept. Vor allem sollten die Eltern etwaige Probleme mit dem Unterricht nicht am Kind auslassen, sondern direkt den Kontakt zum Lehrer suchen, damit Missverständnisse vermieden werden können und die Kinder nicht „zwischen die Stühle geraten".

Zu überdenken ist auch, ob man nicht Eltern (und Kindern) den zeitweisen Aufenthalt in anderen Klassen bzw. Gespräche mit Kollegen und Schulleitung ermöglichen kann, denn man fordert sehr viel von ihnen: Sie sollen als Laien in einer Zeit immer unsicherer werdender Arbeitsmöglichkeiten ihre Kinder „irgendwelchen neumodischen Unterrichtsexperimenten" anvertrauen, in denen diese den ganzen Tag „machen können, was sie wollen". Wer da Bedenken der Eltern persönlich nimmt, urteilt zu vorschnell. Man muss sich in die Lage der Eltern versetzen. Bei der Einweisung des Kindes in eine Klasse mit herkömmlichem Unterricht hätte alles seinen gewohnten Gang genommen, und man wäre als verantwortliche Eltern zumindest kein unkalkulierbares Risiko eingegangen (denkt man zumindest). Je nachdem, wie sich das Kind im Offenen Unterricht entwickelt, werden sich die Eltern dann eher positiv oder eher negativ mit dieser Unterrichtsform auseinandersetzen. Nun ist nicht mehr das Kind für eventuelle Defizite verantwortlich, sondern die Methode – ganz im Gegenteil zum herkömmlichen Unterricht, wo der Fehler in der Regel nicht bei Methode oder Lehrer gesucht wird, sondern immer dem Kind in die Schuhe geschoben wird. Ein unglaublicher Widerspruch: Im lehrerorientierten Unterricht ist das Kind schuld, im schülerorientierten der Lehrer. In Wirklichkeit müsste die „Schuldfrage" eigentlich genau anders herum gestellt werden.

Stützen und Herausfordern statt Nachhilfe geben

Nicht nur das Bild von der Tätigkeit der Kinder in der Schule muss sich bei den Eltern ändern, sondern auch die Rolle, die sie zu Hause einnehmen. Dabei fordert man einiges von ihnen, denn durch den Verzicht auf den Lehrgang nimmt man ihnen in gewisser Weise die direkte Vergleichsmöglichkeit der Leistungen ihres Kindes mit anderen Kindern bzw. Klassen. Der vermeintliche Leistungsstand lässt sich nicht mehr einfach an den durchgenommenen Buchseiten ablesen und die Förderung des Kindes zu Hause kann nicht mehr durch das Einpauken des Lehrgangs erfolgen.

> Glauben Sie der Lernpsychologie, die nachweisen kann, dass alles, was das Kind von sich aus lernt, besser haftet und eine stabilere Basis für weiterführendes Lernen bietet, als das, was nachahmend übernommen wird. Gestehen Sie den Kindern daher nicht nur Spielräume zu, sondern auch Experimentier- und Erkundungsgelegenheiten. Wenn das Kind Ihnen bei Ihrer Arbeit helfen will, dann sagen Sie nie: „Das kannst du noch nicht." Nehmen Sie gewisse Unannehmlichkeiten in Kauf. Beobachten Sie mit dem Kind zusammen Tiere, Pflanzen, Verkehr, Leute, Haushalt, Garten, Wald usw. Zeigen Sie ihm besondere Sachverhalte und Zusammenhänge, lassen Sie es fragen und reden. Zeigen Sie ihm, wenn immer möglich, auch die Arbeitsplätze von Vater und Mutter, die Mitarbeiter usw. Und erzählen Sie dem Kind schließlich viele, seinem Alter gemäße Geschichten. (Reichen 2001, 199)

Die auf selbstgesteuertes Lernen abzielenden Aneignungsformen verlangen von den Eltern ein Umdenken: Wenn sie ihrem Kind helfen wollen, müssen sie eine Rolle einnehmen, die der des Lehrers in der Schule sehr ähnlich ist:

- Sie sollten für eine anregende, herausfordernde (Lern-)Umgebung sorgen, die aber nicht didaktisch inszeniert ist sondern „natürlich", d. h. es sind auch zu Hause Bücher vorhanden, Möglichkeiten zum Basteln, Bauen und Experimentieren, zum Erkunden und Erforschen.
- Sie sollten statt stundenlang neben dem Kind zu sitzen, um mit ihm Hausaufgaben zu machen oder Sachen einzuüben, dann wirklich Zeit haben, wenn das Kind danach verlangt bzw. es Sinn macht, d. h. wenn das Kind das Gespräch sucht,

wenn ein Büchereibesuch angebracht erscheint, wenn man zusammen interessante (Lern-)Orte besuchen kann.
- Sie sollten selber als interessiertes und lernendes Vorbild dienen, d. h. dem Kind zeigen, dass sie auch Lernende sind und bestimmten Interessen nachgehen, Bücher oder Zeitung lesen, Pläne machen, Kalkulationen berechnen; aber auch Zeit haben, um dem Kind Geschichten vorzulesen, zu erzählen oder sich erzählen zu lassen, um selber Denkspiele, Rätsel, Knobelaufgaben anzugehen, Sachen zu hinterfragen, zu erforschen und auszuprobieren.

Die Eltern können dem Kind jederzeit Hilfen im Sinne von gemeinsamen Überlegungen oder Impulsen geben, das übliche Beibringen, Üben oder Nacharbeiten von Schulstoff sollte aber nicht erfolgen. Natürlich können Eltern auch im Unterricht mitwirken. Dabei unterliegt ihr Einbezug denselben Vorgaben, wie sie ihnen für die Betreuung zu Hause gemacht werden. Am besten und unkompliziertesten erscheint es, wenn Eltern ihre eigenen Erfahrungen und Interessen mit in die Schule bringen und als Experten oder Laien z. B. projektorientierte Stunden oder Einheiten zu bestimmten Themen anbieten (als Kunstmaler, als Arzt, als Schwangere). Allerdings sollten immer auch die Kinder dieser Eltern gefragt werden, wie sie selbst die Anwesenheit ihrer Eltern in der Klasse empfinden. Ein Empfinden von Kontrolle oder Einzelförderung sollte vermieden werden. Und ab und zu sollten gemeinsame Klassenaktionen mit Kindern, Geschwistern, Eltern und Lehrer die ganze Sache dann abrunden.

4.3.9 Die neue Rolle der Unterrichtsplanung – von der Vorplanung zur situativen Herausforderung

„Planung und Öffnung – Das kommt einer Quadratur des Kreises gleich" (Wallrabenstein 1996, 27). Ja, das kommt es zweifelsohne. Aber Offenheit ohne Planung ist noch schlimmer. Offenheit muss geplant werden, damit sie sich einigermaßen so darstellt, wie man es beabsichtigt. Deshalb ist Offener Unterricht auch in seiner radikalsten Form alles andere als beliebig. Prinzipien wie Situationsorientierung, Selbststeuerung und interessegeleitetes Lernen, die auf den ersten Blick ein hohes Maß an Beliebigkeit unterstellen oder vermuten lassen, erzeugen durch ihre Offenheit zum Schüler, zum Fach und zur Situation ein Lernen einer ganz anderen Qualität auf einem ganz anderen Auseinandersetzungsniveau als herkömmlicher Unterricht. Erst diese Offenheit führt dazu, dass das Lernen eine individuelle Sinngebung bekommt und dadurch alles andere als beliebig ist und erlebt wird. Und die Offenheit, die das ermöglicht, muss geschützt und damit sehr wohl vorgedacht werden. Die Begründung für die Planung der Offenheit ist also nicht die herkömmliche, die Planung als unerlässliche Grundlage jedweden Unterrichts ansieht, sondern die Planung ist notwendig, damit der Unterricht eben nicht in das herkömmliche Planungsraster fällt. Sie ist nötig, damit Lehrer und Schüler alte Traditionen überwinden können. Die Offenheit des Offenen Unterrichts hat daher nicht nur eine ganz andere

Qualität, sondern auch ganz andere Ziele als die vorgeplante „Offenheit" des herkömmlichen Unterrichts.

> Bei der Diskussion [...] wurde Übereinstimmung darüber erzielt, daß die Prinzipien „offenen Unterrichts" keine grundsätzlich neue didaktische Position darstellen, wohl aber eine konsequente Übertragung von Zielansprüchen auf die Planung und Durchführung sowie die Arbeits- und Kommunikationsformen der täglichen Unterrichtspraxis bedeuten." (Messner 1978, 147)

Leider wird von vielen Autoren in der Literatur zum Offenen Unterricht die Andersartigkeit der Planung Offenen Unterrichts völlig übergangen. Man formuliert hehre Ansprüche und Ziele, spricht vom Spannungsfeld zwischen Freiheit und Verbindlichkeit, zwischen den Bedürfnissen des Kindes und den Anforderungen des Faches, zwischen dem Einbringen eigener Interessen und dem Erlernen vorgegebener Konventionen und leitet daraus einen Unterricht ab, der sich und seine Ziele selber karikiert. Natürlich existieren diese Spannungsverhältnisse. D. h. aber nicht, dass man sie gleichwertig und gleichartig in gewohnter Weise didaktisieren bzw. „in Unterricht umwandeln" kann.

Das, was in Schule schließlich aus offenen und schülerorientierten Konzepten gemacht wird, zeigt das anschaulich: Die wirklich interessanten und herausfordernden Mathematikaufgaben werden durch das „Unterrichten" durch den Lehrer zu Abneigung erzeugenden Techniken, die gefangennehmenden Sprachentdeckerrätsel zur stupiden Abschreibübung und das spannende freie Forschen im Sachunterricht zum schematischen Notieren von Beobachtungen nach vorgegebenem Raster – auch wenn es jetzt Rechenkonferenz, Schreibkonferenz oder integrierender Sachunterricht genannt wird. Nach der aussichtsreichen Entwicklung wegweisender Aufgaben und fachdidaktischer Modelle in den letzten Jahren werden diese Ergebnisse vor Ort eben nicht in ein umfassendes allgemeindidaktisches Konzept eingebettet, sondern finden sich als losgelöste Teilbereiche irgendwo als Garnierung des herkömmlichen Unterrichts. Aber es ist ein Irrtum zu glauben, dass die mit diesen Aufgaben einhergehenden hohen Ziele so einfach zu den Zielen des einzelnen Schülers werden können. Werden sie das aber nicht, sind alle Bemühungen davor zunichte.

Bevor die im Fach selbst liegende Herausforderung im Unterricht überhaupt genutzt werden kann, muss sie zur eigenen Herausforderung des Lernenden an sich selber werden. Da man motivierter, interessierter und lerneffektiver arbeitet, wenn man die Möglichkeit hat, sich freiwillig für eine Sache zu entscheiden anstatt dazu gezwungen zu werden, sollten die Herausforderungen des Faches als interessante Impulse in einer offenen Atmosphäre bereit stehen – unverbindlich, als Anreiz zum Lernen. In Klassen, die auf dieser Basis arbeiten, pflanzen sich spannende Themen und Ideen automatisch fort, weil die Kinder nicht nur sehr daran interessiert sind, was andere Kinder in der Klasse machen, sondern weil auch immer wieder ein direkter (ausstrahlender) Kontakt mit dem Stoff erfolgt – und zwar auf eine ganz authentische

Art über denjenigen, der sich gerade mit dieser Sache auseinandersetzt. Das kann kein vom Lehrer inszeniertes Motivationsspiel bieten.

Im Zuge der veränderten Sichtweise auf Unterricht werden mittlerweile die alten didaktischen Schemata zur Unterrichtsplanung einer gewissen Prüfung unterzogen und bekommen ein „Update" im Hinblick auf die geforderte „individualpädagogische" Unterrichtsgestaltung.

> Die traditionelle *Vermittlungsdidaktik,* die noch stark von der Idee eines konsequent vom Lehrer geplanten lehrstofforientierten Unterrichts mit vorgegebenen geschlossenen Artikulationsschemata ausging, wird heute meistens nicht mehr so eng umgesetzt. Sie wird ergänzt durch eine *Arrangementsdidaktik,* in der der Lehrer seine didaktische Aufgabe eher in der Planung und Vorbereitung von Lernsituationen und der Prozeßsteuerung des Unterrichts sieht. (Krawitz/ Kurz 1997, 97)

Aber auch hier muss man genau hingucken, welcher Art der Unterricht ist, der dort angepriesen wird: Die Rolle des jeden Unterrichtsschritt bis ins Kleinste vorplanenden Lehrers wird aufgebrochen und der Schüler rückt in den Vordergrund. Man geht bei der Unterrichtsplanung nun nicht mehr von der zwingenden Sachlogik des durch den Lehrplan verordneten Inhaltes aus und reduziert diesen dann im Hinblick auf das (leider) gegebene Bedingungsfeld, um schließlich auf Grund dieser Überlegungen zu mehr oder weniger differenzierten Arbeitsvorgaben zu kommen, sondern man dreht den Spieß um. Nun versucht man das Bedingungsfeld der Klasse und die scheinbaren Bedürfnisse der Schüler zum Ausgangspunkt der Überlegungen zu machen, überlegt, auf welche Inhalte die Kinder anspringen könnten, welcher Inhalt und welche Materialien sie wohl motivieren würden, welche Unterrichtsphasen vorstrukturiert werden müssen, welche durch entsprechende Arbeitsformen geöffnet werden können, welche Maßnahmen der Differenzierung und Individualisierung notwendig sind usw.

Diese veränderte Sichtweise stellt aber immer noch keine wirkliche Veränderung von Schule bzw. kein echtes Aufbrechen der alten Strukturen dar. Pointiert gesagt, kann es nicht darum gehen, das Planungsmonopol des Lehrers durch das Planungsmonopol des Lehrers zu ersetzen, auch wenn dieser im zweiten Fall ein paar Planungsentscheidungen der Schüler in den Unterricht einfließen lässt. Ein solcher Unterricht wird streng genommen weder dem Attribut eines schülerorientierten noch dem eines individualpädagogischen oder Offenen Unterrichts gerecht. Vielleicht kann dies durch eine Gegenüberstellung von lehrerorientiertem, materialorientiertem und Offenem Unterricht veranschaulicht werden – und zwar idealtypisch, d. h. ohne zu unterstellen, dass nicht bestimmte Momente von allen Modellen angestrebt werden. (Vgl. i. F. auch Oellrich-Wagner 1996, 14; Gallin/ Ruf 1990, 19f.; Krawitz/ Kurz 1997, 92-108)

Intentionale Überlegungen
geschlossen
Wenn ich meinen Unterricht vorbereite, so setze ich mich zuhause hin, nehme alle Sachbücher und schau nach, was die Verlage zu meinem ausgewählten Thema herausgebracht haben. Meistens übernehme ich dann die eine oder andere Seite oder schreibe sie um und fertige passende Matrizen dazu an. Manchmal frage ich auch einen Kollegen, ob der was Entsprechendes zum Thema hat. (Knauf/ Knauf 1979, 9)

Lehrergeplanter „offener" oder „geschlossener" Unterricht	Materialorientierter Unterricht und „Arrangementdidaktik"
Was ist als Nächstes „dran"? Welche Lernziele müssen erreicht werden? Wie viel Zeit habe ich, um den Stoff einzuführen, zu üben und zu kontrollieren?	Welches Thema klingt interessant? Was könnte die Schüler als Nächstes interessieren? Welches Material habe ich zur Verfügung? Welche Ziele welcher Fächer kann ich mit dem vorhandenen Material erreichen?

Überlegungen zum Bedingungsfeld
geschlossen
Wenn ich meinen Unterricht vorbereite, so setze ich mich zu Hause hin und überlege, was meine Klasse im Hinblick auf das mir vorschwebende Thema und meine Ideen zur Umsetzung leisten kann, welche Schüler Defizite aufweisen und besondere Förderung und Materialien brauchen, welche Schüler undiszipliniert sein und den Unterricht bzw. die anderen Schüler stören könnten, welche Kinder ich mit anderen zusammenarbeiten lassen sollte, welche Kinder besondere Kontrollen brauchen werden.

Lehrergeplanter „offener" oder „geschlossener" Unterricht	Materialorientierter Unterricht und „Arrangementdidaktik"
Welches Leistungsniveau hat die Klasse im Durchschnitt? Wie diszipliniert können die Kinder arbeiten? Welche Arbeits- und Sozialformen sind ihnen bekannt? Welche schwachen oder auffälligen Schüler gibt es in der Klasse?	Können die Kinder selbstständig nach Plan arbeiten? Sind ihnen die in den Aufträgen verlangten Arbeits- und Sozialformen bekannt? Welche schwachen oder auffälligen Schüler gibt es in der Klasse, die besondere Aufgaben oder Hilfestellungen bei der Erledigung ihrer Aufträge brauchen?

Intentionale Überlegungen
offen
Wenn ich mich in der Klasse aufhalte, sehe (bzw. spüre ich), was läuft, wie sich einzelne Kinder heute fühlen, was sie bewegt und beschäftigt. Da ich nicht unterrichte, habe ich die Zeit und Möglichkeit, wirklich mitzubekommen, was passiert, was gut und was schlecht läuft, wo Hilfen und Stützen notwendig sind, wo die Gemeinschaft gefragt ist. Es gibt 25 Kinder, für die alle die verschiedensten Ziele wichtig sind. Hunderte von Zielen nebeneinander. Ein paar kenne ich, ein paar kann ich mir denken, ein paar kennen die Kinder, aber der größte Teil ist unsichtbar und unbewusst – und wird auch so erreicht. Lernzuwachs geschieht nicht durch das Aufstellen von Zielen und wird auch nicht dadurch erreicht. Den größten Teil dessen, das wirklich wichtig für sie ist, lernen die Kinder nebenbei und unbewusst – auf allen möglichen Ebenen: kognitiv, emotional, sozial usw.
Offener Unterricht
Stimmt die Lernatmosphäre in der Klasse?   Kann ich die Tätigkeiten der Kinder nachvollziehen?   Für welches Kind ist momentan was (welches „Ziel") am wichtigsten?   (Wer braucht zurzeit vor allem emotionale Geborgenheit; welche Kinder brauchen momentan völligen Freiraum, um sich langfristig eigene Ziele zu setzen; welche Kinder brauchen mich als Person; welche Kinder brauchen momentan stofflich neue Herausforderungen etc.?)   Gibt es Kinder, die momentan Bedarf in einer bestimmten Hinsicht haben (Material, Impulse, Ideen, In-Ruhe-Gelassen-Werden, Smalltalk, Gespräch mit den Eltern, Einfach-daneben-Sitzen usw.?   Wo bin ich als Lehrer für Impulse nötig, wo kann die Klasse das selbst leisten?

Überlegungen zum Bedingungsfeld
offen
Wenn ich mich in der Klasse aufhalte, sehe (bzw. spüre ich), was läuft, wie sich einzelne Kinder heute fühlen, was sie bewegt und beschäftigt. Ich kann direkt auf sie reagieren, andere Kinder um Rat fragen, Sachen im Kreis ansprechen. Ich kann mich mit einzelnen Kindern zusammensetzen, Impulse geben, Materialien besorgen, Hilfestellungen geben, einfach da sein. Weil ich nicht „unterrichte", bin ich jederzeit ansprechbar – auch für außerschulische Sachen. Ich bekomme mit, was gerade „Gesprächsthema" ist, wer welche Probleme hat. Niemand verstellt sich vor mir, niemand muss mir Leistungen vorgaukeln, die er nicht erbringt. Es herrscht eine befreite, ehrliche Atmosphäre. Wir kennen uns wirklich gegenseitig.
Offener Unterricht
Warum arbeitet A. momentan in dieser und dieser Art, auf diesem und diesem Niveau, mit diesen und diesen Partnern etc.?   Was beschäftigt B. zur Zeit am meisten?   Haben sich bei C. die Probleme zu Hause geklärt?   Welche Impulse könnte H. noch für ihre Kniffelaufgaben brauchen?   Wie arbeitet D. in der Gruppe mit E. zusammen?   Braucht F. einfach nur noch mehr Zeit oder könnte es medizinisch zu klärende Gründe für seine „Verzögerung" geben?   Soll ich G.s Eltern noch mal darauf aufmerksam machen, dass korrigierte Hausaufgaben niemandem nützen?

Didaktische Überlegungen
geschlossen
Wenn ich meinen Unterricht vorbereite, so setze ich mich zu Hause hin und überlege, wie sich das nächste Thema gestalten könnte. Ich sehe die Bücher durch, überlege, welches Material ich habe, was ich noch besorgen oder selber machen könnte, ob innerhalb des Themas alle Fächer vorkommen und möglichst alle Sinne angesprochen werden.

Lehrergeplanter „offener" oder „geschlossener" Unterricht	Materialorientierter Unterricht und „Arrangementdidaktik"
Was muss ich mir noch selbst an Sachwissen zum Unterrichten aneignen?	Habe ich genügend Arbeitsmaterial?
Auf welchen Teilbereich müssen die Inhalte reduziert werden? Wie vermeide ich Abschweifungen von meinen Lernzielen, die aus der Beschäftigung mit dem Stoff resultieren können?	Sind alle Teilbereiche, die mir wichtig sind bzw. die sachlogisch vorgegeben sind, abgedeckt? Welche Aufträge sollten die Kinder auf jeden Fall verbindlich bearbeiten?
Gibt es eine sachlogische Abfolge, in der die Inhalte zu vermitteln sind? Gibt es eine sachlogische Abfolge vom „Einfachen" zum „Komplizierten", die ich nutzen kann?	Sind die Materialien gut vorstrukturiert? Gibt es Materialien, die einander bedingen?
Welche Inhalte muss ich ausklammern, damit es möglichst wenig Schwierigkeiten für die Schüler gibt?	Welche Materialien sind wenig motivierend, zu kompliziert oder unzureichend aufbereitet?

Methodische Überlegungen
geschlossen
Wenn ich meinen Unterricht vorbereite, so setze ich mich zu Hause hin und überlege, wie ich unsere Einheit aufbauen soll, was für einen schönen Einstieg ich in das Thema finden könnte, welches Material sicher für die Kinder ist, wo ich sie in der Eingangsphase einbeziehen kann, wie ich dann zu meinem Unterrichtsvorhaben überleiten werde, welche Räume ich mitbenutzen sollte, wie ich den Ablauf so sicher mache, dass ich den Überblick über alle Kinder behalte, welche Lehrgangsphasen wann notwenig sind, wann und in welcher Form ich den Test über das Thema durchführe.

Lehrergeplanter „offener" oder „geschlossener" Unterricht	Materialorientierter Unterricht und „Arrangementdidaktik"
Passt die übliche Stundengliederung in Hausaufgabenkontrolle, Motivationsphase, Erarbeitungsphase, Stillarbeitsphase und Hausaufgabennotation, oder muss ich in dieser Stunde anders vorgehen?	Passt die übliche Stundengliederung in Initiationsphase, Produktionsphase und Integrationsphase? Habe ich für die notwendigen Spannungs- und Entspannungsphasen gesorgt?

Didaktische Überlegungen
offen
Wenn ich mich in der Klasse aufhalte, sehe (bzw. spüre ich), was läuft, wie sich einzelne Kinder heute fühlen, was sie bewegt und beschäftigt. Ich nehme wahr, wie sie sich gegenseitig herausfordern und anregen, erliege selbst der Spannung, die ihr Knifflen und Entdecken ausstrahlt, spüre, wie sich meine Begeisterungsfähigkeit für langweilige Aktionen oder reproduktive Tätigkeiten in Grenzen hält, verfolge gespannt die Lernwege der Kinder, äußere – wie die anderen Kinder auch – Impulse und Ideen und diene oft selbst genug als „lernendes Vorbild", wenn ich Sachen nicht auf Anhieb verstehe oder nachschlagen muss, wenn ich etwas gefragt werde, was mein eigenes Wissen um Längen übersteigt.
Offener Unterricht

Bin ich selbst so sicher im Stoffgebiet, dass ich die Inhalte der Lehrpläne so auf die tragenden Momente reduzieren kann, dass ich den Kindern größtmöglichen Freiraum bei der Auswahl und dem Umfang der Inhalte lassen kann?
Habe ich selber kein Problem damit, bei den Kindern auch mir selbst unbekannte Gebiete zuzulassen und sie dort als „lernender Laie" zu begleiten?
Haben die Kinder alle Möglichkeiten eines ganzheitlichen und herausfordernden Zugangs zum Stoffgebiet?
Können sich die Kinder in einem Raum bewegen, in dem sie nicht durch Unverständnis von außen gestört werden, wenn sie ihrer eigenen Entwicklung und nicht dem Lehrbuch oder der Sachstruktur einer (fertigen) Wissenschaft folgen?
Ist den Kindern selbst und den Personen, die mit ihnen umgehen, klar, dass Umwege, Fehler und der Aufbau eigener (u. U. chaotisch erscheinender) Strukturen konstruktive Wegmarken des Lernprozesses sind?

Methodische Überlegungen
offen
Wenn ich mich in der Klasse aufhalte, sehe (bzw. spüre ich), was läuft, wie sich einzelne Kinder heute fühlen, was sie bewegt und beschäftigt. Ich bin ansprechbar, um Hilfen und Impulse zu geben, Sachen auf Nachfrage zu kontrollieren, Material zu besorgen oder einfach nur zuzuhören. Ich kann mich intuitiv und (dadurch) authentisch in den Lernprozess des Einzelnen bzw. der Klasse einbringen, erkenne übergreifende Zusammenhänge in der Entwicklung, die vonstatten geht. Ich bekomme durch die Eigenproduktionen der Kinder ihre Lernentwicklung mit, merke, welch hohen Anspruch sie erfüllen, wenn sie lesen, schreiben, rechnen, forschen, „entdeckend" oder „erfindend" lernen, bin über Zusammenhänge erstaunt, die mir vorher so nicht klar waren, merke, wie wichtige Wegmarken „Fehler" auf dem Weg des individuellen Lernprozesses sind.
Offener Unterricht

Können die Kinder selbstreguliert lernen und Arbeiten und Pausen selber bestimmen?
Haben die Kinder die Möglichkeit, auf gemeinsame Phasen und Institutionen (Gesprächskreis, Klassenrat, Projektabstimmung etc.) zurückzugreifen, wenn sie sie benötigen, können sie aber auch ohne Ablenkung weiterarbeiten, wenn sie diesen Bedarf nicht haben?

Methodische Überlegungen	
Lehrergeplanter „offener" oder „geschlossener" Unterricht	Materialorientierter Unterricht und „Arrangementdidaktik"
Welchen Teil des Themas kann ich in 45 oder 90 Minuten erarbeiten lassen? Welche Lösungsmuster sollen die Schüler einüben?	Sind die Materialien selbsterklärend und führen sie die Schüler sicher zur angestrebten Lösung bzw. einzuübenden Technik?
Wie ist das Problem im Lehrbuch gelöst, und wie helfe ich den Schülern zu verstehen, um was es geht? Wie und in welcher Abfolge muss ich den Stoff erklären?	Wie führe ich die Materialien ein und erkläre den Arbeitsablauf?
Habe ich den Stoff so aufbereitet, dass die Schüler sich ihn in entsprechenden Lektions- und Verständnisschritten problemlos aneignen können?	Ist den Schülern die Arbeit mit dem Material so klar, dass sie selbstständig damit umgehen können?
Welches sind die besten Arbeits- und Sozialformen zur Aneignung des Stoffs?	Ist den Schülern klar, in welchen Sozialformen sie arbeiten sollen bzw. sind die Materialen entsprechend bezeichnet? Soll ich die Gruppen einteilen oder können sie das selber anhand des Materials?
Welche Hilfs- und Veranschaulichungsmittel benötigen die Schüler zur Durchführung ihrer Arbeit?	Schulen die Arbeitsmittel ein „Lernen mit allen Sinnen" bzw. wird der Übungsinhalt über mehrere Sinne eingeübt?
Wie steige ich in das Thema so ein, dass die Schüler zur Mitarbeit motiviert werden? Wie formuliere ich die Arbeitsaufträge, dass sie richtig verstanden werden?	Gibt es einen schönen gemeinsamen Einstieg in das Thema? Welche Brücken kann ich zum Interesse/ Vorwissen schlagen, damit die Schüler zur Arbeit motiviert werden?
Welche Schüler brauchen inhaltliche oder methodische Differenzierungsmaßnahmen?	Decken die Arbeitsmittel die Leistungsdifferenzen der Kinder ab? Welche besonderen Fördermaterialien werden benötigt?
Wie unterstütze ich die Schüler darin, dass sie möglichst wenig Fehler machen?	Sind die Materialien so aufgebaut, dass die Schüler sich keine falschen Lösungen einprägen können?
Bei welchen Kindern muss ich bei der Stillarbeit in der Klasse besonders auf Fehler achten?	Haben die Materialien eine Selbstkontrollmöglichkeit (eingebaute Fremdkontrolle ...)?
Wie kontrolliere ich die Arbeit bzw. das Gelernte?	Ist den Kindern das Abzeichnen der Pläne und das Korrigierenlassen der Ergebnisse klar? Welche Aufgaben können die „Angebotschefs" selbst überprüfen?
Wie kontrolliere ich, wer welches Lernziel inwieweit erreicht hat? Welchen Bewertungsmaßstab lege ich für diese Klasse fest?	Welche Art der Leistungskontrolle benötige ich zur Leistungsfeststellung? Lasse ich das Arbeitsverhalten zusätzlich mit in die Bewertung einfließen?

Methodische Überlegungen
Offener Unterricht

Ist mir selbst die Lernentwicklung in den Fächern so klar, dass ich den Kindern größtmöglichen Freiraum bei der Aneignung lassen kann und Leistungsstand und Fortschritte auch in eigenwilligen und Fehler aufweisenden Zugangsweisen erkenne?

An welchen Stellen sollte ich mich
- als Zuhörer,   - als Fragender,
- als Impulsgeber,   - als Informierender,
- als Strukturierender,   - als durch die soziale Situation Betroffener usw.
in die Gespräche einbringen?

Haben die Kinder die Möglichkeit, Sachen auf ihre eigene Art anzugehen, sich damit auseinander zu setzen, nach Belieben auszuprobieren, zu verwerfen, neu zu beginnen, Austausch zu suchen usw.?

Können sich die Kinder selbst aussuchen, welche Arbeit sie allein bzw. mit anderen angehen wollen?
Ist jederzeit ein gegenseitiger Austausch zur Absprache, Zusammenarbeit, Nachfrage etc. möglich?

Können die Kinder sich Zugangsweisen und Veranschaulichungen ihrem eigenen Lerntyp entsprechend selbst wählen bzw. erstellen?
Gibt es sinnvolle Vorschläge, die allen zugänglich sein sollten?
Können die Kinder ihre eigenen Inhalte und ihren eigenen Zugang wählen?
Stehen den Kinder Institutionen, Rituale und Materialien zur Verfügung, die ihnen Austausch und Aneignung von Wissen und Verfahren erlauben, ohne auf reproduktive Beschäftigung oder reine Belehrung zurückgreifen zu müssen?

Besteht für alle Kinder die Möglichkeit, gemäß ihrem Leistungsstand über Eigenproduktionen interessegeleitet auf ihrem Weg zu lernen?
Habe ich Impulse als Anregung und Herausforderung im Hinterkopf, um im Bedarfsfall intuitiv sinnvoll auf Kinder reagieren zu können?
Welche Kinder brauchen mich oder andere Kinder (noch) zur emotionalen Sicherheit beim Arbeiten?

Ist den Kindern selbst und den Personen, die mit ihnen umgehen, klar, dass Umwege, Fehler und der Aufbau eigener (u. U. chaotisch erscheinender) Strukturen konstruktive Wegmarken des Lernprozesses sind?

Haben sich die Kinder Verfahren der Selbstkontrolle angeeignet, mit denen sie ihre Arbeitsergebnisse eigenständig kontrollieren können (Proberechnungen, Wörterbuchnutzung, Austausch mit anderen Kindern)?

Welche Kompetenzen haben die Kinder im Hinblick auf ihre eigene Leistungsbewertung und die Produkte und Fähigkeiten anderer Kinder entwickelt (und wie differenziert sind diese)?

Habe ich über die Eigenproduktionen der Kinder einen genauen Einblick bzgl. ihrer individuellen Entwicklung? Soll ich zusätzlich Normtests zur generellen Einordnung der Klasse bzw. zur gezielten Dokumentation der Entwicklungen (auch als Beruhigung für Eltern, Schulleiter und mich selbst) durchführen?

Nachbereitung
geschlossen
Wenn ich meinen Unterricht nachbereite, so setze ich mich zu Hause hin und kontrolliere die Arbeiten der Kinder, überprüfe, wie viel und wie stetig sie gearbeitet haben (bzw. messe das an ihren schriftlichen Niederlegungen), versuche bei ihnen Lern- und Ordnungsdefizite auszumachen und überlege mir, wie ich die Kinder, die in diesen Bereichen noch nicht so weit sind, noch besser motivieren, diagnostizieren oder fördern könnte.

Lehrergeplanter „offener" oder „geschlossener" Unterricht	Materialorientierter Unterricht und „Arrangementdidaktik"
Wie hoch ist das Fehleraufkommen der Schüler? Wie weit haben welche Schüler was verstanden?	Welche Schüler haben welches und wie viel Materialien bearbeitet? Wo sind am häufigsten Fehler gemacht worden und welche Schüler haben die Inhalte noch nicht verstanden?
Welche Schüler brauchen zusätzliche Förderstunden oder Übungsblätter?	Welche Schüler brauchen anderes (einfacheres/mehr) Material oder zusätzliche Einzelförderung?
Wie kann ich die Kinder noch mehr zum Arbeiten motivieren?	Wie kann ich die Kinder noch mehr zum Arbeiten motivieren?

Wenn man die Tätigkeiten bzw. Planungsaktivitäten des Lehrers innerhalb der verschiedenen Konzepte anhand dieser Übersicht miteinander vergleicht, so wird die jeweils andere Basis des Unterrichts klar. Während die rechte Spalte immer wieder zwangsläufig ganz direkt und individuell auf den „Planungsursprung" Schüler zurückkommt und im Prinzip immer dieselbe prozessuale Zugangsweise beschreibt, nämlich einen flexiblen Unterricht, in dem die Inhalte und der Zugang dazu sowie die auszubildenden kognitiven und sozialen Kompetenzen immer vom einzelnen Kind ausgehen bzw. sich immer wieder auf das einzelne Kind rückbeziehen, bleiben die beiden linken Spalten merkwürdig indifferent gegenüber der Person des Schülers. Natürlich wird auch im lehrer- bzw. materialzentrierten Unterricht die Verschiedenheit der Kinder wahrgenommen, aber bei genauer Betrachtung ist der Schüler hier mehr oder weniger austauschbares Objekt einer genormten Handlung, auf den mit zusätzlichen Differenzierungsmaßnahmen oder schülerorientierten Elementen reagiert werden muss.

Nachbereitung
offen
Wenn ich mich in der Klasse aufhalte, sehe (bzw. spüre ich), was läuft, wie sich einzelne Kinder heute fühlen, was sie bewegt und beschäftigt. Ich weiß, für wen ich evtl. weiterführende Impulse als Angebote heraussuchen kann, nehme gerne Arbeiten zum Lesen oder Korrigieren mit nach Hause, wenn ich darum gebeten werde, mache mir anhand der Eigenproduktionen der letzten Zeit die Lernentwicklung bestimmter Kinder klar, überlege wo ich näher diagnostisch betrachten sollte, mit welchen Kindern ich sprechen muss. Ich bin rund um die Uhr erreichbar, kann Kindern und Eltern dank des individuellen Einblicks über die Eigenproduktionen und den direkten Kontakt zum Einzelnen konkret über den Lernstand des Kindes etwas sagen, (vermag aber nur schwer die Rangfolge in der Klasse zu benennen, da die Fähigkeiten und Kenntnisse viel zu vielfältig sind,) muss keine Klassenarbeiten zur Leistungsfeststellung schreiben, habe kein Problem beim Zeugnisschreiben, freue mich mit allen über die positive Entwicklung der als schulunfähig oder lernbehindert bezeichneten Kinder ...
Offener Unterricht
Welche Fortschritte machen welche Kinder im kognitiven, sozialen, emotionalen Bereich? Auf welchem Niveau arbeiten sie an welchem Stoffgebiet? Welche sozialen Kompetenzen und Beziehungen sind zu erkennen?
Wo erscheinen momentane „Leerphasen" nicht verständlich bzw. begründbar? Welche Reaktionen der Mitschüler, der Klasse und des Lehrers sind bislang darauf erfolgt, was ist zukünftig anzustreben? Wie nutzt die Klasse die gemeinsam entwickelten Rituale (Kreisphasen etc.) - zur Verbreitung von Ideen und Lernanregungen, - zum Austausch und zur Veröffentlichung, - zur eigenen und fremden Leistungseinschätzung, - zur Entwicklung sozialer Kompetenzen, - zur Abstimmung von Klassenregeln usw.?

Selten nur wird in (offenen oder geschlossenen) Unterrichtssituationen die Stärke genutzt, die 25 oder 30 gemeinsam lernende Menschen im Hinblick auf ihre unterschiedlichen Wahrnehmungen und Erfahrungen, ihr Sach- und Methodenwissen, ihre Kreativität und Spontaneität einbringen, ganz zu schweigen von der mitreißenden Begeisterungsfähigkeit, die jeder Einzelne von ihnen versprühen kann.

Der Wunsch, „Lernen" durch „Lehren" zu erleichtern, bewirkt genau das Gegenteil von dem, was er beabsichtigt:

> Ich bin sicher, dass Lehren ein Hindernis für Lernen ist, und zwar in einem viel größeren Ausmaß, als man sich gewöhnlich klar macht. Weiter glaube ich, dass dies eines der Hauptprobleme des heutigen Unterrichts ist. (Giles 1987, 6)
>
> Einer der vielen Gründe liegt sicher darin, daß Pädagogen und Didaktiker dazu neigen haben, die didaktischen Möglichkeiten des Lehrers zu überschätzen und das geistige Potential der Schüler zu unterschätzen. Trotz vieler guter Vorsätze, die Lernvoraussetzungen der Schüler aufzunehmen und ihre Eigentätigkeit zu fördern, hat sich die traditionelle Didaktik auf Maßnahmen konzentriert, wie den Schülern etwas beizubringen sei, anstatt auf Maßnahmen, wie ihre Aktivität angeregt und organisiert werden könnte. (Wittmann 1995, 12)

Es wird deutlich, wie stark das gängigerweise als „Hilfe" vorgegebene Planungsraster den Unterricht selbst bestimmt. Während im obigen Raster auf der linken Seite die übliche Unterteilung der Unterrichtsplanung in Überlegungen zu den Zielsetzungen, zum Bedingungsfeld, zum Lehrinhalt und zur Umsetzungsmethode noch nachvollziehbar erscheint, so erscheint diese Einteilung bei den rechts gelisteten Ausführungen zum Offenen Unterricht nicht sonderlich sinnvoll. Der individualpädagogische Zugang, der beim Kind selbst beginnt und aufhört, bestimmt alle anderen Komponenten wie Inhalte, Lernmethoden, Leistungsbewertung usw.

Die gängigen Phasen der Wissensaneignung, die durch Initiation, Orientierung, Transformation, Reflexion und Integration eines Lerngegenstands den Ablauf im traditionellen Unterricht bestimmen, finden bei genauer Betrachtung so weder im traditionellen noch im Offenen Unterricht statt – zumindest nicht, wenn man vom Lernprozess des Kindes ausgeht. Auch die für den selbstständigen Wissenserwerb angestrebte Qualifizierung des Lernenden, dass er zunächst sein „Lerndefizit" feststellt, dann die Vorgehensweise zum Beheben bestimmt, die Lernschritte kontrolliert und schließlich den Lernerfolg reflektiert (vgl. Meiers 1999, 41) greift so nicht und ist eine falsche Ableitung wissenschaftlicher Strukturierungsversuche bzw. Modellerklärungen. (Signifikantes) Lernen ist kein chronologischer bzw. eindimensionaler Durchlauf bestimmter schematischer Aneignungsphasen, sondern diese treten immer wieder in unterschiedlichsten Beziehungen zueinander auf. Entsprechend hinfällig ist eine Planung, die auf einer Chronologie dieser Phasen beruht bzw. auf diese besteht.

Planung im Offenen Unterricht zielt nicht auf eine klein- oder großschrittige Arbeitsvorgabe ab, sondern auf das Schaffen einer Lernatmosphäre, in der selbstgesteuertes Lernen möglich wird. Zugleich verschwimmt auch die Rolle des Planenden, denn nicht mehr der Lehrer plant, sondern Planung erfolgt – und jetzt passt das Wort wirklich nicht mehr – bei allen Beteiligten und auf allen Ebenen. Dies geschieht meist sogar ganz unbewusst und gar nicht „geplant" in der Form spontaner Ideen, Versuche, Hypothesen und Vorhaben; oder aber auch strukturierter in der Absprache mit anderen Schülern oder dem Lehrer; bei der Rekrutierung von Mitschülern; als Weiterführung vorgetragener Ergebnisse usw. Entsprechend werden Methoden, Werkzeuge, Materialien usw. auch nicht „nach Plan" unterrichtet oder eingeführt, sondern sind selbstverständliche und jederzeit ergänzbare Elemente dieses Lernraums, auf die situativ, individuell und intuitiv (also durchaus gewollt „ungeplant") zurückgegriffen wird bzw. zurückgegriffen werden kann. Offener Unterricht ist dadurch alles andere als planlos, sondern erst durch den Verzicht auf die traditionelle Stundenvorplanung bekommen die Schüler den Freiraum, den sie brauchen, um die Unterrichtssituation selbst als „planvoll" in Bezug auf das eigene Lernen zu erleben. Lernen erfolgt nun einmal nach dem eigenen inneren Plan, nach der eigenen Konstruktion des Lernenden. Die Planung ist „konstitutiver Bestandteil des Unterrichts selbst" (Hänsel 1980, 158).

Unter dieser Sichtweise bekommen die Qualifikationen der Beteiligten neue Dimensionen. Das (geplante und ungeplante) Wissen des Lehrers schafft ihm selbst und den Schülern die Sicherheit, die es erfordert, mit dem notwendigen großen Freiraum umzugehen. Es ist dabei nicht das Wissen des traditionellen Unterrichts, das durch didaktische Reduktion bzw. Transformationen möglichst geschickte und effektive Aneignungswege vorgibt, sondern ein Wissen, das dem Schüler durch intuitive und authentische Reaktion im Rahmen eines dialogischen Lernens Impulse und Herausforderungen bereitstellt. Genauso fordert der Schüler den Lehrer selbst als Lernenden heraus, sei es durch spannende Gedankengänge, den Wissensvorsprung in bestimmten Gebieten, die praktische Veranschaulichung eines genetischen Lernens oder aber die Erinnerung an die beeindruckende Komplexität alltäglicher oder unbewusst ablaufender Prozesse. Schreiben, Rechnen und Forschen lernen ist im Offenen Unterricht für den erfahrenen Lehrer eine genauso spannende Sache wie für den lernenden Schüler, der die geheimnisvollen Zusammenhänge neu erfinden darf.

4.3.10 Die neue Rolle der Öffnung – überfachliche Dimensionen und Institutionen als Basis des Offenen Unterrichts

> Umwelten, in denen wichtige Bezugspersonen Anteil nehmen, die Befriedigung psychologischer Bedürfnisse ermöglichen, Autonomiebestrebung des Lerners unterstützen und die Erfahrung individueller Kompetenz ermöglichen, fördern die Entwicklung einer auf Selbstbestimmung beruhenden Motivation. Die Erfahrung, eigene Handlungen frei wählen zu können, ist der Eckpfeiler dieser Entwicklung. Entscheidend ist auch die eigene Wertschätzung des Handlungsziels auf der Basis intrinsischer oder integrierter extrinsischer Motivation. Im Gegenzug bewirkt die engagierte Aktivität des Selbst eine höhere Lernqualität und fördert zugleich die Entwicklung des individuellen Selbst. Verantwortlich für alle diese Prozesse sind letztendlich die sozialen Bedingungen, die das Bestreben nach Autonomie, Kompetenz und sozialer Eingebundenheit unterstützen oder verhindern. (Deci/ Ryan 1993, 236)

Wenn „im didaktischen Geschäft Strategien, die das Subjekt unterstützen, häufig erfolgreicher sind als objektbezogene" (Ossner 2001, 143), dann erscheint es sinnvoll, ein Konzept zu entwickeln, das von dieser subjektiven Motivierung des Einzelnen ausgeht und von dort aus die fachdidaktischen Ansätze einbezieht, die mit diesem Zugang vereinbar scheinen. Im Rahmen der Arbeit in der hier untersuchten Klasse ist dabei immer klarer geworden, dass man wirklich so etwas wie eine überfachliche Didaktik (oder besser Mathetik?) Offenen Unterrichts sichtbar machen kann: einfache und einleuchtende Elemente, die Pädagogik, allgemeine Didaktik, Fachinteressen und Fachdidaktik für alle Seiten gewinnbringend zusammenführen. So wird das Prinzip eines Unterrichts verkörpert, der Lernen in inhaltlichen, methodischen und sozialen Bereichen verstärkt herausfordert, aber auch durch den individualpädagogischen Ansatz so stützt, dass dieses Lernen auch langfristig für den Lernenden Sinn macht, weil er sich immer selbst im Lerngeschehen wiederfindet. Zugleich werden aktuelle fachdidaktische Forschungsergebnisse berücksichtigt und entsprechende fachliche Anforderungen an die Schule von heute (und morgen) in das Konzept integriert.

Wie alle Elemente des Offenen Unterrichts sind auch die nachfolgend gelisteten „Grundsätze zur Unterrichtsgestaltung" trotz der Bezeichnung „Grundsätze" nicht statisch oder unabänderlich. Im Unterricht müssen sie sich den situativen Gegebenheiten, d. h. den Kindern, dem Lehrer, den organisatorischen Bedingungen, den konkreten inhaltlichen Zielen anpassen. Im Großen und Ganzen beinhalten sie die notwendige Flexibilität schon durch ihre offene Form und Anwendbarkeit. Gleichzeitig stellen sie – und nur dadurch lassen sie sich letztendlich begründen – den Schutz der Offenheit dar: Sie fordern vor allem dann zur Reflexion auf, wenn sie als Grundprinzipien verletzt werden; Abweichungen müssen begründbar sein.

Grundsätze der Unterrichtsgestaltung im Offenen Unterricht

Organisatorische Öffnung – Öffnung von Raum, Zeit und Sozialformen:
- Die Wahl des Arbeitsplatzes richtet sich nach den Anforderungen der Arbeit/der Lernenden, nicht nach einer einmal getätigten Zuweisung, auch Arbeitsplätze außerhalb der Klasse können sinnvoll sein.
- Die Einteilung der Arbeitszeit richtet sich nach den Anforderungen der Arbeit/der Lernenden, nicht nach einer fremd vorgegebenen Zuweisung, auch ein eigener Pausenrhythmus kann sinnvoll sein.
- Die Wahl der Arbeits- und Sozialform richtet sich nach den Anforderungen der Arbeit/der Lernenden, nicht nach einer fremd vorgegebenen Zuweisung, es lassen sich die verschiedensten Kombinationen und Rhythmen vorstellen.

Methodische Öffnung – Öffnung der Lernwege
- Der Lernweg wird über das Erstellen von Eigenproduktionen frei gegeben, d. h. die Aneignung des Wissens erfolgt nach den Anforderungen der Arbeit/der Lernenden, nicht nach einem fremd vorgegebenen Lehrgang; statt Arbeitsmitteln finden sich „Werkzeuge" (wie eine Buchstabentabelle, ein Wörterbuch, ein Hunderterfeld etc.) sowie verschiedenste Alltagsmaterialien (Bücher, Experimentiermaterial etc.) zur Unterstützung des Lernens.

Inhaltliche Öffnung – Öffnung der Fächer und Themen
- Die Eigenproduktionen der Kinder werden fachlich freigegeben, d. h. die Aneignung des Wissens erfolgt nach den Anforderungen der Arbeit/der Lernenden, sie unterliegt innerhalb des offenen Lehrplans als „Minimalcurriculum" keinen fremd vorgegebenen Fachabfolgen und -lehrgängen; statt Fachstunden findet ein überfachliches, interessegeleitetes Arbeiten und Austauschen statt.

Soziale Öffnung – Öffnung zu Mitbestimmung, Demokratie und gegenseitigem Austausch
- Die Regulierung der Gemeinschaft wird freigegeben, d. h. Regeln, Austausch, Klassenleben etc. richten sich nach den Anforderungen der Arbeit/der Lernenden, sie sind prozessual und können jederzeit in entsprechenden Verfahren angepasst bzw. geändert werden; als organisatorische Hilfsmittel hat sich hier die Versammlung der Klasse oder Einzelner im Sitzkreis bewährt.

Sie werden hier der Übersichtlichkeit noch einmal kurz zusammenfassend und ergänzt dargestellt, obwohl sie schon an verschiedenen Stellen dieser Arbeit ausgeführt worden sind.

Öffnung von Raum, Zeit und Sozialformen

Eines der wichtigsten Elemente des Offenen Unterrichts ist die Annahme aller am Unterricht Beteiligten „so wie sie sind". Alle sollen so weit wie möglich authentisch agieren und reagieren können. Wenn die Stärke des Offenen Unterrichts darin liegt, selbstgesteuert bzw. selbstreguliert lernen zu können, müssen zunächst unnötige organisatorische Zwänge vermieden werden, d. h. so weit wie möglich sollten die Beteiligten frei über Raum, Zeit und Sozialformen entscheiden können. Feste Sitzplätze, feste Stundenvorgaben und feste Vorgaben, alleine oder nur mit bestimmten Partnern zu arbeiten, machen grundsätzlich wenig Sinn und müssen immer wieder im Einzelfall begründet werden.

Damit sich die Kinder mit ihrem Lernen im „Haus des Lernens" identifizieren können, müssen sie diesen Raum als den ihren betrachten (vgl. i. F. auch Peschel 1998a). Der Klassenraum ist also kein statisches Objekt, sondern unterliegt der „prozessualen Ordnung", er kann verändert und an die momentanen Bedürfnisse angepasst werden. Feste Plätze für Kinder und Materialien sind nicht vorgeschrieben, sondern ergeben sich aus Gründen der Praktikabilität bzw. dem individuellen Wunsch nach dem eigenen Platz. Zu einem effektiven Lernen gehört es auch, den Lernenden möglichst in seinem eigenen Rhythmus lernen zu lassen und ihn Anspannungs- und Entspannungsphasen selbst bestimmen zu lassen. Damit gehören sowohl die üblichen alle 10 bis 15 Minuten zu erfolgenden Phasenwechsel als auch die Unterteilung des Tages in einen 45-Minuten-Takt der Vergangenheit an – die Kinder können ihren Arbeitsrhythmus ganz selbst bestimmen (siehe auch die Beschreibungen im Rahmen der Analyse des Bedingungsfelds).

Vom Arbeitsmittel zur Eigenproduktion

Statt zu reproduktivem Lernen oder spielerischem Konsum einladenden Arbeitsmitteln werden neben verschiedenen alltäglichen Informationsquellen (Sach- und Geschichtenbücher, Zeitschriften, Lexika usw.) und Alltagsmaterialien nur wenige ausgewählte Werkzeuge (Buchstabentabelle, Wörterbücher, Hunderterfeld) benötigt, die die Eigenproduktion in den Fächern unterstützen bzw. als Schlüssel dienen können. Der Zugriff auf diese Materialien steht den Kindern frei, genauso wie das Mitbringen oder gemeinsame Beschaffen, z. B. bei Büchereibesuchen oder beim Aufsuchen außerschulischer Lernorte.

Die erstellten Eigenproduktionen stammen dabei aus verschiedenen Bereichen. Zentral sind für die Kinder sicherlich das freie Schreiben von Geschichten und Rechengeschichten, das eigene Erfinden bzw. Bearbeiten von Rechenaufgaben sowie das Ausarbeiten von Vorträgen aller Art. Mit der „Eigenproduktion" unmittelbar verbunden ist dabei immer die „Eigenrezeption", d. h. das freie Lesen von Geschichtenbüchern, Sachbüchern, Lexika – einschließlich der Suche nach Anregungen zur Mathematik aus Übungsheften oder Computerprogrammen. Diese Eigenproduktionen sind in vielen Bereichen von sich aus „überfachlich", denn die Vorträge und Geschichten bedingen nicht nur einen reflektierten Umgang mit Sprache und Schrift, sondern in der Regel auch mit künstlerischen bzw. gestalterischen Elementen bis hin zum Bau von Modellen oder der Gestaltung von Plakaten. Auch bringen Statistiken, Größenvergleiche in den Vorträgen und Geschichten usw. immer wieder anwendungsbezogene mathematische Aspekte ein, die zwar sicherlich nicht die Beschäftigung mit der Mathematik und ihren Strukturen ersetzen, aber doch ergänzen können. Aber dazu ausführlicher in den fachdidaktischen Überlegungen.

Vom Strategietraining zum methodischen Ideenpool

In einem weitgehend überfachlich ausgerichteten und auf Eigenproduktionen und Vorhaben der Kinder basierenden Offenen Unterricht sollen die Kinder neben Grundlagen- und Fachwissen vor allem auch Methodenkompetenz erlernen. d. h. sie sollen verschiedenste Zugangsweisen und Darstellungsformen zur Lösung und Präsentation ihrer Produktionen bzw. Forschervorhaben nutzen können. Sicher ist, dass eine solche Methodenkompetenz genauso wenig einfach gelehrt werden kann wie inhaltliche Zusammenhänge und Strukturen. Die fertigen, systematischen Methoden der Wissenschaft sind nicht gleichzusetzen mit denen, die Kindern beim Aufbau ihrer Methodenkompetenz helfen. Der Weg der Kinder ist ein anderer, der nicht von oben vorgegeben werden kann, sondern der von unten selbst gegangen werden muss. Methodenkompetenz ist „Ergebnis eines hochkomplexen, unstetig verlaufenden, mehrjährigen Lernprozesses mit ansteigender Bewusstheit vom Nutzen methodischen Vorgehens" (Beck/ Claussen 2000, 6). Methoden sind wichtiger Bestandteil des Offenen Unterrichts – ohne dass sie dadurch zum Lehrgang werden. Sie sind die primären Werkzeuge, mit denen die Schüler sinnvoll umgehen. Sinnvoll in dem Sinne, als dass ihr Gebrauch für den Schüler auf einer bestimmten Notwendigkeit beruht, für ihn ein Problem löst:

> Unter den spezifischen Rahmenbedingungen einer handlungsorientierten Unterrichtskultur mit offenen Problemlösesituationen (und deren potentiellem Erfahrungsreichtum) baut sich Methodenkompetenz [...] auf. Eine isolierte Schulung von Methoden trägt nicht. [...] Die Methodenkompetenz eines Kindes in der Schule besteht aus der Fähigkeit, den eigenen Lernprozess zur Gewinnung von Wissen, Einsichten und Erkenntnissen zu gestalten, sich Handlungsziele zu setzen und zu erreichen. [...] Das Kind kennt im Sach- oder Fachzusammenhang Methoden, weil es im Unterricht auch Gelegenheit bekam, sich nützliche, dem Ziel angemessene und erfolgreiche Methoden bewusst zu machen (Meta-Lernen) und sie bei sich mit diesen Gütekriterien zu speichern. Nichts motiviert mehr zum Weiterlernen als Erfolg. (Beck/ Claussen 2000, 6)

Das hier angesprochene Meta-Lernen erfolgt im Offenen Unterricht neben der individuellen Reflexion der Schüler (einzeln oder zusammen in der Gruppe) auch durch das Vorstellen der Produkte im Kreis. Aber auch hier wird das „Meta-Lernen" nicht zum Unterrichtsinhalt, sondern erfolgt beiläufig aus der entsprechenden Situation heraus – und der Neugier der Kinder, wie etwas konkret zustande gekommen ist. Das meiste an Methodenkompetenz wird aber wahrscheinlich durch die Lern- und

Forscheratmosphäre in der Klasse grundgelegt, durch das „Einfach-Mitbekommen" der Vorgehensweise der anderen, durch das „Tipp-Geben" im Vorübergehen, durch das Mitdenken aus Interesse, durch das Ausprobieren und Überprüfen von Hypothesen - und zwar in allen Fächern. Entsprechend dieser Auffassung eines primär situationsorientierten Unterrichts, der die vielfältigen Interessen der Kinder zur Grundlage hat, kann hier kein Lehrgang für methodische Ziele bereitgestellt werden – wohl aber ein Ideenpool, der den Kindern „im Hinterkopf des Lehrers" zur Verfügung steht und bei Bedarf eingebracht werden und die Ideen der Kinder unterstützen kann – mit aller Vorsicht, die dazu notwendig ist.

Der Sitzkreis: Demokratie, Gemeinschaft und „Lernen hochhalten"

Der Sitzkreis mit seinen Treffen scheint zwar für das Lernen der Kinder nicht direkt notwendig zu sein, aber die Zusammenkunft im „Kreis" ist trotzdem ein zentrales Moment im Offenen Unterricht. Sie stellt den strukturierenden Pol inmitten der „zentrifugalen Tendenz" selbstgesteuerten, individualisierten Lernens dar, indem sie

- vielfältige Anregungen bietet und gegenseitige Neugier weckt;
- den eigenen Produktionen eine Zielperspektive gibt (Vorstellen im Kreis);
- den Schüler eine Würdigung seiner Arbeiten – bis hin zur Eigen- und Fremdbenotung – erfahren lässt;
- ihm durch Fragen, Anregungen, Impulse von Schülern und Lehrer einen zusätzlichen situativ passenden „Input" gibt;
- Schule als einen Ort des Lernens bewusst macht und erhält;
- zu Schulbeginn oder nach der Pause wieder einen schnellen gemeinsamen Einstieg ermöglicht;
- Gruppenarbeitsprozesse fördert, weil gemeinsame Absprachen und Ideenfindungen schnell und effektiv möglich sind;
- soziales Lernen fördert, da die Klasse schnell, unkompliziert und selbstverständlich in alltägliche Problemlösungsprozesse einbezogen werden kann;
- als demokratische Versammlung die Gleichberechtigung aller Anwesenden untermauert und sie so zu einer Gemeinschaft macht;
- die veränderte Rolle des Lehrers als einer unter Gleichberechtigten verdeutlicht, wenn der Lehrer zwar andere Aufgaben und Funktionen innehat, sich aber demokratischen Verfahren anschließt;
- die Verantwortung des Einzelnen als Teil einer Gemeinschaft anspricht;
- das Selbstbewusstsein des Einzelnen durch Kompetenzdelegation und sein Recht auf Mitbestimmung stärkt.

Die gemeinsamen Treffen unterstützen daher nicht nur die demokratischen Grundformen in der Schule oder sind Ausdruck der bestehenden Gemeinschaft, sondern – und das ist der zentrale Punkt – dienen in hohem Maße dazu, „das Lernen hochzuhalten". Die Umsetzung offenen Unterrichts in der Schule pendelt zwischen verblüffend hohen Leistungen der Kinder in allen Bereichen und erschreckend schlechten Leistungen in einzelnen Klassen. Viele Missverständnisse in Bezug auf die Offenheit des Unterrichts können sicherlich in dieser Arbeit festgemacht und evtl. sogar ausgeräumt werden. Und dennoch wird man das Wichtigste nicht gefasst bekommen: eine Anleitung wie es funktioniert, „das Lernen hochzuhalten" und so den Kindern ein herausforderndes Umfeld zu bieten, das ihre Eigenmotivation zur produktiven Selbststeuerung anspricht.

> Maßstäbe sind in der fortschrittlichen Pädagogik wichtig. Wenn hohe Leistungsnormen gesetzt und erreicht werden, kann diese Form der Pädagogik als Beispiel für die Welt dienen. Fehlen die Maßstäbe, kann ein fortschrittliches Programm rasch zu einer Entschuldigung für Faulheit, Nachlässigkeit und sogar Anarchie werden. Aber solche Normen lassen sich – wie Francis Parker betonte – nicht von außen aufprägen. Sie müssen sich auf natürliche Art ergeben, wenn Schüler und Lehrer in einer Atmosphäre gegenseitiger Achtung zusammenarbeiten. (Gardner 1994, 243)

„Das Lernen hochhalten" kann man nicht verordnen oder aufzwingen. Es ist eine Atmosphäre, die in der Klasse herrscht und von allen getragen wird – so getragen wird, dass sie auch dann noch Bestand hat, wenn einzelne Kinder sie zeitweise nicht mittragen. Autonomes, selbstbestimmtes und selbstgesteuertes Arbeiten ist sicherlich eine Grundvoraussetzung für diese Atmosphäre, aber ein solches Arbeiten allein ist vermutlich nicht ausreichend, denn es handelt sich hier nicht um die einfache Anwendung einer Methode. Es bedarf einer Kultur des Wissen-wollens, der Neugier, der Freude am Lernen. Diese aufzubauen (bzw. zuzulassen) ist Hauptaufgabe des Lehrers. Er interessiert sich für Sachen, findet Sachen spannend, möchte die Eigenproduktionen der Kinder verstehen, ihre Erfindungen und Entdeckungen nachvollziehen können. Er möchte sie aber auch herausfordern, Neues anzugehen. Er ist jemand, der das Lernen hochhält – aber eben nicht erzwingt – und das färbt ab. Das Maßgebliche geschieht dabei ganz nebenbei und oft zufällig während des offenen Arbeitens, wenn immer wieder Neues entsteht und gewürdigt wird, aber auch der Sitzkreis ist dienlich, wenn der Stolz des Einzelnen auf das eigene Produkt immer wieder Wellen schlägt, denen sich kaum ein Kind auf Dauer entziehen kann.

4.4 Zusammenfassung

Um die allgemeindidaktischen Grundlagen des hier untersuchten Offenen Unterrichts zu beschreiben, werden im Folgenden die entsprechenden lerntheoretischen – und schulpädagogischen Grundlagen des Unterrichts dargestellt.

Das dem Konzept zu Grunde liegende Lernverständnis kann exemplarisch veranschaulicht werden durch eine Reflexion der Begriffe „Selbststeuerung" und „Selbstregulation" bzw. „selbstgesteuertes Lernen" und „selbstreguliertes Lernen". Diese Begriffe werden in der vorliegenden Arbeit anders konnotiert bzw. interpretiert als vielfach üblich. So geht man z. B. besonders in der pädagogischen Psychologie davon aus, dass beim selbstgesteuerten bzw. selbstregulierten Lernen vor allem der (bewusste) Einsatz metakognitiver Fertigkeiten zur Kontrolle des eigenen Lernhandelns wesentlich ist. Dadurch wird die Aneignung entsprechender Strategien (z. B. Analyseprozesse, Planungsprozesse, Überwachungsprozesse, Bewertungsprozesse) als Bedingung für erfolgreiches selbstgesteuertes Lernen angesehen. Dies wiederum suggeriert die Möglichkeit der Fremdsteuerung dieses Lernens (z. B. durch Lernstrategietraining). Durch diese Sichtweise bleibt das Bild vom Lernen im Grunde ein behavioristisches: Der Mensch wird auch in konstruktivistischen Theorien als ein passives, manipulierbares und zu belehrendes Wesen angesehen, das von außen gesteuert werden kann (und sollte) – und zwar meist durch Verstärker, die in keiner direkten Beziehung zum Lerninhalt oder zum Lernenden stehen (müssen).

In der vorliegenden Arbeit wird ein anderer Lernbegriff entwickelt, in dessen Rahmen Selbststeuerung und Selbstregulierung nicht als eine mögliche Lerntechnik angesehen werden, sondern als Forderung nach Mitspracherecht bzw. Selbstbestimmung des Lernenden. Ausgehend von dieser Grundposition erfolgt die Motivation des Lernenden durch die von ihm selbst als sinnvoll empfundene Lernhandlung. Diese Motivation kann dabei sowohl intrinsisch als auch extrinsisch sein. Solange der Lernende sich im Sinne selbstintentionalen und selbstbestimmten Lernens mit den Motivationsanlässen identifiziert, können auch extrinsische Momente zu intrinsischen werden: Gruppenmotivation, Freundschaften, anregende Lernumgebungen, Zufälle können innere Begeisterung und Neugier für eine Sache bzw. die Auseinandersetzung mit dieser auslösen. Diese Art der Motivation ist eine interessengeleitete, die Menschen, Sachen, Situationen entspringt und sich damit klar von didaktischer Steuerung abgrenzt.

In diesem Zusammenhang wird auch das Üben zu einem in den Lernprozess integrierten Moment selbstbestimmten Praktizierens von Tätigkeiten. Es geht im hier dargelegten Konzept Offenen Unterrichts nicht mehr um ein „Ein-"Üben bzw. Trainieren bestimmter Teilleistungen, bis diese automatisiert sind, sondern es geht um ein – meist nicht bewusstes – Lernen im Verlauf des „Aus-"Übens. Durch die Selbststeuerung ergibt sich ein Lernprozess, der an den eigenen (intuitiven) Vorstellungen über eine Sache ansetzt und in der Folge keine voneinander losgelösten und als „träges" oder „totes Wissen" zu bezeichnenden Wissensinseln erzeugt. In der Regel erfolgt der Wissenszuwachs dabei unbewusst und beiläufig in der Art, dass so etwas wie „ein Gefühl" für komplexe Prozesse und Strukturen entsteht. Explizites Lernen durch Belehrung oder Training kann dieses implizite Lernen stören – was im schlimmsten Falle sogar zur Blockade führen kann. Es entstehen dann beim Lernenden Fehler aus Verunsicherung und Nichtwissen, die nichts mit den produktiven Fehlern zu tun haben, die im Rahmen der Übergeneralisierung beim Aufbau bzw. Umstrukturieren der eigenen Strukturen und Muster unverzichtbar sind.

Von daher wird im vorliegenden Konzept implizite und inzidentelle Erfahrung angestrebt, um ein sinnvolles und effektives Lernen in der Schule zu ermöglichen. Explizit gelehrtes Wissen wird erfahrungsgemäß schnell vergessen – implizit gebildete Strukturen, Muster, Zusammenhänge jedoch nicht. Auch die oben angesprochenen Strategien müssen keineswegs als Metawissen vom Lernenden formulierbar oder explizit reflektiert werden, sondern es kommt auf dessen prozedurale Fertigkeiten an, die Fähigkeiten, die er im Prozess der Auseinandersetzung anwenden kann. In der Schule muss es daher darum gehen, den Schülern ein für sie sinnvolles Lernen in authentischen Kontexten zu ermöglichen. Authentizität erreicht man dabei nicht durch didaktische Arrangements, sondern durch den ehrlichen Einbezug des Lernenden (bzw. aller Lernenden einschließlich des Lehrers) in den Lernprozess.

Ein solcher Unterricht versteht Bildung nicht mehr als Auftrag der Schule, einen bestimmten Wissenskanon zu erlernen bzw. wiedergeben zu können, sondern Bildung wird als individueller, aber auf die in der Gesellschaft verfügbare Erfahrung bezogener Lern- und Entwicklungsprozess verstanden. Fachliche Qualifikationen helfen dem Menschen, sich die Welt zu erschließen. Ausgehend von der individuellen, subjektiven Sichtweise ermöglicht das Wissen eines Faches eine Erweiterung in Richtung einer differenzierteren oder objektiveren Wahrnehmung. Damit diese individuelle Wahrnehmungserweiterung funktionieren kann, darf der Weg zwischen Kind und Sache nicht durch (gut gemeinte) Arrangements und Absichten verstellt werden. Dazu muss ein „überfachlicher" Zugang geschaffen werden, in dem nicht mehr vom Fach aus, sondern fachunabhängig gedacht wird, damit sowohl Welt als auch Individuum als komplexe Ganzheit im Lernprozess erscheinen und nicht als Mosaik einer einzelfachlichen Betrachtungsweise.

Im Folgenden sollen nun kurz wichtige Rollenverschiebungen als Charakteristik dieses Konzepts Offenen Unterrichts dargestellt werden. Diese Grundlegung erscheint u. a. deshalb wichtig, damit Offener Unterricht nicht auf die im ersten Kapitel angesprochenen Unterrichtsformen bzw. deren Umsetzung reduziert wird, sondern im Sinne der im zweiten und dritten Kapitel angesprochenen Qualitätssicherung weiterentwickelt wird. Nur dann, wenn die Ziele und Prinzipien des Offenen Unterrichts wie Individualisierung, Situationsorientierung, Lebenswirklichkeitsbezug, Handlungsbefähigung, Erziehung zu Demokratie und Mitverantwortung usw. in einem Gesamtkonzept verankert werden, können sie auch als Begründung dieses Unterrichts herangezogen werden. Dabei muss das Konzept innerhalb der Offenheit und situativen Anpassungsfähigkeit so abgesichert werden, dass eine unterschwellige Verletzung dieser Ziele erschwert wird.

Zentral in diesem Konzept ist die individuelle und umfassende Sicht auf den Lernenden, seine Lernvoraussetzungen, aber auch seine Lernbedürfnisse. Es gilt also ein Konzept zu entwickeln, in dem das einzelne Kind möglichst gut das lernen kann, was es selbst benötigt, sei es bezüglich seiner persönlichen Entwicklung, seines Sozialverhaltens, seiner Sachinteressen oder in Bezug auf die in den Lehrplänen vorgegebenen Inhalte. Die Folge ist, dass der zu erlernende Stoff „durch das Kind" betrachtet werden muss. Es geht dann nicht um Stoffvermittlung, sondern um die Herausforderung des Lernenden. Hat das Kind auf diese Art immer möglichst optimale Lernvoraussetzungen gehabt, dann erst können die Lehrplanvorgaben als Orientierung dienen. Man kann mit ihrer Hilfe den Lernstand des Kindes in Bezug zu einer Norm setzen und feststellen, an welcher Stelle der Lernentwicklung das Kind in einem Fach steht. Vor diesem Hintergrund wird der Lehrplan vom umfassenden Lehrgang zu einer Sammlung zentraler Kernideen, die das Lernen des Kindes herausfordern und seiner Selbststeuerung einen Rahmen geben.

Ein solcher Unterricht unterliegt durchgängig dem Prinzip der Selbstbestimmung und Selbstverantwortung. Dies gilt auch für den sozialen Bereich. Dabei erlaubt der hohe Grad an (akzeptierter) Individualisierung eine Sozialerziehung, die nicht verschnell auf einer Stufe oberflächlicher Harmonisierung stehen bleibt, sondern im Sinne der „Didaktik der sozialen Integration" den Einzelnen und seine Meinung so schätzt, dass die Gesamtheit dieser Meinungen die Gemeinschaft bildet. Die überschaubare Gruppengröße gestattet eine Basisdemokratie, die sich nicht in Anonymisierung verlieren kann, sondern fast zwangsläufig die Bedürfnisse eines jeden im Auge behält. Soziales und inhaltliches Lernen bilden eine untrennbare Einheit, die Sozialerziehung wird zum Motor eines (authentischen) Schullebens und dadurch auch zum Motor des inhaltlichen Lernens.

Durch den Verzicht auf fremdgesteuerten Unterricht und durch die Möglichkeit zur Selbstregulierung auf mehreren Ebenen entfallen viele sonst aus dem Unterricht bekannte Lern- und Disziplinprobleme. Dadurch, dass das Kind sein Thema nach eigenem Interesse aussuchen und selbstgesteuert bearbeiten kann, erfolgt eine individuelle Differenzierung durch das Kind selbst, die nicht nur ein Lernen mit Passung verspricht, sondern dem einzelnen Kind auch seinen individuellen Lernrhythmus, seine „Eigenzeit" ermöglicht. Dabei sind die Anforderungen an die Kinder enorm: Sie müssen sich jeden Tag neu für das Lernen entscheiden, Inhalte und Austausch suchen, Probleme angehen, Material besorgen, Inhalte dokumentieren, die eigene Leistung hinterfragen usw.

Der Lehrer unterrichtet im Offenen Unterricht nicht mehr, sondern ist gerade deshalb fast immer verfügbarer Ansprechpartner, Impulsgeber, Materiallieferant, arbeitendes Vorbild – und jemand, der eine persönliche Beziehung zu den Schülern pflegt und auch Zeit für Gespräche unabhängig von schulischen Inhalten hat. Er hat Interesse an den individuellen Gedanken und Lernwegen der Schüler – und nicht daran, dass sie nur die Aufgaben eines vorgegebenen Lehrgangs wie abgesprochen lösen.

Das Grundprinzip, welches das hier beschriebene Konzept Offenen Unterrichts wahrscheinlich am stärksten von anderen Umsetzungsformen unterscheidet, ist der Verzicht auf die üblichen Arbeitsmittel, Übungskarteien oder Lernspiele. Das „weiße Blatt" als Hauptmedium dieses Offenen Unterrichts wird ergänzt durch einige wenige Werkzeuge sowie Alltagsmaterialien, die den Kindern den selbstgesteuerten Wissenserwerb durch freie Eigenproduktionen ermöglichen. Statt eines mehr oder weniger passiven Konsums von Spielen und Arbeitsmitteln erfolgt so zwangsläufig eine aktive Auseinandersetzung mit der Wirklichkeit. Spannende Themen und Ideen pflanzen sich automatisch fort, weil die Kinder nicht nur sehr daran interessiert sind, was andere Kinder in der Klasse machen, sondern weil auch immer wieder ein direkter (ausstrahlender) Kontakt mit dem Inhalt erfolgt – und zwar auf eine ganz authentische Art über denjenigen, der sich gerade mit dieser Sache auseinandersetzt. Das kann kein vom Lehrer inszeniertes Motivationsspiel bieten.

Dabei liefern die Eigenproduktionen dem Lehrer ständig einen Einblick in den tatsächlichen Entwicklungsstand und Entwicklungsverlauf der Kinder – unabhängig von zusätzlichen Leistungskontrollen. Fehler werden so zum wichtigen Hinweis auf die Denkprozesse der Kinder. Die Resonanz auf die Arbeiten, auf die die Kinder vom Lehrer ein Feedback haben wollen, soll dabei ungeschönt und ehrlich sein. Fehler zu akzeptieren heißt nicht, sie zu ignorieren. Die Bewertung durch den Lehrer muss aber die Möglichkeiten des einzelnen Kindes berücksichtigen. Das, was dem jeweiligen Entwicklungsstand entspricht, kann als Maßstab gelten. Alles andere dient als Herausforderung für den nächsten Schritt. Spielt die (eigene) Leistungseinschätzung von Anfang an (und täglich) in der Klasse eine Rolle, so wird sich bei den Kindern ein entsprechende Kompetenz der Eigen- und Fremdbewertung ausbilden. Möchte man darüber hinaus die Lernentwicklung in einem Quer- oder Längsschnittvergleich der Klasse bzw. einzelner Schüler dokumentieren, so kann man „Überforderungstests" durchführen, in denen sich Aufgaben oder Aufgabenformate über die Schuljahre hinweg regelmäßig wiederholen. Normtests bieten darüber hinaus die Möglichkeit, die Ergebnisse in eine umfassende Stichprobe einzubetten, sodass der Leistungsstand der Klasse bzw. des einzelnen Kindes auf repräsentative Daten bezogen werden kann.

Wichtig in einem Konzept Offenen Unterricht erscheint auch die Elternarbeit, um den Eltern die veränderten Rollen – einschließlich einer neuen eigenen – verständlich zu machen. So gilt es, die Eltern aufzuklären, wie Kinder eigentlich lernen und sich die schulischen Inhalte aneignen. Hier bietet es sich an, neben entsprechenden Elternabenden direkt zu Schulbeginn, die Eltern auch später ständig über wichtige Ansprüche und Erfahrungen zu informieren. Auch zu Hause sollte sich die Rolle wandeln vom direkten Nachhilfegeben zum indirekten Bereitstellen von Lernmöglichkeiten.

Vor dem Hintergrund dieser Ausführungen zeigt sich, dass Offener Unterricht ganz konkreten Prinzipien und damit Planungsgrundlagen unterliegt. Bei der Betrachtung gängiger Raster zur Unterrichtsplanung wird deutlich, dass diese merkwürdig indifferent gegenüber der Person des Schülers bleiben. Die übliche Unterteilung von Überlegungen zu den Zielsetzungen, zum Bedingungsfeld, zum Lehrinhalt und zur

Umsetzungsmethode erscheinen im Hinblick auf den Offenen Unterricht nicht mehr sinnvoll. Dort bestimmt der individualpädagogische Zugang, der beim Kind selbst beginnt und aufhört, alle anderen Komponenten wie Inhalte, Lernmethoden, Leistungsbewertung usw. Es wird auch offensichtlich, dass die gängigen Phasen der Wissensaneignung, die durch Initiation, Orientierung, Transformation, Reflexion und Integration eines Lerngegenstands den Ablauf im traditionellen Unterricht bestimmen, bei genauer Betrachtung so weder im traditionellen noch gar im Offenen Unterricht stattfinden – zumindest nicht, wenn man vom Lernprozess des Kindes ausgeht. Natürlich wird auch im lehrer- bzw. materialzentrierten Unterricht die Verschiedenheit der Kinder wahrgenommen, aber bei genauer Betrachtung ist der Schüler hier mehr oder weniger austauschbares Objekt einer genormten Handlung, auf den mit zusätzlichen Differenzierungsmaßnahmen oder „schülerorientierten" Elementen reagiert werden muss. Selten nur wird die Stärke genutzt, die 25 oder 30 gemeinsam lernende Menschen im Hinblick auf ihre unterschiedlichen Wahrnehmungen und Erfahrungen, ihr Sach- und Methodenwissen, ihre Kreativität, Spontaneität und mitreißende Begeisterungsfähigkeit in den Unterricht einbringen können.

Für eine Absicherung der Öffnung des Unterrichts sind zusammenfassend vor allem folgende Grundprinzipien der Unterrichtsgestaltung wichtig:

- Die organisatorische Öffnung als Öffnung von Raum, Zeit und Sozialformen, d. h. die Wahl des Arbeitsplatzes, die Einteilung der Arbeitszeit und die Wahl der Arbeits- und Sozialform richtet sich nach den Anforderungen der Arbeit bzw. der Lernenden.
- Die methodische Öffnung als Öffnung der Lernwege, d. h. der Lernweg wird über das Erstellen von Eigenproduktionen frei gegeben, die Aneignung des Wissens erfolgt nach den Anforderungen der Arbeit bzw. der Lernenden, statt Arbeitsmitteln finden sich „Werkzeuge" sowie verschiedenste Alltagsmaterialien zur Unterstützung des Lernens.
- Die inhaltliche Öffnung als Öffnung der Fächer und Themen, d. h. die Eigenproduktionen der Kinder werden fachlich frei gegeben, die Aneignung des Wissens erfolgt nach den Anforderungen der Arbeit bzw. der Lernenden, statt Fachstunden findet ein überfachliches, interessegeleitetes Arbeiten und Austauschen statt. Neben Grundlagen- und Fachwissen sollen die Kinder vor allem auch Methodenkompetenz erlernen, d. h. sie sollen verschiedenste Zugangsweisen und Darstellungsformen zur Lösung und Präsentation ihrer Produktionen bzw. Forschervorhaben nutzen können.
- Die soziale Öffnung als Öffnung zu Mitbestimmung, Demokratie und gegenseitigem Austausch, d. h. die Regulierung der Gemeinschaft wird frei gegeben; Regeln, Austausch, Klassenleben etc. richten sich nach den Anforderungen der Arbeit bzw. der Lernenden, sie sind prozess- und situationsorientiert und können jederzeit in entsprechenden Verfahren angepasst bzw. geändert werden. Als organisatorisches Hilfsmittel hat sich hier die Versammlung der Klasse oder Einzelner im Sitzkreis bewährt. Die gemeinsamen Treffen unterstützen dabei nicht

nur die demokratischen Grundformen in der Schule oder sind Ausdruck der bestehenden Gemeinschaft, sondern dienen in hohem Maße dazu, „das Lernen hochzuhalten". Dieses drückt sich in einer Kultur des Wissenwollens, der Neugier, der Freude am Lernen aus. Das Maßgebliche geschieht dabei ganz nebenbei und oft zufällig während des offenen Arbeitens, wenn immer wieder Neues entsteht und gewürdigt wird. Aber der Sitzkreis ist auch dienlich, wenn der Stolz des Einzelnen auf das eigene Produkt immer wieder Wellen schlägt, denen sich kaum ein Kind auf Dauer entziehen kann.

Der hier beschriebene Offene Unterricht ist ein überfachliches und integratives Unterrichtsmodell. Dabei werden die in diesem Kapitel formulierte allgemeindidaktischen Überlegungen in den folgenden Kapiteln durch Impulse aus offenen Fachkonzepten ergänzt. Für den Sprachunterricht ist das vor allem das freie Schreiben, in dem sowohl der Spracherfahrungsansatz (vgl. Brügelmann/ Brinkmann 1998a; b) als auch die Methode „Lesen durch Schreiben" (vgl. Reichen 2001) aufgeht, für die Mathematik liefert neben Ansätzen von Eigenerfindungen (vgl. Le Bohec 1994) vor allem die Projektgruppe „mathe 2000" (vgl. Wittmann/ Müller 1990; 1992) praxiserprobte Umsetzungsideen und Impulse. Für den Sachunterricht kristallisiert sich eine Form offenen Sachunterrichts heraus, die in der Erweiterung und Öffnung traditioneller Konzepte – wie des Projektunterrichts und eines handlungs- und erfahrungsbezogenen Lernens – schülereigene Individual- oder Minivorhaben als Ausgangsbasis für Vorträge oder Experimente zulässt, die dann z. B. durch gemeinsame Projekte bis hin zu von Schülern selbst erstellten Angeboten ergänzt werden. Entsprechend können auch alle anderen Fächer im Offenen Unterricht aufgehen, wenn man sie entsprechend offen gestaltet (Sport) oder indem man neben Einzelprojekten von Schülergruppen auch Klassenprojekte zu bestimmten Themen integriert (Kunst, Musik, Religion etc.).

Die Unterrichtsgestaltung ist dabei aus den oben beschriebenen Gründen eines selbstgesteuerten, interessegeleiteten Lernens immer überfachlich, da die Eigenproduktionen und Projekte der Kinder nicht auf bestimmte fachliche Bereiche beschränkt werden. Zugleich ist der Unterricht aber auch immer fachlicher Unterricht, da sehr wohl Fachcurricula eine Rolle spielen und auch die Eigenproduktionen zu einem großen Teil ganz fachspezifisch sind, wenn z. B. mathematische Erfindungen gemacht werden oder bestimmte Gedichtsformen in der Klasse Wellen schlagen. Diese Art der Fachspezifizierung stellt durch das selbstgesteuerte bzw. interessegeleitete Lernen aber keine Einschränkung des Lernenden dar, sondern spiegelt eher seinen direkten Zugang zum Inhalt und die von diesem ausgehende Motivation wider. Fachlicher und überfachlicher Unterricht sind keine Gegensätze, sondern ergänzen sich vorteilhaft.

Die hier für das Konzept einer die Fachdidaktik einschließenden Didaktik Offenen Unterrichts formulierten Anforderungen sollen in den nun folgenden Kapiteln aus fachdidaktischer Perspektive weiter ausgeführt werden. Dabei werden gleichzeitig die fachdidaktischen Teile bzw. indirekt auch das Gesamtkonzept in andere Fachkonzepte bzw. –ansätze eingeordnet. Die Darstellung des Konzepts erfolgt dabei im Gegensatz zu den bisherigen Ausführungen aus Gründen des besseren Vergleichs mit anderen Autoren aus der Sicht des Außenstehenden.

5 Das Konzept des Sprachunterrichts in der untersuchten Klasse

Im Folgenden soll das Konzept des in der hier untersuchten Klasse praktizierten Sprachunterrichts kurz dargelegt werden. An den Stellen, wo dies sinnvoll erscheint, wird es zur vertiefenden Beschreibung bzw. zur „Schärfung" in ähnliche Konzepte eingeordnet bzw. von diesen abgegrenzt. Die Darstellung erfolgt dabei aus der Sicht des Außenstehenden im Rückgriff auf die ausführliche Konzeptbeschreibung, die nach der Erprobung in der hier untersuchten Klasse als Studienbuch für Lehrer, Lehramtsanwärter, Studierende, Wissenschaftler und Eltern erstellt wurde. Insofern fließen in die Darstellung auch Erfahrungen ein, die aus der Umsetzung des Konzepts in der hier untersuchten Klasse resultieren. Ein Hinweis auf die entlehnten Passagen findet sich am Schluss des jeweils letzten zugehörigen Abschnitts (vgl. i. F. Peschel 2002b, 51ff.).

PESCHEL beschreibt mit seinem Konzept einen „integrativen Sprachunterricht", der an den individuellen Voraussetzungen eines jeden Kindes anknüpft und ihm situativ sinnvolle Handlungsmöglichkeiten zur Weiterentwicklung seiner Kompetenzen gewährt. Statt auf entsprechend strukturierte Vorgaben aus Lehrbüchern oder Arbeitsblättern zurückzugreifen und Sprachunterricht als „Gesprächserziehung", „Rechtschreiblernen", „Vorlesenüben" oder „Grammatikanalyse" auf Techniken zu reduzieren, die für das Kind weit entfernt von einem bewussten „sprachlichen Handeln" sind, werden real in der Klasse vorkommende Kommunikationsanlässe genutzt. Geht man davon aus, dass sich die Erfahrungen der Kinder heute mehr denn je voneinander abheben, kann vom Lehrer nicht einfach eine sprachliche Norm vorbildhaft „gelehrt" werden. Stattdessen werden Schreiben- und Rechtschreiblernen, Lesen und Vorlesen sowie die grammatikalische Reflexion von Sprache in den gesamten Unterricht integriert. Es ergibt sich dabei ein für alle Schuljahre weitgehend gleiches Grundkonzept, das – je nach Entwicklungsstand der Schüler – durch Verschiebung der Schwerpunkte gekennzeichnet ist, aber auf denselben Prinzipien beruht.

Am ehesten lässt sich das praktizierte Konzept schlagwortartig so beschreiben: Schreiben, Lesen und Rechtschreiben lernt man durch freies, selbstgesteuertes Schreiben und Lesen. Damit sind freies Schreiben und freies Lesen die Grundpfeiler des hier praktizierten Sprachunterrichts. Insgesamt kann das Konzept als eine radikale Form des „Spracherfahrungsansatzes" betrachtet werden. Der Unterricht knüpft dabei nicht nur an die Spracherfahrungen der Kinder an, sondern es werden weitgehend alle Elemente eines Lehrgangs vermieden – einschließlich der in anderen Konzepten zu findenden Teilleistungsübungen, Sprachspiele usw. Von daher macht es Sinn, das Konzept PESCHELs von „nahen Verwandten" abzugrenzen. Die diesbezüglich wichtigsten Autoren, auf die sich PESCHEL immer wieder bezieht und mit denen er in einem über die Literatur hinausgehenden Austausch steht, sind HANS

BRÜGELMANN und ERIKA BRINKMANN sowie JÜRGEN REICHEN. Im Folgenden soll deshalb innerhalb der Konzeptbeschreibung primär eine Auseinandersetzung mit etwaigen unterschiedlichen Sichtweisen dieser Autoren erfolgen. Ein Einbezug anderer Autoren erscheint hier nicht nur aus Platzgründen unnötig, sondern auch deshalb, weil es sich bei den genannten Autoren um die Vertreter der in der Praxis wahrscheinlich am verbreitetsten offeneren Konzepte handelt.

5.1 Lesen- und Schreibenlernen im Anfangsunterricht

Den Perspektivwechsel, der in den letzten 20 Jahren im Bereich des Schriftspracherwerbs erfolgt ist, fasst BRÜGELMANN als breiten Konsens unter den Fachdidaktikern folgendermaßen zusammen:

> 1. Kinder sind schon schriftspracherfahren, wenn sie in die Schule kommen. Darum: Es gibt keinen Nullpunkt für den Unterricht – weder für die Einheiten (Buchstaben, Wörter) noch für die Tätigkeiten (Lesen, Schreiben).
> 2. Kinder sind kompetente Lerner und „Sinnsucher". Darum muss der Unterricht wegkommen von einer Belehrung über Schrift hin zu ihrem persönlichen Gebrauch und zur aktiven Erkundung ihrer Logik.
> 3. Lernen ist kein Transport von Wissen, sondern eigenaktive Konstruktion. Deshalb sind individuelle Wege wichtig und Fehler als Vorformen zu akzeptieren. Und deshalb ist auch kein Gleichschritt durch sachlogisch aufgebaute Einheiten möglich. (Brügelmann/ Brinkmann 1998a, 92)

In der Umsetzung lassen sich allerdings große Unterschiede im Hinblick auf die Konsequenz feststellen, mit der diese Annahmen in der Unterrichtspraxis berücksichtigt werden. So finden sich mittlerweile sogar in fast allen Lehrgangswerken Anlauttabellen, die den Kindern freies Schreiben und Spontanschreiben aus Gründen ihrer höchst unterschiedlichen Lernvoraussetzungen ermöglichen sollen – ohne dass die Autoren einen Widerspruch zum parallel stattfindenden Lehrgangsunterricht vermerken. BRÜGELMANN und BRINKMANN fragen in diesem Zusammenhang mit Recht: „Die Kinder sollen also erst einmal gemeinsam den Lehrgang durchlaufen, um danach dann eigene Wege gehen zu können?" (Brügelmann/ Brinkmann 1998a, 95).

Im Gegensatz zu den Didaktikern, die auf Lehrwerke bzw. Lehrgänge setzen, geben BRÜGELMANN und BRINKMANN Hilfen für einen Unterricht, der sich als „Offenheit mit Sicherheit" bezeichnen lässt. Mit dem Modell der „Didaktischen Landkarte zum Lesen- und Schreibenlernen" fordern sie einen Unterricht, der nicht wie ein Lehrgang vom Einfachen zum Schweren" führt, sondern gemäß dem Spracherfahrungsansatz den Kindern den eigenen „Weg zur Schrift" ermöglicht. Die acht Lernfelder der „didaktischen Landkarte" beinhalten dabei die wesentlichen Aspekte der Schriftsprache: Symbol-Verständnis, Sprach-Analyse, Schrift-Aufbau, Schrift-Verwendung, Buchstaben-Kenntnis, Baustein-Gliederung, Sicht-Wortschatz und Text-Gebrauch (vgl. Brügelmann 1984, 64f.).

> Die Lernfelder geben also keine Reihenfolge für konkrete Lernangebote vor. Sie helfen vielmehr, Kindern auf unterschiedlichem Entwicklungsstand Aufgaben zu stellen und ihnen

verschiedene Zugänge zur Schrift zu erschließen. (Brinkmann/ Brügelmann 1993, Beilage „Offenheit mit Sicherheit", 4)

Dabei liefern BRINKMANN und BRÜGELMANN in ihren Veröffentlichungen wie z. B. der „Ideen-Kiste 1 Schrift-Sprache" (Brinkmann/ Brügelmann 1993) neben diagnostischen Hilfen konkrete Aufgaben und Übungen, durch die Kinder ihre Erfahrungen in den acht Lernfeldern zielgerichtet erweitern können. Die Übungen sind kein systematischer Lehrgang, sondern veranschaulichen durch konkrete Praxishilfen die nach Meinung der Autoren beim Schriftspracherwerb abzudeckenden Bereiche. Die Breite der Angebote und Übungsmöglichkeiten soll dabei Lehrern die Öffnung des Unterrichts erleichtern und ihnen eine Strukturierungshilfe bieten, mit der den Kindern ein Zugriff auf verschiedenste (sinnvolle) Übungen und Übungsformen gewährt wird.

Die dem Unterricht zu Grunde liegenden Prinzipien beschreiben BRÜGELMANN und BRINKMANN in ihrem „4-Säulen-Modell", wobei sie die folgenden Aktivitäten fordern, die den Kindern Erfahrungen in und Zugänge aus verschiedenen Perspektiven ermöglichen (vgl. Brügelmann/ Brinkmann 1998a, 99f.):

- freies Schreiben
- Gemeinsames (Vor-)Lesen
- das Erforschen der Schrift und das Nachdenken über ihre Besonderheiten
- das Einüben von Teilleistungen

Vor dem Hintergrund dieses Säulenmodells sowie den auf der Didaktischen Landkarte begründeten Ideen für Übungen und Angebote im offenen Unterricht lassen sich gut die Differenzen zu den Konzepten von PESCHEL und REICHEN aufspüren bzw. benennen.

5.1.1 Schreiben durch Schreiben und Lesen durch Lesen – oder Lesen durch Schreiben?

Allen drei Ansätzen ist das Element des freien Schreibens gemein. Den Kindern wird in den ersten Schultagen mit einer Anlaut- oder Buchstabentabelle ein „Werkzeug" an die Hand gegeben, mit dem sie sich das Schreiben und Lesen selbst beibringen können. Während die Tabelle bei REICHEN das zentrale Element des Anfangsunterrichts darstellt, ist sie bei BRÜGELMANN und BRINKMANN ein (allerdings nicht unwichtiges) Element unter mehreren. Ein Vergleich der Tabellen gibt erste Hinweise auf unterschiedliche Schwerpunktsetzungen:

Im Konzept von BRÜGELMANN und BRINKMANN taucht die Anlauttabelle in unterschiedlichen Formen auf, vom großen Plakat über die schülereigene Tabelle bis hin zum „Hosentaschen-Alfabet" in der Streichholzschachtel. Wie der Ausdruck „Alfabet" in der letzten Bezeichnung schon sagt, handelt es sich bei diesen Tabellen um Übersichten, die die Buchstaben des ABC der Reihe nach mit (Tier-)Anlautbildern wiedergeben, ergänzt durch die entsprechend bebilderten Buchstabengruppen Ch,

Sch, Sp, St, Au, Ei und Eu. Dabei sind nur Großbuchstaben bzw. mit einem großen Buchstaben anfangende Buchstabenverbindungen abgebildet. BRINKMANN liefert zusätzlich mit dem „AbeCeDarium (vgl. Brinkmann/Uihlein 1996) ein Material, das Kindern ermöglicht, ihre eigenen (wachsenden) Anlauttabellen anzufertigen. Ganz im Sinne des Spracherfahrungsansatzes erstellen die Kinder damit ihr eigenes Werkzeug, mit dem sie sich dann die Schrift erschließen können.

Im Gegensatz dazu gibt REICHEN den Kindern eine fertige Buchstabentabelle (vgl. Reichen 1982, Heft 1, 17; 2001, 22) in der Form eines „Torbogens" vor, die sich nicht nach dem Alphabet richtet, sondern unmittelbarer von den Verschriftungsbedürfnissen der Kinder ausgeht. Im oberen Bereich des Torbogens finden sich die Vokale, Umlaute und Zwielaute außer äu und ie, da diese lautgetreu auch mit eu bzw. i verschriftet werden können. In den beiden Torsäulen befinden sich die Konsonanten (außer c, q(u), x, und y) sowie als Konsonantenverbindungen das pf, das ch und das sch – u. a. als Gegenüberstellung von „weichen" und „harten" Konsonanten. So liegen die entsprechenden Laute beim Durchlaufen der Tabelle nicht unmittelbar hintereinander und doch wird durch ihre Anordnung ein Bezug bzw. ein „Gegenüber" ausgedrückt. Alle Buchstaben und Buchstabenverbindungen sind sowohl mit großen Anfangsbuchstaben als auch klein geschrieben vorzufinden. In einer neueren Ausgabe seiner Buchstabentabelle (zunächst als Erwachsenenversion) hat REICHEN das „pf" weggelassen sowie „Ring" für „-ng" und „Buch" als Endlautbild für „ch" (statt vormals „Chinese" als Anlautbild) ergänzt (vgl. Reichen 2001, 22).

Im Vergleich der Anlauttabellen von BRÜGELMANN und BRINKMANN und der Buchstabentabelle von REICHEN drückt die Auswahl und Anordnung der Buchstaben u. a. auch das Konzept aus. Während BRÜGELMANN und BRINKMANN durch die direkte Anlehnung an das ABC auf ein in der Spracherfahrung der Kinder früher oder später vorkommendes Muster zurückgreifen, das alle in der Schrift enthaltenen Buchstaben (einschließlich c, q, x und y) repräsentiert (allerdings nicht alle Lautverbindungen), ist REICHENs Ansatz ein anderer. Er hat ein Werkzeug entwickelt, in dem die Buchstaben weggelassen wurden, die nur selten vorkommen bzw. die nicht zur Verschriftung notwendig sind oder verwirrend sein können. So steht z. B. in der Tabelle von BRÜGELMANN und BRINKMANN der „Colli" für ein „C", das von Kindern als „k"-Laut identifiziert wird, genauso wie das „Q" für „Qualle". Zusätzlich taucht noch das Chamäleon mit einem „Ch" auf und das Känguru für das „K". Das Kind hat nun zur Verschriftung für den „k"-Laut, „C", „Ch", „K" und „Q" zur Verfügung, was verwirrend sein kann. Entsprechend überflüssig bzw. auch anders darstellbar erscheinen „X" und „Y" bei einem Werkzeug zum freien Schreiben.

Während sich in REICHENs Tabelle nicht alle Buchstaben finden, scheinen die an das ABC angelehnten Tabellen von BRÜGELMANN und BRINKMANN die gleichzeitige Berücksichtigung des Lesen- und des Schreibenlernens durch ein Werkzeug, das man sowohl zum Codieren als auch zum Decodieren von Texten nutzen kann, auszudrücken. Dies ist allerdings in der Praxis auf Grund der fehlenden Buchstaben- bzw. Lautverbindungen strenggenommen nur begrenzt sinnvoll:

> Wer eine Anlauttabelle zusammenstellt, muss sich als Erstes darüber klar sein, ob er eine Tabelle für das frühe selbstständige Schreiben - oder für das frühe selbstständige Lesen herstellen bzw. verwenden möchte. Beim frühen Schreiben geht das Kind von der Lautung aus und soll entsprechende Schreibzeichen finden. Also muss die Tabelle für jede wichtige Lauteinheit (etwa 40 Phoneme) ein Zeichen anbieten. Beim frühen Lesen wollen die Kinder Texte entschlüsseln. Für diesen Zweck müsste eine Tabelle alle vorkommenden Schreibzeichen (etwa 80 Grapheme) enthalten und abbilden. Diese große Zahl zeigt schon, dass wir eigentlich keine Anlauttabelle zum selbstständigen Lesen auf dem Markt haben. Eine Tabelle, die für das Schreiben konzipiert ist, auch als Hilfsmittel für frühes Lesenlernen verwenden zu wollen, ist genau so, als ob man mit einer Gabel Suppe essen wollte. (Thomé 2000, 116)

Auch die Idee einer wachsenden Anlauttabelle des einzelnen Kindes bei BRINKMANN drückt neben dem konsequenten Ansatz an den Vorerfahrungen der Kinder aus, dass es sich hier nur begrenzt um das zentrale Hilfsmittel zum freien Schreiben handeln kann, denn eine wachsende Anlauttabelle wird erst mit der Zeit zu einem Werkzeug, mit dem sich beliebige Wörter verschriften lassen. Es scheint eher so, dass die wachsende Anlauttabelle entweder in Kombination mit anderen Tabellen eingesetzt werden muss oder aber sie muss möglichst schnell komplettiert werden – und zwar in Bezug auf die dem Kind noch unbekannten Buchstaben immer mit Hilfe von außen. Es ergibt sich das Bild eines Unterrichts, der über vielfältigen Umgang mit Schrift und Sprache, mit Lesen und Schreiben und einschließlich gezielter Übungen und der gemeinsamen Thematisierung von Buchstaben in der Klasse („Buchstaben der Woche"; Brinkmann/ Brügelmann 1993, Beilage „Offenheit mit Sicherheit", 27) die individuellen Erfahrungen des einzelnen Kindes ständig erweitern möchte.

Im Gegensatz dazu setzt REICHEN in seinem Konzept „Lesen durch Schreiben" (vgl. Reichen 2001) ganz auf das Schreiben. Lesen ist für ihn direkte Sinnentnahme von Schrift und hat nichts mit dem automatisierten Zusammenziehen von Buchstaben bzw. Lauten zu tun. Vielmehr hält er entsprechende Übungen und das Beibringen von „Lesetechniken" für die Ursache unzureichender Kompetenz sinnentnehmenden Lesens:

> **Schreiben** ist nichts, das mir „von selbst" geschieht. Es ist ein aktiver, bewusster, willentlicher, mit Motorik verknüpfter Akt, bei dem Wörter nicht als Ganzes produziert werden können, sondern einzelne Buchstaben in zeitlichem Hintereinander gemalt, geschrieben, gesetzt oder getippt werden müssen. Schreiben hat äußere Anteile und daher ist es „zu sehen". Ich kann dem Kind zeigen und vormachen, wie es geht. Didaktische Maßnahmen sind möglich und förderlich.
>
> **Lesen** hingegen „geschieht mir", wenn mich „Wörter anspringen". Es ist ein rezeptives, nicht willentliches, nicht bewusst gesteuertes, rein geistiges Geschehen, bei dem im erkennenden Wahrnehmen gleichzeitig begriffliche Bedeutungen erfasst werden. Äußerlich ist hier nichts zu sehen. Lesen ist ein rein geistiger Vorgang, den ich nicht „zeigen" kann, den ich nicht erklären kann und den ich daher auch nicht „lehren" kann. Didaktische Maßnahmen verursachen lediglich Störeinflüsse. (Reichen 2001, 84)

Die Sichtweise REICHENS, dass Lesen ein Akt ganzheitlich-gleichzeitiger Wahrnehmung von Wörtern ist und eben nicht eine automatisierte sequentielle phonologische Codierung, drückt sich auch durch seine Vorstellung von den im Kind ablaufenden Prozessen beim Lesenlernen aus. Er möchte das Wort „Lernen" im Zusammenhang mit dem Erwerb der Fähigkeit des Lesens vermeiden und spricht deshalb davon, dass Kinder (plötzlich) lesen können, „wenn man mit ihnen – auf der Grundlage einer kognitiven Aktivierung – verschriftet." (Reichen 1998, 338) Dabei stellt die Buchstabentabelle das Werkzeug dar, das dem Kind einen inzidentellen Erwerb der Buchstabenkenntnis ermöglicht. Buchstabenkenntnis wird nicht bewusst als Teilleistung trainiert, sondern beiläufig durch das Verschriften mit der Tabelle erworben. Zusammenfassend und ergänzend lassen sich die Hauptgedanken REICHENS folgendermaßen charakterisieren:

- Lesenkönnen wird nicht „gelernt", sondern ist wie der Sprechspracherwerb ein genetisch determinierter Prozess, der vom „Selbst" des Kindes gesteuert wird.
- Schreiben kann als Auslöser dieses Prozesses dienen, da es sich nicht um einen „Reifungsprozess" handelt.
- Systematisches Üben ist nicht nützlich (sondern eher kontraproduktiv).
- Buchstabenkenntnisse sind keine entscheidenden Voraussetzung für Lesenkönnen, sondern Wörter werden ganzheitlich-gleichzeitig und nicht in einem linearen Hintereinander von Buchstaben erfasst.
- Lesen und Schreiben können sich gegenseitig stützen, sind aber nicht so aufeinander bezogen, dass jeweils das eine das „Umgekehrte" des anderen ist (siehe obiges Zitat).
- Lesen ist ein rezeptiver Akt, in dem Sinnentnahme direkt auf die begriffliche Ebene zielen kann, also kein „inneres Sprechen" erfordert.
- Vollentfaltetes Lesen (Blitzlesen) ist kein Automatisieren eines willentlich-bewusst gehandhabten Könnens, das ins Unterbewusstsein abgesackt ist, sondern ein implizit und außerbewusst ablaufender Vorgang (vgl. Reichen 1999, 2)

Der gravierende Unterschied zwischen den Konzepten von BRÜGELMANN/ BRINKMANN und REICHEN drückt sich also in der Praxis darin aus, dass REICHEN eine Leseschulung im Sinne eines Übens von „Entziffern" für kontraproduktiv hält und diese konsequent vermeiden möchte. Dabei redet er ausschließlich vom Anfangszeitpunkt, zu dem ein Kind weder lesen noch schreiben kann und er spricht auch nur vom Lesenüben im Sinne eines Zusammenschleifens von Buchstaben – mit REICHENS Verständnis von Lesen bzw. Lesenkönnen kann man einem Kind nicht beibringen, wie „lesen geht". Wenn ein Kind dann lesen kann, soll es dies auch tun und hat Zugang zu Texten aller Art, muss die Auftragskarten im von REICHEN praktizierten Werkstattunterricht lesen usw.

Unklar bleibt trotzdem, ob REICHENs Position eine ist, die er zwar als theoretisch sehr wichtig empfindet, damit sein Konzept richtig verstanden wird, die er aber in der Praxis nicht unbedingt so konsequent umsetzt:

> Um diesen entscheidenden Übergang vom Schreiben zum Lesen nicht zu stören, ist es *wichtig, dass im Verlauf des Lernprozesses kein Kind jemals gezwungen wird, etwas zu lesen.* Wenn der Unterricht dennoch Lesemöglichkeiten, z. B. in Form von Überschriften auf Arbeitsblättern anbietet, dann aus indirekten motivationspsychologischen Gründen und im Hinblick auf Präfigurationsprozesse. (Reichen 1982, Heft 1, 19f.)

BRÜGELMANN und BRINKMANN sehen hingegen den Zugang zu Schrift und Lesen von Anfang an als nicht problematisch – solange dem Kind keine (unzureichende) Strategie auferlegt wird (wie z. B. bei Vorleseübungen). Dabei drückt sich u. a. aus, dass es bei der Ernstnahme des Spracherfahrungsansatzes nicht sein kann, Kindern Vorschriften über ihre Lernwege zu machen und – wie im Falle des Konzepts „Lesen durch Schreiben" – das Lesen „hintan zu stellen". Spontanschreiber und Frühleser zeigen, dass Kinder sowohl zuerst Schreiben oder auch zuerst Lesen lernen können. BRÜGELMANN und BRINKMANN vertreten eine Didaktik, die der Verschiedenheit der Kinder durch vielfältige Herausforderungen und Angebote gerecht werden möchte. Dabei fordern sie diese Variabilität sowohl für das Schreiben als auch für das Lesen, während REICHEN diese beiden Prozesse für grundsätzlich unterschiedlich hält: Schreiben kann als motorisch-sequentielles Tun gezeigt und geübt werden, Lesen als kognitiver Akt des Gleichzeitigen nicht.

5.1.2 Schreiben und Lesen durch freies Schreiben – und durch freies Lesen

PESCHEL nimmt hier so etwas wie eine dritte – pragmatische – Position ein. Ihm ist – wie auch REICHEN – vor allem die Unterscheidung zwischen dem Abmalen und dem Schreiben bzw. dem Vorlesen und dem sinnentnehmenden Lesen von Wörtern wichtig. Dabei spielen neben lernpsychologischen für ihn vor allem didaktische Gründe eine entscheidende Rolle:

> Um das folgende Konzept kurz auf einen (konstruktivistischen) Nenner zu bringen: Schreiben, Lesen und Rechtschreiben lernt man durch freies, selbstgesteuertes Schreiben und Lesen. Dabei sind Schreiben und Lesen eng miteinander verknüpfte Fertigkeiten. Zunächst müssen wir allerdings eine wichtige qualitative Unterscheidung treffen. Schreiben ist nicht „Abschreiben", sondern die eigene, sinngebende Konstruktion von Wörtern. Genauso ist Lesen nicht „Entziffern" oder „Vorlesen", sondern die Sinnentnahme von Wörtern. Jeder kann z. B. einen fremdsprachigen Text unseres Alphabets abschreiben und auch vorlesen, das heißt aber nicht, dass er selber in dieser Sprache schreiben oder diese Sprache verstehend lesen kann. (Peschel 2002b, 52)

> Hier wird dann auch schnell klar, warum die Lese-Rechtschreibschwierigkeiten-Prävention so vor dem Sich-Verlassen auf Schreiblehrgang und Fibel warnt: Durch das wiederholte Abschreiben oder Vorlesen von vorgegebenen Wörtern und Texten werden diese zwar evtl. von Schülern kurzfristig auswendig gelernt und sind reproduzierbar, der wahre Stand der Schreib- und Lesekompetenz wird aber schnell verdeckt. Man stellt zum Teil erst nach Jahren im Rahmen frei geschriebener Texte fest, dass Kinder gar nicht richtig schreiben und lesen können, da sie nie die Möglichkeit hatten, die für sie individuell notwendigen Grundlagen zu bilden. (Peschel 2002b, 53f.)

Zur Begründung der Notwendigkeit, Kinder ihren individuellen Weg beim Erwerb von Schrift und Rechtschreibung gehen zu lassen und sie nicht einzelne Entwicklungsstufen überspringen oder wiederholen zu lassen, verweist PESCHEL auf das folgende Stufenmodell zur Rechtschreibentwicklung (vgl. Peschel 2002b, 54 mit Bezug auf Spitta 1988, 73ff.; Brügelmann 1998b, 29):

Stufe	Kennzeichen	Beispiele
1 – Vorkommunikative Aktivitäten: Kritzeln	Spuren mit Schreibgeräten und malen von Kritzelbildern.	
2 – Vorphonetisches Stadium: „Abmalen" statt Schreiben	Erste Buchstabenformen, meist Großbuchstaben. Es werden beliebige Buchstaben für ein „Wort" gewählt oder Wörter werden auswendig „gemalt", es erfolgt kein Lautbezug der Buchstaben.	A O STEFFI
3 – Halbphonetisches Stadium: Anlaut- und Skelettschreibung	Erste Vorstellung davon, dass Buchstaben Laute eines Wortes abbilden. Zuerst meist Anlautabbildung. Weiterentwicklung zur Skelettschreibweise: Buchstaben bekommen eine Funktion, stehen für die prägnanten Laute.	DN Dino MTR Mutter
4 – Phonetische Phase: Lautgetreues Schreiben	Lautgetreues Schreiben: Die Lautstruktur des Wortes wird weitgehend verschriftet – und zwar meist so, wie das Kind das Wort *selbst* verlangsamt *ausspricht*! Rechtschreibmuster spielen noch keine Rolle. Wortgrenzen werden sicherer.	MUTA Mutter BALT BEN ECH KROS Bald bin ich groß
5 – Phonetische Umschrift mit Rechtschreibmustern: Generalisierendes Schreiben	Orthographische Gesetzmäßigkeiten ergänzen das lautgetreue Schreiben. Silben erhalten immer öfter auch Vokale, nasale Konsonanten werden berücksichtigt, auslautendes -en und -er erhalten ihr „e". Wahrnehmbare, aber für das Schreiben irrelevante Laute werden weggelassen. Neue Schreibstrategien werden übergeneralisiert.	Aus laufn wird laufen Aus Muta wird Mutter Und aus Kola folglicher Weise dann Coler
6 – Übergang zur entwickelten Rechtschreibfähigkeit: Rechtschriftliches Schreiben	Grundlegende Kenntnisse unseres Rechtschreibsystems sind verankert. Wortaufbau (Morpheme, Wortfamilienprinzip), Vor- und Nachsilben und zusammengesetzte Wörter werden in immer größerem Ausmaß beherrscht. Die Fähigkeit, Dehnungs- und Dopplungszeichen korrekt zu gebrauchen, nimmt zu. Zur akustischen tritt die visuelle Korrekturhilfe.	Aus ferker wird Verkehr Aus salzich wird salzig Und aus Farat vielleicht sogar schon Fahrrad

(Peschel 2001d, 7)

Für PESCHEL ist – wie auch für BRÜGELMANN und BRINKMANN sowie REICHEN – die Unterschiedlichkeit der Kinder in ihren Lernvoraussetzungen und -möglichkeiten ein entscheidendes Kriterium zur Öffnung des Unterrichts. Dabei hält er die methodische Öffnung im Hinblick auf den eigenen Lernweg des Kindes für das zentrale

Element jeglichen Lernprozesses, was einerseits durch sein „Stufenmodell für Offenen Unterricht" (siehe Kapitel 2.3; Peschel 2002d, 235ff.) sowie durch seine Überlegungen zum selbstgesteuerten und selbstregulierten Lernen (siehe Kapitel 4.1; Peschel 2002b, 9ff.) deutlich wird. Zugleich argumentiert er im Zweifelsfall immer als (Schul-)Pädagoge und nicht als Fachdidaktiker. Ihm geht es weniger darum, Lernprozesse wissenschaftlich zu analysieren und daraus ein Konzept zu gestalten, sondern für ihn stehen die Auswirkungen bestimmter Handlungen auf die Kinder bzw. die gesamte Unterrichtsstruktur und Rollenverteilung im Vordergrund.

Von daher erscheint ihm dasjenige Konzept für die Praxis am sinnvollsten, in dem die Kinder am ehesten selbstreguliert ihren eigenen Weg gehen können. Aus dieser Sichtweise hält er die Übungen und Angebote, die BRÜGELMANN und BRINKMANN in ihrem Konzept vorsehen, in einem radikal geöffneten Unterricht zunächst einmal für kontraproduktiv. Entsprechend der „Didaktik des weißen Blatts" sollen die Kinder eben nicht auf Angebote oder Arbeitsmaterialien des Lehrers zurückgreifen können, sondern über das Erstellen von Eigenproduktionen ihren eigenen Weg finden. Dabei hält er die oben thematisierte Fragestellung, ob die Kinder von Anfang an auch Möglichkeiten zum Lesen haben sollten, für einfach beantwortbar – zumindest als Praktiker, nicht unbedingt als Theoretiker:

> Es geht nicht um den alten Streit, was zuerst kommt: das Lesen oder das Schreiben. Man kann sowohl Lesen als auch Schreiben ganz losgelöst vom anderen lernen. Die Frage ist, welches (schulische) Vorgehen das andere miteinschließen kann. Da resultiert das Lesen eher aus dem eigenen Schreiben als das Schreiben aus dem Lesen, denn beim Aufschreiben muss ich immer wieder „lesen", wo ich bin, beim Lesen aber nicht „schreiben", was ich gerade lese. Also in der Regel: „Lesen durch Schreiben", aber nicht „Schreiben durch Lesen". Zudem hat das Schreiben den Vorteil, dass es als Kommunikationsimpuls vom Kind ausgehen kann und nicht von etwaigem von außen vorgegebenem Material abhängig ist. (Peschel 2002b, 56)
>
> (Verstehendes) Lesen kann einem Kind nicht erklärt werden. Was vom „Sehen" bestimmter Striche zur Sinnentnahme führt, weiß niemand. REICHEN geht davon aus, dass das Lesenkönnen (ganz im Sinne PLATONS bzw. „platonisch") schon irgendwo im Kind schlummert und durch Selbststeuerung, das heißt vom „Selbst" des Kindes aus gesteuert, zu einem bestimmten Zeitpunkt „aktualisiert" wird; je weniger dieser Prozess von außen gestört wird, desto besser. Er nennt dies dann auch entsprechend „platonische Spontanaktualisierung". Wir wissen nicht, ob dies so ist, und empfinden auch ein gewisses Unbehagen bei dieser Erklärung, aber unsere eigenen Erfahrungen haben gezeigt, dass das „in Ruhe lassen" der Kinder, das heißt der völlige Verzicht auf irgendwelche Vorleseübungen, die Kinder in unseren Klassen nahezu allesamt zu Vielesern gemacht hat. Sie lagen in entsprechenden Tests (z. B. dem Hamburger Lesetest, s. u.) bezüglich des sinnentnehmenden Lesens weit über dem Durchschnitt und ihre Vorlesekompetenz wirkte in puncto Betonung, Schnelligkeit, Deutlichkeit usw. sehr hoch – und zwar eben ohne dies je geübt zu haben. Selbst wenn also REICHENS Theorie nicht stimmt, hat den Kindern unserer Klasse der Verzicht auf den sonst vorgesehenen (Vor-)Leseunterricht nicht geschadet, sondern ihnen im Gegenteil viel Zeit zum Selberlesen gebracht und einiges an möglichem Druck oder an Peinlichkeiten erspart. (Peschel 2002b, 105)
>
> Im Sinne des Konzeptes „Lesen durch Schreiben" verschriften die Kinder ihre Texte zunächst, ohne sie selber lesen zu können. Mit der Zeit – und das erstaunlich schnell – beginnen sie dann aber vielfach direkt sinnentnehmend zu lesen. Ob sie dabei die Stufe des „Zu-

sammenschleifens" überspringen oder unbewusst im Kopf durchführen, oder ob es diese Stufe gar nicht gibt, ist nicht zu klären; das ist aber auch belanglos, wenn man sie nicht von außen zu diesem Vorgehen zwingt. Mit der Zeit erweitert sich die Lesekompetenz dann ganz von alleine zu einem flüssigen und gut betonenden Vorlesen; mit dem Vorteil, dass die Sinnentnahme – gemäß unseren Beobachtungen – in der Regel auf jeden Fall erfolgt, denn diese Stufe der Leseentwicklung wurde nicht übersprungen. (Peschel 2002b, 107)

Aus diesen Erklärungen folgt, dass PESCHEL dem Ansatz von REICHEN zwar sehr nahe steht, die Ansicht des „genetisch determinierten Prozesses" aber nicht in der radikalen Form übernimmt. Er sieht auch beim Schreiben mit der Buchstabentabelle Anteile eines buchstabenweisen Lesens, wenn die Kinder z. B. ihre bisherigen Verschriftungsanteile beim Schreiben immer wieder selbst überprüfen. REICHEN hat in seiner ersten Veröffentlichung noch versucht, ein solches Lesen in sein Konzept als „Vorform von Lesen" einzubinden:

> Dabei dürfte vermutlich eine Art „Vor-Form von Lesen", die beim Schreiben erforderlich ist, eine wichtige Rolle spielen. Beim Schreiben besteht häufig der Sachzwang, dass sich der Schüler wieder vergegenwärtigen muss, was er bereits geschrieben hat und was noch fehlt. An sich ist eine solche Vergegenwärtigung natürlich noch kein eigentliches Lesen, da keine Sinnentnahme aus den Schriftzeichen erfolgt, sondern lediglich eine Sinnüberprüfung – aber gerade dies bereitet möglicherweise dem späteren Lesen den Boden vor.
> Beispiel: Der Schüler will „Hamster" schreiben. Er beginnt, wird aber an dem Punkt, da er z. B. bereits „Ham" geschrieben hat, abgelenkt und unterbricht seine Arbeit für einen Moment. Wenn er nun wieder weiterarbeitet, muss er sich vergewissern, wo er aufhörte, d. h. er muss das bereits geschriebene „Ham" erkennen. Da der Schüler noch nicht eigentlich lesen kann, kann er noch nicht erkennen, *dass* das Geschriebene bis jetzt „Ham" heisst, aber er kann nachprüfen, *ob* es „Ham" heisst. Bei der Überprüfung fragt sich der Schüler also nicht: Was heisst dieses Wort hier? Er fragt sich: Heisst das jetzt bereits „Hamster" oder noch nicht?
> Quasi analog dem hypothesentestenden Verfahren, welches Lesen letztlich wahrscheinlich ist [...], geht der Schüler also von der Hypothese „Hamster" aus und überprüft (testet) diese, indem er das Wort in seinem Vorstellungsvermögen so weit „nachschreibt", wie es auf dem Papier bereits steht. [...] Der geschilderte Prozess bewirkt wahrscheinlich, dass sich parallel zum Schreibenlernen ein „latentes" Lesenlernen entwickelt, das dann in einem Einklinkprozess [...] von der Latenz ins manifeste Lesen kippt. (Reichen 1982, Heft 1, 19f.)

In der aktuellsten und ausführlichsten Veröffentlichung, in der REICHEN sein Konzept darlegt, ist er von dieser Erklärung abgekommen und formuliert den Weg zum „Lesenkönnen" so radikal wie schon oben beschrieben:

> Die Kinder können nun schreiben. Wie aber werden sie LeserInnen? Diese Frage kann ich ihnen leider nicht beantworten. Vor Jahren hatte ich „Erklärungen", aber inzwischen überzeugen sie mich nicht mehr. [...] Nachdem ich mich nun mehr als 30 Jahre mit *Lesen durch Schreiben* beschäftigt habe, ist in mir die Überzeugung gereift, dass das Lesen n i c h t gelernt, sondern „plötzlich gekonnt" wird. (Reichen 2001, 41f.)

In der hier untersuchten Klasse hat der Lehrer die Entwicklung der Kinder so wahrgenommen, dass es auf jeden Fall Kinder gab, die plötzlich gemerkt haben, dass sie lesen konnten. Aber auch diese Kinder haben dann angefangen – zumindest in der Anfangszeit und insofern das beobachtbar war –, Wörter bzw. Texte zu „erlesen". Es ist also auch möglich, dass beim Lesenlernen erst einzelne Teilfähigkeiten zu einem dann integrierten, holistischen Leseverständnis führen (vgl. Rost 1985, 4f.). Eine andere, beide Prozesse verbindende Erklärung stellt das „Zwei-Wege-Modell" des Worterkennens dar. Dabei werden das direkte Erkennen des Wortsinns und das indirekte Erlesen über eine phonologische Synthetisierung von Graphemen oder Silben nicht als sich ausschließende Formen betrachtet, sondern als mögliche parallele Wege (vgl. Scheerer-Neumann 1995, 149ff.; Brügelmann 1992[4]; 104-110).

Diese Beobachtungen stellen jedoch REICHENs These nicht in Frage, denn man könnte argumentieren, dass diesen Kindern irgendwo Beispiele für ein Lesen in der Form des „Entzifferns" bzw. Zusammenziehens von Lauten begegnet sind, die sie dann zu der entsprechenden Vorgehensweise veranlasst haben. Des Weiteren kann über viele Kinder keinerlei Aussage gemacht werden, ob sie nicht direkt „ganzheitlich-gleichzeitig" Wörter erfasst haben. Sicher ist jedoch, dass die Art des plötzlichen „Lesenkönnens" auch bei konsequenter Methodenumsetzung unterrichtspraktisch nicht in Reinform vorzukommen scheint, sondern eher die Ausnahme bildet – und zwar auch in den Klassen von REICHEN, der diese Entwicklung auch immer nur bei einzelnen Kinder feststellt bzw. ihr nachspürt. Ob hier außerschulische Einflüsse eine Rolle spielen oder ob REICHENs These unzureichend ist, kann an dieser Stelle nicht geklärt werden.

Wie schon erwähnt, hat für PESCHEL die enge Anlehnung an das Konzept bzw. die Prinzipien von REICHEN vor allem „meta-didaktische" Gründe. Der radikale Verzicht auf jegliche Leseübungen soll die Selbstständigkeit, Eigenverantwortung und Selbstregulierung der Kinder ermöglichen und die Lehrer davor schützen, kontraproduktiv in den Lernprozess der Kinder einzugreifen. Während PESCHEL vor allem auch aus diesen Gründen die Übungen von BRÜGELMANN und BRINKMANN als für einen so individualisierten und offenen Unterricht wie den hier untersuchten als nicht notwendig betrachtet (evtl. würden das die Autoren auch nicht tun, denn ihr Anliegen ist die Öffnung von geschlossenem Unterricht, nicht die Schließung Offenen Unterrichts), sorgt er schon von Anfang an für eine Lernumgebung, die den Umgang mit Schrift und Sprache dauernd präsent macht. So finden sich in der Klasse verschiedenste Geschichten- und Sachbücher, von Leseheftchen und Bilderbüchern für Anfänger bis hin zu anspruchsvollen Themenbüchern und Nachschlagewerken.

Da das freie Schreiben und Lesen durchgängige Grundprinzipien des Unterrichts sind, erscheint auch der Übergang vom Nichtlesen- zum Lesenkönnen – zumindest auf Klassenebene – fließend. Die Kinder, die noch nicht lesen können, beschäftigen sich trotzdem mit Büchern, gucken sich Bilder an oder lassen sich vorlesen. Sie präsentieren ihre Eigenproduktionen (von Bildern über Buchstaben bis hin zu ersten Wörtern, Sätzen und Texten) im Kreis und erklären sie den anderen Kindern – meist wissen sie auswendig, was sie verschriftet haben bzw. verschriften wollten. Sie stehen dabei durch den Verzicht auf Lesenüben nicht unter dem Druck, sich eine Lesetechnik durch das Zusammenschleifen von Buchstaben o. Ä. aneignen zu müssen.

Es ergibt sich höchstens das individuelle Bedürfnis, lesen können zu wollen. Und sobald die Kinder dann u. a. durch das freie Verschriften lesen können, weicht diese Art der Präsentation dem gegenseitigen Vorlesen bzw. dem stillen Lesen zur eigenen Informationsaufnahme. Es ist gut möglich, dass diese Unterrichtspraxis sowohl von BRÜGELMANN und BRINKMANN als auch von REICHEN als sinnvoll, konzeptgetreu und ausreichend bewertet würde – auch wenn die theoretischen Positionen zunächst weiter auseinander zu liegen scheinen.

5.1.3 Freies Schreiben in der Praxis

Um den Kindern dabei die Möglichkeit des freien Schreibens von Anfang an zu ermöglichen, greift PESCHEL auf die gängige Buchstabentabelle von REICHEN zurück, die er in der hier untersuchten Klasse durch die Hinzunahme von „Sp" (Spinne) und „St" (Stern) ergänzt hat. Die Bedenken REICHENs, dass bei diesen Buchstaben bei der Erstbegegnung eine Verwechselung mit dem „sch" entstehen könnte, hat sich in der Klasse nicht bestätigt. Zwar sind „Sp" und „St" für das lautgetreue Schreiben nicht notwendig, aber der direkte Zugriff scheint spätere Übungen zu dieser Rechtschreibbesonderheit zu erübrigen. Ansonsten führt PESCHEL noch eine Reihe anderer Überlegungen als Kriterien für eine sinnvolle Buchstabentabelle an, die aber erst in der Folge seiner Unterrichtserfahrungen entstanden sind und entsprechend keine Bedingung für diese Untersuchung darstellen. Entsprechend kann auf die Literatur verwiesen werden (vgl. Peschel 2002b, 56ff.).

Insgesamt beschreibt PESCHEL den Umgang mit der Buchstabentabelle als problemlos und empfiehlt, auch bei schwachen Kindern auf Übungen und Lehrgang zu verzichten und stattdessen bei Bedarf die Komplexität der Tabelle zu reduzieren:

> Die Tabelle schafft als „Nachschlage-Werkzeug" die Freiheit von Unterricht und Lehrgang, aber sie wird von den Kindern nicht lange gebraucht und ist nicht der einzige Zugang des Kindes zum Schrifterwerb.
> Sieht ein Lehrer die dringende Notwendigkeit zur Differenzierung, z. B. bei Kindern mit sonderpädagogischem Förderbedarf, die trotz Eigenzeit keine Fortschritte machen, würden wir statt der dann meist doch in Betracht gezogenen „Einführung" von Buchstaben viel eher zu einer reduzierten Tabelle raten: Man repräsentiert (unter der Vorgabe von Wörtern oder Bildern als Schreibanlass) nur eine begrenzte Anzahl einschließlich der zum Schreiben notwendigen Anlaute. Man könnte auch eine aufklappbare Tabelle herstellen, in der nur die notwendigen Anlautfelder (zusammen mit ein paar anderen zur Auswahl) durch Öffnen sichtbar gemacht werden. (Peschel 2002b, 63)

Die konsequente Ablehnung von gemeinsamen oder lehrerinitiierten Übungen wird im folgenden Zitat deutlich:

> Viele Lehrer machen aus „Lesen durch Schreiben" schnell wieder einen Lehrgang, indem sie zahlreiche Übungen mit den Kindern veranstalten. Während es selbstverständlich ist, Kindern unklare Begriffe der Tabelle (z. B. ausländischen Schülern das Eichhörnchen) auf Nachfrage (!) zu erklären, kam mir im ersten Schuljahr das gemeinsame oder einzelne Üben des Heraushörens von Lauten überflüssig vor: den Kindern, die diese Laute schon hörten, brachten die Übungen nichts, denn sie konnten es ja schon, und die anderen hörten die Laute auch mit Übungen nicht eher heraus. Zugleich schien es so zu sein, dass dann, wenn die Fä-

higkeit des Heraushörens für einen Laut einmal erfasst worden war, sich auch bei anderen Lauten keine Probleme mehr ergaben, ähnlich der optischen Diskriminierung beim Lesenlernen: Kann ein Kind Buchstaben diskriminieren, so kann es das dann in der Regel bei allen Buchstaben. Die in den Fibelmaterialien zu findenden immer gleichen Übungen mit jedem neuen Buchstaben machen absolut keinen Sinn – außer vielleicht, Kinder sinnlos zu beschäftigen. (Peschel 2002b, 64)

PESCHEL wendet damit das Konzept „Lesen durch Schreiben" in einer selten anzutreffenden „Reinform" an, die sich über die zum damaligen Zeitpunkt vorliegenden Vorschläge von REICHEN mit Lautierungsübungen etc. (vgl. Reichen 1982, Heft 1, 21ff.) hinwegsetzt und eher dessen heutiger Position (vgl. Reichen 2001) entspricht. Seine Erfahrungen beschreibt PESCHEL dabei so:

Das Freie Schreiben ist ein hoher Anspruch an die Kinder. Sie haben nur eine Buchstabentabelle und bekommen gesagt, dass sie nun schreiben könnten. Sie müssen versuchen, Laute herauszuhören und diese mit den Anlauten der Bilder der Tabelle vergleichen. Je nachdem, wo sich der richtige Buchstabe für den Laut dann befindet, eine sehr mühselige und anstrengende Arbeit.

Die Kinder durchlaufen auch hier verschiedene Phasen. So stellt das Heraushören des Anlautes den ersten Schritt zum Verschriften dar. Dies scheint eine Phase zu sein, bei der es entweder ein Können oder ein Nichtkönnen gibt. Insofern ist diese Phase relativ problemlos – man verschriftet oder verschriftet nicht. Die nächste Phase, das Heraushören der Inlaute, stellt sich schon schwieriger dar. So gibt es einige Kinder, die eine Zeitlang ziemlich an der Verschriftung der Inlaute knapsen müssen, vor allem die Vokale werden u. U. zunächst weggelassen (Skelettschrift). Ein Wort kann dann durchaus ein Entstehungsprozess von mehreren Zehnminuten haben. Hier ist zeitweise ein gewisser Motivationsverlust beim Schreiben zu beobachten, der sich auch auf den Lehrer auswirken kann und ihn u. U. an der Richtigkeit der Methode zweifeln lässt. Ist diese Phase von meist wenigen Tagen oder Wochen dann allerdings vorüber, können die Kinder alle Wörter der Welt aussprachegetreu bzw. lautgetreu verschriften. Und das machen sie dann auch. Dadurch ist das Konzept trotz mancher viel Geduld erfordernden Zwischenphase im Vergleich zum Fibelunterricht wiederum so „fix". (Peschel 2002b, 69)

Entsprechend der „Didaktik des weißen Blatts" suchten sich die Kinder in der Klasse ihre Schreibanlässe meist selber. Sie beschrifteten Forscherzeichnungen, malten und schrieben eigene Geschichten, schrieben Wörter zu Bildern oder kopierten sich Bildergeschichten, zu denen sie sich dann etwas ausdachten. Ein paar Kinder griffen auf kleine Heftchen zurück, die nach der Idee eines Kindes aus doppelt gefalteten Blättern gemacht wurden und in denen man Wörter zu (Anlaut-)Bildern schreiben konnte. Gemeinsame Schreibanlässe hat es generell nicht gegeben. Die Kinder, denen das freie Schreiben schwerer fiel, orientierten sich an Bildern oder Büchern, an den Texten anderer Kinder oder schrieben auf, was gerade in der Klasse passierte. Da meist alle etwas Unterschiedliches machten, gab es genug Ideen zum Schreiben. Kinder, denen das Schreiben aus motorischen Gründen nicht behagte, konnten am Computer die Faszination des Geschichtenschreibens und Überarbeitens entdecken, was sich dann wiederum auch auf das „Mit-der-Hand-Schreiben" auswirkte (vgl. Peschel 2002b, 71ff.).

Aus der Möglichkeit der Kinder, ihre Texte direkt frei mit der Buchstabentabelle zu verschriften, resultierte zwangsläufig, dass sie keine Vorgabe bezüglich der konkreten Schreibweise der (Druck-)Buchstaben bekamen. Entsprechendes galt auch für die „Gesamtästhetik" der Niederschrift. Es gab weder eine Auflage Wortgrenzen einzuhalten, noch wurde die Motorik des Schreibers durch die Vorgabe einer festen Lineatur behindert, in die der Schreibende seine mühsam abgemalten Buchstaben einpassen muss – zumal so nur die Schreibbewegungen stark verlangsamt werden. PESCHEL weist mit Bezug auf AFFLERBACH (vgl. 2001) darauf hin, dass die Entwicklung eines Gespürs für Wortgrenzen genauso von selbst durch das freie Schreiben erfolgt wie auch später die Entwicklung eines Gefühls für Satzgrenzen und Kommasetzung (vgl. Peschel 2002b, 65f.). Er schreibt weiterhin:

> In unseren Klassen haben die Kinder Hefte und Linien von ganz alleine eingefordert, wenn sie nach einiger Zeit eine entsprechende Gleichmäßigkeit bei der Niederschrift für sich selbst gefunden hatten. Kein Kind hat durch die eigene Schreibtechnik eine schlechtere Schrift oder später Probleme mit dem Erlernen der Schreibschrift bekommen – im Gegenteil, wahrscheinlich hat der eigene Lernweg auch im Bereich der Motorik seinen Sinn und ermöglicht ein unverkrampftes Schreibenlernen. (Peschel 2002b, 66)

Eine Verbundschrift haben sich die meisten Kinder mit einer „Schreibschrifttabelle" selbst beigebracht. Der Lehrer hat nur wenigen Kindern auf Nachfrage einzelne Buchstaben gezeigt, aber keine Schreibweise zur Pflicht gemacht, sodass es auch eigene Formen der Kinder gab. Die meisten Kinder haben dann beim freien Schreiben ihre eigenen Wörter direkt in Schreibschrift geschrieben, wobei der Lernprozess dann am schnellsten und problemlosesten verlaufen ist, wenn das Kind schon fließend (Druckschrift) schreiben konnte. Die Schreibrichtung der einzelnen Buchstaben ergab sich durch die Buchstabenanbindungen für die Kinder von selbst. In seiner Konzeptdarlegung schlägt PESCHEL aufbauend auf seinen Erfahrungen und Untersuchungen z. B. von MAI (vgl. 1991, 12ff.) vor, direkt eine unverbundene kursive Druckschrift in der Buchstabentabelle zu verwenden, die sich durch die fließendere Form und die Neigung zugleich als Ausgangsschrift für die eigene Verbundschrift eignet (vgl. Peschel 2002b, 66ff.).

5.2 Freies Schreiben und Rechtschreiben

5.2.1 Lautgetreues Schreiben, orthographisch korrektes Schreiben und der Umgang mit Fehlern

Eine Frage, mit deren Beantwortung sich REICHEN auf den ersten Blick konsequent von anderen Didaktikern abhebt, ist die nach der Zulässigkeit nicht lauttreuer Verschriftungen im Anfangsunterricht. REICHEN besteht ausdrücklich auf lautgetreue Verschriftung von Anfang an. Sein Kriterium ist dabei die Möglichkeit des Einsichtigmachens:

> Dass man „Boot", „Bohne" bzw. „Strom" schreibt ist dem Schulanfänger nicht einsichtig zu machen – und daher akzeptiere ich auch „Bot" oder „Bone". Dass aber „HS" nicht „Hose" heisst, das ist einsichtig zu machen – und darf nicht toleriert werden. Skelettschreibungen

verschwinden zwar meist „von selbst", trotzdem greife ich ein: Wo ich Lernprozesse beschleunigen kann, tue ich es. (Reichen 1997, 1)

In seinem ersten Lehrerkommentar zum Konzept „Lesen durch Schreiben" differenziert REICHEN diesbezüglich folgendermaßen – und macht damit wiederum einen gewissen „Brückenschlag" zu anderen Autoren deutlich:

> Solange Wörter oder Texte lautverständlich geschrieben werden, sind sie zu akzeptieren. D. h. bei orthographischen Fehlern muss zunächst alles toleriert werden, was nicht ein grober Lautfehler ist. Nur wenn
> - Laute beim Aufschreiben vergessen werden
> - Laute in der Abfolge im Wort verwechselt werden oder
> - Laute geschrieben werden, die gar nicht zum Wort gehören
>
> muss es beanstandet und vom Schüler korrigiert werden. Allerdings ist nicht immer einfach auszumachen, wann ein Lautfehler als „grober" Lautfehler taxiert werden muss. Beispiel: Die Schüler schreiben in den ersten Schulwochen „Ohr". Lisbeth in Basel schreibt „or", Ute in Hamburg schreibt „Oa". Wie soll hier korrigiert werden? Wenn Lisbeth eine schwache Schülerin, würde ich in diesem Zeitpunkt gar nichts beanstanden; wäre Lisbeth eine durchschnittliche Schülerin, würde ich die Grossschreibung erwähnen; wäre Lisbeth eine sehr gute Schülerin, würde ich die Grossschreibung verlangen und das Dehnungs-h erwähnen. Bei Ute würde ich, je nach ihrem Leistungsvermögen, ähnlich differenzieren. Das eigentliche Problem liegt hier in der Lautverwendung von „a" in der Lautung „r". Ist diese Lautverwendung zu tolerieren oder zu beanstanden? Diese Frage ist nicht einheitlich zu beantworten. Während in der Schweiz diese Lautverwendung nicht akzeptiert werden darf, akzeptieren z. B. Hamburger Kollegen das „Oa". Hier liegt ein Problem von „Lesen durch Schreiben" vor, das jeder Lehrer innerhalb des Sprachraums, in dem er unterrichtet, selber lösen muss. Prinzipiell sollte man aber darauf achten, den Kindern bei Lautabweichungen nur gerade den unumgänglichen Toleranzraum einzuräumen, kann doch eine allzu grosse Lauttoleranz schädlich sein. (Reichen 1982, Heft 1, 60)

BRÜGELMANN formuliert nicht so ausschließlich wie REICHEN und fordert als Kriterium die Berücksichtigung der Entwicklungsstufe, auf der sich das Kind befindet – allerdings mit dem Anspruch, dass Veröffentlichungen möglichst orthographisch korrekt verschriftet sind (z. B. zunächst auch durch Abschriften des Lehrers):

> Im Text-Entwurf sind Schreibweisen aller Entwicklungsstufen akzeptabel. Für Veröffentlichungen werden sie „in Form" gebracht, anfangs – zur Entlastung der Kinder – von Schreibkundigen, sozusagen als „Übersetzung in Erwachsenenschrift". Hinweise auf Schwierigkeiten Dritter beim Lesen können das Kind zur Entfaltung von Vorformen herausfordern (z. B. bei der Schreibung <LT>; „Heißt das LEITER oder LATTE?"). Die Hinweise sollten also offen sein oder auf die nächste Entwicklungsstufe zielen, nicht gleich die lauttreue oder gar die korrekte Form verlangen. (Brügelmann/ Brinkmann 1998a, 185)

PESCHEL vertritt hier vor allem einen pädagogisch orientierten Gesichtspunkt. Für ihn ist die Frage nach der Zulässigkeit nichtlautgetreuer Verschriftungen keine auf den Schriftspracherwerb begrenzte Problemstellung, sondern eine generelle Einstellung zu den Eigenproduktionen des Kindes und der Reaktion auf diese. Insofern ist seine Antwort eine, die nicht zwischen Schreibenlernen und Rechtschreiblernen trennt:

> Natürlich ist grundsätzlich die Schreibweise für ein Kind akzeptabel, die seiner Schreibentwicklungsstufe entspricht. Wenn nun ein Kind „hs" schreibt, kann dies eine große Leistung darstellen, denn es hat die prägnanten Laute eines Wortes richtig verschriftet. Man sollte die-

sem Kind aber nicht erzählen, dass es jetzt schon das Wort „Haus" geschrieben hätte, denn das hat es einfach nicht. Befindet sich das Kind auf einer Schreibentwicklungsstufe, bei der das Heraushören von „h" und „s" eine gute Leistung ist, sollte man ihm dies auch sagen – ist es aber auf einer Stufe, auf der es schon erkennen kann, dass „hs" nicht „Haus" heißen kann, so sollte man diesbezüglich nachfragen und ihm das Manko verdeutlichen.

Eine Verschriftung wie „han" würde hingegen auf dieser Entwicklungsstufe als „Hahn" toleriert werden, denn das Wort ist lautgetreu richtig geschrieben, das Dehnungs-h (als Ausnahme der Schreibweise des langen „a") ist als orthographische Besonderheit schon wieder ein oder zwei Entwicklungsabschnitte weiter. Befindet sich der Schüler schließlich auf dieser Stufe, würde man ihn auf die Verwendung des Dehnungs-h hinweisen. Dafür gibt es dann u. U. andere Phänomene, die man als noch nicht notwendig zu wissen ansehen würde, wie z. B. die Unterscheidung von „das" und „dass". (Peschel 2002b, 81f.)

PESCHEL weist dabei darauf hin, dass man für das entsprechende Vorgehen bzw. die Impulsgebung keine allgemeinen Regeln aufstellen kann. Die Entwicklungsstufen werden vom Kind nicht linear oder „lehrgangsmäßig" durchlaufen, sondern Kinder benutzen sehr wohl zum selben Zeitpunkt Strategien, die man verschiedenen Entwicklungsstufen zuordnen kann. Gerade diese Loslösung von vorgegebenen Schemata und der Blick auf das individuelle Kind ist für PESCHEL das, was den offenen Sprachunterricht auszeichnet. Der Lehrer weiß bei entsprechend individuellem Vorgehen, was das einzelne Kind wann leisten kann, und wird es sowohl stützen als auch herausfordern. In Bezug auf „Fehler" bedeutet das: wann etwas „falsch" ist, hängt von unzähligen Faktoren ab. „Falsch" ist nur das, was man schon besser können müsste bzw. was man durch Einsicht verstehen kann, und nicht all das, was noch nicht der – dem Endziel entsprechenden – Norm entspricht. Und daraus folgt, dass zur gleichen Zeit ganz unterschiedliche (nämlich 25 bis 30) Fehlernormen in der Klasse existieren (vgl. Peschel 2002b, 82).

Die Reaktion des Lehrers ist bei der Fehlerkorrektur eben nicht nur von seiner Rolle als „Sprachlehrer" abhängig, sondern viel mehr von seiner Rolle als Pädagoge. Es geht um ein individuelles Reagieren auf die situativen Bedürfnisse des Kindes und nicht um ein Patentrezept. Jeder Lehrer sollte sich zutrauen, zu wissen, welchem Kind zu welcher Zeit was abzuverlangen ist bzw. wann es nicht unnötig demotiviert werden sollte. Es gibt eben neben sprachdidaktischen Maßnahmen noch viele andere Faktoren, die Lernen und Unterricht beeinflussen und entsprechend zu berücksichtigen sind, von psychischen Problemen einzelner Kinder bis zur subjektiven Einstellung zum Fach oder Lerngegenstand. (Peschel 2002b, 82)

In der hier untersuchten Klasse wurden die Geschichten mit der Zeit von den Kindern automatisch immer mehr überarbeitet bzw. auf die richtige Rechtschreibung hin durchgesehen. Die Forderung, die „Fehler" in einem Text zu markieren, ging dabei von den Kindern aus. Sie kamen (und es war nur ein Teil der Kinder), um über ihre Fehler nachzudenken. PESCHEL hat dann in Anlehnung an die Praxis von HANNELORE ZEHNPFENNIG ein „x" unter die Wörter gesetzt, die die Kinder eigentlich schon hätten richtig schreiben können, und ein „*" unter die Wörter, deren Rechtschreibung sie noch nicht wissen konnten, aber die sie von ihrer Entwicklungsstufe her reflektieren bzw. herausfinden konnten. Dabei handelte es sich immer um eine ganz persönliche Richtungsweisung, u. U. für jedes Kind anders. So konnte jedes Kind von Anfang an individuell den Schritt vom (nicht) lautgetreuen zum orthographisch richtigen Schreiben tun. Ein Abschreiben eines Kindertexts in orthographisch korrekter Form vor der Veröffentlichung hält PESCHEL dabei für viel zu zeitaufwendig und uneffektiv – vor allem, wenn sich kein Kind wirklich dafür interessiert (s. u.; vgl. Peschel 2002b, 83f.).

5.2.2 Das Modell eines integrierten Rechtschreibunterrichts

PESCHEL entwickelt das Modell eines Rechtschreibunterrichts, der in einen ganz auf freiem Schreiben und Lesen basierenden Sprachunterricht eingebettet ist. Hauptmerkmal dieses Unterrichts ist, dass er sowohl implizite Lernprozesse innerhalb des „Ausübens" von Schrift und Sprache ermöglicht, als auch Herausforderungen einer expliziteren Beschäftigung mit Sprache und ihren Phänomenen birgt. Im Prinzip wird das „freie Schreiben von Anfang an" fortgeführt:

Entwicklung eines Rechtschreibgespürs
- *als selbstgesteuerte implizite Struktur- und Musterbildung*
- *erfolgt beiläufig durch das Ausüben von Schrift und Sprache*
- vor allem durch Freies Schreiben und Lesen
- durch Überarbeiten, Stutzen, Nachschlagen, Fragen anderer Kinder
- durch Schreiben am Computer mit RS-Kontrolle
- durch eigenes Sammeln und Sortieren von Wörtern
- durch eigene Entwicklung von Hilfen (Ableiten)

Freies Schreiben eigener Texte
(Geschichten, Vorträge, Ergebnisse eigener Forschungen)
- *von Anfang an (Werkzeug Anlauttabelle)*
- *eigener selbstgesteuerter Zugang zu Schrift und Schreiben*
- interesseleitetes Ausprobieren von Schreibstilen, Baumustern, Sprachformen, Textsorten etc.
- immer wieder neues eigenes Konstruieren und Austesten von rechtschriftlichen Strukturen

Freies Lesen und Vorlesen
von Büchern und Texten anderer Kinder
- *motivierender Zugang zu Schrift und Sprache*
- *Grundlegung der Lesemotivation*
- Kennenlernen fremder Schreibstile, Baumuster, Sprachformen, Textsorten etc.
- immer wieder Begegnung mit unterschiedlichen rechtschriftlichen Strukturen

Forschende Auseinandersetzung als explizite Beschäftigung mit bestimmten RS-Phänomenen
- *ist Expertenwissen und kann das RS-Gespür nicht ersetzen*
- *muss daher immer Anliegen des Kindes sein (oder werden)*
- Sprachforscheraufträge als Angebote zum Sammeln, Sortieren, Überprüfen bestimmter Phänomene
- vorwiegend mit Rückgriff auf orthographisch korrekte Wörtersammlungen (überarbeitete Texte, Wörterbücher, Bücher)

Modell eines integrierten Rechtschreibunterrichts (Peschel 2001d, 12)

- Im Mittelpunkt des abgebildeten Modells steht die implizite orthographische Musterbildung des einzelnen Kindes. Sie wird maßgeblich durch das **Freie Schreiben** „von Anfang an" getragen, das den Kindern nicht nur ihren eigenen, individuell passenden „Weg zur Schrift" ermöglicht, sondern sie vor allem vor einem Unterricht schützt, der Schrift und Sprache auf das Einüben von Teilleistungen reduziert, die in keinem Zusammenhang mit der Grundfunktion von Schrift, mit Kommunikation oder Notation, stehen. Die Anforderungen beim Freien Schreiben sind zwar sehr hoch, aber das Kind weiß, warum es schreibt; es kann Schrift für sich selbst nutzen, indem es in immer umfangreicherem Maße z. B. Briefe an Freunde oder Verwandte schreibt, selbst Geschichten erfindet, eigene Forschungsergebnisse notiert oder für andere aufbereitet.

- Das **Freie Lesen** von Texten aller Art stellt dann das Pendant zur eigenen Konstruktion beim Freien Schreiben dar und regt durch die Begegnung mit fremden Konstruktionen zum Reflektieren, Vergleichen und dem Erproben neuer Gestaltungsmöglichkeiten an. Daneben ermöglicht das Lesen (und Zuhören) immer mehr die Erfahrung, dass man über Bücher wertvolle Informationen zu bestimmten Themen finden kann. Durch die Freigabe von Inhalt, Form, Zeit können die Kinder ohne die sonst üblichen, so oft eher frustrierenden Vorleseübungen im Klassenverband das Lesen als eine befriedigende und lustvolle Tätigkeit erleben – nachgewiesenermaßen eine aussichtsreiche Startbasis für andauernde Lesekarrieren.
- Sowohl beim Freien Schreiben als auch beim Freien Lesen spielt das **implizite Lernen** durch die selbstgesteuerte Begegnung mit Rechtschreibung eine große Rolle: auf der einen Seite durch das eigene Konstruieren und Austesten rechtschriftlicher Strukturen, auf der anderen Seite durch die wiederkehrende Begegnung mit den in diesem Bereich herrschenden Normen. Es ist anzunehmen, dass gerade diese eher unbewusste und beiläufige Begegnung mit Rechtschreibung den größten Anteil am impliziten Aufbau der eigenen Rechtschreibstrukturen hat.
- Daneben kann – individuell, von Kind zu Kind verschieden – durch das Überarbeiten und gemeinsame Besprechen von Texten die Aufmerksamkeit auch gezielter auf orthographische Phänomene gelenkt werden, die im Weiteren, beispielsweise durch das Sammeln und Sortieren von Wörtern mit ähnlichen oder gleichen Eigenschaften im Sprachforscherbuch, langsam von einer impliziten Musterbildung zu einer **expliziten Durchdringung** der Strukturen führt. So wird der strukturelle Aufbau unserer Sprache immer durchschaubarer – und zwar nicht durch das belehrende Thematisieren von Teilleistungen, sondern durch eigenes, individuelles Entdecken der entsprechenden Zusammenhänge. Lernen ist *Nacherfinden*, nicht *Nachmachen*. Individuelles Nacherfinden. (Peschel 2002, 97)

Auch in diesem Modell ist PESCHELs Nähe sowohl zu BRÜGELMANN und BRINKMANN als auch vor allem zu REICHEN zu erkennen. Zentral ist die Annahme, dass das Rechtschreiblernen ein impliziter Lernprozess ist. BRÜGELMANN und BRINKMANN gehen zwar auch von impliziten Lernprozessen beim Rechtschreiblernen aus – allerdings nicht in dieser Ausschließlichkeit. Sie sehen neben dem freien Schreiben und Lesen zusätzliche Übungsangebote sowie ein explizites Thematisieren von Rechtschreibaufgaben nicht als dazu widersprüchlich, sondern als fördernd an:

> Neuere Untersuchungen belegen, dass ein großer Teil des Rechtschreib*lernens* implizit stattfindet [...]. Im Unterricht muss neben der üblichen Wortschatzarbeit, dem Erkennen und Anwenden von Regelungen mit großer Reichweite auch dieses implizite Lernen der Kinder angeregt und gestützt werden. Dies kann gelingen durch vielfältigen Umgang mit Schrift beim freien Schreiben und beim Lesen, durch abwechslungsreichen Umgang mit (vorstrukturiertem) Wortmaterial und durch interessante Rechtschreibaufgaben, die zum Nachdenken über Strukturen und Prinzipien der deutschen Orthografie herausfordern. Darüber hinaus müssen die Kinder befähigt werden, Hilfsmittel (z. B. Wörterbücher) zu nutzen und Strategien bewusst anzuwenden. (Brinkmann 2000, 59)

Insgesamt betrachtet ist es nach BRINKMANN also notwendig, im Rechtschreibunterricht eine Balance zwischen Instruktion und Konstruktion, Üben und Verstehen herzustellen. PESCHEL vertritt im Gegensatz dazu die Prinzipien impliziten und inzidentellen Lernens, die REICHEN für das Lesen (und auch für den Rechtschreiberwerb) fordert, rigoroser. Sie bilden bei PESCHEL die lernpsychologische Basis des Modells – und zwar mit der Konsequenz, zusätzliche Übungen als unnötig oder sogar kontraproduktiv zu sehen (wobei solche Tätigkeiten zugelassen werden, wenn sie der Selbststeuerung bzw. dem Interesse und Bedürfnis des Kindes entspringen; s. u.):

> Grundidee des Rechtschreiblernens durch Freies Schreiben ist, dass „richtig schreiben" nicht gelehrt werden kann. Es ist also nicht sinnvoll, einen zusätzlichen „Rechtschreibunterricht" durchzuführen, der ein bestimmtes Teilthema oder Phänomen (z. B. Übungen zum „ck") behandelt, sondern das Kind bildet beim Freien Schreiben laufend sich verändernde Rechtschreibmuster, die meist unbewusst, implizit die neuen Eindrücke mit den schon vorhandenen in Beziehung setzen. Nur so kann eine wirkliche Rechtschreibkompetenz aufgebaut werden. Gerade das Machen von „Fehlern" schafft beim Kind dabei die notwendige intellektuelle Diskrepanz, die ihm ein Lernen ermöglicht. (Peschel 2002b, 85)

PESCHEL erweitert dabei allgemein auf den Bereich Sprache bezogene Aussagen zu Sprachbewusstheit und Sprachbewusstsein (vgl. Spitta 2000) als These für den Bereich der Rechtschreibung:

> Die (ausreichende) Grundlage für eine wirkliche Rechtschreibkompetenz, die sich vom reinen Auswendigbeherrschen bestimmter Wörter oder dem unverstandenen Hersagen von Regeln abhebt, ist so etwas wie ein Rechtschreibbewusst*sein*, das heißt ein Gefühl dafür, ob eine Schreibweise richtig oder falsch ist. Rechtschreibbewusst*heit* als explizite und systematische Reflexion sprachlicher Vorgänge ist hingegen eigentlich nur für den Fachmann interessant, der sich berufsmäßig mit Sprachanalyse bzw. Orthographie auseinandersetzt – und auch dabei ist sie nicht zu verwechseln mit dem auswendig gelernten Regelwissen, das in der Schule vorschnell für „Rechtschreibbewusstheit" gehalten wird. [...]
> Blockiert werden kann die Entwicklung bzw. der Zugriff auf dieses unbewusste Sprachgefühl bzw. Rechtschreibbewusstsein aber dann, wenn ein externer Bewusstseins- bzw. Bewusstmachungsprozess eingefordert wird – während eine vom Individuum selbst eingeleitete Reflexion (z. B. durch Irritation, Notwendigkeit oder Neugier) kein Problem bezüglich einer Blockierung der impliziten Fähigkeiten darstellt, ja sogar u. U. eine explizite Sprachreflexion bzw. Sprachbewusstheit bedingen kann.
> Dieser Unterschied ist wichtig und der Schlüssel zu unserem Problem. Verkürzt und pointiert formuliert lautet die These: Vom Individuum selbst gesteuertes Lernen ist die Voraussetzung für den Aufbau wirklicher Rechtschreibkompetenz – von außen durch Lehren oder (Ein-)Üben fremdgesteuertes Lernen hilft nicht bzw. kann sogar kontraproduktiv wirken. (Peschel 2002b, 86f.)

Die Grundsätze des Modells von PESCHEL sind keine, die nur auf den Bereich Rechtschreibung beschränkt wären, sondern sie stellen lediglich die Spezifizierung seiner allgemeinen Auffassung von Lernen dar, die er u. a. an den Begriffen „selbstgesteuertes und selbstreguliertes Lernen" ausführt (siehe Kapitel 4.1; Peschel 2002b, 9ff.). Wie schon im Zusammenhang mit der engen Anlehnung an die Prinzipien von REICHEN angesprochen, hat diese radikale Position der Betonung impliziter und inzidenteller Lernprozesse sowie des selbstregulierten und interessegeleiteten Lernens vor allem „meta-didaktische" Gründe. PESCHEL möchte mit seinen Ausführungen bzw. seinem Konzept unproduktives Belehren in der Schule vermeiden und die Lehrer davor schützen, allzu hilfsbereit in den Lernprozess der Kinder einzugreifen.

5.2.3 Teilleistungsübungen

Unter anderem aus diesem Grund lehnt PESCHEL auch im Bereich der Rechtschreibung das Üben von Teilleistungen in jeglicher Form ab. Hierin besteht – zumindest in theoretischer Hinsicht – ein nicht unerheblicher Unterschied zum Konzept von BRÜGELMANN und BRINKMANN, in deren „Vier-Säulen-Modell" zum Anfangsunterricht sich neben dem freien Schreiben und Lesen systematische Übungen zum Aufbau und zur Sicherung eines Grundwortschatzes finden:

- Wörter sammeln
- häufige Wörter automatisieren
- Modellwörter für unterschiedliche Rechtschreibmuster kennen und schreiben lernen (vgl. Brügelmann/ Brinkmann 1998a, 99f.)

Auch im „Vier-Säulen-Modell" zum Rechtschreibunterricht, das BRINKMANN als Fortführung der vier Säulen zum Anfangsunterricht entwickelt hat, werden diese übenden und automatisierenden Elemente verstärkt einbezogen:

- systematisches Merken von Wörtern
- Sammeln, Sortieren und Üben
- Arbeit mit (vorstrukturiertem) Wortmaterial
- häufige Wörter, wichtige Wörter der Kinder/Klasse, Wörter, die alle wichtigen Rechtschreibphänomene enthalten (automatisieren)
- individuelle Diktatformen (die ein Abmalen vermeiden)
- Wortlistentraining
- Arbeit mit Wörter-Kartei (vgl. Brinkmann 1997, 356)

BRÜGELMANN und BRINKMANN halten also neben dem freien Umgang mit Schrift und Sprache auch das (qualitativ hochwertige) Üben von Teilleistungen für sinnvoll – vor allem in der Form, dass Kindern neben den eigenen Verschriftungen und den Lesetexten zusätzlich Wörter als Modelle der Normschrift angeboten werden. Dabei spielt auch das Erklären von Strategien und Strukturen als Angebot des Lehrers eine Rolle. Teilleistungsübungen im Sinne unverbundener „Fibel- oder Sprachbuchübungen" lehnen sie im Sinne des „Spracherfahrungsansatzes" allerdings auch ab (im folgenden Zitat nicht nur auf die Rechtschreibung bezogen):

> Die Fähigkeiten des Lesens und Schreibens werden nicht mehr begriffen als Summe isolierter Einzelfertigkeiten („Komponenten"). Teilleistungen werden vielmehr eingebunden gesehen in ein gegenstandsbezogenes Prozessmodell. Für den Unterricht heißt das: Eine Förderung von motorischen, von Wahrnehmungs- und Gedächtnisleistungen, die nicht schrift- oder zumindest sprachbezogen ist, mag Sinnesleistungen differenzieren und positive Wirkungen auf die Entwicklung der Kinder insgesamt haben – das Lesen und Schreiben fördert sie nicht. (Brügelmann 2001b, 411)

PESCHEL (und mit ihm auch REICHEN) greifen hingegen weitgehend auf das natürliches Vorkommen der Rechtschreibung zurück und lehnen eine Grund- oder Modellwortschatzarbeit ab. Teilleistungsübungen und andere Eingriffe in den selbstgesteuerten Lernprozess der Kinder werden als kontraproduktiv betrachtet – was allerdings nicht ausschließt, dass Fragen der Kinder beantwortet oder auch strategieorientierte Impulse oder Tipps gegeben werden.

Im Unterschied zu REICHEN spielt für PESCHEL die lernpsychologische Grundannahme dabei zwar eine wichtige Rolle, er findet aber schon die unterrichtspraktischen Einflüsse durch Teilleistungsübungen bzw. Übungsangebote des Lehrers als Begründung ausreichend, einen solchen Unterricht zu vermeiden. Der von ihm propagierte Offene Unterricht würde in seiner ganz auf den Eigenaktivitäten der Kinder aufbauenden Form nicht mehr funktionieren, wenn diese die Möglichkeit hätten, auf entsprechende „Beschäftigungsangebote" zurückzugreifen.

Vor allem aber wäre die Lehrerrolle plötzlich eine ganz andere. Übungen wie die, die BRÜGELMANN und BRINKMANN vorschlagen (und hier sei wieder betont, dass die Autoren ihre Vorschläge machen, um geschlossenen Unterricht zu öffnen – nicht um Offenen Unterricht mit geschlossenen Momenten zu versehen), schaffen zumindest in den entsprechenden Phasen im Offenen Unterricht eine ganz andere Unterrichtssituation, wenn der Lehrer den Unterricht in die Hand nimmt und z. B. Übungen mit dem Lesekrokodil durchführt oder bestimmte Sammel- und Sortieraufgaben (verbindlich) vorgibt. Zudem finden sich bei den Vorschlägen von BRÜGELMANN und BRINKMANN auch solche, die als Teilleistungsübungen einem „natürlichen" Umgang mit Schrift und Sprache – nämlich zum Zweck der Kommunikation oder Notation – entgegenstehen und aus dieser Perspektive eher als Selbstzweck erscheinen (Auf- und Abbau von Wörtern mit dem Lesekrokodil, Diktatübungen, Korrektur eines Texts durch Überprüfen der einzelnen Wörter von hinten etc.). Begründet werden sie dabei von den Autoren u. a. mit der Förderung der Automatisierung des Lese- und Schreibprozesses zur unbewussten Verfügbarmachung von Teilleistungen. Allerdings betonen BRÜGELMANN und BRINKMANN immer wieder:

- Effektiv üben kann man nur das, was verstanden wurde – die Automatisierung kommt nach der impliziten Ordnung.
- Die beste Übung ist immer noch viel selbstständiges Lesen und Schreiben.
- Eigenverantwortung für das Üben und Entwicklung eigener Arbeitsformen ist erforderlich, um das „Lernen zu lernen" (vgl. Brügelmann/ Brinkmann 1998a, 187)

Wirkungsvoller als noch so viele Arbeitsblätter sind ein Klassen-Briefkasten, Pinnwände für „Anzeigen" und Witze, Bilder-, Lese- und Sachbücher; Stempelkasten, Schreibmaschine und Computer; Tagebücher und Geschichtenhefte; Karteien und Wörterbücher zum Nachschlagen. (Brügelmann 1998a, 51)

5.2.4 Grundwortschatzarbeit und Regellernen

Neben dieser eher allgemeindidaktischen Begründung bezüglich der Ablehnung entsprechender Aufgaben führt PESCHEL zusätzlich auch fachdidaktische Überlegungen an. So stellt er z. B. im Hinblick auf einen zu übenden Grundwortschatz fest (vgl. i. F. Peschel 2002b, 87f.):

Ein Kind deckt mit den 50 häufigsten Wörtern rund 45% seiner Texte ab, mit den 300 häufigsten Wörtern rund 70%. Dabei handelt es sich zum größten Teil um Funktionswörter wie Artikel, Pronomen, Präpositionen, Bindewörter. Danach wird das Kriterium der Häufigkeit rasch fragwürdig, denn das Vorkommen im Text nimmt fortlaufend ab, eine Steigerung auf 500 Wörter bringt nur noch 5% mehr, die nächsten 500 Wörter (um dann auf insgesamt 1000 Wörter zu kommen) nur noch ca. weitere 7% (vgl. Brinkmann/ Brügelmann 1993, Karte S.21). Darüber hinaus ist ein messbarer Zugewinn eigentlich nicht mehr festzustellen. Zu beachten ist auch, dass ein sprachstatistisch ermittelter Häufigkeitswortschatz nicht viel mit dem Wortschatz zu tun hat, den ein einzelnes Kind tatsächlich verwendet. BALHORN bekommt in einer Untersuchung von 114.000 Wörtern aus 793 Aufsätzen von Viertklässlern heraus, dass bei mehr als 93% der verwendeten Lemmata (Grundform eines Wortes einschließlich aller Flexionsformen) keine bzw. kaum Vorhersagen über die Auftretenswahrscheinlichkeit gemacht werden können (vgl. Balhorn 1983, 32).

Ein verbindlicher, gemeinsamer Grundwortschatz, den es zu sichern lohnt, umfasst auf Grund der „degressiven Struktur" des Wortgebrauchs sinnvollerweise nur die 300 häufigsten Wörter. Diese Wörter werden aber – weil sie eben als „häufige" Wörter auch dauernd in den freien Texten der Kinder vorkommen und somit Gebrauchswörter darstellen – in der Regel sowieso im Laufe der Zeit richtig geschrieben und müssen nicht extra ohne individuellen Textzusammenhang „geübt" werden. Zudem bildet er auch keine tragfähige Grundlage für das Rechtschreiblernen des einzelnen Kindes, da die Untersuchungen von BRINKMANN gezeigt haben, dass das ein- oder auch mehrmalige Richtigschreiben eines Wortes nicht sicherstellt, dass es danach auch in Zukunft richtig geschrieben wird (vgl. Brinkmann 1997, 350). Entsprechendes gilt für einen „Modellwortschatz", der davon ausgeht, dass man durch das Lernen entsprechend ausgewählter Wörter exemplarisch die Strukturen der deutschen Sprache erlernt. PESCHEL folgert daraus, dass der Grundwortschatz weder schul- noch klassenbezogen sein kann, sondern der eigene Grundwortschatz des Kindes sein muss, der sich in seiner individuellen Ausprägung von selber durch das freie Schreiben ergibt. Er wird dann dabei gleichzeitig sowohl Häufigkeits- als auch Modellwortschatz des einzelnen Kindes darstellen.

Auch das Erlernen von Rechtschreibregeln, wie es oft in Sprachbüchern und Rechtschreibkarteien der Fall ist, stellt PESCHEL in Frage (das tun BRÜGELMANN und BRINKMANN in dieser Form aber auch). Er hält die in solchen Werken zu findenden Regeln oft für ungenau dargestellt, durch zu viele Ausnahmen relativiert und meist für völlig überflüssig, da sie in der konkreten Situation keine Entscheidungshilfe für das richtige Schreiben bieten. Mit einem Bezug auf Untersuchungen von AUGST (vgl. 1989, 9) sowie HANKE und BAUMGARTNER (vgl. Hanke 1999, 116) stellt er fest:

> Zudem ist das Schreiben ein Prozess, bei dem niemand bewusst Regeln reflektiert, sondern diese im Normalfall intuitiv und unbewusst gebraucht. Nur in sehr seltenen Einzelfällen wendet man beim Schreiben explizit Regeln als „Eselsbrücken" an, meist wird aber auch in Zweifelsfällen „nach Gefühl", also nach implizitem Regelbewusstsein geschrieben bzw. überprüft. Wie viele explizite Regeln (ohne eigene Eselsbrücken) wenden Sie denn beim Schreiben in einem normalen Text an? Die Zahl wird verschwindend gering sein. [...]
>
> Ferner kann jemand eine Regel nur dann anwenden, wenn er sie selbst für sich zur eigenen „inneren Ordnungsregel" gemacht hat, also Sinn und Zweck dieser Regel für sich selber kennt und Interesse am Gebrauch hat. Ob dazu aber die Vorgabe von außen besser ist als eigenes Aufspüren, ist mehr als fraglich. (Peschel 2002b, 89)

Statt dieser Formen expliziten Übens fordert PESCHEL eine stärkere Berücksichtigung des impliziten und inzidentellen Lernens:

> Schreiben (und Rechtschreiben) lernt man durch (Freies) Schreiben und Lesen. Durch den selbstgesteuerten Lernprozess erfolgt eine unbewusste, implizite Bildung von veränderbaren Rechtschreibmustern. Es wird vom Kind weder einfach nur ein Wortabbild im Kopf gespeichert noch eine bestimmte Regel auswendig gelernt: Ohne Rücksicht auf eine Einteilung in Grammatik oder Orthographie erfolgt das Rechtschreiblernen durch eine komplexe Vernetzung neuer Eindrücke mit schon vorhandenem Wissen, ganz individuell und nicht bei zwei Kindern gleich. Entsprechend kann das Rechtschreiblernen auch nur ganz individuell auf das einzelne Kind bezogen unterstützt werden. Durch den vielfältigen Umgang mit Schrift schafft sich das Kind eigene Ordnungen und Strukturen, eben sein implizites Regelbewusstsein.
>
> Das Thematisieren von einzelnen Teilleistungen [...] erscheint hingegen uneffektiv oder sogar kontraproduktiv, denn es werden ja in der Regel Strukturen eingeübt, die sich eigentlich im Laufe der Zeit von innen bilden müssten. So kann man feststellen, dass, wenn die Hälfte der Kinder Fehler macht, weil sie kein „ck" gebrauchen, nach der Thematisierung des „ck" nun die Hälfte der Kinder Fehler macht, weil sie nun immer „ck" gebrauchen – und das bei vielen Kindern kein normaler Prozess der „Übergeneralisierung" ist, sondern ein unverstandenes Anwenden eines Schemas. So passiert es häufig, dass Kinder ein Phänomen zufriedenstellend im entsprechenden Übungsteil einer Klassenarbeit einsetzen können, sie es aber nicht im frei zu gestaltenden Teil tun. Das Phänomen wird abgelöst von der Rechtschreibkompetenz nur als Selbstzweck reproduziert und stellt eine unverbundene, isolierte Wissenseinheit ohne Transfermöglichkeit dar. (Peschel 2002b, 91)

5.2.5 Vom expliziten Üben zum impliziten Lernen

PESCHEL argumentiert weiter, dass durch das (ungefragte) explizite Thematisieren eines Rechtschreibphänomens in den unbewusst ablaufenden inneren Regelbildungsprozess der Kinder eingegriffen wird und so u. U. die Rechtschreibung erst zur Schwierigkeit gemacht wird. Nicht wenige Kinder haben deshalb Rechtschreibprobleme, weil sie von der äußeren Vorgabe von Regeln und Vorschriften verwirrt werden, während sie spontan kein Problem mit dem richtigen Schreiben haben. Er schlägt vor, auf das Lehren von Rechtschreibung zu verzichten und stattdessen ein der eigenen Rechtschreibentwicklung dienliches Umfeld bereitzustellen. Ein wichtiges Werkzeug dazu ist – neben dem freien Schreiben und dem freien Lesen – das Schaffen einer Möglichkeit, eigene Fragen an die Orthographie stellen zu können bzw. beantwortet zu bekommen. Dies können der Orthographie kundige Mitschüler oder Erwachsene sein, die entsprechend angesprochen werden, das kann ein Wörterbuch sein oder auch die Rechtschreibkontrolle eines Computers (vgl. Peschel 2002b, 91f.)

Hier finden sich neben Parallelen zu REICHEN, der u. a. auch Computerprogramme zum beiläufigen Rechtschreiblernen entwickelt hat, Übereinstimmungen zu BRÜGELMANN und BRINKMANN. Anzunehmen ist allerdings, dass diese Autoren Gespräche über Rechtschreibung und Rechtschreibphänomene wahrscheinlich eher als PESCHEL oder REICHEN institutionalisieren würden – z. B. als gemeinsame Gesprächs- und Reflexionsrunden oder auch angestoßen durch eine Problemstellung des Lehrers als „Brocken des Tages".

Für PESCHEL geht es hingegen nicht darum, dass das Kind durch das beispielhafte Thematisieren eines Problems oder die Verbesserung eines Fehlers in althergebrachter Weise etwas explizit lernt, sondern die entsprechende Haltung von Lehrer und Kindern fördert vielmehr das selbstgesteuerte Lernen, indem in der Klasse Lernen und auch Rechtschreiblernen eine wichtige Rolle spielen. Diese Atmosphäre anspruchsvollen und herausfordernden Lernens erscheint ihm wichtig, denn er vermutet, dass in Klassen, in denen das nicht so ist, diese Ergebnisse trotz entsprechender Lernumgebung nicht in diesem Maße erzielt werden können. Es geht also nicht um das Thematisieren bestimmter Phänomene oder Modelle durch Lehrer, Sprachbuch oder Mitschüler, sondern eher um eine Lernatmosphäre, die dem impliziten Lernen Raum und Spannung gibt – wie auch immer hier die Zusammenhänge sind (vgl. Peschel 2002b, 92).

> Noch einmal etwas konkreter die Erfahrungen, *die ich gemacht habe*, die aber (noch) nicht systematisch genug geprüft sind – sie liegen einfach zu quer zu unserem gängigen Bild von Lernen: Es schien mir in meiner Klasse sogar so zu sein, als sei es nicht nur ziemlich egal, welche konkreten Rückmeldungen der Schüler im Einzelnen über die Jahre erhält (solange sie individuell und in der Situation gepasst haben), sondern es schien sogar so zu sein, dass es egal ist, wem in der Klasse eine solche Rückmeldung gegeben wird. Es gibt also auf das einzelne Kind bezogen kein Curriculum bestimmter zu thematisierender Themen. Die Rückmeldung ist nicht der Transport expliziten Wissens von einer Person zur anderen, sondern sie trägt zur Klassenatmosphäre bei, ist als einzelner Teil zum Lernen aber relativ unwichtig (höchstens als Antwort auf die gerade vorhandene Frage, um dann weiterarbeiten zu können, aber nicht, um diese Sache dann langfristig gelernt zu haben). Ich habe nur einzelnen Kindern Rückmeldungen gegeben, nämlich denen, die das wollten – und trotzdem haben auch die anderen Rechtschreibung genauso gut gelernt – vielleicht sogar noch besser, weil ungestörter. (Peschel 2002b, 92)

Dabei betont PESCHEL, dass Rechtschreiben in einem solchen Unterricht von Anfang an einen hohen Stellenwert haben muss. Für die Kinder muss es immer klar sein, dass es eine „Buch-" oder „Erwachsenenschrift" gibt, die man anstreben sollte – auch wenn die momentane Rechtschreibleistung immer nur eine Annäherung an dieses Ziel sein kann. Damit unterscheidet sich PESCHEL insofern von BRÜGELMANN und BRINKMANN, als dass diese den Anspruch orthographischer Korrektheit für Entwürfe von sich weisen, wohl aber unbedingt an Veröffentlichungen stellen (s. o.; vgl. Brügelmann/ Brinkmann 1998b, 118f.).

PESCHEL findet eine solche Trennung problematisch und unterscheidet hier nicht, sondern fordert das Achten auf Rechtschreibung bei allen Textproduktionen ein – zwischen dem Entwurf als Privatschreibung und der zwangsläufigen Überarbeitung zur Veröffentlichung erfolgt bei ihm keine gedankliche Trennung. Entsprechend hält PESCHEL auch eine Lehrerkorrektur nur als Forderung des Kindes für sinnvoll, nicht als (zwangsläufige) Endkorrektur vor der Veröffentlichung. Er sieht u. a. auf Grund der Untersuchungen von BRINKMANN (vgl. 1996) keine Gefahr darin, dass Kinder mit orthographisch nicht korrekten Texten umgehen – das tun sie im Offenen Unterricht auch dann, wenn der kleine Teil der Veröffentlichungen korrigiert worden ist, da alle anderen in der Klasse befindlichen Eigenproduktionen in der Regel unkorrigiert sind.

Ein sicheres Beherrschen der Rechtschreibung ist für PESCHEL keine Automatisierung bestimmter Worte, Modellworte oder Regeln, sondern die Ausbildung eines intuitiven Rechtschreibgespürs auf Grund impliziter oder inzidenteller Musterbildung. Unabhängig davon kann aber auch über Rechtschreibung bzw. generell über Sprache geforscht werden – und zwar nicht aus Gründen der Verbesserung der Rechtschreibkompetenz, sondern als Expertenwissen, das sich durch bewusste Regelkenntnis und -reflexion auszeichnet.

Auch dieser Erweiterungs- bzw. Aneignungsprozess soll möglichst selbstgesteuert verlaufen, ganz so, wie sich auch beim Experten Sprachbewusstsein in Richtung Sprachbewusstheit weiter entwickelt: eher durch inneren Klärungsbedarf als durch äußere Belehrung, eher durch Irritation und Neugier als durch einen Lehrgang. Es gilt, dem Kind Strukturen und Regelmäßigkeiten, aber auch „Merk"-würdiges (BALHORN) und Ungereimtes zugänglich zu machen, ohne seine Selbststeuerungskräfte zu verletzen. PESCHEL hat als Beispiel für ein mögliches Arbeitsmittel zusammen mit REINHARDT ein „Sprachforscherbuch" entwickelt (vgl. Peschel/ Reinhardt 2001c; d). Da dieses Buch in der hier untersuchten Klasse aber keine maßgebliche Rolle gespielt hat, muss der Aufbau hier nicht weiter ausgeführt werden (eine Kurzbeschreibung findet sich in Peschel 2002b, 92ff.).

5.2.6 Leistungsmessung Rechtschreiben

PESCHEL hat in der hier untersuchten Klasse statt der üblichen Diktatüberprüfung zur Leistungsbeobachtung weitgehend auf die Eigenproduktionen der Kinder zurückgegriffen. Jeder Text der Kinder konnte für eine „Standortbestimmung" genutzt werden. Der Vorteil, aus jedem Text des Kindes – also auch zu jedem beliebigen Zeitpunkt – auch ein quantifizierbares Ergebnis ableiten zu können, steht allerdings nicht unbedingt in Relation zum Analyseaufwand bzw. der Aussagekraft. Um besser vergleichbare und quantifizierbare Ergebnisse mit weniger Aufwand zu bekommen, wurden zusätzlich die auch in dieser Untersuchung maßgeblich verwendeten Überforderungsdiktate ab den ersten Schulwochen durchgeführt (Fünf-Wörter-Diktat, Neun-Wörter-Diktat, Hamburger Schreib-Probe; vgl. Brinkmann/ Brügelmann 1993; May 1997[3]).

Mit Hilfe dieser Verschriftungen der Kinder konnten ihre Entwicklungen vom lautgetreuen, alphabetischen Schreiben bis hin zum immer kompetenteren Verwenden orthographischer und morphematischer Elemente nachgezeichnet werden. Das gleichzeitige Schreiben der Wörter in entsprechenden Abständen (u. a. halbjährlich vor den Gutachten oder Zeugnissen) gab dabei durch die normierte Auswertung nicht nur Aufschluss über den individuellen Entwicklungsverlauf des Kindes, sondern ermöglichte auch ein Inbeziehungsetzen der Leistung eines Kindes zu der anderer Kinder bzw. der ganzen Klasse. Standardisierte Rechtschreibtests wie die „Hamburger Schreib-Probe" ermöglichten schuljahresgerecht die Schreibweise bestimmter Wörter bzw. Wortstellen genau zu analysieren und qualitativ und quantitativ auszuwerten – einschließlich der Zuordnung entsprechender aus einer bundesweiten Vergleichsstichprobe gewonnenen Prozentrangwerte für die richtig geschriebenen Grapheme sowie Lupenstellen in Bezug auf die alphabetische, orthographische und morphematische Strategie.

5.3 Leseerziehung

Wenn man die Ausführungen PESCHELs bezüglich der weiterführenden Leseerziehung liest, bekommt man den Eindruck, dass er diese nicht nur als ganz natürlich in das Konzept des freien Schreibens und Lesens eingebettet sieht, sondern auch eine tiefergehende Begründung nicht für erforderlich hält – im Gegensatz zu ausführlicheren Stellungnahmen beim Anfangsunterricht und beim Rechtschreiblernen. Für ihn findet die Leseerziehung genauso wie die Kompetenzentwicklung in anderen Bereichen des Sprachunterrichts im Offenen Unterricht von selbst statt – und er sieht sich hier nicht in einem solchem Begründungsdruck wie beim Anfangsunterricht bzw. bei der Freigabe des Rechtschreiblernens. Dabei betont er allerdings:

> Dass das Lesen und Lesenlernen hier als ein relativ kleiner Punkt – im Gegensatz zum Schreiben und Schreibenlernen – behandelt wird, hat nichts mit einer eventuellen geringeren Wichtigkeit zu tun, sondern viel eher mit der „Lehr-" bzw. Lernmethode, die wir hier propagieren wollen. In der Tat halten wir sogar das Lesen, also die verstehende Sinnentnahme aus einer bestimmten Anordnung von Buchstaben, für eine weitaus wichtigere Kompetenz als das Niederschreiben eines Wortes. (Peschel 2002b, 104)

5.3.1 Weiterführende Leseerziehung

Nicht nur für das Lesenlernen, sondern auch für die weiterführende Leseerziehung hält PESCHEL „die Übungen, die landläufig als der Lese(lern-)förderung dienlich eingeschätzt werden, in den meisten Fällen für kontraproduktiv" (Peschel 2002b,

104). PESCHEL hat daher in der hier untersuchten Klasse auf eine explizite Leseerziehung verzichtet und ganz auf das freie Lesen und Schreiben gesetzt – mit dem Ziel, den Kindern einen interessegeleiteten, selbstbestimmten und damit motivierten Zugang zum Lesen zu ermöglichen, wie schon oben in anderem Zusammenhang zitiert:

> [Meine; FP] eigenen Erfahrungen haben gezeigt, dass das „in Ruhe lassen" der Kinder, das heißt der völlige Verzicht auf irgendwelche Vorleseübungen, die Kinder in unseren Klassen nahezu allesamt zu Viellesern gemacht hat. Sie lagen in entsprechenden Tests (z. B. dem Hamburger Lesetest, s. u.) bezüglich des sinnentnehmenden Lesens weit über dem Durchschnitt und ihre Vorlesekompetenz wirkte in puncto Betonung, Schnelligkeit, Deutlichkeit usw. sehr hoch – und zwar eben ohne dies je geübt zu haben. Selbst wenn also Reichens Theorie nicht stimmt, hat den Kindern unserer Klasse der Verzicht auf den sonst vorgesehenen (Vor-)Leseunterricht nicht geschadet, sondern ihnen im Gegenteil viel Zeit zum Selberlesen gebracht und einiges an möglichem Druck oder an Peinlichkeiten erspart. (Peschel 2002b, 105)

Von Anfang an standen den Kindern Geschichten- und Sachbücher, Bilderbücher mit Texten, Leseheftchen usw. in der Klasse zur Verfügung, eine spezielle Leseförderung durch Übungen fand jedoch nicht statt. Auch institutionalisierte Formen wie „Lesetagebücher" oder „Lesejournale" (vgl. Bertschi-Kaufmann 1998) gab es nicht – wohl aber haben die Kinder viel von dem, was sie gelesen haben, in ihren freien Textproduktionen verarbeitet, ob als Geschichten-Plagiate, Textweiterführungen oder Forschervorträge.

Dabei hat sich auch das Erstlesen von selbst aus dem freien Schreiben und dem Stöbern in den vorhandenen Büchern ergeben. PESCHEL führt als mögliche Begründung für die hohe Motivation der Kinder an, dass die Leselust vielleicht gerade deshalb so erheblich war, weil die Kinder Lesen eben nicht als langweiliges Fibellesen kennen gelernt haben – oder auch, weil sie beim Lesen nicht einer vom Lehrer künstlich erzeugten Spannung folgen mussten, wenn z. B. aus „didaktischen Gründen" gerade an den interessanten Stellen unterbrochen oder ihnen der Schluss vorenthalten wurde. Das eigene Lesen ist hingegen in den gesamten Textzusammenhang eingebettet, durch den Verzicht auf Teilleistungsübungen erfolgt eine ganzheitliche Zugangsweise. Die Texterschließung muss nicht den Vorstellungen anderer folgen, sondern wird selbst gesteuert, die Eigendynamik des Texts wird nicht gebrochen und kann so ganz ihre Motivation entfalten.

Der Verzicht auf lautes „Vorlesen" überlässt den Aufbau der Lesekompetenz den Kindern – und zwar ohne jeglichen Lesezwang (aber nicht ohne eine zum Lesen reizende Umgebung). Zudem führt ROST (vgl. 1984, 7; 40f.) an, dass es keinen vernünftigen Grund für eine Äquivalenzannahme zwischen lautem Lesen und stillem Lesen gibt. Vorleseübungen führen demnach nicht zwangsläufig zu einer Verbesserung des Leseverständnisses. PESCHEL weist mit Bezug auf BRÜGELMANN (vgl. 2001a, 15) darauf hin, dass der gelesene Textumfang zwischen „erfolgreichen" und „schwachen" Lesern außerhalb der Schule im Verhältnis 1:100 variiert – eine

Übungsdifferenz, die kein Unterricht ausgleichen kann. Das freie Lesen kann die Grundlagen legen, dass Schüler durch die Motivation selbstbestimmten Lesens erfolgreiche Leser werden (vgl. Peschel 2002b, 106).

Dass das freie Lesen dabei durchaus als „Leseerziehung" bezeichnet werden sollte, ist PESCHEL wichtig:

> Der Verzicht auf verpflichtendes lautes Lesen auch in den höheren Schuljahren heißt natürlich nicht, dass es keine Leseerziehung gibt. Nur wird die – wie die anderen Fachbereiche auch – weitgehend individualisiert und in den anderen Unterricht integriert. In den gemeinsamen Kreisgesprächen ergeben sich zusätzlich vielfältige Anregungen zur handlungs- und produktionsorientierten Textbearbeitung, wenn Geschichten bebildert, szenische Umsetzungen erprobt, Gedichte vorgetragen, Texte antizipiert oder Bücher vorgestellt und beurteilt werden. Textproduktion und Textrezeption bilden hier eine Einheit und stützen sich gegenseitig, sie werden nicht künstlich als Aufsatz- oder Leseerziehung voneinander getrennt. (Peschel 2002b, 107)

5.3.2 Leistungsmessung beim Lesen

Bei der Leistungsmessung in Bezug auf den Bereich des Lesens stand für PESCHEL immer das sinnentnehmende Lesen im Vordergrund. Da das laute Vorlesen (im Gegensatz zum stillen Lesen) in der Phase des Lesen- und Schreibenlernens im ersten Schuljahr keine bedeutende Rolle spielte, wurde zu diesem Zeitpunkt vor allem festgestellt, ob die Kinder überhaupt lesen konnten bzw. ob sie fremd vorgegebenen Wörtern bzw. Texten mittleren Schwierigkeitsgrades Sinn entnehmen konnten. Dazu wurden den Kindern u. a. im Rahmen der sonstigen Leistungsüberprüfungen Fragen schriftlich gegeben, die sie kurz beantworten sollten, z. B.: Wie heißt du? Wo wohnst du? Wie heißt deine Oma? Wo spielst du am liebsten? Legen Vögel Eier? Ansonsten hat der Lehrer die Leseentwicklung primär beiläufig verfolgt, z. B. durch das, was die Kinder an Geschichten und Sachtexten still für sich gelesen oder was sie im Kreis vorgelesen haben.

Des Weiteren haben die Kinder ab dem zweiten Schuljahr selbst Kriterien zur Einschätzung der Lese- bzw. Vorleseleistung entwickelt und sich beim Vorlesen unbekannter Textpassagen diesbezüglich gegenseitig eingeordnet. Folgende Kriterien waren für sie ausschlaggebend:

- Sinnentnahme: Kann der Schüler über das Vorgelesene (fremde Geschichten- bzw. Sachtext) detailliert Auskunft geben?
- Flüssigkeit: Wie flüssig wird vorgelesen?
- Betonung: Wie sinnbetont wird vorgetragen?

Aufbauend auf diesen Bereichen haben die anwesenden Lehrpersonen (Klassenlehrer und zum Teil auch Lehramtsanwärter) die Leistungen der Kinder protokolliert. Im vierten Schuljahr wurde zusätzlich zum ständigen beiläufigen Verfolgen der Lesekompetenz durch den Lehrer und zur halbjährlichen Beurteilung der Vorlesekompetenz durch die Kinder der standardisierte Hamburger Lesetest „HAMLET"

(Lehmann 1997) durchgeführt. Er besteht aus einem Schnelllesetest und einem Leseverständnistest.

Der Schnelllesetest „Wort-Test O40" ist ein von einer dänischen Forschergruppe international erprobter Test, der Aussagen über die grundlegende Lesesicherheit und Lesegeschwindigkeit von Dritt- und Viertklässlern macht, indem die Schüler in 90 Sekunden 40 Wörtern das passende Bild von vier Bildern zuordnen sollen. Statt dieses Tests, der ihm als viel zu leicht und damit nicht sonderlich aussagekräftig vorkam, empfiehlt PESCHEL nun die „Würzburger Leise Leseprobe" (vgl. Küspert/Schneider 1998) mit Normen für das erste bis vierte Schuljahr. Hier soll in fünf Minuten 140 Wörtern das passende Bild von vier Bildern zugeordnet werden – wobei hier die Bilder nicht wie beim „Wort-Test O40" wahllos ausgewählt wurden, sondern in einer Beziehung zum Wort stehen (z. B. sind neben dem Wort „Knopf" ein „Kopf", ein „Knopf", eine „Hose" und ein „Topf" abgebildet). Entsprechend genauer muss von den Kindern gelesen und ausgewählt werden. Dieser Test wurde aber in der hier untersuchten Klasse nicht durchgeführt.

Der Leseverständnistest des Hamburger Lesetests enthält zehn Texte, zu denen Fragen durch anzukreuzende Lösungen beantwortet werden sollen. Die Texte sind von unterschiedlicher Schwierigkeit und unterschiedlicher Art, von Geschichten bis hin zu Sachtexten, Tabellen, Anleitungen und anderen Gebrauchstexten. Auch die Auswahl der richtig(st)en Antwort erfordert unterschiedliche Kompetenzen des Lesers. Kategorisiert werden vier Niveaustufen des Leseverständnisses, angefangen mit klar aus dem Text entnehmbaren Passagen, die zur Beantwortung dienen, bis hin zu komplexen Lösungsvariationen, die einen eigenen Transfer verschiedener Hinweise im Text erfordern. PESCHEL weist darauf hin, dass die Testergebnisse Parallelen zu Ergebnissen von Intelligenz- oder Denktests aufweisen (vgl. Rost 1985, 29). Daher sollte man die Anforderungen an das, was man letztendlich als Leseleistung bewerten möchte, kritisch überprüfen- vor allem bei Schülern, die in Intelligenztests niedriger abschneiden. Es ergibt sich die Frage, ob man „Lesen" oder „Denken" bewerten möchte (vgl. Peschel 2002b, 108f.).

5.4 Aufsatzerziehung

Auch die Aufsatzerziehung beschreibt PESCHEL in einer Form, die ganz im freien Schreiben und Lesen aufzugehen scheint. Die von den Kindern verfassten Texte wurden von diesen als „Forschervortrag" oder als Geschichte in gemeinsamen Kreisphasen vorgestellt. Die anderen Kinder und der Lehrer konnten sich (bei Bedarf) dazu äußern, inhaltliche und sprachliche Verbesserungen vorschlagen oder entsprechend gut gelungene Stellen loben. Es gab also eine feste Institution zum Austausch über Texte: die Präsentation des Werkes im Sitzkreis als Brückenschlag vom spontanen Schreiben zum bewussteren Verfassen von Texten.

Mit einer kritischen Reflexion der Idee der „Schreibkonferenz" (vgl. Spitta 1992) grenzt PESCHEL diese Vorstellrunden allerdings von einer vorstrukturierten oder inszenierten Aufsatzerziehung ab (der Verzicht auf eine entsprechende Rechtschreiberziehung wurde schon oben angesprochen und wird hier nicht noch einmal thematisiert, auch wenn das Konzept der Schreibkonferenz diesen Bereich einschließt). Er hält die Empfehlungen SPITTAS zum Ablauf von Schreibkonferenzen für Hilfen, die einen Lehrer unterstützen, der in seinem teilweise geöffneten Unterricht nun auch die Aufsatzerziehung öffnen will und hier einen konkreten Vorschlag bekommt. Für den Offenen Unterricht stellt er die Frage:

> Welche Arrangements sind wirklich notwendig und lohnen sich, eingeführt und „durchgezogen" zu werden? Welche Vorgaben brauchen Kinder, um „gut" (schreiben) zu lernen; welche sind überflüssiger Ballast, der lediglich der heimlichen Lehrerorientierung dient bzw. die Offenheit in unnötiger Weise einschränkt? (Peschel 2002b, 75)

PESCHEL glaubt rückblickend, dass die nach festen Regeln und Ritualen ablaufenden Schreibkonferenzen in seinem Offenen Unterricht auf längere Zeit gesehen nicht funktioniert hätten, da sie die Kinder auf zu vielen Ebenen eingeschränkt hätten. Zum einen durch die festen Termine zum Schreiben, Überarbeiten und Präsentieren, zum anderen durch die Vorgabe der Art der Überarbeitung selbst. Dabei führt er die Arbeiten von GRAVES an, auf die auch SPITTA zurückgreift, bewertet sie aber radikaler als diese als ein unmissverständliches Plädoyer für freies Schreiben. Der Begriff „conference" wird von GRAVES für die individuellen Besprechungen zwischen Lehrer und Schüler gebraucht, die die alte Aufsatzerziehung mit ihrem einseitigen „Belehren" ablösen (zumindest bei seiner damaligen Position):

> Kinder können uns in der Tat etwas lehren, sowohl über ihr Thema wie über die Art, wie sie schreiben. Ein Lehrer, der mit den Schülern Besprechungen (*conferences*) durchführt, hat ein starkes Bedürfnis zu lernen, zu lernen durch die Informationen, die das Kind mitteilt, und durch das, was er über das Kind und seine Schreibarbeit erfährt. (Graves 1995, 126)

Es geht bei GRAVES also nicht um einen Arbeitsauftrag für die ganze Klasse, wie ihn die Schreibkonferenz bei SPITTA u. U. darstellt (zumindest in vielen praktischen Umsetzungen). PESCHEL bettet daher die Idee der Schreibkonferenz, d. h. die Überarbeitung von Texten durch Kinder oder Lehrer, ganz in das freie Schreiben ein – lockerer gehandhabt als mit den von SPITTA vorgeschlagenen (starren) Regeln und Terminen. Diese stärkere Betonung des freien Schreibens lässt sich durchaus auch in neueren Veröffentlichungen von SPITTA (1998a; b) erkennen. Es kann sein, dass SPITTAS erste Empfehlungen zur Strukturierung von Schreibkonferenzen vor allem etwas waren, das Lehrern Angst vor der Freigabe des Schreibens nehmen sollte, und dass sich mit der zunehmenden Praxis des freien Schreiben herausstellt, dass diese Strukturierungen zu einem großen Teil überflüssig sind. Nach der Meinung von PESCHEL kommt der Wunsch nach Überarbeitung, Präsentation und Feedback bei den Kindern automatisch und ist keine Sache, die inszeniert werden muss. Würdigung der Textproduktion, Textkritik, Überarbeitungsvorschläge usw. werden von den Kindern ab dem ersten Tag eingefordert und verkraftet (vgl. Peschel 2002b, 74ff.).

Er beschreibt, dass auch das von SPITTA vorgeschlagene gemeinsame Überarbeiten von Texten durch die Kinder im Offenen Unterricht von selbst vorkommt:

> [Denn; FP] immer wieder wird dem Tischnachbarn etwas gerade Geschriebenes vorgelesen, das dieser dann kommentiert, immer wieder verfolgt der Computerschreiber, was am Bildschirm neben ihm vor sich geht, immer wieder wollen Kinder zu Textstellen eine Meinung von bestimmten anderen Kindern (Experten) oder vom Lehrer hören. All dies vollzieht sich im Unterricht ganz nebenbei, ohne Vorgaben und (offiziell) zu beachtende Ablaufregeln. Wenn dazu dann noch die Präsentation von Texten im Sitzkreis kommt, ist ein Rahmen vorhanden, der den Kindern die Vorteile von Schreibkonferenzen gewährt, ohne ihre Nachteile (das Initiieren, den Termindruck, die mögliche Lustlosigkeit der zuhörenden Konferenzpartner usw.) in Kauf nehmen zu müssen. Also: Schreibkonferenzen ja, aber im Offenen Unterricht „von unten", nicht „von oben" ... (Peschel 2002b, 76)

Mit einem Bezug auf Ausführungen von FEILKE (vgl. 1993, 25f.), der beschreibt, dass es keine Indikatoren gibt, die darauf hinweisen, dass Kinder bis zu einem Alter von zehn Jahren eine Trennung von Textproduktion und Planung vornehmen bzw. dass Planungsphasen überhaupt vorhanden sind, plädiert PESCHEL für eine Schreibdidaktik, die der intuitiven Textproduktion Raum gibt. Er findet, dass sich freie Texte in Qualität und Quantität so positiv und maßgeblich von angeleiteten Produktionen unterscheiden, dass der „Aufsatzunterricht" ganz in das freie Schreiben der Kinder eingebettet werden sollte.

PESCHEL hat in der hier untersuchten Klasse festgestellt, dass die Kinder bei ihren Gesprächen im Kreis in der Regel von selbst auch auf die Gestaltung ihrer Sach- oder Geschichtentexte eingehen. Diese Gespräche kann der Lehrer nach Bedarf entsprechend unterstützen und im Rahmen der Vorschläge und Meinungen der Kinder wie diese auch gestalterische Varianten ansprechen und testen. Wichtig ist, dass dies vorrangig an Texten der Kinder geschieht und auch dieser Bezug nicht verloren wird. Nach PESCHELs Meinung kann es kein allgemeingültiges Rezept für das Verfassen von Texten geben. Trotzdem ist den Zuhörern Kritik erlaubt und es können Alternativen gesucht und ausprobiert werden, solange der Autor dies als positiv empfindet. Auch kann man als Lehrer und Zuhörer bestimmte Termini von Gattungen etc. im Gespräch über einen Text verwenden. Wenig Sinn macht es seiner Meinung nach hingegen, die Kinder zu einem bestimmten Zeitpunkt eine Geschichte in einer bestimmten Textform schreiben zu lassen und dann davon auszugehen, dass sie dadurch nun einen Begriff von dieser Textsorte hätten. Wie auch in anderen Bereichen müssen sich solche Strukturen und Einteilungen „im Kind selbst" bilden, sie können nicht gelehrt werden. Hier finden sich Übereinstimmungen zu den Ausführungen anderer Autoren, die den klassischen Aufsatzunterricht ablehnen. So schreibt SPITTA mit Bezug auf ihre vorausgegangene Analyse:

> Die vergleichende Analyse zusammenfassend, gilt es festzustellen, daß ein an der klassischen Schreibdidaktik orientiertes Arbeiten Grundschulkindern stark defizitäre Schreiberfahrungen vermittelt. In jeder der vier Subprozeßdimensionen des Schreibaktes werden im klas-

sischen Aufsatzunterricht der Grundschule zentrale Komponenten vernachlässigt oder ganz und gar ausgeklammert, d. h. für Lernaktivitäten unzugänglich gemacht. (Spitta 1998, 34f.)

PESCHEL betont, dass daher das in den Lehrplänen geforderte Primat des Mündlichen und der sich daran anschließende „entwickelnde Sprachausbau" berücksichtigt werden sollte, da es nicht um das normative Einüben eines Kanons von Aufsatzgattungen gehen kann, sondern kommunikatives und personales Schreiben im Vordergrund stehen muss – und vor allem der Aufbau einer Schreibmotivation vorrangiges Ziel des Unterrichts sein muss. Können sich die Kinder ab dem ersten Schultag selbst in den Schreibprozess einbringen und ihre individuellen Schreibintentionen verfolgen, so werden sie das Schreiben als eine Tätigkeit erfahren, die für sie selbst Sinn macht. Den Kindern wird das Schreiben dann nicht durch das Eintrainieren sinnleerer Teilleistungen (Schwungübungen, Buchstaben und Wörter abmalen usw.), die nichts mit richtigem „Schreiben" zu tun haben, verleidet. Tipps sind gut und wichtig, aber nicht als Regeln, sondern zum indirekten Austesten. Dann integriert Aufsatzerziehung zugleich den grammatikalischen Bereich des „Sprache Untersuchens" (vgl. Peschel 2002b, 77ff.).

5.5 Grammatikunterricht – Sprache untersuchen

Bei den Ausführungen zum Grammatikunterricht wird deutlich, dass PESCHEL auch hier eine explizite Schulung in Frage stellt:

> Grammatikalische Kenntnisse sollten weder in der Grundschule noch später Selbstzweck sein, sondern dann zum Thema werden, wenn sie für den Schüler bedeutsam werden, das heißt eine Rolle in der mündlichen oder schriftlichen Kommunikation spielen. Und trotzdem greift in der Regel auch der sonst so offene und kindorientierte Lehrer notgedrungen irgendwann dann doch zum bis dahin verschmähten Sprachbuch und macht einen Grammatiklehrgang. (Peschel 2002b, 110)

In Bezug auf das Thematisieren grammatikalischer Begriffe in der Grundschule zweifelt PESCHEL die üblichen Argumente an und stellt Parallelen zur impliziten Musterbildung bei der Rechtschreibentwicklung an:

> Als Begründung wird oft das Erfordernis angeführt, dass die Kinder Wortarten unterscheiden können müssen, um die Groß- und Kleinschreibung richtig anzuwenden. Dazu muss man aber ein *Gefühl* für „Nomen" bekommen und Satzanfänge beachten, aber die *explizite* Benennung von „Verben" und „Adjektiven" spielt unter dem Gesichtspunkt der Großschreibung keine Rolle. Diese Einteilung verwirrt in der Praxis sogar oft eher, wenn Verben und Adjektive dann substantiviert als Nomen doch ins Spiel kommen. Unserer Meinung nach wird durch abstrakte Benennungen und das Lernen von grammatikalischen Regeln der implizite Aufbau von Mustern und die Entwicklung des Sprachgefühls eher beeinträchtigt, ja evtl. sogar verhindert – genauso wie oben in Bezug auf die Rechtschreibung ausgeführt. Tauchen die notwendigen Einteilungen und Begriffe allerdings individuell immer wieder beiläufig bei Textbesprechungen auf, so entwickeln die Kinder eine unbewusste Sensibilität, die ihnen ein Gefühl für die richtige Zuordnung der Worte gibt. Ob diese Zuordnungsgruppen dann irgendwann eine fachlich korrekte „Überschrift" bekommen, hat mit der Zuordnungsfähigkeit nichts zu tun.

Als pragmatische Lösung, den Anforderungen der höheren Schule – nicht der Lehrpläne, die in der Regel eine akzeptable Auffassung des Bereichs „Sprache untersuchen" vertreten – gerecht zu werden, macht PESCHEL verschiedene Vorschläge, auf die hier verwiesen wird (vgl. Peschel 2002b, 109ff.; 2000f). In jedem Fall sollte ein formaler Grammatikunterricht vermieden werden und stattdessen eine situativ eingebettete Auseinandersetzung erfolgen. Immer wenn die Texte der Kinder individuell oder in den gemeinsamen Gesprächen reflektiert, Alternativen zu Wiederholungen gesucht, treffende Wörter ausprobiert, Groß- und Kleinschreibungen hinterfragt und Satzzeichen angesprochen werden, findet auch eine intensive (unauffällige) Beschäftigung mit Grammatik statt.

Ein abstrakter Begriffslehrgang weist diesen Nutzen nicht auf. Die gelernten Begriffe bekommen erst dann Sinn, wenn sie als treffende Bezeichnungen umständlichere Erklärungsarbeit abnehmen können oder zu übergreifenden Einsichten führen. Dabei handelt es sich dann um Expertenwissen, nicht um zum richtigen Sprechen, Schreiben oder Lesen notwendiges Wissen. Die bloße Kenntnis grammatikalischer Termini hat keinerlei positive Auswirkungen auf die Sprachkompetenz. Das hohe grammatikalische Wissen, das alle Kinder durch ihren Umgang mit Sprache ausdrücken, hat nichts mit expliziten Begriffskenntnissen zu tun.

PESCHEL schlägt vor, dass der Lehrer, wenn er beim Übergang der Schüler auf die weiterführende Schule den Eindruck hat, dass der integrierte Grammatikunterricht nicht ausreicht oder dass die Schüler vorher noch bestimmte Termini explizit vermittelt bekommen sollten, einen entsprechenden „Crashkurs" in der Form von gemeinsamen Forscherbetrachtungen anbieten sollte. So wurde es auch von ihm in der hier untersuchten Klasse gehandhabt (vgl. 2002b, 109ff.).

5.6 Mündlicher Sprachgebrauch

Auf den mündlichen Sprachgebrauch geht PESCHEL nur am Rande ein. Für ihn durchdringt der mündliche Sprachgebrauch alle anderen Bereiche bzw. den gesamten Unterricht. Die offene Unterrichtsgestaltung lässt den Kindern zu jedem Zeitpunkt die Möglichkeit zur Kommunikation, seien es Absprachen über Vorhaben, das Vorstellen von Ergebnissen, Gruppen- oder Partnerarbeit – immer spielt der mündliche Sprachgebrauch eine große Rolle. In den gemeinsamen Kreisphasen bekommt die mündliche Äußerung dann durch die Öffentlichkeit noch einen zusätzlichen Anspruch. Nicht nur die soziokulturellen Unterschiede im Sprachgebrauch werden zusammengeführt, sondern auch die Kompetenz in der Gesprächsführung. Die Kreisgespräche, die je nach Tag durchaus ein bis zwei oder manchmal sogar drei Schulstunden einnehmen können, erfordern entsprechende Kommunikationsregeln und -fähigkeiten von den Kindern, die diese nicht von Anfang an perfekt beherrschen, die sie aber immer mehr selber einfordern. Die Kinder können die gemeinsamen Kreisphasen nur dann zur gegenseitigen Hilfe nutzen, wenn sie sich gegenseitig aktiv zuhören, aufeinander eingehen, Unsicherheiten formulieren, Erfahrungen einbringen, Vorschläge machen und Entscheidungen treffen. Dies tun sie genauso in allen einzelnen Unterrichtsfächern wie auch bei den Absprachen über die Klassenführung (vgl. Peschel 2002b, 112f.).

5.7 Zusammenfassung

Aus der Darstellung des Konzepts für den Sprachunterricht geht hervor, dass auch die fachdidaktischen Überlegungen ihre Basis ganz im allgemeindidaktisch begründeten Offenen Unterricht haben. Zentrale Momente stellen dabei das freie Schreiben und Lesen dar, die – eingebettet in den Offenen Unterricht – einen Sprachunterricht bewirken, der nicht nur das Lesen- und Schreibenlernen, sondern auch die Aufsatzerziehung, das Rechtschreiblernen, die weiterführende Leseerziehung, den Grammatikunterricht und – in besonderem Maße – den mündlichen Sprachgebrauch in die alltäglichen – sach- und gemeinschaftsbezogenen – Aktivitäten integriert. Dabei wird unter Integration nicht das Behandeln voneinander losgelöster Teilleistungen verstanden, die „mutwillig unter ein ‚Themendach' gebracht werden" (Peschel 2002b, 113), sondern ein Unterricht, der Kompetenzen aus den einzelnen Bereichen nutzt und fordert, um über Texte aller Art zu sprechen, sie zu gebrauchen und sie weiterzuentwickeln, egal ob sie mündlich, schriftlich, als Bilder oder als Handlungen vorliegen.

In der Konzeptbeschreibung bzw. -begründung werden vor allem der Schriftspracherwerb und das Rechtschreiblernen ausführlich dargestellt, was u. a. daran liegt, dass gerade in diesen Bereichen oft Bedenken gegen eine radikale Öffnung bestehen, während das weiterführende Lesenlernen, die Aufsatzerziehung oder die Gesprächserziehung in der Schule meist freier gehandhabt werden. Im Folgenden sollen kurz einzelne Aspekte dieses ganz auf freiem Schreiben und Lesen beruhenden Sprachunterrichts angesprochen werden.

In Anlehnung an REICHEN stellt das freie Schreiben mit der Buchstabentabelle die Basis des Anfangsunterrichts dar. Es gibt weder Lautierübungen noch Anleitungen zur Schreibweise der Buchstaben. Vor allem aber erfolgt keine Leseschulung – wohl aber stehen den Kindern in der Klasse Bücher zur Verfügung (verschiedenste Geschichten- und Sachbücher, von Leseheftchen und Bilderbüchern für Anfänger bis hin zu anspruchsvollen Themenbüchern und Nachschlagewerken). Konkret bedeutet das, dass das freie Schreiben im Sinne des Konzepts „Lesen durch Schreiben" von REICHEN als Ausgangspunkt sowohl für das Schreiben- als auch das Lesenlernen gesehen wird, dies aber nicht zu einem Vorenthalt von Büchern führt. Hier zeigt sich wiederum die Nähe zum Spracherfahrungsansatz, wie ihn BRÜGELMANN und BRINKMANN als Konzept formulieren.

Im Gegensatz zu den Vorschlägen dieser beiden Autoren gibt es allerdings keinerlei separate Übungen o. Ä., die das Lesen der Kinder direkt anleiten (z. B. Auf- und Abbau von Wörtern mit dem Lesekrokodil). Der Zugang zum Lesen muss von den Kindern selbst gesteuert erfolgen – die Kinder nutzen die Bücher nicht zum Lesenüben, sondern gucken sich Bilder an oder lassen sich vorlesen. Auch wenn sie noch nicht lesen können, präsentieren sie aber ihre Eigenproduktionen (Bilder, Buchstaben, Wörter, Sätze, Texte etc.) im Kreis und „lesen" sie den anderen vor, d. h. sie erklären den anderen Kindern (meist auswendig), was sie verschriftet haben. Sie stehen dabei aber durch den Verzicht auf Leseübungen nicht unter dem Druck, sich eine Lesetechnik durch das Zusammenschleifen von Buchstaben o. Ä. aneignen zu müssen. Den Kindern ist klar, dass sie das Lesen automatisch durch das Schreiben lernen. Dabei hat die enge Anlehnung an die Prinzipien von REICHEN vor allem „meta-didaktische" Gründe. Der radikale Verzicht auf jegliche Leseübungen soll die Selbstständigkeit, Eigenverantwortung und Selbstregulierung der Kinder ermöglichen und den Lehrer davor schützen, kontraproduktiv in den impliziten und inzidentellen Lernprozess der Kinder einzugreifen. Auch hier zeigt sich, wie maßgeblich die allgemeindidaktischen Grundlagen des Offenen Unterrichts die Fachdidaktik bestimmen.

Den Bereich der Rechtschreibung verdeutlicht das Modell des integrierten Rechtschreibunterrichts. Das Rechtschreiblernen ist ganz in das freie Schreiben und Lesen eingebettet. Dabei wird davon ausgegangen, dass „richtig Schreiben" aus dem Vorhandensein eines Rechtschreibgespürs resultiert, d. h. aus einem Gefühl dafür, ob eine Schreibweise richtig oder falsch ist. Der Aufbau von Rechtschreibkompetenz ist in diesem Zusammenhang als Prozess impliziter Musterbildung anzusehen. Das hat zur Folge, dass explizite Übungen (z. B. als Teilleistungsübungen, Grundwortschatzarbeit oder Regellernen) diese Lernvorgänge nicht oder nur sehr begrenzt unterstützen – es ist sogar anzunehmen, dass sie kontraproduktive Wirkungen haben können (vgl. Kapitel 4.1; Peschel 2002b, 84ff.). Auch in Bezug auf die Rechtschreibung werden neben den fachdidaktisch bzw. lernpsychologisch nachvollziehbaren Begründungen die allgemeindidaktischen Anforderungen deutlich, die das Konzept des Offenen Unterrichts als Grundprinzipien an die Fächer vorgibt. Teilleistungsübungen oder die Vorgabe bestimmter zu trainierender Wörter und Texte würden einerseits eine andere Lehrerrolle bedingen, andererseits die Eigenproduktionen der Kinder beschneiden, da sie einem „natürlichen" Umgang mit Schrift und Sprache – nämlich zum Zweck der Kommunikation oder Notation – entgegenstehen.

In diesem „natürlichen Umgang" mit Schrift und Sprache gehen dann auch die anderen Bereiche des Sprachunterrichts auf. Das Vorhandensein von Büchern und Texten gewährt den Kindern im Rahmen des freien Schreibens und Lesens u. a. einen direkten und selbstgesteuerten Zugang zur Rezeption von Texten. Dabei wird der Verzicht auf die üblichen Lese- und Vorleseübungen als ein nicht zu unterschätzender Faktor betrachtet, der den Kindern eine ganzheitliche Zugangsweise zu Texten ermöglicht. Die Texterschließung muss nicht den Vorstellungen anderer folgen, sondern wird vom Individuum selbst gesteuert, die Eigendynamik des Texts wird nicht gebrochen und kann so ganz ihre Motivation entfalten. Neben dem stillen Lesen des Einzelnen und dem gegenseitigen Vorlesen eigener oder fremder Texte ergeben sich in den gemeinsamen Kreisgesprächen zusätzlich vielfältige Anregungen zur handlungs- und produktionsorientierten Textbearbeitung, wenn Geschichten bebildert, szenische Umsetzungen erprobt, Gedichte vorgetragen, Texte antizipiert oder Bücher vorgestellt und beurteilt werden. Textproduktion und Textrezeption bilden so eine Einheit und stützen sich gegenseitig, sie werden nicht künstlich als Aufsatz- oder Leseerziehung voneinander getrennt.

Entsprechend geht auch die Aufsatzerziehung ganz im freien Schreiben und Lesen auf. Die von den Kindern verfassten Texte (Forschervorträge, Geschichten etc.) werden im Kreis vorgestellt, die anderen Kinder und der Lehrer können sich dazu äußern und Verbesserungen vorschlagen. Es erfolgt keine nach festen Regeln und Ritualen ablaufende Schreibkonferenz o. Ä., sondern der Wunsch nach Überarbeitung, Präsentation und Feedback geht von den Kindern selbst aus bzw. kommt automatisch.

In diesen Treffen im Sitzkreis erfolgt auch eine situativ eingebettete Auseinandersetzung mit grammatikalischen Fragen. Immer wenn die Texte der Kinder individuell oder in den gemeinsamen Gesprächen reflektiert, Alternativen zu Wiederholungen gesucht, treffende Wörter ausprobiert, Groß- und Kleinschreibungen hinterfragt und Satzzeichen angesprochen werden, findet auch eine intensive (unauffällige) Beschäftigung mit Grammatik statt. Um zusätzlich den Anforderungen der höheren Schule – nicht der Lehrpläne, die in der Regel den Bereich „Sprache untersuchen" ebenfalls pragmatisch eingrenzen – gerecht zu werden, kann den Kindern vor dem Übergang in die fünfte Klasse ein entsprechender „Grammatik-Crashkurs" in der Form von gemeinsamen Forscherbetrachtungen angeboten werden.

Der mündliche Sprachgebrauch durchdringt im hier dargelegten Konzept den gesamten Unterricht. Die offene Unterrichtsgestaltung lässt den Kindern zu jedem Zeitpunkt die Möglichkeit zur Kommunikation, seien es Absprachen über Vorhaben, das Vorstellen von Ergebnissen, Gruppen- oder Partnerarbeit. Dabei werden nicht nur die soziokulturellen Unterschiede im Sprachgebrauch der Kinder geachtet, sondern auch ihre Kompetenz in der Gesprächsführung geschult – vor allem beim gemeinsamen Austausch im Sitzkreis. Die Kinder nutzen diese Phasen zur gegenseitigen Hilfe, wenn sie einander aktiv zuhören, aufeinander eingehen, Unsicherheiten formulieren, Erfahrungen einbringen, Vorschläge machen und Entscheidungen treffen – unabhängig von einer Einteilung in Unterrichtsfächer und auch Absprachen bezüglich der Klassenführung oder außerschulischer Vorhaben einschließend.

Der Vorteil eines solchen auf freiem Schreiben und Lesen basierenden Sprachunterrichts ist also der Verzicht auf das Einführen von Buchstaben, das Üben von Grundwortschatzwörtern, das Auswendiglernen von Rechtschreibregeln, das Eintrainieren des Zusammenschleifens beim Vorlesen, das Motivieren zum Geschichtenschreiben usw. Durch diesen Verzicht wird nicht nur ermöglicht, dass jedes Kind genau seinem Entwicklungsstand gemäß Schreiben und Lesen lernen kann (und nicht etwas Unverstandenes auswendig lernen muss), sondern vor allem, dass das Kind vom ersten Tag an Eigenverantwortung für sein Lernen übernehmen muss. Wenn es Schreiben und Lesen lernen will, dann muss es sich selbst dafür einsetzen. Wenn es Rechtschreiben lernen will, muss es sich selber darum kümmern. Wenn es Vorträge halten will, muss es diese selbst angehen. Nichts wird ihm abgenommen. Damit wird deutlich, dass die fachdidaktischen Argumente und Prinzipien immer allgemeindidaktischen bzw. pädagogischen untergeordnet sind und diesen gerecht werden müssen.

6 Das Konzept des Mathematikunterrichts in der untersuchten Klasse

Die Darlegung des in der hier untersuchten Klasse praktizierten Mathematikunterrichts erfolgt ähnlich der des Sprachunterrichts im Rückgriff auf die ausführliche Konzeptbeschreibung von PESCHEL (vgl. 2002b) aus der Sicht des Außenstehenden. Dabei fließen in die Darstellung auch Erfahrungen ein, die aus der Umsetzung des Konzepts in der hier untersuchten Klasse resultieren. Ein Hinweis auf die entlehnten Passagen findet sich am Schluss des jeweils letzten zugehörigen Abschnitts. Im Gegensatz zu den Ausführungen im Zusammenhang mit dem Sprachunterricht erscheint es beim Mathematikkonzept auf Grund der differenzierten Ausführung verschiedener Konzeptelemente und ihrer Beziehung zueinander angebrachter, den Bezug auf ähnliche Konzepte erst nach der Darstellung des Gesamtkonzepts vorzunehmen (vgl. i. F. Peschel 2002b, 116ff.).

6.1 *Offener Mathematikunterricht – Vom Lehrgang zur Eigenproduktion*

Auch in der Beschreibung bzw. den Vorschlägen zum Mathematikunterricht schafft PESCHEL eine Integration des Faches in den Offenen Unterricht. Dabei wird immer wieder das Spannungsfeld deutlich, das sich in einem auf der Selbststeuerung und Selbstregulierung der Kinder basierenden Unterricht durch die verschiedenen Anforderungen „vom Fach aus" und „vom Kind aus" ergibt. PESCHEL fordert in diesem Zusammenhang einen Unterricht, der dem Anspruch der Richtlinien und Lehrpläne gerecht wird und Fertigkeiten wie das Rechnen nicht zum Selbstzweck macht, sondern Fähigkeiten des begrifflichen Denkens bzw. des Problemlösens unterstellt. Grundfertigkeiten wie Kreativität, Argumentieren und Mathematisieren geben der Mathematik in diesem Zusammenhang eine Bedeutung für das tägliche Leben und integrieren sie in andere Unterrichtsfächer.

PESCHEL nimmt in diesem Zusammenhang eine qualitative Begriffsbestimmung vor:

> Versteht man unter Rechnen nur das Ausführen eines bestimmten Algorithmus, so sollte man dafür den Kindern zum Rechnen am besten einen Taschenrechner zur Verfügung stellen. Denn ist lediglich das Erlernen einer Technik das Lernziel, so kann man sich viel Arbeit einer vermeintlichen Hinführung oder Erarbeitung sparen. Das Endprodukt wird mit oder ohne nahezu dasselbe sein. Die Rechenfertigkeit bekommt erst dann Sinn, wenn sie vom Kind als Mittel zum Zweck, das heißt zum Lösen von Problemen oder zum Entdecken von Strukturen verwendet wird. Und selbst hier tritt die rein technische Lösung der Rechnung an sich hinter andere Kompetenzen, z. B. dem Mathematisieren, dem Finden einer Frage und einer passenden Rechnung zu einer Aufgabe, zurück. Entsprechend vorbehaltlos kann man dort den Taschenrechner zulassen. „Rechnen" wird also im Folgenden nicht nur als das Ausführen einer Technik, sondern umfassender verstanden. Vielleicht kann man zur begrifflichen Unterscheidung im ersten Fall eher von „Ausrechnen" sprechen. (Peschel 2002b, 117f.)

Nach PESCHELs Auffassung muss das Erlernen von Fertigkeiten in den drei Bereichen des Mathematikunterrichts in der Grundschule (Arithmetik, Geometrie und Größen) den übergeordneten Richtzielen dieses Unterrichts unterstehen, d. h. ihr

Erlernen ist (auch) immer Mittel zum Zweck. Zu lernen, kreativ zu sein sowie argumentieren und mathematisieren zu können, d. h. reale Situationen in mathematische zu übersetzen, zu lösen, zu interpretieren, darzustellen und zu begründen, stehen für ihn im Vordergrund und fördern gleichzeitig auch die Entwicklung geistiger Vorgehensweisen wie Klassifizieren, Ordnen, Analogisieren und Formalisieren (vgl. Peschel 2002b, 117f.).

Dieser Anspruch führt nach der Meinung PESCHELS u. a. auch zu einem Umdenken in Bezug auf die Wertigkeit der Rechenverfahren, da das übliche Erlernen halbschriftlicher oder schriftlichen Rechenverfahren als abrufbare Technik den genannten Zielen nicht gerecht wird (s. u.). Für PESCHEL ist Mathematik neben dem Aufbauen und Durchschauen von Strukturen und Zusammenhängen vor allem der Gebrauch von Fertigkeiten und Kenntnissen mit dem Ziel, Probleme lösen zu können. Dazu ist aber zunächst überhaupt das Erkennen von Problemen und Zusammenhängen notwendig: das Stellen von (eigenen) Fragen hat auch in der Mathematik eine große Bedeutung, eine Bedeutung, die nur wenige Lehrbücher berücksichtigen bzw. durch ihre Form berücksichtigen können. Um zu Antworten auf diese gestellten Fragen zu kommen, gibt es viele Möglichkeiten, viele Lösungswege und Lösungsstrategien. Hier gilt es für den einzelnen Schüler, den für ihn selbst sinnvollsten Weg experimentierend zu finden, und dann, wenn er seinen eigenen Weg gefunden und verstanden hat, durch den Vergleich mit anderen Vorgehensweisen das effektivste Vorgehen herauszufinden. Für PESCHEL muss der Weg zum Lösen eines Problems daher vorrangig vom Schüler selbst ausgehen, er muss bestimmen, welche Veranschaulichungs- und Lösungshilfen ihm dienlich sind. Eine konkrete Vorgabe von außen riskiert das un- oder halbverstandene Übernehmen durch den Suchenden. Hilfen und Impulse sind statthaft, aber sie dürfen den Aufbau eigener Strukturen und Hilfsmittel nicht beeinflussen (vgl. Peschel 2002b, 117ff.).

Mit dem Bezug auf Untersuchungen zu mathematisch nicht lösbaren „Kapitänsaufgaben" (vgl. Baruk 1989, 29), bei denen u. a. beobachtet wurde, dass die Lösungshäufigkeit solcher Aufgaben mit zunehmender Beschulung ansteigt (auf bis zu 60% im vierten Schuljahr; vgl. Radatz 1983, 214f.) plädiert PESCHEL für einen anwendungsorientierten Mathematikunterricht, der idealerweise einem echten (Sach-)Problem des Schülers entspringt – ohne vorgegaukelten Anwendungsbezug. Zusätzlich zu dieser Verbindung zum Sachunterricht (vgl. Reichen 1994) stellen für ihn von den Kindern geschriebene „Rechengeschichten" die Brücke der Sprache zur Mathematik dar und ersetzen fremdvorgegebene Textaufgaben auf eine sehr effektive, einfache und motivierende Art (vgl. Radatz u. a. 1981; Käpnick 1993).

Neben diesen fächerintegrierenden Komponenten betont PESCHEL allerdings, dass Mathematik mehr ist als ein Verfahren, um Probleme zu lösen:

> Mathematik ist ein faszinierendes Gebilde von Strukturen und Beziehungen, das in sich noch nichts mit Lebenswirklichkeitsorientierung o. Ä. zu tun hat. Die Entwicklung eines Zahl- und Zahlraumverständnisses, der Aufbau von Zahlbeziehungen, Rechenstrategien und Re-

chenfertigkeiten usw. kann in Sachsituationen veranschaulicht werden, ist aber eigentlich ein Vorgang, der losgelöst von diesen innerhalb der Mathematik selbst stattfindet und gerade durch diese Abstraktion seinen eigenen Reiz erhalten kann. Sach- und Materialarrangements sind dann Mittel zum Zweck, dem Aufbau der o. g. mathematischen Vorstellungen. Der Schritt zur Mathematisierung von Alltagshandlungen ist von einer ganz anderen Qualität, wenngleich auch nicht weniger wichtig. Es ist unabdingbar, der Mathematik durch Anwendungsorientierung Sinn zu geben und so eine Verbindung zwischen den Bereichen Arithmetik, Größen und Geometrie zu schaffen, aber sie ist in diesem Sinne nicht *nur* als Mittel zum Zweck zu betrachten. (Peschel 2002b, 120f.)

PESCHEL fordert daher auch die Mathematik an sich, das von Alltagsproblemen o. Ä. losgelöste Erforschen von Strukturen und Zusammenhängen, weitmöglich in die Hand der Kinder zu geben. Mit Bezug auf die Kontroverse „Mathematik entdecken" oder „Mathematik erfinden" vermutet er, dass das, was Mathematiker daran hindert, die Bereiche wie die Arithmetik im Sinne eines „freien Rechnens" freizugeben, wahrscheinlich die Angst ist, dass dann bestimmte Inhalte bzw. insbesondere bestimmte Grundlagen von einem Schüler nicht gelernt würden. PESCHEL hält dies allerdings für genau das Problem des herkömmlichen Mathematikunterrichts, der voll von Vorgaben ist:

> Hier fallen immer wieder Kinder auf, die trotz des kleinschrittigen Lehrganges bestimmte Inhalte und Grundlagen anscheinend nie mitbekommen haben, ja in so mancher Untersuchung wird sogar dem größten Teil der Schulabsolventen nach zwölf oder dreizehn Jahren Mathematikunterricht ein höchst dürftiges mathematisches Verständnis unterstellt. Und gerade deshalb pochen Mathematikdidaktiker ja seit Jahren bzw. Jahrzehnten auf die Freigabe der Lernwege, die Freigabe der methodischen Aneignung durch den Schüler. Warum sie dann aber nicht auch konsequenterweise die Inhalte freigeben, ist schwer nachzuvollziehen, denn so beliebig, wie man fürchten könnte, kann der Schüler mit einer hierarchisch aufgebauten Wissenschaft wie der Mathematik ja gar nicht umgehen [...]: Man rechnet mit immer größeren Zahlen und immer komplexeren Operationen und bekommt so immer mehr über unser Zahlsystem heraus. (Peschel 2002b, 123)

Auch die Gefahr, dass Kinder in einem freien Mathematikunterricht u. U. bestimmte Bereiche nicht automatisieren, hält PESCHEL vor dem Hintergrund seiner in der hier untersuchten Klasse gemachten Erfahrungen für unbegründet. Durch das kontinuierliche Nutzen der verschiedenen Operationen beim freien Rechnen erfolgt in der Regel automatisch die Sicherung der diesbezüglichen Grundfertigkeiten bei den Kindern – ohne dass diese gezwungen wären, zu einem vom Lehrer festgesetzten Zeitpunkt irgendetwas unverstanden auswendig zu lernen. Dabei hat PESCHEL es in seiner Klasse so erlebt, dass sich eigentlich alle Kinder von Mathematik haben ansprechen lassen und auch von dieser Seite her keine Bedenken bestehen müssen:

> (Große) Zahlen zu schreiben, benennen und damit rechnen zu können, neue Operationen, die die Ausführung von Wiederholungen abkürzen oder ganz neue Möglichkeiten des Berechnens eröffnen, das Trainieren von Rechenschnelligkeit, das Auffinden und Vergleichen von Größen, das Weiterführen von Reihen und Strukturen sind Sachen, die Kinder von sich aus sehr faszinieren können und in der Klasse eine schnelle Verbreitung finden. (Peschel 2002b, 124)

In Abgrenzung zu Aufgabenvorgaben beim entdeckenden Lernen, inszenierten Rechenkonferenzen oder den gewohnten Einführungs- und Übungsstunden bezeichnet

PESCHEL diesen Prozess als „allgemeine" oder „natürliche Faszination durch Mathematik". Das Funktionieren dieser Motivation zur Auseinandersetzung sieht er dabei vor allem die traditionellen Inhalte des Mathematikunterrichts betreffend. (Verbindliche) Aufgaben, die den Schülern tiefere mathematische Strukturen und Zusammenhänge aufzeigen sollen wie z. B. das Untersuchen von „ANNA-Zahlen" (vgl. Berger u. a. 4. SJ 1997a, 83) oder die Betrachtungen im „Zahlenteufel" (vgl. Enzensberger 1997) hält er allerdings in einem solchen Unterricht als für nicht alle Kinder geeignet bzw. passend:

> [Das; FP] sind (leider) keine Herausforderungen, die den großen Teil der Kinder *von sich aus* reizen. Möchte man alle Kinder zu einer Begegnung mit einer solchen Fragestellung bewegen, ist in der Regel ein höherer Motivationsaufwand erforderlich (vgl. Verboom 1996) und es bleibt mehr als fraglich, ob so eine wirkliche, von innen getragene Auseinandersetzung erreicht werden kann. Kurzzeitig erscheint uns das möglich, langfristig halten wir ein eigenständiges Verbreiten solcher Forscherideen für wesentlich aussichtsreicher, wenn einzelne Kinder von entsprechenden Fragestellungen fasziniert werden und andere Kinder damit „anstecken". Daher sollten die Kinder einen unverbindlichen Zugriff auf derartige (eben nicht selbst „erfindbare") Fragestellungen haben. (Peschel 2002b, 124f.)

Im Unterschied zum Sprachunterricht fällt zudem das Produzieren eigener mathematischer Aufgaben naturgemäß schwerer als das eigener Texte. Auch ist das Lesen von Wörtern und Geschichten von einer ganz anderen Art als das „Lesen" mathematischer Aufgaben. Es fehlt der mathematischen „Textproduktion" ein der „Textrezeption" entsprechendes motivierendes Ebenbild, wie es das Lesen gegenüber dem Schreiben darstellt. Eine „mathematische Leselust" wird höchstens bei einigen wenigen Kindern erkennbar sein, die durch entsprechende Aufgaben von der Mathematik an sich fasziniert werden und abgebildeten Gesetzmäßigkeiten und Algorithmen dann auf die Spur kommen wollen. Und die haben im Offenen Unterricht diese Möglichkeit – ohne andere auch dazu zu verpflichten (vgl. Peschel 2002b, 117ff.).

In diesem Zusammenhang kritisiert PESCHEL die gängigen Lehrgänge und Lehrwerke für den Mathematikunterricht. Er hält auch die innovativeren Werke (vgl. Berger u. a. 1994-97a; Ackermann u. a. 1995-1996) bei genauer Betrachtung für lehrplan- und richtlinienwidrig, da die selbst formulierten Zielsetzungen gar nicht erreicht werden können. Seiner Meinung nach schaffen die Lehrwerke erst den Stoffdruck, der von vielen Lehrern – durch 600 Seiten „abzuarbeitendes" Lehrbuch mit Übungsheft – im Mathematikunterricht erlebt wird. Dabei ignoriert der Lehrgang durch die Beschränkung auf den lehrplanmäßig vorgesehenen Stoff bzw. Zahlenraum die Vorkenntnisse der meisten Kinder und erreicht zwangsläufig eine Orientierung am unteren Leistungsdurchschnitt. PESCHEL vermutet weiterhin, dass ein kleinschrittiges Vorgehen aber auch schwächeren Kindern nicht hilft, sodass durch die Verwendung eines Lehrgangs in einer Klasse das Gesamtniveau so merklich sinkt, dass vielen Lehrern dann sogar dieser Lehrgang noch als zu umfangreich und schwierig vorkommt (vgl. Peschel 2002b, 131f.).

6.2 Kernideen und zentrale Inhalte der Mathematik

Den in der Grundschule – unabhängig von den übergeordneten mathematischen Richtzielen (s. o.) – durchzunehmenden Stoff stellt PESCHEL in der Form von zentralen Inhalten bzw. „Kernideen" dar:

> Die mögliche Integration der drei Bereiche Arithmetik, Geometrie und Größen zu Grunde legend, streben wir die im Folgenden aufgeführten Inhalte und Vorgehensweisen als frei zu handhabendes Minimalcurriculum an. Dabei fällt es schwer, hier die „höheren" mathematischen Ziele (Beobachten, Mathematisieren, Argumentieren, kreativ sein usw.) als konkrete Punkte aufzuführen. Wir haben die Ausbildung dieser Kompetenzen als eng mit dem selbstgesteuerten Lernen und Entdecken verbunden erlebt, gehen also davon aus, dass sie sich zu einem großen Teil von selbst in einem Mathematikunterricht wie dem hier beschriebenen entwickeln werden (ähnlich der Sprach- bzw. Rechtschreibkompetenz im offenen Sprachunterricht). (Peschel 2002b, 140)

PESCHEL ist es vor allem wichtig, zu zeigen, dass „die vier Jahre Grundschulmathematik ohne den üblichen Lehrgangsstress gefahrlos bewältigt werden können, auch (oder gerade) wenn die Kinder ihrem eigenen Lehrgang folgen." (Peschel 2002b, 138f.) Dabei verzichtet er auf eine Einteilung nach Schuljahren und stellt ein „Gesamtwissen Mathematik" dar, aus dem sich die Kinder entsprechend ihrer Fähigkeiten bedienen können. In Anlehnung an die übliche Schwerpunktsetzung und ohne „diese Rangstellung in dieser ausgeprägten Weise für richtig zu halten" (Peschel 2002b, 139), benennt er die Arithmetik als zentralen Bereich der Grundschulmathematik. Mit Bezug auf das Konzept „mathe 2000" (vgl. Berger u. a. 1994-97c, 0) stellt er die Verknüpfung der drei Bereiche Arithmetik, Geometrie und Größen so dar, dass der Bereich der Größen durch seine Anwendungsorientierung in den anderen beiden Bereichen aufgeht. Er darf entsprechend nicht zu einem sinnentfremdeten Üben von Rechentechniken durch das Bearbeiten von künstlich konstruierten Sachaufgaben werden, sondern muss – und insofern wiederum als ein ganz wichtiger, eigenständiger Bereich – der Lebenswelt der Kinder entstammen und durch das Mathematisieren entsprechender Situationen die Brücke zur Arithmetik und Geometrie schlagen (s. u.; vgl. auch Radatz u. a. 1996, 149).

<u>Kernideen Arithmetik</u> (Zahlsystem und Rechenfertigkeiten)
- implizites Nutzen des Stellenwertsystems als Grundlage unseres Zahlsystems über den Umgang mit Zahlen bis unendlich, durch den Gebrauch in Rechnungen, das Ordnen, Bündeln und Vergleichen zur Anzahlerfassung, das Ablesen und Erstellen von Darstellungen etc.
- Rechnen bzw. halbschriftliches Rechnen mit den Operationen +, + __ (Ergänzen), –, •, : in Gleichungen und Ungleichungen, jeweils im beherrschten Zahlraum
- Kontrollmöglichkeiten
  - Proberechnungen zu den Operationen +, –, •, :
  - Lösungstechniken (in Verbindung mit der Darstellung von Zahlen: Rechenstrich, Zahldarstellung mit Punkten etc., Notation im Stellenwertsystem etc.)
  - Runden und Überschlagen von Operationen +, –, •, :
  - Gebrauch von Hilfsmitteln (Taschenrechner)
  - Nutzen von mathematischen Strukturen bzw. operative Beziehungen

- Beherrschen eines „verstandenen" Kopfrechnens bezüglich des Einspluseins, Einsminuseins, Einmaleins, Einsdurcheins und des großen Einmaleins
- *(Nicht zur freien Verfügung, sondern nach Absprache mit dem Lehrer:) Schriftliche Normalverfahren aus der Ableitung des eigenen halbschriftlichen Rechnens +, –, •, :*

Kernideen Größen
- Rechengeschichten fortwährend von Anfang an begleitend als eigene Kinderproduktionen und/oder Resultate von Lehrer- oder Sachimpulsen
- Einheiten: Geld, Zeit, Längen, Gewichte, Rauminhalte
- Gebrauch von Größen in Rechengeschichten oder handelnd in eigenen Projekten/Vorhaben: Rechnen mit Größen, Schätzen, Messen, Kommaschreibweise/Brüche, Umwandeln, Tabellen etc.

Kernideen Geometrie
- Gebrauch von geometrischen Darstellungen und Mustern innerhalb rein geometrischer Erkundungen, beim Mathematisieren und Veranschaulichen von Problemstellungen, innerhalb eigener Projekte und Vorhaben etc.: Lagebeziehungen, Himmelsrichtungen, Muster/Parkette/Symmetrie, Strecken zeichnen/messen, Figuren verkleinern/vergrößern etc. (Peschel 2002b, 140f.)

PESCHEL nimmt auf Grund seiner Erfahrungen in der hier untersuchten Klasse an, dass sich der größte Teil dieser Inhalte bei den Kindern von selbst entwickeln wird, wenn sie ihre Vorkenntnisse nutzen sowie Impulse aus der Schule oder von zu Hause umsetzen können: „man rechnet mit immer größeren Zahlen, anderen Operationen, erweitert sein Wissen über Größen, Messverfahren, Tabellen, geometrische Formen" (Peschel 2002b, 141). Ein paar Inhalte sind seiner Meinung nach hingegen nicht oder nur schwer selber zu entdecken und sollten als direkte oder indirekte Lehrerimpulse für einzelne Schüler oder in den gemeinsamen Kreisgesprächen in die Klasse eingebracht werden:

> Hierzu gehören neben den Normalverfahren evtl. die Zeichen für „größer als" und „kleiner als", die einfach in der Umwelt der Kinder keine Rolle spielen (wobei die Relation als solche den Kindern natürlich von klein auf bekannt ist), Ideen zur allgemeinverständlichen Darstellung von Lösungen (obwohl gerade hier individuelle Lösungen spannend sind!), Konventionen bezüglich des Rundens von Zahlen, Übersichten über nicht aus dem täglichen Gebrauch bekannte Größeneinheiten sowie bestimmte geometrische Ausdrücke und Bezeichnungen. Im Grunde sind aber vor allem die Normalverfahren das, was – zunächst absichtlich vor dem Selbstentdecken geschützt (!) – dann gezielt durch Lehrerimpulse von der „Invention" zur „Konvention" geführt werden muss. Alle anderen Bereiche werden voraussichtlich entweder von selbst oder indirekt angesprochen im Unterricht auftauchen. (Peschel 2002b, 141f.)

6.3 Arithmetik

Das Übergewicht der arithmetischen Inhalte gegenüber der Geometrie und dem Sachrechnen erscheint PESCHEL eher tradiert denn begründbar. Er stellt diese Schwerpunktsetzung aber nicht in Frage, sondern hält die immer noch lehrplanentsprechende Reduktion aller Bereiche auf die zentralen Grundideen für die beste Lösung – wobei den traditionell weniger beachteten Bereichen Geometrie und Größen nicht durch mehr Stofffülle, sondern durch die in einem offeneren Unterricht mögliche größere Alltags- und Anwendungsorientierung ein höherer Stellenwert eingeräumt wird, als dies üblicherweise im traditionellen Unterricht erfolgt.

6.3.1 Veränderter Umgang mit dem Stellenwert der Rechenverfahren

Zentral für den Bereich der Arithmetik ist für PESCHEL nicht nur eine stärkere Integration der Bereiche Größen und Geometrie, sondern vor allem auch ein ganz anderer Umgang mit der Stellung, den das Kopfrechnen, das halbschriftliche Rechnen, die schriftlichen Normalverfahren und das Rechnen mit dem Taschenrechner in Bezug zueinander einnehmen. Um die seiner Meinung nach nicht zu rechtfertigenden Überbetonung der schriftlichen Rechenverfahren als die „von jeglicher Zahl- und Größenvorstellung losgelöste Reproduktion eines Algorithmus auf der Basis auswendig gelernter Kopfrechenaufgaben" (vgl. Peschel 2002b, 142) zu vermeiden, fordert er eine Neubestimmung des Stellenwerts der einzelnen Rechenverfahren einschließlich des sinnvollen Gebrauchs von elektronischen Hilfsmitteln (vgl. Krauthausen 1993; 1995):

> Wir müssen uns auch in der Mathematik davon freimachen, den eigenen Lernweg – oder den vermeintlich allgemein üblichen Lösungsweg – anderen gut gemeint vorzugeben. Es spricht nichts dagegen, dann, wenn Kinder ihren eigenen Weg gefunden haben und sich sicher auf der entsprechenden Kompetenzstufe bewegen, gemeinsam einen einfacheren oder mathematisch reizvolleren Weg zu überlegen, aber Konventionen werden von den Kindern schneller und grundlegender akzeptiert, wenn diese mit eigenen Standardisierungen Erfahrung haben. (Peschel 2002b, 142)

Halbschriftliches Rechnen

PESCHEL stellt das individuelle (halbschriftliche) Rechnen als zentralen Ausgangspunkt für alle Überlegungen dar. Dabei geht es ihm „um das kreative, flexible Rechnen auf eigenen Wegen zur Lösung entsprechender (eigener oder fremder) Problemstellungen." (Peschel 2002b, 143) Als Argument führt er an, dass nicht nur fachspezifische Lehrplanziele wie „Argumentieren", „Mathematisieren" oder „kreativ zu sein" so eher erreicht werden können, sondern dass auch das Automatisieren von Aufgaben nur eine sinnvolle Folge aus dem zunächst individuellen Zugang sein kann. PESCHEL weist dabei u. a. darauf hin, dass eine Reihe empirischer Erhebungen belegt, dass außerhalb der Schule eben nicht die in der Schule gelernten Standardverfahren angewendet werden, sondern situationsabhängige spezifische Methoden des Kopfrechnens und des halbschriftlichen Rechnens benutzt werden. REYS und REYS (vgl. 1986, 4) gehen sogar davon aus, dass dies in mehr als 80% der Alltagsanforderungen geschieht. Ganz im Gegensatz dazu scheinen Schüler sich in der Schule geradezu an die Normalverfahren zu klammern, sodass sie dort dann sogar die falschen Ergebnisse der Normalverfahren den richtigen Lösungen ihres Kopfrechnens vorziehen (vgl. Selter 1999a, 8f.).

Schriftliches Rechnen

Das halbschriftliche Rechnen auf eigenen Wegen ist für PESCHEL kein „Vorbereitungs- oder Durchgangsstadium" für die schriftlichen Rechenverfahren, sondern stellt das zentrale arithmetische Thema der Grundschule dar. Die schriftlichen Normalverfahren sind für ihn nichts anderes als eine mechanistisch zu erledigende Technik zur Arbeitserleichterung und dürfen erst dann eingeführt werden, wenn die individuelle mündliche bzw. halbschriftliche Rechenkompetenz vom Schüler schon sicher durch halbschriftliches Rechnen bzw. seine Eigenproduktionen erworben worden ist. Dabei weist er darauf hin, dass das eigentliche Problem das mit der Einführung der Algorithmen zwangsläufig einhergehende Unterbinden eines aktiventdeckenden (halbschriftlichen) Rechnens auf eigenen Wegen ist, denn auch im Offenen Unterricht kann man nicht davon ausgehen, dass das Verständnis der schriftlichen Verfahren nicht über kurz oder lang immer mehr in den Hintergrund tritt (vgl. Peschel 2002b, 143f.).

Die schriftlichen Rechenverfahren werden dann aus den halbschriftlichen Strategien der Kinder entwickelt, indem diese zunächst „konventioniert" werden, um eine entsprechende Ausgangsbasis für das normierte Verfahren zu haben. Diese Konventionierung kann z. B. durch eine Gegenüberstellung verschiedener Vorgehensweisen eines oder mehrerer Kinder erfolgen. Dieser Vergleich und das Überlegen bezüglich eines evtl. effektiveren Vorgehens ist solange statthaft, wie man dem Kind die Konvention nicht aufdrückt, sondern als Alternativvorschlag zeigt. In der Praxis zeigt sich aber schon, dass das zum Normalverfahren hinführende „konventionierte" halbschriftliche Verfahren entweder sowieso ganz ähnlich von den Kindern ausgeführt wird, nicht weit davon entfernt ist oder aber schnell durchschaut wird (s. u.; vgl. Peschel 2002b, 163ff.).

In Bezug auf die Frage, ob man nicht „rechenschwächeren" Kindern das mühselige Herumrechnen durch das Beibringen der schriftlichen Rechenverfahren abnehmen sollte, steht PESCHEL auf dem Standpunkt, trotzdem möglichst lange zu warten und zu versuchen – evtl. auch mit Hilfe des Taschenrechners –, die Kinder eigene mathematische Wege entdecken zu lassen, bevor man sie nur Techniken oder Aufgaben einüben lässt:

> Je länger man das Beibringen der „Techniken" hinauszögern kann, desto mehr können die Kinder sich eigenaktiv mit Mathematik auseinandersetzen. Die Normalverfahren kann man immer noch später – ähnlich dem Grammatikunterricht – zum Ende der Grundschulzeit beibringen, wobei diese dann auf Grund des zwangsläufig höheren Vorwissens der Kinder in jedem Fall leichter und schneller erlernt werden können als vorher. (Zudem sind diese Verfahren dann durch die zeitliche Nähe unter Umständen in der weiterführenden Schule ohne Wiederholungen direkt präsent.) (Peschel 2002b, 144)

Taschenrechner

Mit Bezug auf WINTER geht PESCHEL davon aus, dass die Verwendung eines Taschenrechners nicht zu einer Verkümmerung der Rechenfähigkeiten führt, sondern vielmehr eine stärkere Sensibilität für Zahlen und Zahlzusammenhänge beobachtet werden kann (vgl. Winter in: Landesinstitut NRW 1983b nach Spiegel 1988, 177). Dies gilt dabei für einen Offenen Unterricht, in dem die Kinder keine Aufgaben abarbeiten müssen und auch eine andere Auffassung bezüglich des Fehlers herrscht, sicherlich noch mehr als für traditionelle Unterrichtsformen. PESCHEL hat in der hier untersuchten Klasse die Erfahrung gemacht, dass der Taschenrechner nicht nur als schnelle Kontrollmöglichkeit gedient hat – wobei die Kinder zu einem großen Teil lieber Proberechnungen oder Überschläge per Hand zur Kontrolle gemacht haben –, sondern damit auch Mathematik „untersucht" worden ist:

> [Der Taschenrechner; FP] kann durch die schnelle und leichte Verfügbarkeit der Ergebnisse eingetippter Rechenaufgaben in ganz anderer Hinsicht wichtig werden: Zahlenmuster, Zahl- und Aufgabenbeziehungen sowie -strukturen lassen sich auf faszinierende Weise erproben und untersuchen – Mathematik von einer ganz anderen Seite, die so ziemlich jedes Kind gefangen nimmt.
>
> Des Weiteren entlastet er den Lehrer, wenn Kinder sich gegenseitig Aufgaben stellen wollen, deren Lösung sie direkt benötigen (z. B. beim gegenseitigen Abfragen des großen Einmaleins) oder Geteiltaufgaben ausrechnen wollen, die glatt aufgehen. Insgesamt werden durch den Einsatz des Taschenrechners Techniken, die sonst schnell zu kurz kommen, wie z. B. das Erfassen von Zahlbeziehungen oder das überschlägige Rechnen weiter gestärkt. Entsprechend sollten die Kinder im Offenen Unterricht eine Zugriffsmöglichkeit zu einem Rechner oder einem Computer haben. (Bei uns wurden allerdings zeitweise die Aufgaben der Kinder so groß, dass weder Taschenrechner noch Computer von ihrer Stellenanzahl her zur Kontrolle reichten. Da blieb Kindern und Lehrer nichts weiter übrig, als per Hand nachzurechnen.) (Peschel 2002b, 145f.)

6.3.2 Ausgangsbedingungen für die mathematische Entwicklung

Ausgangsbasis für die individuelle Öffnung des Mathematikunterrichts müssen wie in allen Fächern die Vorkenntnisse der Kinder darstellen. PESCHEL weist darauf hin, dass das Vorwissen der Kinder auch in der Mathematik weitaus höher ist als vielfach angenommen. Leider sind viele Untersuchungsarrangements immer noch so angelegt, dass sie nur einen Teilbereich der Kompetenzen erfassen können. So wird z. B. auch in der verbreiteten Untersuchung von VAN DEN HEUVEL-PANHUIZEN (vgl. 1995) nur ein beschränkter Zahlenraum erhoben. HENGARTNER und RÖTHLISBERGER (vgl. 1995) berichten, dass sie in ihrer Schuleingangsuntersuchung irrtümlicherweise schon Aufgaben für den Schluss der ersten Klasse aufgenommen haben – mit dem erstaunlichem Resultat, dass die meisten Aufgaben von den Vorschulkindern schon ohne das vorgesehene Jahr Mathematikunterricht gelöst werden konnten.

ROLAND SCHMIDT (vgl. 1982) stellte in einer über 1100 Kinder umfassenden Untersuchung fest, dass ca. 97% der Schulanfänger bis 10 zählen können, 70% bis 20, die Hälfte der Kinder noch fast bis 30 und jedes sechste bis siebte Kind sogar mindestens bis 100 (weiter wurde auch hier nicht getestet). Der nicht von vornherein unterstellbare Bezug zwischen dem Aufzählen von Zählzahlen und dem Vorhandensein einer mathematischen Kompetenz scheint dabei durch Untersuchungen wie der von SIEGBERT SCHMIDT und WEISER (vgl. 1982) belegbar zu sein. Überhaupt nicht zählen – und das ist ja das, von dem ein Lehrwerk ausgehen zu müssen scheint – konnten nur 0,6% der Kinder, das ist ungefähr ein Kind pro 7 Schulklassen.

HENDRICKSON (vgl. 1979) stellte in seinen Untersuchungen fest, dass jeder fünfte Schulanfänger die Aufgabe 8 + 13 sofort richtig löste, nach Hilfe sogar jedes zweite Kind. 86% bzw. 98% der Kinder konnten schon vor der Schule die Subtraktionen 14 – 6 bzw. 14 – 8 in einer konkreten Situation („Wenn du mir acht von deinen 14 Klötzchen gibst, wie viele sind dann übrig?") lösen, die entsprechend eingebundenen Aufgaben 12 : 4 und 15 : 3 immerhin 75% bzw. 67 % der Kinder, die noch nie „professionell" mathematisch belehrt worden waren. Entsprechende Erhebungen wie die oben erwähnte von HENGARTNER und RÖTHLISBERGER (vgl. 1995), Betrachtungen von SELTER (vgl. 1995) oder GRASSMANN u. a. (vgl. 1995) oder qualitative Untersuchungen wie die von SELTER und SPIEGEL (vgl. 1997a) haben ähnliche bzw. noch gravierendere Ergebnisse. Eine kompakte Übersicht gibt BRÜGELMANN (vgl. 1994b).

Mit Beispielen aus seinem Unterricht verdeutlicht PESCHEL nicht nur das unterschätze Vorwissen der Kinder, sondern auch die große Bandbreite der Leistungen, die immer größer zu werden scheint. Dabei weist er mit Bezügen auf LORENZ (vgl. 1999, o. S.) und dem Beispiel des Zehnerübergangs (vgl. Wittmann 1999, o. S.; Kubovsky 1995) darauf hin, dass Komplexität auch für lernschwächere Kinder keine Überforderung darstellt – im Gegensatz zu einem kleinschrittigen Zurechtstutzen des Stoffs. Auch ist Materialfülle keine Lösung, da arithmetische Strukturen nicht im Material liegen und gesehen werden können, sondern eigenständige Konstruktionen darstellen.

> Aus den Ergebnissen geht auch hervor, dass lernschwache Schüler – entgegen vielen Einwänden – von einem aktiv-entdeckenden Lernen (vgl. z. B. NEBER 1988) im Mathematikunterricht (vgl. SCHERER 1995), hier realisiert in dem Konzept „mathe 2000", mehr profitieren und größere Lernfortschritte erzielen als von einem kleinschrittig, streng gelenkten Unterricht, der Lösungswege und Handlungen vorschreibt und ausschließlich durch Wiederholung und Übung einzuprägen versucht. Förderschüler sind somit durchaus in der Lage, im Zusammenhang komplexer Situationen zu lernen, sich konstruktiv eigene Lösungswege zu suchen, diese anzuwenden und konstruktiv ihr Wissen und ihre Fertigkeiten im Fach Mathematik zu erwerben. (Walter u. a. 2001, 150)

PESCHEL zieht daraus die Konsequenz, nicht nur die Lernwege der Kinder, sondern auch die Inhalte freizugeben, damit eine wirkliche Individualisierung erfolgen kann. Wie beim freien Schreiben sollte das freie Rechnen bzw. das freie Mathematik-Treiben Grundprinzip des Unterrichts sein:

Genauso wie der Verzicht auf Fibel- und Abschreibeübungen im Sprachunterricht sollte auch im Mathematikunterricht kein Material vorhanden sein, das einen Lehrgang nahe legt. Wie schon erwähnt, gibt die Mathematik von sich aus ja sogar viel mehr Strukturen und Hilfen vor, als dies beim (freien) Schreibenlernen der Fall ist: Die Vorkenntnisse sind auf Grund der Beschränkung auf zehn Ziffern und vier Grundoperationen ungleich größer, denn Zählen und Ziffernaussehen sind den Kindern zu Schuleintritt weitgehend bekannt, genauso wie Zusammenzählen, Abziehen und sogar Malnehmen und Verteilen in Sachsituationen. Vielleicht nicht unter den mathematischen Begriffen „plus", „minus", „mal" und „geteilt", aber „mehr" und „weniger" und „dreimal irgendwohin gehen" und „Bonbons verteilen" sind nun wirklich jedem Regelschulanfänger klar. [...]

Auch das Erfinden von eigenen Aufgaben und Rechengeschichten sollte bei einem unverbauten Zugang zur Mathematik für die Kinder genauso wenig ein Problem darstellen wie das Freie Schreiben, lassen sich doch überall in der Umwelt Rechenaufgaben erkennen, vor allem aber können jederzeit die schon bekannten Aufgaben zu neuen führen. Die Erweiterung der vorhandenen Kenntnisse fällt durch die Strukturtreue unseres Zahlsystems nicht schwer, es sind mannigfaltige Analogien zu entdecken, Transfers zu bestreiten und Operationen zu verknüpfen. (Peschel 2002b, 133f.)

6.3.3 Kombinationsgetreues Rechnen und der Umgang mit Fehlern

Aufbauend auf dieser Annahme fordert PESCHEL entsprechend dem u. a. aus dem Stufenmodell der Schreibentwicklung gerechtfertigten lautgetreuen Schreiben beim Schreibenlernen einen anderen Blickwinkel auf das Rechnen der Kinder. So könnte z. B. das Zulassen eines „kombinationsgetreuen Rechnens" den Blickwinkel beim Betrachter von der evtl. fehlerhaften Rechnung auf den dahinter liegenden Denkprozess lenken. PESCHEL führt an, dass hinter falsch gelösten Aufgaben oft ganz brillante Denkwege und Anstrengungen von Seiten des Kindes liegen, die nur entweder durch Flüchtigkeitsfehler oder durch eigene mathematische Strukturvorstellungen (meist nicht weniger willkürlich als die „offiziellen" Konventionen) „entstellt" wurden. Mit Bezug auf die Fehlerforschung (vgl. Schütte 1994a, 30f.) weist PESCHEL darauf hin, dass Kinder schon sehr viel früher als gemeinhin angenommen Theorien bilden, Erklärungsmodelle entwickeln und Zusammenhänge über Phänomene konstruieren, mit denen sie konfrontiert werden. So entwickeln sich im traditionellen Unterricht Rechenfehler, die auf systematischen Strategien beruhen, die die Kinder „unterhalb" der offiziellen, im Unterricht gelehrten entwickelt haben. Sie versuchen die Lücken mit eigenen Theorien zu stopfen (vgl. Peschel 2002b, 134ff.).

Die üblichen Rechenfehler, die den Kindern unterlaufen, welche an Stelle des Rechnens nur das „Ausrechnen", das Anwenden von Techniken gelernt haben, kommen nach PESCHELs Meinung beim freien Rechnen nicht oder nur selten vor, da die Kinder durch die Eigenproduktionen nichts haben einfach auswendig lernen können. So verschiebt sich das Fehleraufkommen qualitativ eher nach oben und quantitativ eher nach unten: Beim freien Rechnen werden beim eigenen Erforschen der Mathematik „Fehler" auftreten, die dem Lernprozess dienlich sind, da sie der Entwicklungsstufe entsprechen und gegebenenfalls durch Irritation oder Vergleich den nächsten Schritt weisen. Diese Fehler sind wichtige Zeichen eines Lernprozesses. Beim „gelenkten"

Rechnen werden hingegen immer wieder Fehler auftreten, die aus dem Unverständnis des eigenen Tuns resultieren (Verwechseln von Zahlen, falsches Untereinanderschreiben, fehlende Größenvorstellungen, falsches Kombinieren von Zahlen in Sachaufgaben). Diese Fehler sind dann echte Fehler, die in der Regel auf das Kind viel eher demotivierend wirken, als es in seinem Lernprozess weiterzuführen. Es geht PESCHEL also nicht generell darum, alle Fehler zu akzeptieren, sondern es geht ihm um ein anderes Unterrichtsverständnis, bei dem „Fehler" plötzlich eine ganz andere Aussagekraft bekommen (vgl. Peschel 2002b, 137).

Als andere Hinweise in die Richtung eines Ablösens vom exakten Rechnen gibt PESCHEL mit Bezug auf den angeborenen „Zahlensinn" (vgl. Dehaene 1999) von Babys und Kleinkindern (und Tieren bzw. Primaten) auch die Verwendung von Zahlwörtern bei Naturvölkern an, die ab einer bestimmten Anzahl eher schätzend bzw. grob schätzend vorgehen. PESCHEL regt die Überlegung an, ob nicht für das exakte Rechnen als hochstehende Kulturtechnik auch kulturelle Hilfsmittel wie Computer oder Taschenrechner verwendet werden sollten. Dann würde man exakte Rechnungen dort einsetzen, wo man sie wirklich braucht – während die Aufgabe der Mathematik eher in der Ausbildung des „Zahlensinns" liegen würde, d. h. vor allem in mathematischen Fähigkeiten wie Mathematisieren, Vergleichen, Ordnen, Analogisieren sowie Schätzen und Überschlagen (vgl. Peschel 2002b, 135ff.).

6.3.4 Werkzeuge und Praxishilfen

Zahlenalbum

Um den Kindern über die Grundschulzeit die wichtigsten Kernideen und auch Ideen für Aufgaben und Übungsformate in einer unverbindlichen Form zugänglich zu machen, schlägt PESCHEL verschiedene „Werkzeuge" für den primär auf Eigenproduktionen beruhenden Unterricht vor. Ein solcher Impuls könnte z. B. ein „Zahlenalbum" (vgl. Geering 1994a; b) darstellen, in dem auf einer oder mehreren Seiten Ziffern bzw. Zahlen im Mittelpunkt stehen, zu denen die Kinder Aufgaben, Situationen, Assoziationen usw. notieren können. In der hier untersuchten Klasse haben sich die Kinder, die dies wollten, selber ein solches Buch gemacht bzw. die Idee innerhalb ihrer Eigenproduktionen auf dem „weißen Blatt" umgesetzt. Dabei gab man sich in der Klasse gegenseitig Anregungen zum Erfinden und Notieren von Zahlen, Rechenaufgaben und auch „Zahlengeschichten" in Anlehnung an Lieblingszahlen, gezählte Gegenstände usw. (vgl. Peschel 2002b, 147f.).

Freigabe der Übungshefte

PESCHEL beschreibt weiterhin, dass neben den freien Eigenproduktionen und mathematischen Erfindungen viele Kinder die Aufgaben in den Übungsheften des „Zahlenbuchs" (Berger u. a. 1994-97b) als Arbeitsimpuls für eigene Aufgaben oder aber auch so zum „produktiven Üben" oder zur mathematischen Auseinandersetzung attraktiv fanden. Dabei hatten die Übungshefte im Gegensatz zu den Mathematikbüchern den Vorteil, dass keine Einführungen vorhanden waren und die Aufgaben direkt ins Übungsheft geschrieben werden konnten. PESCHEL war dabei mit der Bereitstellung der Hefte flexibel, d. h. die Kinder konnten auch schon im ersten Schuljahr auf die Hefte der nächsten Schuljahre zurückgreifen (vgl. Peschel 2002b, 148f.):

> So hatten sie einen „roten Faden" und mussten sich nicht immer selbst etwas ausdenken. Andererseits kamen sie aber auch nicht in einen Erledigungsdruck, denn die Bearbeitung der Aufgaben war ja freiwillig, und selbst die Kinder, die an sich selbst den Anspruch an das (möglichst schnelle) Bearbeiten stellten, hatten für die rund 180 Seiten aller Übungshefte von Klasse eins bis vier ja auch vier Schuljahre Zeit. Das entspricht rechnerisch rund einer Übungsseite pro Woche, wobei das erste Heft auf Grund der beschränkten Inhalte (Addieren und Subtrahieren im Zahlenraum bis 20) und der Vorkenntnisse der Kinder von den meisten schon nach wenigen Wochen erledigt war. Beliebt waren bei ein paar Kindern nach einiger Zeit vor allem die Bücher des fünften Schuljahres, die (mit einzelnen Ausnahmen wie der Einführung der Bruchrechnung auf wenigen Seiten) grundsätzlich erst einmal eine Wiederholung des Grundschulwissens darstellen. So sind die dort angesprochenen Inhalte und Aufgaben – trotz der viel dichteren Präsentation – von fast allen Kindern gut leistbar – und nehmen zusätzlich eine etwaige Angst vor dem Übergang zur weiterführenden Schule. (Peschel 2002b, 148f.)

Matheforscherbücher

Im Anschluss an die Erfahrungen in seiner Klasse kommt PESCHEL zu der Überlegung, ob es nicht noch eine bessere Form der Impulsgebung geben kann als die Freigabe von Werken, die eigentlich für einen Lehrgang konzipiert wurden. Er macht daher erste Vorschläge für ein „Matheforscherbuch", das den Kinder komprimiert alle in den vier Grundschuljahren zu lernenden arithmetischen Inhalten von Anfang zugänglich macht. In einer „Minimalversion" sind zu den wichtigsten arithmetischen Inhalte bzw. Verfahren jeweils einzelne Beispielaufgaben notiert, die mittels eines Registers direkt für die Kinder auffindbar sind. Zusätzlich findet sich auf jeder Seite eine Anregung zur Sachauseinandersetzung in der Form einer Knobel- oder Kniffelaufgabe bzw. einer Projektidee o. Ä. Die Gesamtzahl der Rechenimpulse für alle vier Schuljahre ist auf insgesamt knapp 40 Aufgaben reduziert, wodurch ein „Abarbeiten" unmöglich und der Zwang zur Eigenproduktion für die Kinder gegeben ist. In einer „Maximalversion" hat PESCHEL einen Gesamtband „Matheforscher" zusammengestellt, der die der Mathematik innewohnenden Strukturen zum Ordnungskriterium macht. Im Gegensatz zum auf rund 40 Seiten reduzierten Arithmetikband für den Schüler geht es hier um ein weitaus umfangreicheres Werk, das letztendlich wie vier anders sortierte und ergänzte Schulbücher wirkt. Da beide Ideen aber weder in der hier untersuchten Klasse eine Rolle gespielt haben noch ausgereift sind, sei an dieser Stelle auf die Ausführungen von PESCHEL (vgl. 2002b, 149ff.) verwiesen.

Freigabe der Veranschaulichungshilfen

Schon an der gerade beschriebenen Suche nach dem richtigen Material, das die Kinder auf natürliche bzw. selbstgesteuerte Weise beim „Mathematik-Treiben" unterstützen kann, ist zu erkennen, dass PESCHEL den Mathematikunterricht am liebsten so gestalten würde, wie den Sprachunterricht bzw. das freie Schreiben und Lesen. Daher ist der Rückgriff auf die   Übungshefte oder der Gedanke an ein „Matheforscherbuch" Ausdruck der Suche nach Materialien, die mathematisches „Stöbern" ermöglichen – wie es z. B. Geschichten- und Sachbücher erlauben. Es geht PESCHEL nicht um den Lehrgangscharakter dieser Hefte.

Diese Position der weitgehenden Vermeidung eines vorgegebenen Lehrgangs wird auch in Bezug auf die Frage deutlich, was man den Kindern zu Schulbeginn bzw. später als Veranschaulichungshilfe für ihre Eigenproduktionen bereitstellen könnte. Mit Bezug auf die Untersuchungen von SCHIPPER (vgl. Schipper/ Hülshoff 1984) und RADATZ (vgl. 1995) geht PESCHEL davon aus, dass der allergrößte Teil der im Mathematikunterricht aus Gründen der besseren Veranschaulichung eingesetzten Bilder und Darstellungen keineswegs seinen Zweck erfüllt, sondern vermutlich eher kontraproduktiv wirkt. Die Darstellungen werden von den Schülern ganz unterschiedlich interpretiert und scheinen nicht für sich selbst zu sprechen. Sie müssen für den Mathematikunterricht gelernt werden, um dann als Zeichen bzw. Konventionen benutzt werden zu können. Viele Schüler rechnen Aufgaben zunächst aus und zeichnen erst dann ihren Lösungsweg ein (vgl. Padberg/ Harass 2001, 58; Radatz 1995, 51; Krauthausen 1998, 40f.). Dabei können oft gerade die Kinder die notwendige Strukturerkennung nicht leisten, für die diese Variationen eine mathematische Hilfe sein sollen (vgl. Schütte 1994a, 56; Schipper/ Hülshoff 1984, 55f.). PESCHEL fordert daher ein begrenztes, individuelles Angebot, aus dem sich das einzelne Kind entsprechend seiner Suche nach Struktur und Darstellung bedienen kann (vgl. Peschel 2002b, 152f.).

Mengentabelle

Analog zum freien Schreiben von Anfang an fordert PESCHEL einen Verzicht auf das Einführen der Zahlen bzw. überhaupt eine Zahlenraumbeschränkung – auch gerade für „schwache" Kinder, die sonst schnell vom Durchschauen des dekadischen Systems abgelenkt und statt dessen zum Abzählen verleitet werden (vgl. Scherer 1997, 27). Als mögliches Werkzeug schlägt er in Anlehnung an die Buchstabentabelle beim freien Schriftspracherwerb eine „Mengentabelle" (vgl. Peschel 2002b, 154) mit den Zahlzeichen und entsprechenden Mengen von Gegenständen oder Punkten vor. Sie kann den Kindern, die sich damit noch schwer tun, veranschaulichen, wie die Ziffern bzw. Zahlen geschrieben und ikonisch dargestellt werden können. Bezüglich der Toleranz der Schreibrichtung beim Zahlenschreiben fordert PESCHEL dieselbe Freigabe wie beim Buchstabenschreiben. Weil beim Schreiben von (immer einzeln stehenden) Zahlen die Vorbereitung auf eine Verbundschrift zusätzlich wegfällt, ist eine Einschränkung der Eigenmotorik des Kindes durch eine Bewegungsvorgabe noch weniger zu begründen als beim Schreibenlernen (vgl. Peschel 2002b, 153f.).

Arbeitsmaterialien

Mit Bezug auf seine Erfahrungen in der hier untersuchten Klasse, in der nur einzelne Kinder Anschauungsmaterialien genutzt haben, spricht PESCHEL davon, dass keine generellen Empfehlungen bezüglich entsprechender Hilfen gegeben werden können. Unstrukturiertes Alltagsmaterial hat den Vorteil, eigene Strukturen und Kombinationen des Kindes zuzulassen, bei größeren Anzahlen machen u. U. Materialien mit einer Strukturierungshilfe Sinn, wobei diese dann individuell gestaltet sein sollte.

Erst nach dem hier untersuchten Klassendurchgang beschäftigt sich PESCHEL näher mit der Idee des „Gleichen Materials in großer Menge" (vgl. Hülswitt 1999, 63f.; Strobel 2001, 113ff.) als Brückenschlag zwischen der Vorgabe von Strukturen von außen und dem Sichtbarmachen eigener Strukturierungsversuche. Zugleich wird in diesem Konzept die Idee der „Matheerfindungen" aus der Freinet-Bewegung aufgegriffen und ein handlungsorientierter, kreativer Zugang zu mathematischen Strukturen geschaffen. Durch die Bereitstellung diverser Materialien in großer Stückzahl werden die Kinder zum handelnden Erfinden herausgefordert. Die Menge gleichen Materials verlangt nach einer quantitativen/qualitativen Auseinandersetzung bzw. nach einer (eigenen) Strukturierung: die Anzahl ist zu groß zum Zählen, zu klein, um auf ein Ordnen zu verzichten. Dabei erfolgt immer wieder eine Verknüpfung der Ebenen Handlung – Bild – Symbol, der Bereiche Arithmetik und Geometrie, der Anwendungs- und der Strukturebene sowie der Fächer Sprache und Mathematik.

Eine stärkere Strukturierung geben Veranschaulichungen wie Wendeplättchen und Punktefelder vor. Wendeplättchen können zunächst unstrukturiert genutzt werden, werden aber zusammen mit den strukturierenden Rechenschiffchen und Rechenrahmen zu strukturiertem Material. PESCHEL hatte dabei in seiner Klasse den Eindruck, dass die Punktfelder von den Schülern primär zur Durchdringung des Zahlenraums, weniger als Rechenhilfe zum Rechnen mit mehrstelligen gemischten Zahlen genutzt wurden. Je größer der Zahlenraum wurde, desto weniger haben die Kinder, die das Material überhaupt genutzt haben, auf diese Arbeitsmaterialien zurückgegriffen. Dabei wurde das Hunderterfeld am häufigsten verwendet. Das Zwanzigerfeld haben nur ein paar Schüler zu Schulbeginn auf Grund ihrer geringeren Rechenerfahrungen benötigt, die Erweiterung des Hunderterraums auf den Tausenderraum fiel den meisten Kindern nach erfolgreicher und ausgiebiger Durchdringung des Hunderterraums so leicht, dass das (umständlichere) Tausenderbuch auch nur von einzelnen Kindern und sehr selten verwendet wurde (vgl. Peschel 2002b, 155ff.).

PESCHEL hatte dabei den Eindruck, dass dieses Arbeitsmittel für diese Kinder genauso komplex war wie der entsprechende Zahlenraum – und damit der Hilfegrad doch eher fragwürdig wurde. Er weist auf Untersuchungen von BEISHUIZEN, KLEIN und TREFFERS in den Niederlanden hin, die festgestellt haben, dass Punktfelder gerade für schwächere Schüler nicht leicht zu handhaben sind und auch Rechenblöcke (Einerwürfel, Zehnerstangen, Hunderterquadrate) eher passives Ablesen denn aktives Kopfrechnen fördern (vgl. Beishuizen/ Klein 1997, 22). Je nach Aufgabenstellung und Veranschaulichungszweck machen also einfachere Werkzeuge mehr Sinn als komplexe Punktfelder. PESCHEL ist dabei wichtig, dass einerseits solche Materialen in der Klasse nicht zu schnell als „Krücken" gelten, andererseits aber auch keine Vorgaben bzw. Verpflichtungen zum Gebrauch von Veranschaulichungsmaterialien gemacht werden:

> In unserer Klasse hat der Großteil der Kinder schnell einen eigenen, materiallosen Zugang zur Mathematik gefunden. Auch zeigen entsprechende Forschungen, dass Kinder schon lange vor der Schule den kardinalen Aspekt der Zahlen beherrschen und dieser durch die üblichen umfangreichen und materialintensiven Übungen in der Regel vollkommen überbetont wird. Eine verpflichtende Stufenfolge „vom Konkreten zum Abstrakten", wie sie z. B. oft in Rückführung auf PIAGET oder BRUNER (EIS: enaktiv – ikonisch – symbolisch) angeführt wird, ist so nicht zu halten, da schon Babys und Kleinkinder abstrakt denken können. Viele Schulkinder gehen sehr wohl schon direkt auf abstrakten Ebenen mit symbolischer Mathematik um – und zwar ohne dass man behaupten könnte, ihnen würden bestimmte Entwicklungsschritte fehlen (vgl. auch Dehaene 1999). Entsprechend sollte man ein *verpflichtendes* Benutzen von Veranschaulichungsmitteln (schaden kann es ja nicht?) sehr genau überlegen, damit die Kinder nicht durch den spielerischen Effekt und die motivierende Aufmachung von der eigentlichen Mathematik abgelenkt werden.
>
> Konkret hätte ich den Gebrauch von Material zum Rechnen sehr vielen Kindern aufzwingen müssen, die sich einfach so aus sich heraus mit Mathematik beschäftigt haben. Und ich hatte nicht den Eindruck, Kindern, die noch keinen Zugang zur Mathematik zu haben schienen, diese durch das Material näher bringen zu können. Wohlgemerkt: Aufgaben schematisch lösen hätten sie mit Material bestimmt zur Zufriedenheit von Mama, Papa und Oma gekonnt. Aber darum ging es mir ja nicht, denn Mathematik auf diese Art auswendig zu lernen, hätte ihnen auf lange Sicht alles verbaut. Sie haben auch so alle ihren eigenen Zugang zur Mathematik gefunden – auf ihrem eigenen Weg: durch die Faszination, die Zahlen nun einmal ausstrahlen können, durch die Alltagsnotwendigkeit des Rechnens, durch Erfindungen und Ideen anderer Kinder und vor allem durch den eigenen Stolz des „Auch-Können-Wollens".
> (Peschel 2002b, 157)

Freigabe der Darstellungsformen

Die Notwendigkeit zum verpflichtenden Gebrauch von Veranschaulichungsmitteln relativiert PESCHEL nach seinen Erfahrungen in der hier untersuchten Klasse:

> Gleichzeitig mit den ersten Erfahrungen mit Ziffern und Zahlen beginnt direkt auch das erste Rechnen der Kinder. Dabei werden die mehr oder weniger komplexen Aufgabenstellungen in der Regel im Kopf gelöst. Kinder mit weniger Rechenerfahrung werden sich beim Rechnen u. U. stärker an hilfreichen Materialien orientieren, die meisten Kinder werden aber direkt so loslegen und alle möglichen Aufgaben aufschreiben, die sie schon kennen, um dann daraus – und den Ideen der Nachbarn – weitere Aufgaben zu entwickeln.

Das Lösen von Aufgaben im Kopf wird umso schwieriger, je komplexer die Operationen bzw. je größer die Zahlräume werden. Ab einem gewissen Punkt – der je nach Kind direkt zu Beginn jeglicher Rechentätigkeit oder auch bei „fast nie" liegen kann – werden die Kinder beim Lösen von Aufgaben Zwischenschritte einfügen, sich Sachen aufmalen oder Veranschaulichungshilfen benutzen. Hier kommt der Vorteil eines freigegebenen halbschriftlichen Rechnens zum Tragen, denn die Kinder können nicht nur unterschiedlichste Strategien, sondern auch verschiedenste Darstellungsformen erfinden und erproben, ganz so wie es flexibles und kreatives Rechnen erfordert. (Peschel 2002b, 157f.)

PESCHEL plädiert also für die Freigabe der Veranschaulichungshilfen. Zusätzlich ergeben sich durch den ständigen Austausch im Offenen Unterricht sowie die Kreisgespräche Ideen, die allen als Anregung dienen oder sich zur Klassenvereinbarung entwickeln können. Es gibt also kein Lehren entsprechender Darstellungsformen, aber das Einbringen einer Möglichkeit, die von den Kindern individuell oder gemeinsam aufgegriffen, modifiziert oder abgelehnt wird.

Als Beispiel für ein durch Einfachheit und Flexibilität bestechendes Veranschaulichungsmittel führt PESCHEL den Rechenstrich an:

Dabei handelt es sich um einen Zahlenstrahl, auf dem keine Einteilungen vorhanden sind. Er symbolisiert die Abfolge von Zahlen, ohne dabei genau oder proportional zu sein. Man muss also nicht wie beim genormten Zahlenstrahl genau auf die einzelnen Einteilungen achten, sondern kann sich frei auf dem Strahl bewegen. Entsprechend hinfällig ist auch die Wahl der Skalierung bzw. der Abstandseinheiten. Der leere Zahlenstrahl ist für jeden Zahlenraum gleich verwendbar, es werden nur die Zahlen eingetragen, die benötigt werden. Man ist daher an keine Vorlagen gebunden, sondern kann den Rechenstrich aus dem Stegreif zeichnen, eben immer dann und so, wie man ihn braucht. So kann er der Aufgabe und der individuellen Lösungsstrategie angepasst werden, ohne dass Zeit für das Abzählen von Strichen verschwendet wird oder Unsicherheiten bezüglich der gewählten Einheit oder Strahllänge bestehen. Entsprechend ergibt sich eine Angleichung des Hilfsmittels an die individuelle Aufgabenwahrnehmung durch den Schüler, wenn z. B. Einer und Hunderter addiert oder subtrahiert werden und der entsprechende Schritt gut sichtbar gemacht werden kann, ohne dass die Verhältnismäßigkeit der Abstände gewahrt werden muss.

Diese flexible und einfache Nutzung des Rechenstrichs ermöglicht den Kinder einen kreativen Umgang mit Problemstellungen, da verschiedene Strategien ausprobiert und in der Regel weitaus anschaulicher notiert werden können, als es z. B. eine Darstellung in einer Rechenaufgabe oder das Aufmalen von Mengen leisten kann. Damit stellt der Rechenstrich ein immer verfügbares, schnell zu erstellendes Kommunikationsmittel dar, das von den Kindern bei der Illustration ihrer Strategien bzw. der Diskussion über ihre Vorgehensweise unmittelbar und einfach verwendet werden kann. (Peschel 2002b, 158)

Freigabe des Übens

Kriterien der möglichst starken Beschränkung auf wenige, aber dafür vielseitig und langzeitig nutzbare Hilfen gelten bei PESCHEL nicht nur für Veranschaulichungsmittel, sondern auch für Übungsformate, d. h. mögliche Aufgabengrundformen, die sowohl zum Rechnen als auch zum Entdecken von Zusammenhängen anregen. Dabei wird „Üben" nicht als „Einüben" eines bestimmten Verfahrens oder Auswendiglernens bestimmter Aufgaben verstanden, sondern als das in das freie Rechnen integrierte „Ausüben" von Rechenfertigkeiten und mathematischen Überlegungen, also eine Tätigkeit, die ganz in das Konzept der Eigenproduktionen eingebettet ist. Spezielle Stunden, in denen bestimmte Inhalte trainiert werden, hält PESCHEL deshalb auch im Mathematikunterricht für unnötig, da sich die Kompetenzen bei entsprechend motivierter (und dadurch meist auch häufiger) Anwendung mehr oder weniger ganz von alleine entwickeln werden. So kann auch vermieden werden, dass mathematische Zusammenhänge als zu kopierende Schemata oder als Anleitungen zu bestimmten Reproduktionsalgorithmen missverstanden werden (vgl. Peschel 2002b, 159f.).

PESCHEL schlägt vor – neben einer Ideenkiste mit „Matherätseln", durch die Kinder und Lehrer ihren Vorrat an guten Impulsen zum Weiterarbeiten an spannenden Fragestellungen ergänzen können – zusätzlich ein Angebot an einfachen Übungsformaten bereit zu stellen. Als Beispiel nennt er Formate wie die „Zahlenmauern", die Kriterien wie Vielseitigkeit und Einfachheit erfüllen. Die Kinder haben die Möglichkeit, auf einfache Art auch außerhalb ihrer Eigenproduktionen oder aber auch etwaiger „grauer Päckchen" rechnen bzw. „Mathematik treiben" zu können. Nach PESCHELS Erfahrung regt bei den Zahlenmauern die einfache Notation ohne umständliche Rechenzeichen und Zahlwiederholungen und die schnelle Erweiterung sowohl der Mauern als auch der Größe der Zahlen viele Kinder zu umfangreichen Rechnungen und gegebenenfalls auch Nachforschungen über Beziehungen und Strukturen an (vgl. Peschel 2002b, 160ff.).

Um den Stellenwert einer automatisierten Beherrschung bestimmter Inhalte in der Klasse präsent zu halten, hat PESCHEL Führerscheine für Einspluseins, Einsminuseins, Einmaleins, Einsdurcheins und großes Einmaleins bereit gehalten, die die Kinder jedes Halbjahr aufs Neue bestehen konnten. Seine Erfahrungen beschreibt er so:

> Wie schon oben angesprochen, haben wir es so erlebt, dass die in der Grundschule zu automatisierenden Inhalte (Einspluseins, Einsminuseins, Einmaleins, Einsdurcheins) von allen Schülern ohne inszenierte Übungsstunden im Laufe der Grundschulzeit sicher erworben worden sind, die meisten Schüler hatten im dritten Schuljahr sogar schon das große Einmaleins gut parat. Ich bezweifle stark, dass dabei alle Schüler im traditionellen Sinne „üben" mussten, ich hatte vielmehr den Eindruck, dass sie die Aufgaben eben irgendwann durch ihre vielfältigen Eigenproduktionen oder vielleicht auch „einfach so" konnten. Wichtig war mir allerdings, dass das Beherrschen der Aufgaben von Schulbeginn an im Raum stand. So konnten die Schüler zum Beispiel immer wieder (auch wiederholt!) entsprechende „Führerscheine" machen, in denen die entsprechenden Aufgaben stichprobenartig abgefragt wurden. Dadurch war bei den Kindern ein gewisser Ehrgeiz zum Auswendigwissen geschaffen, aber kein Druck, der zu einem vorschnellen Auswendiglernen geführt hätte – zumal das bei entsprechender Fragestellung beim „Führerscheintest" auch schnell aufgefallen wäre, wenn jemand nur Unverstandenes reproduziert hätte – einfache Reihen wurden natürlich nicht abgefragt. (Peschel 2002b, 161)

Üben und Automatisieren werden von ihm also als in den Offenen Unterricht integrierter Prozess betrachtet, der auf der Selbststeuerung der Kinder beruht.

Übergänge vom halbschriftlichen zum schriftlichen Rechnen

Entsprechend dem veränderten Stellenwert der Rechenverfahren im offenen Mathematikunterricht musste in der Klasse irgendwann die Brücke von den halbschriftlichen Eigenproduktionen der Kinder zu den normierten schriftlichen Rechenverfahren geschlagen werden. Dieser Übergang ist immer ein Bruch, da es sich beim halbschriftlichen Rechnen um ein Rechnen mit Zahlen handelt, beim schriftlichen Rechnen um ein Rechnen mit Ziffern. PESCHEL gibt in seinem Buch mögliche Antworten, diesem Bruch zu begegnen, damit dieser nicht dazu führt, den Kindern statt der Freigabe des Rechnens zu früh irgendwelche schriftlichen Techniken des Ziffernrechnens an die Hand zu geben. Dabei erscheinen seine Ausführungen für bestimmte Operationen eher praxistauglich als für andere. Im Folgenden werden die Verfahren nur kurz angesprochen, eine ausführliche Darstellung mit Beispielen findet sich in den mathematikdidaktischen Überlegungen PESCHELs (vgl. i. F. 2002b, 163ff.).

Die schriftliche Addition kann laut PESCHEL über den Verzicht überflüssiger Notationen (Nebenrechnungen und beim Stellenwertrechnen weglassbarer Nullen) bzw. das Berechnen von einzelnen Rechenschritten im Kopf entwickelt werden. Mit den Übergängen zu den beiden herrschenden Subtraktionsverfahren, Abziehen und Ergänzen, ist PESCHEL selbst unzufrieden, da sich keines direkt aus halbschriftlichen Vorgehensweisen entwickeln lässt. Er schlägt trotzdem zwei Verfahren vor, gibt als bessere denkbare Alternative aber auch an, die schriftliche Subtraktion direkt aus der schriftlichen Addition zu entwickeln – mit dem Nachteil, dass es hier dann keine einfache Rückführung auf das halbschriftliche Rechnen des einzelnen Kindes gibt (wohl aber ein Anknüpfen an das vorher erlernte schriftliche Addieren).

In Bezug auf die Multiplikation ist es PESCHEL wichtig, dass die Kinder erst einmal ihren eigenen Weg gehen können. Vorbereitende Verfahren wie das Malkreuz als eine mögliche halbschriftliche Strategie, die dann mit Hilfe des mittelalterlichen Rechnens mittels „Malstreifen" schließlich zum schriftlichen Rechnen weitergeführt wird (vgl. Wittmann/ Müller 1992, 58f.; 134ff.; Höhtker/Selter 1998) wollte PESCHEL nicht vornehmen, um nicht schon das halbschriftliche Rechnen der Schüler einer unverstandenen „Technik" zu unterwerfen:

> Lässt man die Kinder frei rechnen, so kann es zwar passieren, dass sie zunächst nur die einzelnen Stellenwerte miteinander malnehmen (35•27 = 30•20 + 5•7), uns erscheint aber – wie auch ANGELA GLÄNZEL (vgl. 1994) – diese Art von Fehler als sehr konstruktiv und wir betrachten sie bei den Kindern, die sie machen, als unbedingt notwendigen Umweg zu einem verstandenen Multiplizieren mehrstelliger Zahlen. In der Regel werden die Kinder aber entweder von Anfang an oder aber sehr schnell auf eine schrittweise Strategie zurückgreifen, in der sie die notwendigen Aufgaben (analog zum Malkreuz) nacheinander ausrechnen. [...] Über diesen Zwischenschritt und gegebenenfalls den Verzicht der gesamten Notation in einer einzigen Zeile [...] kann dann einfach durch Weglassen überflüssiger Notationshilfen das Normalverfahren entwickelt werden. (Peschel 2002b, 167)

Die schriftliche Division lässt sich wiederum sehr einfach und plausibel als Normalverfahren durch das Weglassen überflüssiger Notationshilfen bzw. Nullen aus einem halbschriftlichen Verfahren ableiten, das aus den individuellen Vorgehensweisen der Kinder entwickelt werden kann.

6.3.5 Leistungsmessung Arithmetik

PESCHEL greift auch zur Leistungsbeurteilung in der Mathematik bzw. der Arithmetik auf die Eigenproduktionen der Kinder zurück (ergänzt durch selbst entwickelte Überforderungstests; s. u.):

> Das „Freie Rechnen" bzw. das „Freie Mathematik-Treiben" auf der Basis einer eigenen Auseinandersetzung mit dem Fach ermöglicht genauso wie auch das Freie Schreiben einen unverfälschten Blick auf das Können des Kindes in den unterschiedlichsten Bereichen. Man sieht direkt, in welchem Zahlraum sich der Schüler sicher bewegt, welche Operationen er schon beherrscht, welche Analogien er bildet, welche mathematischen Strukturen er ausgebildet hat – und irgendwann auch (so spät wie möglich ...), welche Algorithmen er anwenden kann. Genauso wie man in der Rechtschreibentwicklung bestimmte Stadien der Entwicklung unterscheiden kann [...], genauso lassen die Eigenproduktionen (und die eventuellen Fehler darin) relativ genaue Rückschlüsse auf den mathematischen Leistungs- und Entwicklungsstand des Schülers und seine Strukturbildung zu.
> Im Gegensatz zu den üblichen Testverfahren ist dies eine „kompetenzorientierte" Sichtweise, die [...] Mathematik und mathematische Kompetenz viel umfassender und individueller versteht [...].Zugleich ermöglicht die Eigenproduktion den wichtigen dialogischen Zugang zur Thematik, sowohl zwischen den Schülern als auch zwischen Schülern und Lehrer. Das Schülerprodukt wird dabei nicht als etwas zu Bewertendes angesehen, sondern als Herausforderung für beide Seiten. Die Leistungsmessung tritt hinter weiterführende Impulse zurück. (Peschel 2002b, 190)

Ähnlich den Überforderungsdiktaten beim Rechtschreiben schlägt PESCHEL zur normierten Dokumentation der Leistungsentwicklung der Schüler zusätzlich einen „Überforderungstest" vor. Da die vorhandenen Tests und Normtests nach der Meinung PESCHELs nur einen beschränkten Teil des Unterrichtsstoffs abfragen, hat er den Kindern vom ersten Schuljahr an einen Test mit Aufgaben aus der ersten, zweiten, dritten, vierten und fünften Klasse gestellt. Dabei wurde entsprechend den Lehrplanvorgaben für die einzelnen Klassen bei den ausgewählten Aufgaben der Zahlenraum immer größer bzw. es kamen andere Operationen und Verfahren hinzu. Die Kinder hatten beliebig Zeit zum Lösen und konnten so weit arbeiten, wie sie wollten (vgl. Peschel 2002b, 189ff.):

> Schon im ersten Schuljahr gab es Kinder, die problemlos alle möglichen Aufgaben der verschiedenen Klassenstufen lösen konnten (primär Plus- und Minusaufgaben im unbegrenzten Zahlenraum), aber auch einzelne Kinder, die noch mit dem (Minus–)Rechnen im Zwanzigerraum Probleme hatten. Die ganze Bandbreite der Leistungen wurde (zumindest eingeschränkt) offensichtlich. Offensichtlicher zumindest als es ein auf das momentane Klassenziel bezogener Leistungstest hätte zeigen können, denn die dort gestellten Aufgaben (das Rechnen im Zwanzigerraum) hätten die meisten Kinder problemlos beherrscht. Man hätte lediglich durch ein enges zeitliches Korsett eine gewisse Rangfolge in die Arbeitsergebnisse hineinbringen können, aber auch das nur in sehr geringem Maße, denn die Mehrheit der Kinder lag beim Lösen der Aufgaben weit unter dem üblichen Zeitlimit. Und bei den einzelnen Kindern, die evtl. zeitlich knapp dran gewesen wären, war es für mich als Lehrer natürlich wiederum sehr wichtig zu wissen, ob sie die Aufgaben aus Zeitgründen (Prüfungsangst)

oder Unverständnis nicht haben lösen können. Das hätte ein Test mit zeitlicher Beschränkung nicht zeigen können. (Peschel 2002b, 192)

Im Laufe der nächsten Schuljahre drangen dann alle Kinder im Test immer mehr nach oben zu den höheren Schuljahren vor, wobei teilweise erhebliche Lernsprünge, stellenweise aber auch Rückschritte vorzufinden waren. Aber immer war es nicht nur ein kleiner Teilbereich der Mathematik bzw. des Rechnens, der beleuchtet wurde, sondern eine größere Bandbreite, die nach PESCHELs Meinung im Hinblick auf die mathematisch rechnerische Kompetenz wesentlich aussagekräftiger zu sein schien als ein üblicher Schulbuchtest. Es war den Kindern auch nicht möglich, vor dem Test einen begrenzten Themenbereich auswendig zu lernen (vgl. Peschel 2002b, 192).

Wie auch die unten dargelegte Untersuchung zeigt, korrelieren die Testergebnisse mit auf die jeweilige Klassenstufe bezogenen Normtests (z. B. Lobeck 1987; 1990), die wiederum aus einem anderen Zugang heraus das Niveau der Kinder bestätigen und die Ergebnisse in den Zusammenhang einer größeren Gesamtstichprobe mit entsprechendem Aussagewert bringen. So ergibt sich aus Eigenproduktionen der Kinder, Überforderungstests und normierten Tests eine Kontroll- und Dokumentationsform, die sowohl Aufschluss über die individuelle Schülerentwicklung geben als auch die Schülerleistung in Bezug zur Klasse setzen kann.

6.4 Geometrie und Größen

(Auch) die übliche schulische Umsetzung der Bereiche Geometrie und Größen hält PESCHEL für oft unzureichend:

> Während bestimmte Teilgebiete der Mathematik wie z. B. die Geometrie entweder als Lückenfüller oder als entspannende Auflockerung zwischen den eigentlich „wichtigen" Inhalten der Arithmetik dienen, werden Sachrechnen und der Umgang mit Größen meist dazu missbraucht, auch in Stunden mit diesem Thema noch ein bisschen mehr Arithmetik einzuüben – ganz genauso wie in vielen Klassen der Sachunterricht dazu dient, den Diktatwortschatz des Sprachunterrichts mittels ein paar Arbeitsblättern und dem entsprechendem Mehr an Stunden weiter zu trainieren. Es handelt sich weder bei der Geometrie noch beim Umgang mit Größen um einen Bereich, der im traditionellen Unterricht wirklich akzeptiert ist und als ein Bereich mit Gewicht angesehen wird. (Peschel 2002b, 169)

Mit Bezug auf die Unbeliebtheit des herkömmlichen Sachrechnens mit Textaufgaben bei Schülern und Lehrern (vgl. Radatz u. a. 1981) sowie Ausführungen von BARUK (vgl. 1989, 252f.) und ERICHSON (vgl. 1991; 1993) kritisiert PESCHEL die vermeintliche „Lebensnähe" der üblichen Textaufgaben, deren Autoren bemüht sind, die Inhalte aus dem unmittelbaren Erfahrungsfeld der Kinder zu rekrutieren – mit dem Resultat, dass die Identifikation der Kinder mit solchen Aufgaben in der Regel auf der Strecke bleibt. Die Kinder durchschauen schnell, dass es hier in keiner Weise um eine anwendungsorientierte Mathematik oder das Wiederfinden von Mathematik in ihrer Lebenswirklichkeit geht, sondern dass der Sachbezug lediglich Deckmantel für weitere Rechenübungen ist. Entsprechend verständlich findet

PESCHEL auch das Vorgehen der meisten Schüler, die sich gar nicht erst auf die Sachsituation einlassen, sondern sofort anfangen zu rechnen:

> Dabei wenden sie in der Regel entweder die gerade durchgenommenen bzw. zu übenden Verfahren an, oder sie verwenden andere plausible Strategien: ähnlich große Zahlen werden am besten addiert oder subtrahiert, stark unterschiedliche Zahlen multipliziert oder dividiert – ob das zur Aufgabe passt oder nicht (vgl. Lorenz 1994). (Peschel 2002b, 170)

PESCHEL findet es aber fatal, aus dem Nichtvermögen der Kinder zu folgern, dass Sachrechenaufgaben für Kinder einfach zu komplex seien, um sie dann noch vereinfachter oder noch gleichförmiger auf ein bestimmtes Frage-Rechnung-Antwort-Schema zu reduzieren. Er hält die Gewöhnung der Kinder an das immer wiederkehrende „Frage-Antwort-Spiel" für das, was diese dazu verleitet, bei jeder Aufgabe irgendetwas herauszubekommen – koste es, was es wolle. Entsprechend ist nicht eine etwaige Überforderung der Kinder das Problem, sondern die Vorgabe von außen. PESCHEL sieht als Alternative eine offenere Vorgehensweise, die Anwendungsorientierung und Sinnstiftung durch die Forderung nach Eigenproduktionen der Kinder als Basis jeglichen Sachrechenunterrichts umsetzt. So können Kinder in ihren eigenen Fragestellungen und Lösungsvorhaben Sinn sehen und ihre Vorhaben auch selbst nachvollziehen, also in der Regel auch anwenden (vgl. Peschel 2002b, 170f.).

Dabei sollten der fehlende Lehrgang und das möglicherweise unsystematischere Lernen der Kinder als Vorteil, nicht als Nachteil gesehen werden, denn nur so können sich die Kinder individuell ihre eigenen Strukturen aufbauen:

> Selbstinitiierte Tätigkeiten haben in der Regel eine ausdrückliche Sinnzuweisung nicht nötig. [...] Mathematische Tätigkeiten, wie Zählen und Messen, Klassifizieren und Ordnen, Rechnen mit Größen, Umgang mit graphischen Darstellungen, räumliche Orientierung, Formalisierungen u. a., können zum Teil auf die Erfahrungswelt der Kinder bezogen und in sinnvolle Handlungszusammenhänge eingebunden werden. Die Aneignung von Kenntnissen und Fertigkeiten wird hier sehr unsystematisch erfolgen. Beim Bezug zur Erfahrungswirklichkeit sollte der Hilfscharakter der Mathematik zur Lösung echter sachinhaltlicher Fragestellungen betont werden, auch wenn dies auf Kosten einer strengen Systematik geht. (Schütte 1994, 126f.)

6.4.1 Größen

Gerade der Aufbau von Größenvorstellungen ist für PESCHEL etwas, das sich am besten aus dem (handelnden) Umgang mit Größen und Maßen in entsprechenden Aktionen in der Klasse ergibt:

> Wiegen und Messen beim Backen, Ausmessen von Gegenständen beim Umräumen der Klasse, Zeichnen von Plänen dazu, Messen und Wiegen im Sport- und im Sachunterricht, Bauen von Modellen, Anlegen und Parzellieren eines Klassengartens. Des Weiteren hält dieser Bereich auch durch das Zulassen von Alltagsmaterialien in der Klasse Einzug: Sachbücher und Kartenspiele mit Größenvergleichen werden mitgebracht, Tiere und Pflanzen sind zu versorgen usw. Man merkt bei dieser Zusammenstellung, dass hier auch Geometrie und Arithmetik von selbst eine große Rolle spielen. (Peschel 2002b, 174)

In Bezug auf den Bereich Größen erscheint PESCHEL vor allem das Schätzen als sehr wichtig, um nicht nur sinnvolle „Schnellverfahren" zur Hand zu haben, sondern auch um selber Größenvorstellungen aufbauen zu können:

> Dabei kann das Schätzen vom ersten Schultag an eine Rolle spielen, es fängt schon an, wenn von den Kindern Mengen gleicher Gegenstände mitgebracht werden oder sich die Kinder durch entsprechende Impulse gegenseitig provozieren, ihre Größenvorstellungen zu äußern: Wie viele Münzstücke habe ich wohl in meinem Beutel? Wie viele Reiskörner in der Streichholzschachtel? Wie viele Wassertropfen im Glas? Wie viele Bauklötze in der Kiste? Wie viele Kaulquappen im Aquarium? Mit der Zeit werden die Kinder dabei immer andere Schätzmethoden anwenden, die sich in ihrer Genauigkeit oder in ihrer Effektivität unterscheiden (Teilmengen sortieren, abwiegen, in Felder unterteilen, addieren, multiplizieren, potenzieren usw.). (Peschel 2002b, 174f.)

Beim Umgang mit Größen kritisiert PESCHEL den genetischen Weg, bei dem man z. B. beim Längenmessen schrittweise von Individualmaßen (Hand, Fuß, Schritt) zu Normmaßen (cm, m usw.) kommt, insofern, als dass man nicht so tun solle, als wüssten Kinder nichts über Normmaße. Er geht auf Grund seiner Wahrnehmung davon aus, dass sich im Offenen Unterricht die übliche Einführung der Maße und Maßeinheiten erübrigt, wenn die Kinder immer Möglichkeiten zum Umgang mit Größen haben. Die Entwicklung vom Individualmaß zum Normmaß würde er daher eher aus geschichtlicher Sicht thematisieren, z. B. wenn Kinder über alte Kulturen oder das Mittelalter forschen (vgl. Peschel 2002b, 175).

Als mögliche Werkzeuge für den Bereich Größen führt PESCHEL Geräte zum Sortieren, Messen und Wiegen an, sowie entsprechende Tabellen, auf denen Einheitenübersichten der verschiedenen Größenbereiche abgebildet sind: Geld, Zeit, Längen, Gewichte, Rauminhalte. Diese Tabellen ersetzen seiner Meinung nach zwar nicht den individuellen Zugang, der zum Aufbau der Größenvorstellungen notwendig ist, aber sie bieten den Kindern eine Informationsmöglichkeit bei Rückfragen. Am besten erstellen die Kinder sich diese Übersichten selbst – mit entsprechender Veranschaulichung durch Norm- und Alltagsrepräsentanten (vgl. Peschel 2002b, 175f.):

> [Bei; FP] den Längen kann man mm, cm, dm, m usw. leicht mit Maßbändern und Gegenständen oder Tierabbildungen der entsprechenden Länge veranschaulichen; Gewichte lassen sich über Gewichtsstücke und wiederum über Gegenstände oder Tiere entsprechenden Gewichts anschaulich abbilden; Geldwerte über Münzen und Scheine sowie Dinge mit entsprechendem Wert; Zeiteinheiten einerseits durch Zeitabschnitte auf der Uhr, anderseits durch Abbildungen von Zeitspannen z. B. durch Bildergeschichten oder Fotos (Peschel 2002b, 176)

In diesem Zusammenhang taucht bei PESCHEL auch das Thema Kommazahlen auf. Er geht davon aus, dass diese den Kindern durch den fast täglichen Umgang mit Geld schon lange bekannt sind; des Weiteren fördern die (eigenen) Projekte im Sachunterricht zwangsläufig den Umgang mit Dezimalzahlen durch das Messen, Überschlagen, Schätzen, Rechnen sowie das Erstellen und Lesenkönnen von Tabellen und Statistiken. Er kritisiert Umrechnungs- und Umwandlungsübungen in Maßeinheiten, die im Alltag nicht vorkommen (z. B. dm oder dl) als das Auswendiglernen einer bestimmten Technik (Komma verschieben). Entsprechendes gilt für das übliche Rechnen mit Größen, das sich vielfach darauf beschränkt, hinter die gerade zu übenden Rechenaufgaben immer wieder die Größe schreiben zu müssen, ohne einen sonstigen Zugewinn zu haben. Solche Rechnungen machen seiner Meinung nach im Hinblick auf den Umgang mit Größen keinen Sinn – außer, dass man sich merken sollte, Größen konsequent und einheitlich zu notieren: „Das leuchtet Kindern aber oft erst dann ein, wenn die Aufgabe für sie selbst bedeutend wird – und dann notieren sie in der Regel auch die Einheit." (Peschel 2002b, 176)

6.4.2 Geometrie

Zum Geometrieunterricht äußert sich PESCHEL nur kurz:

> Wie schon gesagt, möchten wir hier zunächst auf ein Konzept für den Geometrieunterricht verzichten, da wir denken, dass der Offene Unterricht in diesem Bereich schon sehr viel von sich aus leistet – zumindest viel mehr, als es das sporadische Durchführen entsprechender Übungen im herkömmlichen Unterricht tut. Lagebeziehungen, Himmelsrichtungen, Muster, Parkette, Symmetrien, das Verkleinern und Vergrößern von Figuren sowie das Zeichnen und Messen von Strecken tauchen im Offenen Unterricht immer wieder auf – meist implizit auf Grund einer bestimmten Anwendungsnotwendigkeit oder auch explizit durch eine Idee in einem Mathematikbuch, ein Computerprogramm (z. B. „Bauwas"), Arbeitsmittel wie „Schauen und Bauen" oder geometrisches Material, mit dem man verschiedenste Körper, Netze und Konstruktionen zusammenstecken kann wie „Clixi" oder „Knex". (Peschel 2002b, 177)

PESCHEL geht nach den Erfahrungen in der hier untersuchten Klasse davon aus, dass die geometrischen Grundformen nicht eingeführt werden müssen. Bei den geometrischen Körpern ist er sich unsicherer, wobei es dabei seiner Meinung nach eher um lateinische Vokabeln denn geometrisches Verständnis geht. Er schlägt vor, solche Körper als Martinsfackeln oder Geschenkverpackungen zu basteln, damit die Kinder die Netze dieser Körper „be-greifen" können. Geometrische Erfindungen, Skizzen, Beschriftungen, Dokumentationen und Protokolle stellen für ihn im Offenen Unterricht Impulse zur gemeinsamen Auseinandersetzung im Kreis dar – und sorgen für die Weitergabe und Reflexion von geometrischen Begriffen und Beziehungen. So erweitern sich die geometrischen Kompetenzen und Begrifflichkeiten der Kinder in deren individuellen Spiralcurriculum (vgl. Peschel 2002b, 177f.):

> Aus der auf das Quadrat oder Rechteck beschränkten Vorstellung des „Vierecks" wird mit der Zeit ein umfassender Begriff; Kegel, Pyramiden und Zylinder werden von Bezeichnungen für konkrete Gegenstände zu Ordnungssystemen. Und das, was vorher aus Gründen der fehlenden Begrifflichkeit näherungsweise mit Alltagsbezeichnungen benannt wurde, wird nun immer häufiger treffend fachlich korrekt bezeichnet – als Ausdruck der Begriffsbildung, nicht der auswendig gelernten Buchlektionen. (Peschel 2002b, 178)

6.4.3 Integrierter „Sach-Anwendungsunterricht"

Zusammenfassend gesagt geht es PESCHEL um eine Einbettung des Geometrie-, Größen- und Sachrechenunterrichts nicht nur in den Mathematikunterricht, sondern in den gesamten (Offenen) Unterricht, wodurch gleichzeitig die Mathematik in ihrer Ganzheit den notwendigen Anwendungsbezug für die Schüler bekommt. Seiner

Meinung nach kommen die üblichen Aufgaben der Schulbücher im (Schüler-)Alltag so gar nicht vor oder würden vom Schüler so nie gestellt werden. Auch die Lösungswege sind in der Realität meist andere als die in der Schule gelernten Verfahren. Quantitative Abschätzungen und sachinhaltliche, qualitative Überlegungen sind in der Wirklichkeit vielmehr ineinander verschränkt und entfalten erst in der realen Anwendung oder in der Simulation ihr Bildungspotential.

PESCHEL stellt dann abschließend die tragfähigen „Säulen" eines solchen integrierten „Sach-Anwendungsunterrichts" vor, wobei die Einbettung in den gesamten Offenen Unterricht deutlich wird:

- Freie Projekte integrieren auch Mathematisieren (Sachen „begreifen")
- Freies Lesen integriert auch Sachtexte (über Sachen „staunen")
- Freies Schreiben integriert auch Rechengeschichten (Sachen „verwenden")
- Forscherfragen integrieren auch Problemlösen (Sachen „denken") (vgl. Peschel 2002b, 178).

PESCHEL führt in seinem Buch zum Offenen Unterricht diese Punkte basierend auf seinen Erfahrungen in der hier untersuchten Klasse weiter aus. Dabei sind die Beispiele, die er gibt, zum Teil auch ergänzt, sie sind nicht unbedingt so in der Klasse vorgekommen. Deutlich wird aber, dass die genannten vier Säulen eines integrierten „Sach-Anwendungsunterrichts" keine Voraussetzung für die Geschehnisse im Offenen Unterricht sind, sondern eher eine rückblickende Strukturierungshilfe, die zeigt, wie viele Bereiche in einem solchen Unterricht von selbst abgedeckt sind.

Projekte als Basis für die zum Handeln anregende Auseinandersetzung mit Sachen und Größen

Als Idealform für ein Lernen bezüglich des Umgangs mit Größen in authentischer, sinnvollen Situationen nennt PESCHEL an erster Stelle das Projekt, da hier die Sachsituation im Vordergrund steht und beim „echten" Projekt nicht zu befürchten ist, dass der Sachbezug nur das „Deckmäntelchen" für eine erneute arithmetische Übung ist. Als Beispiel für ein „echtes" Projekt, in dem die Mathematik plötzlich eine große Rolle spielte, führt PESCHEL den Bericht von HERMANN (vgl. 1981) an. In einem Projekt an der Freien Glocksee-Schule Hannover wollten die Kinder nach dem Bau eines „Go-cart" wissen, wie schnell ihr Fahrzeug fahren konnte. Sie fingen daraufhin selber an, Versuche zur Bestimmung und zum Hochrechnen der Radumdrehungszahl zu machen und den Radumfang zu bestimmen. Im Rahmen der Überlegungen mussten große Zahlen miteinander multipliziert bzw. durcheinander dividiert werden – ein wirklicher Grund, nun die schriftlichen Rechenverfahren anzugehen. PESCHEL räumt allerdings ein, dass sich ein entsprechender Mathematikunterricht aus Projekten trotz intensiver Bemühungen noch nicht einmal an der Glocksee-Schule etablieren konnte (vgl. Peschel 2002b, 179f.).

Als Beispiele für „Projekte", die in der hier untersuchten Klasse teilweise durch die Kinder initiiert, teilweise vom Lehrer als Vorschlag in die Klassenbesprechungen eingebracht wurden, gibt PESCHEL an:
- Plätzchen backen -> Maßeinheiten kennen lernen, wiegen, messen usw. Rezepte vervielfachen -> Multiplizieren, Größenvorstellungen ausbauen
- Laternen basteln -> messen
- Masken basteln -> Symmetrie
- Wir richten unsere Klasse neu ein -> messen, Maßstabszeichnungen
- Stimmt die Höhe unserer Tische und Stühle? -> messen
- Wir dokumentieren unseren Klassengarten -> messen
- Wir interviewen Leute bezüglich ...
- Wir wollen ins Waldjugendlager fahren ...
- ... (Peschel 2002b, 180)

Sachtexte als Basis für die zum Staunen anregende Auseinandersetzung mit Sachen und Größen

Durch die ständige Auseinandersetzung der Kinder mit Sachtexten, mit denen sie sich aus Interesse beschäftigten bzw. die sie z. B. für ihre Forschervorträge benötigten, fand auch eine kontinuierliche Auseinandersetzung mit Sachaufgaben bzw. Sachrechnen statt. Dabei war vor allem der Sachtext zentrales Medium:

> Sachbücher, Zeitungen, Zeitschriften, Nachschlagewerke, Computerprogramme, Rekordebücher usw. wurden zum Lesen, Referieren, Veranschaulichen und (Sach-)Rechnen genutzt. Ganz so wie CHRISTA ERICHSON es beschreibt, ist es eben nicht die banale Alltagssituation einer Textaufgabe, die zum Lesen (und das ist ja den ersten Schritt der Bearbeitung) verlockt, sondern es sind die Texte, die „Unbekanntes, Fremdartiges, Erstaunliches als auch Spannendes, Witziges und Anrührendes vermitteln: lesenswerte Texte." (Erichson 1989, 15) Das heißt, die Kinder brauchen Lesestoff, der sowohl zum Lesen als auch zum Rechnen verlockt.
>
> Sachtexte mit interessanten Inhalten und authentischen Situationen bieten das, allerdings haben die Alltagstexte oder die (Kinder-)Sachbücher in der Regel den Nachteil, dass sie entweder wenig Daten zum Rechnen enthalten oder aber die Informationen, die man für die eigenen Forschungen benötigt, sehr weit gestreut sind. (Peschel 2002b, 181)

Als Beispiele für stärker auf eine mathematische Auseinandersetzung bezogene Buchimpulse führt PESCHEL die Aufgabensammlung „Von Lichtjahren, Pyramiden und einem regen Wurm" von ERICHSON (vgl. 1992) sowie die Kopiervorlage mit Rekorden aus dem Tierreich von STADLER (vgl. 1994) an. Er weist aber darauf hin, dass er selbst – auch nach den Erfahrungen in der hier untersuchten Klasse – stärker auf die aus dem freien Schreiben resultierenden Texte der Kinder setzt, in denen Zahlen, Größen und mathematische Problemstellungen vorkommen, als auf irgendwelche Arbeitsmittel (vgl. Peschel 2002b, 181).

Freie Rechengeschichten als Basis für zum Forschen anregende Auseinandersetzung mit Sachen und Größen

Noch nicht in der hier untersuchten Klasse verwendet, aber aus seinen Erfahrungen mit dem freien Mathematikunterricht resultierend, schlägt PESCHEL die Anregung eines „Sachenforscherbuchs" vor:

> Um eine entsprechende Klassenkultur zu etablieren, kann z. B. schon zum Schulanfang ein „Sachenforscherbuch" angeregt werden, in das [...] gezählte, gemessene, gewogene, geschätzte Sachen bzw. wichtige Daten über mich selbst, andere Kinder (Haarfarben, Größen, Schwimmer, Lieblingsfächer), Tiere, Autos, Flugzeuge, Computer, das eigene Zimmer, den Klassenraum, die Schule, den Wohnort, Länder, Flüsse, Berge, Naturphänomene, geschichtliche Ereignisse, Maßeinheiten, Zeitabläufe usw. eingetragen werden können (einschließlich der Ergebnisse eigener oder fremder Problemstellungen und Projekte).
>
> Diese Daten können durch eigene Texte und Darstellungen (oder auch Situationsbilder aus Zeitschriften, Zeitungen, Büchern) ergänzt werden, sodass sich hier die Rechengeschichten der Kinder mitunter in die Richtung von Sach- oder Forschervorträgen entwickeln können. Entsprechend den Ausführungen zum Freien Schreiben fassen wir dabei den Begriff der Rechengeschichte im Sinne eines freien Textes, in dem Zahlen und Größen bzw. Mathematik oder Geometrie vorkommen, sehr weit. Wir verstehen die Rechengeschichte nicht als einen vom Lehrer vorgegebenen Rechenimpuls. Denn dann kann sich zu leicht das Problem der unterschiedlichen Interpretation einer Sachsituation oder der Einschränkung des (kreativen) Umgangs mit dieser einschleichen (was natürlich bei einem bewussten Umgang damit durchaus auch reizvoll sein kann). (Peschel 2002b, 181f.)

Vor allem aus den Ausführungen zum fließenden Übergang zwischen Geschichten der Kinder, Rechengeschichten und Forschervorträgen wird deutlich, wie der Offene Unterricht verschiedenste Fächer und Fachbereiche miteinander verbindet bzw. in eine durchgängige Lernhandlung integriert.

Forscherfragen als Basis für die zum Problemlösen anregende Auseinandersetzung mit Sachen und Größen

Nicht in der hier untersuchten Klasse in dieser Weise praktiziert, aber als weitere Möglichkeit der Auseinandersetzung mit Sachen und Größen in Betracht zu ziehen, sind Impulse oder Forscherprobleme, die vom Lehrer eingebracht werden. Als mögliche Beispiele nennt PESCHEL die nach ihrem Erfinder benannten „Fermi"-Probleme, d. h. Aufgabenideen, denen kein konkretes Zahlenmaterial zu Grunde liegt und die nur ungenau bzw. durch Schätzen gelöst werden können (vgl. Peter-Koop 1999; Selter 1999b) oder auch konkretere Fragen, die eine genaue(re) Beantwortung zulassen und zu Projekten oder Miniprojekten anregen können (vgl. Peschel 2002b, 183f.)

In der hier untersuchten Klasse erfolgte die Begegnung der Kinder mit solchen oder ähnlichen Aufgaben (einschließlich Denksport-, Knobel- und Scherzaufgaben) eher durch das Stöbern in Zeitschriften und Büchern denn durch Lehrervorgabe. Eine Ausnahme bildeten „extra schwierige Kniffelaufgaben" (meist Dreisatzaufgaben), wenn Kinder diese vom Lehrer verlangten.

6.5 Die Stellung des Konzepts im Vergleich zu anderen Ansätzen

Der offene Mathematikunterricht fügt sich bei PESCHEL – genauso wie die anderen Fächer – in den gesamten Offenen Unterricht ein, d. h. es finden keine gesonderten Mathematikstunden statt, die Beschäftigung mit mathematischen Inhalten spielt in der Klasse immer eine Rolle. Er weist darauf hin:

> [...] dass es dabei zeitweise intensivere oder auch weniger intensive Phasen gibt, Phasen der direkten Auseinandersetzung mit arithmetischen Themen oder Phasen impliziter mathematischer Arbeit innerhalb anderer Vorhaben, Phasen eher individueller Arbeit oder Phasen eher gemeinsamer Arbeit – ganz nach dem dem Offenen Unterricht eigenen Rhythmus aus Anspannung und Entspannung. (Peschel 2002b, 137f.)

PESCHEL hält dabei eine freie Aneignung der üblichen Inhalte des Mathematikunterrichts momentan für die aussichtsreichste Variante zu seiner Integration in den Offenen Unterricht, auch wenn sich durchaus ein ganz anderes Schul- und Mathematikcurriculum vorstellen ließe: „D. h. ich akzeptiere (als Realist) den auf die Grundideen reduzierten Stoffkanon meines Lehrplanes, überlasse die Aneignung aber (fast) ganz den Kindern." (Peschel 2002b, 138)

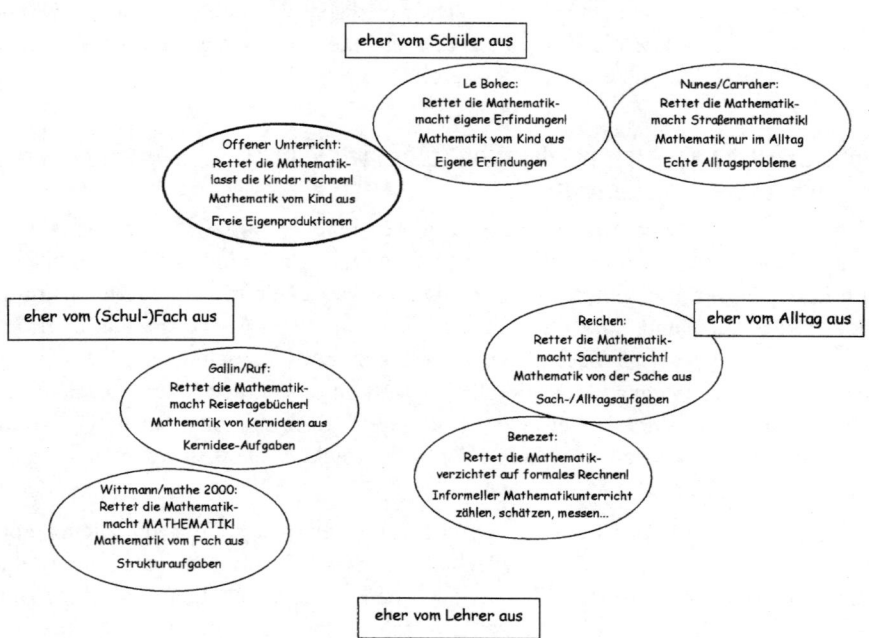

In einer bislang unveröffentlichten Übersicht versucht PESCHEL bekannte Ansätze offenen Mathematikunterrichts in verschiedenen Dimensionen zu positionieren (siehe nächste Seite):
- die eine Achse stellt dabei das Spannungsfeld zwischen einem eher schulmathematisch-strukturorientierten zu einem eher alltags-anwendungsorientierten Schwerpunkt der Ansätze dar;
- die andere Achse veranschaulicht das Spannungsfeld zwischen einem eher vom Schüler zu einem eher vom Lehrer ausgehenden Schwerpunkt des Ansatzes.

Diese Darstellung kann die einzelnen Ansätze dabei nur im Vergleich zueinander darstellen, sie sagt nichts über den tatsächlichen Grad z. B. von Schüler- oder Lehrerorientierung aus (beispielsweise weist das durch seine Positionierung in der linken unteren Ecke in der Abbildung eher geschlossen wirkende Konzept „mathe 2000" im Vergleich zu anderen Mathematikkonzepten sicherlich einen immer noch hohen Grad an Offenheit auf). Auch müsste eigentlich noch eine zusätzliche dritte Achse die eindimensionale Darstellung insofern ergänzen, als dass eine vom Ausgangs- bzw. Schwerpunkt losgelöste prozessuale Komponente beachtet wird. So kann z. B. auch ein geschlossener Lehrerimpuls ein sehr offenes Arbeiten der Kinder bedingen (beispielsweise beim Reisetagebücherunterricht). Trotz aller Vorbehalte veranschaulicht die Darstellung aber auf jeden Fall PESCHELs eigene Positionierung im Vergleich zu anderen Ansätzen, die im Folgenden kurz beschrieben und von PESCHELs Konzept abgegrenzt werden.

6.5.1 Offener Unterricht und eigene mathematische Erfindungen nach Le Bohec

Der Lehrer PAUL LE BOHEC hat in seinem Unterricht viele der Ideen und Methoden FREINETS aufgegriffen und stand auch mit diesem und seiner Frau in einem regen Austausch. Er ist es, der den „freien Ausdruck", d. h. die freie Wahl der Themen und der Darstellungsform, auf die Mathematik übertrug (vgl. Le Bohec 1994; Glänzel 1991; Die Grundschulzeitschrift 74, 1994):

> Er setzt dabei auf die Kraft des Unterbewußten, das an die Oberfläche tritt, wenn man ihm einen geschützten Raum bietet. [...] Le Bohec gab den Kindern – wie beim freien Zeichnen oder Schreiben – kleine Blocks, auf die sie nach Belieben ihre mathematischen „Erfindungen" schreiben konnten. Er wählte jeden Tag 7 Erfindungen aus, die dann in der Gruppe besprochen wurden. Dabei galt die Regel, daß der jeweilige Autor erst zum Schluß gehört wird. Anders als Freinet wählte Le Bohec die Texte selbst aus – nach dem Prinzip, jedes Kind muß regelmäßig einen mathematischen Text vorstellen dürfen.
> In Le Bohecs Haltung gegenüber den mathematischen Kreationen der Kinder ist Freinets Arbeit mit dem freien Ausdruck deutlich wiederzuerkennen. Neben der gegenseitigen Achtung, dem Respekt des Lehrers vor der Schöpfung des Kindes, taucht noch etwas auf, das Freinet sehr wichtig war: Man kann die Texte als Hinweise verstehen für das, was das Kind „gerade in Arbeit hat", und dem Raum geben. Genau das tat Paul Le Bohec, indem er den Kindern Gelegenheit gab, über ihre Kreationen gemeinsam zu sprechen (da wurde nicht nur

Mathematisches besprochen, da wurde nicht nur gesprochen, sondern auch gelacht) und daraus Mathematik zu entwickeln.

Mehr noch als Freinet hat Le Bohec herausgearbeitet, daß die Erfindung von jedem Kind – und scheint sie noch so banal zu sein – von Bedeutung ist. Auch der Gesprächsbeitrag von jedem Kind, auch von einem „Störer" oder von einem „Clown", ist wichtig für die Gruppe und die Entwicklung der Mathematik. (Glänzel-Zlabinger 1996, 130f.)

Während die Erfinderrunden LE BOHECS den Kindern u. a. einen fast uneingeschränkten Freiraum im Hinblick auf die inhaltliche und methodische Gestaltung ihrer mathematischen Erfindungen geben – von der Darstellung bzw. Untersuchung struktureller Zusammenhänge über das Aufgreifen von Alltagsproblemen bis hin zu kreativen künstlerischen Produkten –, ist PESCHELs Konzept trotz einer gewissen Orientierung an Alltagsproblemen klarer an die üblichen schulischen Mathematikinhalte gebunden. Zugleich lässt PESCHELs Unterricht auch vom Lehrer ausgehende Impulse zu. Während LE BOHEC zwar die mathematischen Erfindungen, die gemeinsam besprochen wurden, selber auswählt (das war PESCHEL auf Grund der Selbstverwaltung der Kinder in der Regel nicht möglich), so hat PESCHEL bei Bedarf Ideen und Impulse für Eigenproduktionen gegeben. Der Lehrer ist für PESCHEL auch in dieser Hinsicht aktives Mitglied der Klassengemeinschaft. Die Arbeiten der Kinder befinden sich entsprechend in einem viel eindimensionaleren Gebiet als die freien Mathematikerfindungen, die ohne diese Impulssetzung und ohne jede Lehrplanorientierung viel mehr Raum zur eigenen Kreativität beinhalten – allerdings in der Praxis meist einen zusätzlichen parallelen Lehrgang zum Erwerb und Üben der Rechenfertigkeiten benötigen:

Decken die von den SchülerInnen entwickelten und bearbeiteten Fragen das Pflichtpensum ab?

Die Erfahrungsberichte von Freinet-LehrerInnen aus Frankreich weisen übereinstimmend darauf hin, daß sicher nicht sämtliche Inhalte der Lehrpläne auf diese Weise erarbeitet werden können, daß es aber wesentlich mehr sind, als sie zunächst angenommen haben. Außerdem ist auffällig, daß die meisten LehrerInnen das eine oder andere Teilgebiet nicht in freier Form bearbeiten lassen, so daß es entweder traditionell unterrichtet oder seine Bearbeitung mit bestimmten Arbeitsmitteln zur Pflicht gemacht wird. Am häufigsten wird dabei die Einübung der Rechenfertigkeit genannt, die dann mit Hilfe von Rechen-Karteien o.ä. erfolgt. (Schütz 1995, 127)

Insofern ist der Ansatz der Mathematikerfindungen in der Praxis eher ein (kreatives) Teilelement des Mathematikunterrichts einzelner Lehrer denn ein integrierendes Konzept. Dadurch wird aber wiederum der Vorteil der Kreativität zumindest relativiert. So ist es gut vorstellbar, dass die Mathematikerfindungen als eine Form von Eigenproduktionen nach entsprechender Impulssetzung im Konzept von PESCHEL aufgehen bzw. in den Unterricht integriert werden können. Das war allerdings in der hier untersuchten Klasse nicht beabsichtigt.

6.5.2 Offener Unterricht und Straßenmathematik

Als eine weitere vorstellbare, ganz vom Schüler ausgehende Beschäftigung mit Mathematik führt PESCHEL die „Straßenmathematik" als nicht-schulischen „Ansatz" an. So haben u. a. die Beobachtungen von NUNES u. a. (vgl. 1993) sowie Ergebnisse eines Projektes von BRÜGELMANN (vgl. 1996, 8f.) gezeigt, dass Kinder vor und außerhalb der Schule eigenaktive Verfahren entwickeln, mit denen sie (ihre) Alltagsprobleme lösen. Sie zeigen dabei Leistungen, die weit über die Lehrplanvorgaben hinausgehen. Interessant ist weiterhin, dass die Kenntnisse bzw. Fähigkeiten der Kinder nicht immer einer sachlogischen Stufenfolge entsprechen und sich die Leistungen aber auch nicht eindimensional auf den Grad der Vertrautheit mit konkreten Gegenstands- oder Situationsmerkmalen im Alltag zurückführen lassen. BRÜGELMANN führt in einem internen Papier mit Bezug auf NUNES u. a. aus:

> Der entscheidende Unterschied zwischen Straßenmathematik und Schulmathematik liegt dabei [...] in den andersartigen Anforderungen schriftlicher Verfahren. [...] In vielen Aufgaben wenden Schüler gelernte schulische Verfahren nicht an, sondern greifen auf Alltagsverfahren zurück. [...] Wenn sie Alltagsverfahren anwenden, machen sie weniger Fehler, als wenn sie schulische Verfahren anwenden. [...] Reversibilität und Transfer sind auch in diesem Rahmen möglich, z. T. erfolgreicher im Ergebnis als bei schulischen Verfahren, die durch ihre Formalität auf Übertragbarkeit hin angelegt sind.

Da es sich bei der Straßenmathematik nicht um ein Konzept für einen alternativen Mathematikunterricht handelt, sondern um Beobachtungen, die eher den schulischen Mathematikunterricht in Frage stellen bzw. Anregungen für ein Umdenken geben können, ist einleuchtend, dass PESCHELs Konzept einen höheren Anteil an schulfachlicher Ausrichtung aufweisen muss. Dabei sind durchaus Elemente in seinem Konzept zu finden, die auch als Schlussfolgerungen aus Beobachtungen der Straßenmathematik aufgefasst werden können. Dazu zählt z. B. die weitgehende Freigabe des methodischen Weges, die bis zum Beginn des schriftlichen Rechnens reicht bzw. reichen kann. Weiterhin können die Kinder nicht nur ihre Eigenproduktionen relativ frei angehen und sich darin auf Alltagsprobleme o. Ä. stützen, sondern sie können auch Hilfs- und Veranschaulichungsmittel frei wählen und einsetzen. Dieses Vorgehen schafft zwar nicht das Maß an Situationsorientierung, das die Kinder „auf der Straße" zum Rechnen bringt, aber es erscheint als ein denkbarer Weg, dass Kinder ihre eigenen mathematischen Denkmodelle und Vorstellungen weiterentwickeln und nicht losgelöst davon schulische Verfahren erlernen, die sie dann außerhalb der Schule nicht anwenden.

6.5.3 Offener Unterricht und Sachunterricht statt Mathematikunterricht

Ein anderes Konzept der Alltagsorientierung stellt die Forderung REICHENs (vgl. 1994) nach einem stärker anwendungsbezogenen Mathematikunterricht dar – „Rettet die Mathematik, macht Sachunterricht":

> Dem Problem, wie Mathematisches mit dem Alltagsleben der Kinder verbunden werden könnte, damit sie systematische Mathematikkenntnisse auch in einem offenen Unterricht er-

werben können, war ich nicht gewachsen. Klar ist für mich der didaktische Ausgangspunkt: Mathematische Erkenntnisse eröffnen zwar die einzigen quantitativen Zugänge zur Welt und zur Umwelt, für Kinder bleibt diese Funktion des Mathematischen zunächst jedoch verborgen, denn für sie kommt Mathematik im Alltag – außer im Zusammenhang mit Geld – nicht vor. Zwar wäre unsere ganze Zivilisation mit allen ihren Errungenschaften und allen ihren Funktionsabläufen ohne Mathematik nicht möglich, aber diese Mathematik wird meistens nicht sichtbar. Sie hat gleichsam eine strukturelle Hintergrundfunktion, welche die Kinder selber kaum wahrnehmen. Deshalb müßte diese Hintergrundfunktion des Mathematischen aufgezeigt werden, damit mathematische Zusammenhänge einsichtig würden – doch gerade diese Aufgabe ist bisher nicht wirklich gelungen. (Reichen 1994, 28)

REICHEN sieht als Hinweis auf eine Lösungsmöglichkeit, die fehlende Alltags- und Anwendungsorientierung zu schaffen, eine große Nähe der grundlegenden Ziele des Mathematikunterrichts und einzelner Ziele des Sachunterrichts:

- Objekte und ihre Eigenschaften vergleichen, unterscheiden, ordnen, katalogisieren, einander zuordnen und miteinander verknüpfen,
- Begriffe bilden, Analogien erkennen, Gemeinsamkeiten und Unterschiede an verschiedenen Sachverhalten finden, feststellen und beschreiben,
- Sachverhalte in der Sprache (d. h. im Zeichensystem) der Mathematik beschreiben. (Reichen 1994, 29)

Da inszenierte umweltbezogene Frage- und Problemstellungen vom Schüler nicht als wirkliches Sachproblem empfunden werden (s. o.), fordert REICHEN, Mathematik aus der Sache selbst entstehen zu lassen:

Deshalb ist Mathematik auf Sachunterricht angewiesen, denn ihm gelingt ohne viel Aufhebens, jene mathematischen Einsichten zu vermitteln, mit denen sich der Mathematikunterricht schwer tut; er kann jene Ziele erreichen, an denen der Mathematikunterricht bisher oft scheiterte. Überall wo der Sachunterricht Sachverhalte mathematisiert: quantitativ festhält, in Tabellen gliedert, in Diagrammen ordnet, in Raum-Zeit-Relationen einbringt, auf Wahrheitsgehalt überprüft usw. – und ein zeitgemäßer Sachunterricht macht das –, bahnt er der Mathematik den Weg. [...] *Wenn eine natürliche, wirkliche Situation Lösungen erfordert, dann sind Kinder dazu fähig und mobilisieren Kompetenzen, wie man sie in einer Mathe-Schulstunde praktisch nie feststellen kann.* (Reichen 1994, 29)

Zunächst besteht hier keine Differenz in der Sichtweise von PESCHEL und REICHEN. Auch PESCHEL hält vor allem ein vom Kind selbst als authentisch empfundenes (Sach–)Problem für die aussichtsreichste Basis mathematischer Auseinandersetzung – was allerdings nicht ausschließt, dass dieses als authentisch empfundene Problem auch eine Simulation oder eine andere eigene Fragestellung sein kann, die nicht zwangsläufig dem Sachunterricht entspringen muss.

PESCHEL empfindet daher das Konzept von REICHEN für eine wichtige Richtungsweisung, erweitert es aber selbst um verschiedenen Elemente, die von den Rechengeschichten der Kinder bis hin zu einem von jeglicher Anwendungs- und Alltagsorientierung losgelösten Untersuchen mathematischer Zusammenhänge und Strukturen reichen. Das Erfahren von Mathematik durch das freie Rechnen bzw. die Eigenproduktion von Rechenaufgaben betrachtet PESCHEL als einen nicht minder reizvollen und notwendigen Zugang zur Mathematik – zumindest solange entsprechende Kenntnisse und Fertigkeiten in der Schule verlangt werden. Er sieht einen großen

Teil dieser Tätigkeit insofern als Teil eines „Sachunterrichts", der auch die Mathematik als zu erforschende Sache zulässt. Zugleich vermutet er, dass das Konzept von REICHEN genauso wie die eben thematisierten Erfinderrunden von LE BOHEC durch zusätzliche Elemente und Übungen ergänzt werden müssten, um den Anforderungen der Lehrpläne bzw. der Schulwirklichkeit gerecht werden zu können. Er nimmt an, dass es sich deshalb auch hier nicht um ein praktikables Gesamtkonzept handelt, sondern nur um einen sehr wichtigen Teilbereich schülerorientierten Mathematikurterrichts.

6.5.4 Offener Unterricht und Verzicht auf formales Rechnen nach Benezet

Als ein erwähnenswertes Unterrichtsexperiment hat PESCHEL ein radikales Mathematikunterrichtskonzept in seine Übersicht aufgenommen, das der Oberschulrat BENEZET Ende der zwanziger Jahre des letzten Jahrhunderts in Manchester, New Hampshire, durchgeführt hat. BENEZET ging dabei von folgenden grundsätzlichen Überlegungen aus:

> In the first place, it seems to me that we waste much time in the elementary schools, wrestling with stuff that ought to be omitted or postponed until the children are in need of studying it. If I had my way, I would omit arithmetic from the first six grades. I would allow the children to practise making change with imitation money, if you wish, but outside of making change, where does an eleven-year-old child ever have to use arithmetic?
>
> I feel that it is all nonsense to take eight years to get children thru the ordinary arithmetic assignment of the elementary schools. What possible needs has a ten-year-old child for a knowledge of long division? The whole subject of arithmetic could be postponed until the seventh year of school, and it could be mastered in two years' study by any normal child. (Benezet 1935, 241)

BENEZET entwickelte in der Folge ein Konzept, das bis zur siebten Klasse auf formalen Rechenunterricht verzichtet, und setzte dies nach einer Erprobung mit zunächst fünf Klassen in den Folgejahren soweit fort, dass rund die Hälfte aller Klassen der Stadt so unterrichtet wurden. Weiterhin verabschiedete er 1933 mit dem zuständigen Ausschuss von Schulräten einen allgemeinen Lehrplan für den Rechenunterricht, der (als Kompromiss) erst im fünften Schuljahr langsam mit förmlichen Rechenunterricht beginnt (im Folgenden verkürzt dargestellt):

- Im ersten Schuljahr basiert der Unterricht vor allem auf Texten in Lesebüchern, die den Kindern Einblick in den Zahlenraum bis hundert geben (u. a. Seitennummerierung), es werden grundlegende Ideen des Schätzens und Sprechweisen wie mehr, weniger, viele, wenige, höher, tiefer, größer, kleiner, früher, später, enger, weiter, kleiner, größer etc. erklärt.

- Im zweiten Schuljahr werden Inhaltsverzeichnisse von Büchern benutzt, Sprechweisen wie „halb, doppelt, zweimal, dreimal" verwendet und dann, wenn die Kinder z. B. mit Geld in Kontakt kommen, entsprechende Bezeichnungen (penny, nickel, dime, dollar) geklärt.

- Im dritten Schuljahr wird der Zahlaufbau in Anlehnung an das Vordringen der Kinder in größere Zahlräume beim Lesen erklärt. Geldwerte, Uhrzeiten, Haus-, Telefon- und Autonummern spielen eine Rolle.
- Im vierten Schuljahr schätzen und messen die Schüler Längen, Flächen, Temperaturen und gehen mit Geld um.
- Im ersten Halbjahr des fünften Schuljahres zählen die Kinder in Schritten, setzen sich mit einfachen Einmaleinsreihen auseinander, setzen ihre Arbeit mit Größen fort, üben Geldwechseln bis zu einem Dollar und vergleichen einfache Brüche.

  Toward the end of the semester the children are given the book, *Practical Problems in Mental Arithmetic*, grade IV. The solution of these problems involves a knowledge of denominations which the children have not had and the use of tables and combinations which have not yet been taught to them. Nevertheless, children with a natural sense of numbers will be able to give the correct answers. *The teacher will not take time to explain by formula or tables the solution of any problem to those who do not grasp it quickly and naturally.* [...] The one thing which is avoided is that children shall get the idea that a fixed method or formula can be used as a substitute for thinking. (Benezet 1935, 302)

  Im zweiten Halbjahr erarbeiten sich die Kinder weiter die Einmaleinsreihen und lernen einfache Brüche einzuordnen.
- Im sechsten Schuljahr beginnt der förmliche Rechenunterricht mit täglich ca. 25 Minuten unter Verwendung eines Buches. Die schriftlichen Rechenverfahren werden so gelehrt, dass die Kinder die Verfahren verstehen. Wo immer möglich, soll Kopfrechnen benutzt werden. Bevor eine schriftliche Aufgabe gerechnet wird, werden die Kinder angehalten, erst einmal zu schätzen. Auch Brüche und gemischte Zahlen werden behandelt sowie im zweiten Halbjahr die Einmaleinsreihen und das Umrechnen von Einheiten wiederholt, wobei es in erster Linie um Denken und Schätzen geht.
- Im siebten Schuljahr umfasst der förmliche Rechenunterricht täglich 25-30 Minuten. Viel Zeit wird für das Kopfrechnen verwandt, das Rechnen mit Größen wird wiederholt, Dreisatzaufgaben werden gelöst.
- Im achten Schuljahr gibt es täglich 30 Minuten förmlichen Rechenunterricht. Die Gewohnheit, erst zu schätzen, dann zu rechnen, wird weiter gefestigt. Längen, Höhen, Flächen werden geschätzt und die Ergebnisse mit den wahren Größen verglichen. Den Kindern werden Begründungen geliefert, z. B. für die Multiplikationsregel bei Brüchen. (Vgl. Benezet 1935; 1936; 1988)

BENEZET berichtet in seinem Artikel ausführlich vom erfolgreichen Verlauf des Programms, das sich auch Fremdevaluationen stellen musste. Da es aber auch bei der Schulaufsichtbehörde nicht ungeteilte Zustimmung erfuhr, wurde ein Untersuchungsausschuss eingesetzt:

> The committee reported to the board and the board accepted their report, saying that the superintendent was on the right track. They merely suggested that, to quiet the outcry of some of the parents, the teaching of the tables should be begun a little earlier in the course. (Benezet 1936, 8)

Wie WITTMANN, der den Artikel BENEZETS 1988 ins Deutsche übersetzt hat, berichtet, sind es auch bestimmte Elterngruppen gewesen, die das erfolgreiche Programm schließlich zu Fall gebracht haben:

> Es kam heraus, daß die Mittelklasseeltern letztlich nicht von diesem Unterrichtsstil zu überzeugen waren, der ihre eigenen Kinder gegenüber den Einwandererkindern nicht mehr bevorzugte und auch ihrer eigenen Auffassung über Schule nicht entsprach. Die Vorurteile der Bildungsbürger über effektives Lehren und Lernen sitzen überall auf der Welt tief. Die Schule ist eben ein Politikum. (Wittmann in: Benezet 1988, 366)

Auch zu BENEZETS Ansatz lassen sich bei PESCHEL einige Parallelen finden, obgleich eine entsprechend radikale Umsetzung des völligen Verzichts auf formales Rechen für PESCHEL schon auf Grund der Lehrplanvorgaben nicht möglich war. Was sich jedoch in seinem Konzept findet, ist die Grundansicht BENEZETS, dass im üblichen Mathematikunterricht viel zu viel Zeit mit Sachen verschwendet wird, die Kinder eine Zeitlang später auch von selbst lernen – nämlich dann, wenn sie sie wirklich benötigen. Unter anderem verweist PESCHEL auf das Erlernen des Lesens der Uhr:

> Und die Uhr lernt man wohl auch irgendwann ganz von alleine, mir ist noch kein Schulabgänger begegnet, der die Uhrzeit nicht ablesen kann; spätestens der eigene Fernseher leitet das in die Wege. (Peschel 2002b, 177f.)

Aber auch außerhalb solch konkreter Bereiche bietet der Offene Unterricht ein so hohes Maß an Berücksichtigung der eigenen Interessen und Lernwege, dass es schon fast dem Verzicht auf einen formalen Lehrgang nahe kommt. Des Weiteren betont PESCHEL im Zusammenhang mit der anderen Sicht auf den Stellenwert der einzelnen Rechenverfahren, dass das (formale) schriftliche Rechnen als reine Technik bzw. als anzuwendender Algorithmus eigentlich kein Ziel sei, das mathematische Kompetenz fördere. Entsprechend sollte das schriftliche Rechnen – weil es nun einmal durch Lehrplanvorgaben verlangt und von der weiterführenden Schule erwartet wird – so spät wie möglich eingeführt werden, am besten als Weiterentwicklung aus den Eigenproduktionen bzw. den halbschriftlichen Verfahren der Kinder.

Eine weitere Übereinstimmung findet sich in der Betonung des Denkens und des Schätzens. Auch für PESCHEL steht das Selberdenken der Kinder im Mathematikunterricht im Vordergrund. Er versucht die eigene Auseinandersetzung der Kinder über den Verzicht auf einen Lehrgang und die Forderung nach Eigenproduktionen sowie einen anderen Umgang mit dem Fehler anzuregen. Die Produkte der Kinder liefern dabei ein Abbild ihres Denkens, das dem Lehrer so – zumindest zu einem guten Teil – offensichtlich wird. Auch das Schätzen und der Aufbau von Größenvorstellungen sind für PESCHEL wichtiger als auswendig gelernte Verfahren, wie z. B. das Umrechnen von Einheiten durch Kommaverschiebung. Insgesamt finden sich also viele Elemente des radikalen Ansatzes von BENEZET auch bei PESCHEL, wobei die Begrenzung der Übernahme vor allem aus den im Lehrplan fest vorgegebenen Inhalten resultiert, BENEZETS Konzept also nicht lehrplanentsprechend ist.

6.5.5 Offener Unterricht und Reisetagebücherunterricht und Rechenkonferenzen

Reisetagebücherunterricht und Rechenkonferenzen, die zwar keine deckungsgleichen Konzepte darstellen, aber im Rahmen der hier angesprochenen Abgrenzung durchaus gemeinsam betrachtet werden können, stellen eine sehr innovative Art des Mathematikunterrichts dar, die sich vor allem durch eine große methodische Offenheit auszeichnet. Der Lehrer versucht, den Mathematikunterricht durch die Auseinandersetzung mit zentralen Kernideen zu gestalten, mit denen sich die Schüler alleine bzw. zu zweit oder in Gruppen – mit und ohne Lehrer – auseinandersetzen, bevor man sich dann zur gemeinsamen Reflexion trifft (vgl. i. F. Peschel 2002b, 185ff.).

Im Gegensatz zu diesen vorgeplanten und strukturierten Auseinandersetzungen integriert sich das freie Rechnen bzw. die freie Mathematik in PESCHELs Konzept ganz in den Offenen Unterricht. In den gemeinsamen Gesprächsphasen, zu denen man sich fachunabhängig trifft, werden neben Sachvorträgen und Textproduktionen auch mathematische Entdeckungen und Erfindungen vorgestellt, Probleme und Lösungswege angesprochen, Lernwege reflektiert und Impulse zur Weiterarbeit gesetzt. Diesen „offenen" Austausch stellt PESCHEL gegen inszenierte Rechenkonferenzen o. Ä., die seiner Meinung nach – und aus Sicht des Offenen Unterrichts – zu viele geschlossene Elemente mit entsprechend negativen Auswirkungen nach sich ziehen könnten. So ließe sich vorstellen, dass ein vorwiegend auf Rechenkonferenzen (oder auf Rechenkonferenzen und ergänzenden Einführungs- und Übungsphasen) beruhender Unterricht langfristig den Verzicht auf eigenes, interessegeleitetes Lernen mit sich bringen könnte, was wiederum das ihm wichtig erscheinende inzidentelle, beiläufige Lernen tangieren bzw. evtl. sogar außer Kraft setzen würde.

Dabei hält PESCHEL die klassische Situation der Rechenkonferenz mit Lehrerimpuls, methodisch offenem Arbeiten der Kinder und anschließendem Zusammenführen für sehr effektiv – zumindest auf das Individuum und seine Verbindung zum zu lernenden Stoff bezogen. Er gibt aber zu bedenken, dass die ritualisierte Durchführung viele Komponenten des lehrergeleiteten Lernens mit sich bringt, die vor allem schwächere Schüler benachteiligen kann. Auch stellt er in Frage, ob es wirklich möglich ist, den gesamten Mathematikunterricht über Rechenkonferenzimpulse zu bestreiten, ohne zwangsläufig ein Übergewicht an zusätzlich durchzuführenden Lehrgangsphasen zu bekommen. Zudem stellt ein Curriculum aus Kernideen einen ganz anderen Anspruch an den Lehrer und seine (fach-)didaktische Kompetenz als die eher begleitende Haltung im Offenen Unterricht:

> Ich muss als Lehrer eine Vielzahl von Problemstellungen und Impulsen finden, die über die „normalen" Mathematikinhalte hinaus gehen und die Faszination der Mathematik in entsprechenden Aufgaben widerspiegeln, damit diese Aufgaben zum Selbstläufer für die Kinder werden und zu eigenen Forschungen anregen und dauerhaft motivieren. Ansonsten ist der Unterschied zu einem Frontalunterricht mit Gruppenarbeit zu gering. [...]

Zugleich muss die Problemstellung der Aufgabe derart sein, dass eine automatische Differenzierung durch die Kinder erfolgen kann, das heißt sowohl der leistungsstärkste als auch der leistungsschwächste Schüler muss Gewinn aus der Bearbeitung derselben Aufgabe ziehen können. (Peschel 2002b, 186f.)

PESCHEL vermutet, dass die ständige Vorgabe von zu lösenden Aufgaben wahrscheinlich von „stärkeren" Kindern eher konstruktiv genutzt werden kann als von „schwächeren", denen die Bearbeitung der vorgegebenen Aufgaben ungleich schwerer fallen wird. Es ist auch zu vermuten, dass diese Kinder wesentlich mehr Bearbeitungszeit brauchen, sodass äußere Differenzierungsmaßnahmen notwendig werden. Zudem werden gerade den „schwächeren" Kindern ihre geringeren Leistungen durch die gemeinsame Bearbeitung derselben Problemstellung immer wieder vor Augen geführt. Zusätzlich würde wie bei der Schreibkonferenz die Vorgabe fester Termine zum Problemlösen, Verschriften, Austauschen und Präsentieren einen unnötigen äußeren Druck erzeugen, sodass die selbstgesteuerte Auseinandersetzung mit der Mathematik schnell hinfällig wäre. PESCHEL distanziert sich daher von der ritualisierten Durchführung von Rechenkonferenzen und betont die Möglichkeiten selbstgesteuerten und selbstbestimmten Lernens im Offenen Unterricht:

> Die Kernidee-Aufgaben stellen durch ihren oft abstrakteren Anspruch einfach einen anderen Zugang zur Mathematik dar als die auf den individuellen Lernstand und das individuelle Lerninteresse abgestimmten Eigenproduktionen der Kinder. [...] Versteht man die Rechenkonferenzen so offen wie das von uns propagierte Freie Rechnen, entscheiden die Kinder selbst, mit was sie sich beschäftigen, ob sie die Lehrerimpulse aufgreifen (wie gesagt, die Möglichkeit, Kernideen einzubringen, besteht ja auch hier für den Lehrer – allerdings ohne Bearbeitungsverpflichtung auf Seiten der Schüler) und mit wem, wann, wo und wie sie sich austauschen bzw. ihre Ergebnisse präsentieren wollen. Der Druck vorgegebener Zeiten fällt genauso weg wie die Vorgabe, unbedingt mit anderen zusammenarbeiten zu müssen. [...] Der Einbezug der Gruppe erfolgt automatisch und zwanglos dann, wenn der Bedarf auftaucht – spätestens in den gemeinsamen Besprechungen im Sitzkreis. Hier tauchen im Laufe der Zeit dann immer wieder interessante Inhalte auf, ohne dass man als Zuhörer den Druck empfindet, genau wissen zu müssen, um was es da geht. Und trotzdem scheint gerade dieses unbewusste Mitbekommen im Sinne eines inzidentellen Lernens eine wichtige Grundlage für das eigene (mathematische) Lernen darzustellen. (Peschel 2002b, 188)

PESCHEL versucht also die positiven Elemente des Reisetagebücherunterrichts bzw. der Rechenkonferenzen in den Offenen Unterricht zu integrieren, ohne sich dabei auch die Nachteile, die die inszenierte Auseinandersetzung mit sich bringt, einzuhandeln. Statt der Lehrerimpulse sorgt seiner Meinung nach die im Offenen Unterricht entstehende Gruppendynamik für eine schnelle Verbreitung wichtiger und interessanter Inhalte zeitgleich auf verschiedensten Niveaustufen. Es ergibt sich nach PESCHELs Meinung bei den Kindern ein Interesse, „das nicht aus dem Druck, etwas auch *können zu müssen* entsteht und nach einem schnellen Kopieren oder Abschreiben strebt, sondern ein Interesse, das entweder aus der Faszination an der Arbeit des anderen entspringt, oder aber aus dem eigenen Wunsch, etwas auch *können zu wollen*." (Peschel 2002b, 189)

6.5.6 Offener Unterricht und das Konzept „mathe 2000"

Das bekannteste und meistverbreiteste Konzept für (offenen) Mathematikunterricht ist sicherlich der Ansatz „mathe 2000" von WITTMANN und MÜLLER. Sie haben mit ihren „Handbüchern produktiver Rechenübungen" (vgl. Wittmann/ Müller 1990; 1992) ein lehrplanentsprechendes Gesamtkonzept vorgestellt, das viele Prinzipien einschließt, auf die sich auch PESCHEL in seinem Konzept bezieht:

- Aktiv-entdeckendes Lernen, verstanden als eine von der Neugier der Kinder getragenen Motivation, den Strukturen der Mathematik auf den Grund zu gehen;
- Konzentration auf tragende Grundideen der Mathematik;
- veränderte Sichtweise auf den Stellenwert der Rechenverfahren;
- ganzheitliche Vorgehensweise und natürliche Differenzierung, d. h. möglichst keine Beschränkungen bezüglich Zahlraum oder methodischem Weg, anderer Umgang mit „Fehlern" und „Umwegen";
- Beschränkung der Anschauungsmaterialien, Darstellungsmittel und Übungsformate auf wenige zentrale, vielseitig und langfristig nutzbare Hilfen bzw. Werkzeuge;
- Umgang mit Größen als Anwendung von Arithmetik und Geometrie.

Neben der starken Anlehnung an das Konzept „mathe 2000" in fachdidaktischer Hinsicht, die in den detaillierten Ausführungen PESCHELs deutlich werden, gibt es trotzdem einen großen Unterschied in der Grundposition. PESCHELs fachdidaktische Ausführungen sind nicht die eines Mathematikers, sondern die eines Pädagogen, der ein Gesamtkonzept Offenen Unterrichts entworfen bzw. erprobt hat und Hilfen zur Integration der Fächer in diesen Unterricht liefert. PESCHEL hat die Vorstellung eines allgemeindidaktischen Konzepts Offenen Unterrichts, in dem die Fächer sehr wichtig sind, gleichwohl aber im Sinne einer allgemeinbildenden Befähigung des Schülers als „Zubringer", „Werkzeuge", „Lupen", „Herausforderungen" etc. untergeordnet sind. Es gibt für ihn höhere Ziele als die eines einzelnen Faches – Ziele, durch die aber gerade das Fach und seine Vermittlung gestärkt wird. Er bezweifelt, dass die Kombination von Fächern zu etwas „fächerübergreifend Ganzheitlichem" möglich ist, sondern unterstellt, dass die Ganzheit nicht als „Puzzle" fachlicher Bruchstücke entstehen kann. Entsprechend benötigt er eine allgemeine Didaktik für eine Schule, in der allgemeinbildende Inhalte vermittelt werden. Für ihn ist es ein Unterricht, der die Eigenproduktionen der Kinder – egal in welchem Fach – zu seinem Grundsatz macht.

Er möchte durch die starke Betonung der Eigenproduktionen den Blick der Lehrer darauf lenken, wie Kinder (eigentlich) denken bzw. lernen. Der Lehrer ist also nicht derjenige, der den Kindern das Fach bzw. das Lernen vorstrukturiert, sondern der, der sein fachliches und fachdidaktisches Wissen dann einsetzt, wenn er als Lehrer das Gefühl hat, da und dort strukturieren oder Impulse setzen zu müssen. Er lässt sich also nicht durch fachdidaktische Überlegungen seinen (Offenen) Unterricht vorschreiben. Hier wird im Konzept „mathe 2000" trotz der Anerkenntnis konstruktivistischer und selbstgesteuerter Lernprozesse eine andere Sichtweise vertreten:

> Es liegt in der Natur des Lernens, daß der Lernprozeß bei der Auseinandersetzung mit einem Stoffgebiet (z. B. dem Einspluseins) immer individuell ist. Er kann und muß zwar von der Lehrerin angeregt werden und lässt sich in breiten Bahnen auch lenken. Es ist aber unmöglich, ihn quer über eine Klasse hinweg klein- und gleichschrittig zu steuern: Die Gedanken der Kinder sind frei! (Projekt „mathe 2000" 1997, 22)

PESCHEL setzt hier weitaus radikaler auf die Eigeninitiative und das interessegeleitete bzw. selbstbestimmte Lernen der Kinder – wie auch im Zusammenhang mit den Rechenkonferenzen ausgeführt wurde. Dabei findet PESCHEL es schon ausreichend, wenn er den traditionellen Rechenunterricht effektivieren und kinderfreundlicher gestalten kann – einschließlich des Erreichens zusätzlicher allgemeiner Ziele wie Selbstständigkeit, Lerninteresse, Selbstverantwortung etc. PESCHEL geht nicht so weit, dass er höhere mathematische Ziele erreichen will, wenn dadurch andere Ziele (und der ganze Offene Unterricht) gefährdet werden könnten. In seinem Offenen Unterricht nehmen Kniffel-, Problem-, Strukturaufgaben etc. einen sehr hohen Stellenwert ein, sie tauchen kinder- oder lehrerinitiiert auf und verbreiten sich im Unterricht. Sie sind allerdings nicht verbindlich vorgegeben (wobei die Klassenatmosphäre und die gegenseitige Neugier der Kinder eine gewisse – positive – „Verbindlichkeit" schafft), wobei PESCHEL davon ausgeht, dass gerade deshalb auch die Kinder plötzlich Interesse an einer tiefergehenden Auseinandersetzung mit dieser Art Mathematik haben, die sonst nie dafür in Betracht kämen.

Ein anderer wichtiger Unterschied zum Konzept „mathe 2000" findet sich in der differenten Auffassung zum Bereich Üben, der bei „mathe 2000" als „produktives Üben" eine besondere Rolle spielt – wie auch schon die Titel der „Handbücher produktiver Rechenübungen" ausdrücken. PESCHEL möchte hingegen das Üben ganz in das „Ausüben" von Mathematik beim Erstellen von Eigenproduktionen etc. aufgehen lassen. Bei ihm gibt es keine Übungsstunden, in denen bestimmte Aufgabenreihen (operationalisierte oder strukturierte Übungen, „Päckchen mit Pfiff" o. Ä.) eingeübt werden mussten – was nicht heißt, dass die Kinder solche Formate nicht in ihren Eigenproduktionen verwendet haben.

In diesem Zusammenhang kritisiert PESCHEL auch die fehlende Schülerorientierung bei der Visualisierung von Aufgabenzusammenhängen in der Form der Einspluseins- und der Einmaleins-Tafeln des Projektes „mathe 2000" (vgl. Wittmann/ Müller 1992, 42ff.; 119 ff.):

> Durch den Kontakt mit der Tafel (quasi auf Knopfdruck) eigene Strukturen zu entwickeln und zu verinnerlichen bzw. einzuüben, schien uns kein sehr produktives Verfahren zu sein. Wir hatten eher den Eindruck – ähnlich wie beim Lehren des Zehnerübergangs [...] – hier ziemlich an den Schülern vorbei zu unterrichten, nur um die schöne (und für uns als Strukturinhaber auch schlüssige) Tafel angeboten bzw. behandelt zu haben. Entsprechend sollten die Tafeln als unverbindliche Herausforderung in der Klasse hängen oder als Veranschaulichung bzw. Impuls individuell für einzelne Kinder eingesetzt werden. (Peschel 2002b, 160)

6.5.7 Parallelen zum Atelier-Konzept von Glänzel

Wegen der Vielseitigkeit nicht in der obigen Abbildung offener Mathematikkonzepte enthalten ist das Konzept eines in der Freinet-Pädagogik begründeten offenen Mathematikunterrichts von ANGELA GLÄNZEL. Ihr Konzept besteht im Prinzip aus Einzelkomponenten, die sich an mehreren Stellen der Übersicht einordnen lassen. Eine solche Einordnung ließe sich bei den anderen Konzepten in gewissen Bereichen auch rechtfertigen, würde dann aber u. U. das mit der Übersicht beabsichtigte pointierte Bild verfälschen. GLÄNZELS Konzept hat hingegen klar unterscheidbare Bereiche, die teilweise stark vom Lehrer, teilweise ganz von den Schülern getragen werden, teilweise stark an die Alltagserfahrungen, teilweise stark an die fachlichen Strukturen der Mathematik angelehnt sind.

Der Unterricht unterliegt dabei in hohem Maße den Grundsätzen der Freinet-Pädagogik bzw. der „natürlichen Methode", welcher folgende Merkmale zugeordnet werden können (vgl. Schütz 1995, 20ff.):

- Bezug zum Leben, d. h. Ausgangs- und Endpunkt des Lernens ist das Leben der Schüler
- freier Ausdruck, d. h. die Kinder können jegliche Ausdrucksart verwenden, um das darzustellen, was sie bewegt bzw. was sie anderen (auch als Lernergebnis) mitteilen möchten
- tastendes Versuchen, d. h. die Freigabe des Lernweges als entdeckendes bzw. erfindendes Lernen, Versuch und Irrtum eingeschlossen
- Ganzheitlichkeit, d. h. überfachliche, kreative Herangehensweise an Probleme, Zusammenhänge, Lerninhalte
- Autonomie, d. h. Selbstbestimmung, aber auch Selbstverantwortung gegenüber sich selbst und der Gemeinschaft
- Kooperation, d. h. ständiger Austausch über inhaltliche, methodische und soziale Fragen

In GLÄNZELS praktischer Umsetzung finden sich dabei die folgenden Bereiche bzw. Ateliers (vgl. i. F. Glänzel 1997, 144):

- „Erfinderecke"/Le Bohec -Runde
- Museum
- Forscherstation
- Übungsecke/Trainingsstationen
- Alltags- bzw. „Ernstfall-Mathematik"

„Erfinderecke"/Le Bohec-Runde

Die Übertragung des Prinzips des freien Ausdrucks durch das Erstellen mathematischer Erfindungen wurde schon oben bei der Beschreibung des Konzepts von LE BOHEC ausgeführt. Im Gesamtkonzept von GLÄNZEL stellen die eigenen Mathematikerfindungen der Kinder einen kommunikativen Austausch über Mathematik dar, durch den nicht nur eigene Theorien entwickelt und besprochen, sondern vor allem auch ganz individuelle und kreative Zugänge zur Mathematik gefunden werden können. Neben den üblichen Erfinderrunden, in denen GLÄNZEL u. a. die Stellungnahmen und Ideen der Kinder immer mitprotokolliert, gibt es eine „Erfinderecke", in der die neusten Erfindungen der Kinder ausgestellt werden. Jedes Kind besitzt ein eigenes Erfinderheft, in dem es – ähnlich wie beim freien Schreiben – die Möglichkeit hat, seine „bewussten und unbewussten Theorien zu entfalten und weiter zu entwickeln, unabhängig von bestimmten Themen." (Glänzel 1997, 144). Bis auf eine möglicherweise praktizierte Lehrerstrukturierung bzw. -vorauswahl in den Erfinderrunden ist dies sicherlich eines der offensten Elemente des Konzepts.

Museum

Beim Museum geht es um eine langfristige Sammelaktion bzw. Ausstellung der Kinder zu einem vom Lehrer hereingegebenen Impuls:
> Mit dem Museum gibt die Lehrerin den Kindern die Möglichkeit, Mathematik in der Welt zu entdecken oder auch die Welt durch Mathematik zu strukturieren. Das Thema ist dabei gewissermaßen der Focus, durch den das Kind seine Umwelt betrachtet. Hier ist Erfindungsreichtum und Kreativität gefragt. Entscheidend ist aber auch die Realität, um die es gerade geht, denn diese soll ja abgebildet oder strukturiert werden. Dennoch ist der Freiraum des Lernenden groß. Er ist zwar auf ein bestimmtes Thema hingelenkt worden, wann er Fragen und Antworten findet und welche das dann sind, bleibt aber ganz ihm überlas- sen. (Glänzel 1997)

Als Museumsthemen können beispielsweise angeregt werden: (große) Zahlen-Museum, 1000-er Museum, Mal-Museum, Gleich-Museum, Rechengeschichten-Museum, Muster-Museum, Zeit-Museum usw. Nach dem Abebben der Sammeltätigkeit wird die Ausstellung mit Originalen oder durch Fotodokumente in einem Sammelordner archiviert, der zur weiteren Anregung in der Klasse bleibt – so entsteht eine immer größer werdende Sammlung von Museums-Büchern in der Klasse, die zum mathematischen Stöbern und Schmökern einlädt und als Ideenkiste für eigene Aufgaben und Forschungen der Kinder dienen kann.

Forscherstation

In der sogenannten „Forscherstation" gibt der Lehrer für einen Zeitraum von ca. zwei Monaten bestimmte Themen und Materialien in die Klasse, die die Kinder zum entdeckenden Lernen nutzen. So können diese sich die entsprechend angesprochenen Bereiche der Mathematik weitgehend selber erschließen, Zusammenhänge und Probleme „tüftelnd" angehen, eigene Verfahren und Methoden entwickeln, Sachfragen nachgehen und Projekte entstehen lassen. In der Forscherstation befindet sich auch ein Karteikasten, in dem Fragen der Kinder und des Lehrers gesammelt werden. Der Übergang vom Museum zur Forscherstation ist dabei oft ein fließender, weil sich aus den mitgebrachten Dingen Forscherfragen ergeben.

Übungsecke/Trainingsstationen
In der Übungsecke befinden sich Spiele, Karteien, Arbeitshefte und andere Materialien zu Themen des laufenden bzw. vergangenen Schuljahres, aber auch Impulse zur Erarbeitung eigener Rechenverfahren. Dabei geht es vorrangig um das Einüben von Schulmathematik bzw. das Sichern der Rechenfertigkeiten. Der Lehrer hält Kinder auch zum Arbeiten in der Übungsstation an.

Alltags- bzw. „Ernstfall-Mathematik"
Der Bezug zur Anwendungsorientierung bzw. zum Alltag und zum Sachunterricht ergibt sich für GLÄNZEL aus Projekten, die in der Klasse entstehen, sowie aus in das Klassenleben integrierten, möglichst realen Anwendungssituationen, wie z. B. ein Klassenkaufladen, in dem man Nüsse, Rosinen für reale Geldbeträge kaufen kann, der Klassenbank, in der Geld verwaltet wird etc.

Das Konzept von GLÄNZEL ist wahrscheinlich eines der beeindruckendsten Umsetzungen offenen Mathematikunterrichts, die man in der Praxis finden kann. Bestechend ist vor allem die Verbindung des eigenen Zugangs zur Mathematik, den die Kinder über die Erfinderrunden, Alltagselemente, Museumssammlungen und Forschertätigkeiten aufbauen können, mit den eher vom Fach herkommenden Inhalten der Trainingsstationen, die aber eben auch dort durch eigene Umsetzungsideen und –verfahren ergänzt werden und sich wiederum in den Museumssammlungen und Forschertätigkeiten wiederfinden können. Inwieweit die Lehrervorgaben und sicherlich nicht unerheblichen Vorstrukturierungen in einem solchen Lernangebot positiv oder negativ zu sehen sind, lässt sich nicht sagen. Sicher ist jedoch, dass die Lehrerin als Person im Konzept nicht zu unterschätzen ist. Dabei ist nicht nur die (Vor-) Strukturierung und Begleitung der Lernprozesse der Kinder zu nennen, sondern auch GLÄNZELS eigenes (authentisches) Interesse in Bezug auf die Arbeiten der Kinder, das sie u. a. durch das Protokollieren sowie das Sammeln, Dokumentieren und Aufarbeiten der in der Klasse entstehenden Produkte (Museumsbücher etc.) ständig ausdrückt.

Genau diese vorstrukturierende Lehrertätigkeit mit der Verbindung zu einer ungewohnt großen Offenheit zu den Kindern bzw. die Freigabe deren Aktivitäten in den verschiedenen Ateliers macht auch die einfache Einordnung von GLÄNZELS Modell in die obige Übersicht schwierig. Ein Versuch sei hier unternommen, auch wenn dies sicherlich vor dem Hintergrund der (pointiert) vorgenommenen Zuordnung der anderen Konzepte nicht völlig stimmig sein kann (man könnte GLÄNZELS Konzept als Kompromiss auch genau in der Mitte einordnen). Ihr Konzept ist mit Sicherheit das Konzept, das von allen das vielseitigste und integrativste darstellt – getreu der Maxime: Viele Zugänge zur Mathematik schaffen – Mathematik vom Kind aus in strukturierter Umgebung.

Das Atelier-Konzept von Angela Glänzel

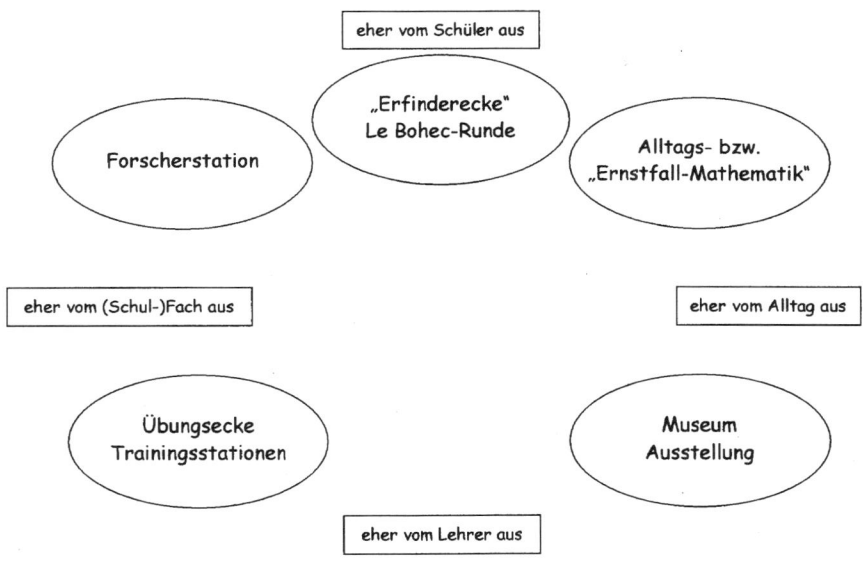

Auf den ersten Blick gesehen, füllt GLÄNZEL alle vier Quadranten der Übersicht aus:
- stark vom Lehrer und vom Fach ausgehend sind Übungsecke und Trainingsstationen
- stark vom Schüler und vom Alltag ausgehend sind Alltags- bzw. „Ernstfall-Mathematik"
- vom Lehrer als begrenzter Focus vorgeschrieben und dabei Mathematik im Alltag strukturierend sind die Sammel- und Ordnungsarbeiten für das Museum
- vom Schüler Eigenaktivität verlangend und dabei mehr vom Fach ausgehend ist die Auseinandersetzung in der Forscherstation
- und zusätzlich ist noch die „Erfinderecke" bzw. die Le Bohec–Runde als vom Schüler getragene Tätigkeit, die sowohl vom Fach als auch vom Alltag ausgehen kann, zu finden

Auf den zweiten Blick wird diese Einteilung schwieriger. So finden sich auch in den Übungsstationen schülerorientierte Elemente, wenn die Kinder eigene Rechenverfahren erproben und austauschen. Auch die Sammel- und Ordnungstätigkeiten für das Museum werden nach dem Lehrerimpuls zum größten Teil von den Schülern übernommen, wohingegen die hier als schülergetragen bezeichnete Auseinandersetzung in den Forscherstationen auch auf vorausgewählten Impulsen des Lehrers beruht. Es fehlt die schon oben angesprochene dritte Dimension des Schaubildes als eine Achse, die mögliche Verschiebungen auf den anderen beiden Achsen im Prozess verdeutlicht.

Vergleicht man nun die Elemente GLÄNZELS mit dem Konzept von PESCHEL, so fallen trotz einer anderen unterrichtlichen Grundidee – nämlich in PESCHELs Konzept die Vermeidung einer so starken Vorstrukturierung durch den Lehrer wie sie GLÄNZEL vornimmt – deutliche Parallelen auf:

- Die „Erfinderecke" ist so zwar nicht bei PESCHEL zu finden, wohl aber das Erstellen und Präsentieren von Eigenproduktionen, die allerdings in der Regel eher an die üblichen Mathematikinhalte angelehnt sind als die sehr kreativen und u. U. ganz davon losgelösten Erfinderrunden nach LE BOHEC.
- Auch die Sammeltätigkeiten für das Museum finden sich nicht in dieser konkreten Auftragsform bei PESCHEL, aber es entstehen ähnliche Tätigkeiten aus den Eigenproduktionen der Kinder (Zahlen in der Umwelt finden, große Zahlen sammeln, Malaufgaben finden etc.).
- Die Forscherstationen existieren bei PESCHEL zwar nicht in dem vorstrukturierten Maße mit regelmäßigen Wechseln wie bei GLÄNZEL, aber die Kinder haben jederzeit Rückgriff auf entsprechende Ideen aus Büchern oder aber bekommen Impulse durch andere Kinder oder den Lehrer – viele Forschungsvorhaben pflanzen sich allein durch ihr Aufkommen in der Klasse fast unsichtbar fort.
- Übungsecken oder Trainingsstationen finden sich so nicht bei PESCHEL, aber die Kinder greifen auf Übungshefte und Schulbücher zurück, die als „roter Faden" bzw. als unverbindliche Impulse aus allen Schuljahren bis hin zur weiterführenden Schule in der Klasse freigegeben bzw. vorhanden sind (mit fließendem Übergang zu Forscheraktivitäten). Zudem werden sie durch die existenten „Führerscheine" zum Automatisieren von Aufgaben angeregt.
- Elemente der Alltags- bzw. „Ernstfall-Mathematik" finden sich im Umgang mit Größen bzw. in den eigenen Projekten sowie in den Rechengeschichten der Kinder wieder.

Rechengeschichten, die bei PESCHEL eine Form des freien Schreibens mit Bezügen zur Mathematik, d. h. zum Rechnen mit und ohne Größen, zum Überschlagen und Schätzen und auch zur Geometrie darstellen, kommen bei GLÄNZEL nicht ausdrücklich als Konzeptelement vor, sondern tauchen situativ im Rahmen anderer Handlungen auf. In der Sichtweise auf die Schwerpunktsetzung im Unterricht spielt für GLÄNZEL sicherlich ein kreativerer Umgang mit Mathematik eine größere Rolle als bei PESCHEL, in Bezug auf die üblichen Lehrplaninhalte und ihre Rangordnung finden sich jedoch Parallelen. Auch für GLÄNZEL ist der eigene Weg der Kinder die zentrale Komponente, die dazu führt, dass Normverfahren o. Ä. immer nach der Entwicklung eigener Rechenverfahren und –strategien liegen bzw. die verschiedenen Vorgehensweisen der Kinder zur Grundlage haben.

Zu vermuten ist, dass die Vorstrukturierung GLÄNZELS, die sich doch irgendwie an einem (auf die Klasse abgestimmten) Curriculum orientiert, u. U. doch eine stärkere Präsenz bestimmter Inhalte zu einer bestimmten Zeit nach sich zieht. So werden beispielsweise die Forscherinhalte in einem zweimonatigen Rhythmus gewechselt und auch die Sammelaufgaben für das Museum haben einen konkreten Bezug zu gerade „aktuellen" Inhalten (Tausender-Museum, Mal-Museum etc.). Bei PESCHEL ist dies durch die völlige Individualisierung anders. Hier arbeitet jedes Kind auf Grund der Erstellung von Eigenproduktionen bzw. der Freigabe der Übungshefte zunächst einmal vor allem an seinen eigenen Sachen. Die Leistungen der Schüler liegen dabei zum Teil Jahre auseinander, wenn z. B. im ersten Schuljahr einzelne Kinder noch keinen Weg zur Mathematik gefunden haben und andere bereits im unbegrenzten Zahlenraum addieren und subtrahieren können (vgl. Peschel 2002b, 129f.). Dass es trotzdem auch bei PESCHEL so etwas wie einen „roten Faden" – vor allem als „Absicherung nach unten" – gibt, liegt einerseits am ständigen Austausch der Kinder untereinander, aber sicherlich auch an den Vorschlägen, die sie sich als Hausaufgaben mitnehmen können.

Bezüglich des in der Klasse verfügbaren Materials ist anzunehmen, dass sich auch hier die Ausstattung unterscheidet. So spricht GLÄNZEL in einigen Veröffentlichungen von einem eigenen Mathematikraum, in dem sich die Ateliers befinden und der entsprechend mit Arbeitsmitteln, Übungsmaterialien, Werkzeugen etc. ausgestattet ist. Bei PESCHEL steht hingegen der Verzicht auf die üblichen Arbeitsmittel im Vordergrund, er beschränkt sich auf einfache Veranschaulichungsmittel wie z. B. die Hundertertafel. Ansonsten ist der Mathematikunterricht vollständig in den Offenen Unterricht integriert und greift auf dessen „Werkzeuge" zurück, ob in der Form von Maßbändern, Waagen, Sachbüchern o. Ä.

Diese Integration in den gesamten Unterricht hat auch Auswirkungen auf die Zeitstruktur bzw. die individuelle Auseinandersetzung mit Mathematik, die eben nicht nur auf bestimmte Stunden nach einem vorgegebenen Rhythmus beschränkt ist, wie es bei GLÄNZEL der Fall ist:

> Am Beginn jeder Mathematikstunde, die möglichst eine Doppelstunde sein sollte, steht der „Erfinder- und Vorstellkreis", in dem jeweils ein bis drei „Erfindungen" besprochen werden und einzelne Kinder über ihre Forschungen und sonstigen Arbeitsergebnisse berichten.
> Danach kommt die Planungsphase, in der jedes Kind mithilfe seines selbst erstellten Arbeitsplans die Arbeit der heutigen Stunde benennt und eventuell Absprachen mit anderen Kindern trifft. Dann folgt die individuelle Arbeitszeit, die mit der Eintragung in den Arbeitsplan und einer kurzen Reflexion über die eigene Arbeit schließt. (Glänzel 1997, 143)

Bei PESCHEL treibt der Schüler dann Mathematik, wenn er das will. Das kann mit der Zeit ein Rhythmus sein, der daraus besteht, jeden Tag zu schreiben, zu lesen, zu forschen und zu rechnen. Das kann aber auch heißen, dass man sich über Wochen fast ausschließlich mit Mathematik (oder eben auch nicht) beschäftigt. Der eigene Arbeitsrhythmus ist nicht mehr auf ein oder zwei Stunden Mathematikunterricht beschränkt, sondern auf längere Einheiten, die nicht nur individuelle „Lernkurven" widerspiegeln, sondern auch stärkere und schwächere Phasen der Arbeitsintensität in der ganzen Klasse. PESCHEL nimmt an, dass gerade diese Möglichkeit zum interessegeleiteten und selbstregulierten Lernen – ich beschäftige mich mit einem Themengebiet, wenn ich das selbst will (wodurch auch immer angeregt) – ein Schlüssel zu einem effektiven Lernen ist. Zu einem so effektiven Lernen, dass ein Lernen mit Vorstrukturierung des Lehrers langfristig nicht effektiver sein muss – was nicht heißt, dass der Lehrer mit seinen Impulsen und seiner Neugier auf die Eigenproduktionen der Kinder unwichtig ist.

Die maßgebliche, für PESCHEL dabei immer noch offene Frage bezüglich eines in den Offenen Unterricht integrierten mathematischen Gesamtkonzepts ist – neben der nach den notwendigen „Bausteinen", „Strängen", „Methoden" – vor allem die nach der Rolle, die die „Schulmathematik" in einem solchen Konzept spielt. Wie kann sie in ein ganz auf dem selbstgesteuerten Lernen der Kinder basierendes Konzept integriert werden – oder ist dies immer nur über separate Zugänge oder Übungsformen möglich, wie z. B.

- die freigegebenen Übungshefte bei PESCHEL,
- die Vorstrukturierung und die Übungsstationen bei GLÄNZEL,
- die vorgegebenen Aufgaben und produktiven Übungen im Konzept „mathe 2000",
- die gemeinsame Auseinandersetzung mit Kernideen im Reisetagebücherunterricht
- oder die Inszenierung von themengebundenen Rechenkonferenzen möglich?

Kann es ein Konzept geben, das Kindern einen möglichst tragfähigen und selbstgesteuerten Zugang auch zur Schulmathematik ermöglicht – wie es z. B. beim Schreiben-, Rechtschreiben- und Lesenlernen mittlerweile häufiger anzutreffen ist? Eine radikale Freigabe der (Schul-)Mathematik scheint es zumindest bislang bei keinem (lehrplanentsprechenden) Konzept zu geben. Wenn das so sein sollte, fragt PESCHEL, wäre es wichtig zu wissen, welchen „roten Faden" (z. B. ein Matheforscherbuch), welche Impulse (z. B. eine Ideenkiste), welche Strukturen, welche Umgebung der Lernende zum (effektiven) eigenen Nacherfinden benötigt. Und: Gibt es auch in der Mathematik so etwas wie eine Tabelle der (natürlichen) mathematischen Entwicklung, wie sie z. B. die Schreibentwicklungstabelle für den Schriftspracherwerb darstellt?

6.6 Zusammenfassung

Das Konzept des Mathematikunterrichts zeigt, wie auch dieser Bereich in den Offenen Unterricht integriert werden kann. Die Ausgangsbasis für die individuelle Öffnung des Mathematikunterrichts stellen wie in allen Fächern die Vorkenntnisse der Kinder dar, die auch in der Mathematik weitaus höher sind als vielfach angenommen. Damit eine wirkliche Individualisierung erfolgen kann, werden nicht nur die Lernwege der Kinder, sondern auch die Inhalte freigegeben. Die Eigenproduktionen der Kinder werden zu ihrem individuellen Lehrgang, der sie vor einem reinen Auswendiglernen vorgegebener Techniken und Verfahren schützt. Das Zulassen eines „kombinationsgetreuen Rechnens" als Pendant zum „lautgetreuen Schreiben" kann dabei den Blickwinkel des Betrachters auf den Denkprozess des Kindes lenken. Impulse bekommen die Kinder durch ihnen bekannte Aufgaben, Anregungen anderer Kinder oder des Lehrers, mathematische Phänomene in der Umwelt usw. Die Erweiterung der vorhandenen Kenntnisse fällt durch die Strukturtreue unseres Zahlsystems nicht schwer, es sind mannigfaltige Analogien zu entdecken, Transferleistungen zu erbringen und Operationen zu verknüpfen. Zugleich ergibt sich so auf natürliche Weise das Spannungsfeld zwischen einem Wiederfinden und Nutzen der Mathematik im Alltag und dem abstrakten Erforschen von mathematischen Strukturen und Zusammenhängen.

Die Eigenproduktionen der Kinder, die in der Form selbst ausgedachter Kniffelaufgaben, Aufgabensammlungen, Rechengeschichten, Projekte usw. erstellt werden, führen dabei auch zu einem Umdenken in Bezug auf die Wertigkeit der Rechenverfahren. Das individuelle (halbschriftliche) Rechnen auf eigenen Wegen wird zentraler Ausgangspunkt der Arithmetik und Grundlage sowohl für das Automatisieren von Aufgaben als auch für die schriftlichen Rechenverfahren. Diese lassen sich m. E. leicht aus den halbschriftlichen Strategien der Kinder entwickeln – und zwar möglichst spät z. B. durch eine Gegenüberstellung verschiedener Vorgehensweisen eines oder mehrerer Kinder, aus denen dann (beispielsweise aus Gründen der Effektivität) eine Vereinbarung gewonnen wird. Da eine Reihe empirischer Erhebungen belegt, dass außerhalb der Schule eben nicht die in der Schule gelernten Standardverfahren angewendet werden, sondern situationsabhängige spezifische Methoden des Kopfrechnens und des halbschriftlichen Rechnens benutzt werden, erscheint gerade dieses Anknüpfen an die individuellen mathematischen Strategien des Kindes unabdingbar.

Inhaltliche Basis des Mathematikunterrichts stellt die Integration der drei Bereiche Arithmetik, Geometrie und Größen dar. Dabei werden sich die „höheren" mathematischen Ziele (Beobachten, Mathematisieren, Argumentieren, kreativ sein usw.) durch den Zwang zur eigenaktiven Auseinandersetzung beim selbstgesteuerten Lernen und Entdecken entwickeln – ähnlich der Sprach- bzw. Rechtschreibkompetenz im offenen Sprachunterricht. Der größte Teil der zu lernenden Inhalte kann sich bei den Kindern von selbst entwickeln, wenn sie ihre Vorkenntnisse nutzen sowie Impulse aus der Schule oder von zu Hause umsetzen. Sie rechnen mit immer größeren Zahlen, anderen Operationen, erweitern ihr Wissen über Größen, Messverfahren, Tabellen, geometrische Formen usw. Inhalte, die nicht von alleine auftauchen bzw. nicht nachentdeckt oder nacherfunden werden können (die schriftlichen Rechenverfahren, Zeichen für „größer als" und „kleiner als", Konventionen bezüglich des Rundens von Zahlen, Übersichten über nicht aus dem täglichen Gebrauch bekannte Größeneinheiten, bestimmte geometrische Ausdrücke und Bezeichnungen), können als direkte oder indirekte Lehrerimpulse für einzelne Schüler oder in den gemeinsamen Kreisgesprächen in die Klasse eingebracht werden.

Um den Kindern über die Grundschulzeit hinweg die wichtigsten Kernideen und auch Ideen für Aufgaben und Übungsformate in einer unverbindlichen Form zugänglich zu machen, können verschiedene „Werkzeuge" und „Impulse" konkret oder als Idee bereitstehen. Freigegebene Übungshefte verschiedener Jahrgangsstufen, Zahlenalben, Rechengeschichtenhefte oder Matheforscherbücher können das Erstellen von Eigenproduktionen erleichtern bzw. den Kindern alle in den vier Grundschuljahren zu lernenden arithmetischen Inhalte von Anfang an als „roten Faden" zugänglich machen, sodass sie nicht einem gleichschrittigen Lehrgang folgen müssen. Zusätzlich wurden gut gemeinte Hilfen wie Veranschaulichungsmittel und Darstellungsformen frei gegeben. Ob eine Mengentabelle mit Mengendarstellungen, Zwanzigerfeld, Hundertertafel, Tausenderbuch oder Wendeplättchen in verschiedensten Strukturen, alle diese Veranschaulichungsmittel sollten als Werkzeuge bereitstehen, aber ihr Gebrauch sollte nicht verpflichtend gemacht werden. Genauso sollten die Kinder selbst über die Formen bestimmen, die ihnen das Durchdringen bzw. Lösen einer Aufgabe erleichtern. Eine einfache, jederzeit unkompliziert und individuell nutzbare Darstellungsform wäre z. B. der Rechenstrich, der aus dem Stegreif so gezeichnet werden kann, wie man ihn gerade braucht.

Entsprechende Überlegungen gelten auch für Übungsformate, d. h. mögliche Aufgabengrundformen, die sowohl zum Rechnen als auch zum Entdecken von Zusammenhängen anregen. Dabei wird „Üben" nicht als „Einüben" eines bestimmten Verfahrens oder Auswendiglernens bestimmter Aufgaben verstanden, sondern als das in das freie Rechnen integrierte „Ausüben" von Rechenfertigkeiten und mathematischen Überlegungen (siehe auch Kapitel 4.1.7). Die Eigenproduktionen der Kinder werden sich vor allem in halbschriftlichem Rechnen (mit oder ohne konkrete Notation eventueller Rechenschritte) äußern und führen ganz von alleine zu einem hohen Grad an Automatisierung von Aufgaben.

Geometrie-, Größen- und Sachrechenunterricht werden nicht nur in den Mathematikunterricht, sondern in den gesamten (Offenen) Unterricht eingebettet, wodurch gleichzeitig die Mathematik in ihrer Ganzheit den notwendigen Anwendungsbezug für die Schüler bekommt. Quantitative Abschätzungen und sachinhaltliche, qualitative Überlegungen sind in der Wirklichkeit viel mehr ineinander verschränkt, als dies in separierenden Schulbuchaufgaben deutlich wird, und entfalten erst in der realen Anwendung oder in der Simulation ihr Bildungspotential. Der Aufbau von Größenvorstellungen ergibt sich dabei aus dem (handelnden) Umgang mit Größen und Maßen in entsprechenden Aktionen in der Klasse (Wiegen und Messen beim Backen, Ausmessen von Gegenständen beim Umräumen der Klasse, Zeichnen von Plänen dazu, Messen und Wiegen im Sport- und im Sachunterricht, Bauen von Modellen, Anlegen und Parzellieren eines Klassengartens). Wichtig für den Aufbau von Größenvorstellungen erscheint auch das Schätzen. Mit der Zeit werden die Kinder immer andere Schätzmethoden anwenden, die sich in ihrer Genauigkeit oder in ihrer Effektivität unterscheiden (Teilmengen sortieren, abwiegen, in Felder unterteilen, addieren, multiplizieren, potenzieren usw.). Die Integration eines solchen in den gesamten Offenen Unterricht eingebetteten „Sach-Anwendungsunterrichts" wird durch die vier „tragfähigen Säulen" deutlich:

- Freie Projekte integrieren auch Mathematisieren (Sachen „begreifen")
- Freies Lesen integriert auch Sachtexte (über Sachen „staunen")
- Freies Schreiben integriert auch Rechengeschichten (Sachen „verwenden")
- Forscherfragen integrieren auch Problemlösen (Sachen „denken")

Aus der Darstellung des Konzepts wird offensichtlich, dass sich der offene Mathematikunterricht – genauso wie die anderen Fächer – in den gesamten Offenen Unterricht einfügt. Es finden keine gesonderten Mathematikstunden statt, sondern die Beschäftigung mit mathematischen Inhalten spielt in der Klasse immer eine Rolle. Dabei erfolgt eine freie Aneignung der üblichen Inhalte des Mathematikunterrichts – es findet keine radikale Umwälzung der Inhalte statt. Dies wird besonders deutlich, wenn man das Konzept mit anderen „Ansätzen" vergleicht.

So finden sich Elemente des freien Ausdrucks der mathematischen Erfinderrunden nach LE BOHEC ansatzweise innerhalb der Erstellung von Eigenproduktionen durch die Kinder, die im Kreis vorgestellt bzw. diskutiert werden. Auch Aspekte der sogenannten „Straßenmathematik" lassen sich im beschriebenen Konzept aufspüren, wenn die Kinder durch den Verzicht auf Lehrgänge und Vorgaben innerhalb ihrer Eigenproduktionen ihre eigenen mathematischen Denkmodelle und Vorstellungen weiter entwickeln und nicht davon losgelöst schulische Verfahren erlernen, die sie dann außerhalb der Schule nicht anwenden. Die weitgehende Freigabe des methodischen Weges, die Möglichkeit des Einbezuges von Alltagsproblemen, die freie Wahl der Hilfs- und Veranschaulichungsmittel, alle diese Komponenten gewähren zumindest ein Maß an Situationsorientierung, das auch in der Straßenmathematik zu finden ist. REICHENs Forderung „Rettet die Mathematik, macht Sachunterricht" verlangt danach, Kindern die Mathematik durch Anwendung im Alltag bewusst zu machen. Auch diese Aspekte finden sich im dargestellten Konzept wieder, allerdings nicht mit der Absolutheit, mit der REICHEN sie fordert, sondern als ein wichtiger Teilbereich des Mathematikunterrichts, der aber zusätzlich auch die abstrakte Beschäftigung mit mathematischen Strukturen und Zusammenhängen einbezieht.

Als ein ähnlich radikales Unterrichtskonzept stellt sich der Verzicht auf formales Rechnen bis in die fünfte bzw. siebte Klasse dar, wie es in den dreißiger Jahren des letzten Jahrhunderts von BENEZET erfolgreich umgesetzt wurde. Ein solches Vorgehen war auf Grund der Lehrplanvorgaben in der hier untersuchten Klasse nicht möglich, aber es finden sich trotzdem einige Parallelen zu BENEZETS Ansatz. So spielt z. B. in beiden Ansätzen der Verzicht auf ein lehrgangsmäßiges Durchnehmen von Inhalten eine Rolle, die die Kinder in der Regel über kurz oder lang auch von selbst lernen (beispielsweise das Lesen der Uhr). Des Weiteren berücksichtigt der Offene Unterricht in so hohem Maße die eigenen Interessen und Lernwege der Kinder, dass er schon fast dem Verzicht auf einen formalen Lehrgang nahe kommt. Die andere Sicht auf den Stellenwert der einzelnen Rechenverfahren, die Betonung des Denkens und des Schätzens, der Umgang mit dem Fehler, all dies sind Elemente, die in beiden Konzepten vorkommen.

Im Hinblick auf einen Unterricht mit Reisetagebüchern bzw. Rechenkonferenzen, bei dem der Lehrer einen Arbeitsimpuls in die Klasse gibt, den die Kinder dann individuell bzw. im gegenseitigen Austausch bearbeiten, weist das freie Rechnen bzw. Mathematik-Treiben in der hier untersuchten Klasse den Vorteil größerer Möglichkeiten zur Individualisierung und zum interessegeleiteten Lernen auf. Die Kinder sind nicht auf ein bestimmtes Stoffgebiet festgelegt, sondern folgen selbstgesteuert ihrem eigenen „Lehrgang", die Impulse zur Auseinandersetzung kommen dabei durch das Geschehen in der Klasse bzw. die Anregungen der anderen Kinder und des Lehrers. So werden die Nachteile der ritualisierten Durchführung bzw. des lehrergeleiteten Lernens vermieden – zumal der methodisch offene Unterricht mit Reisetagebüchern oder Rechenkonferenzen in der Praxis wiederum oft durch Einführungs- und Übungsstunden ergänzt wird. Dieser Unterschied in Bezug auf die Rolle des Lehrers ist auch das, was den hier beschriebenen Ansatz der Eigenproduktionen vom Konzept „mathe 2000" abgrenzt – trotz vieler gleicher Grundprinzipien (aktiv-entdeckendes Lernen, Konzentration auf tragende Grundideen; veränderter Stellenwert der Rechenverfahren, ganzheitliche Vorgehensweise, natürliche Differenzierung, anderer Umgang mit „Fehlern" und „Umwegen", Beschränkung der Anschauungsmaterialien, Darstellungsmittel und Übungsformate, Umgang mit Größen als Anwendung von Arithmetik und Geometrie). Deutlich wird das u. a. am Verzicht einer lehrerinitiierten Beschäftigung mit mathematischen „Strukturaufgaben" o. Ä. sowie in der differenten Auffassung zum Bereich Üben, der weitgehend in das Erstellen der Eigenproduktionen bzw. in das „Ausüben" von Mathematik integriert ist.

Starke Parallelen gibt es zu dem in der Freinet-Pädagogik begründeten Mathematikunterricht von GLÄNZEL, die den Kindern in den Mathematikstunden verschiedene „Ateliers" zum Arbeiten zur Verfügung stellt: „Erfinderecke"/Le Bohec–Runde, Ausstellung/Museum, Forscherstation, Übungsecke/Trainingsstationen, Alltags- bzw. „Ernstfall-Mathematik". Viele dieser Elemente finden sich auch im hier dargelegten Konzept: Das Erstellen und Präsentieren von Eigenproduktionen hat Ähnlichkeit mit der „Erfinderecke" bzw. der „Le Bohec–Runde", aus den Eigenproduktionen der Kinder entstehen ähnliche Tätigkeiten wie die Sammelaktivitäten für das Museum, der jederzeitige Rückgriff auf Ideen aus Büchern oder Impulse durch andere ersetzt die Forscherstation, der Rückgriff auf Übungshefte und Schulbücher als „roter Faden" geht in die Richtung der Übungsecken und der freie Umgang mit Größen bzw. die Durchführung eigener Projekte stellt die Alltags- bzw. „Ernstfall-Mathematik" dar. Der große Unterschied der Konzepte liegt wiederum in der Vorstrukturierung durch den Lehrer, die bei GLÄNZEL zwar in einer ganz anderen und offenen Weise erfolgt als in anderen Konzepten („mathe 2000"), aber doch eine Präsentation bestimmter Inhalte zu einer bestimmten Zeit nach sich zieht (Wechsel der Forscherinhalte alle zwei Monate etc.). Im obigen Konzept steht den Kindern jederzeit mindestens die gesamte Grundschulmathematik zur Verfügung – noch dazu mit einem weitaus größeren Verzicht auf Arbeitsmittel als bei GLÄNZEL.

Durch diesen abschließenden Vergleich mit anderen offenen Mathematikkonzepten wird deutlich, dass es bislang keinen Ansatz gibt, das Kindern ein so vom Lehrer unabhängiges Lernen ermöglicht, wie das in der hier untersuchten Klasse praktizierte (unabhängig von einer Bewertung der Effektivität). Entweder handelt es sich bei den beschriebenen Ansätzen nur um Unterrichtselemente neben anderen, die in ihrer Form nicht den gesamten Mathematikunterricht tragen, oder aber die Konzepte lassen sich nicht innerhalb der zurzeit gültigen Lehrplanvorgaben umsetzen. Trotzdem erscheint das hier beschriebene Konzept für den Mathematikunterricht m. E. noch stärker auf bestimmte Materialien und Impulse (z. B. durch die freigegebenen Übungshefte) angewiesen zu sein als andere Fächer (wie z. B. der Sprachunterricht) in der hier dargestellten Offenen Konzeption. Dies wird u. a. auch in der nun folgenden Betrachtung des Sachunterrichts deutlich, der hier als ein alle Fächer integrierender Offener Unterricht verstanden wird.

7 Die Umsetzung der anderen Unterrichtsfächer im Konzept eines integrativen Offenen (Sach-)Unterrichts

Obwohl in der hier vorliegenden Untersuchung keine direkte Leistungsentwicklung für den Bereich des Sachunterrichts sowie der anderen Fächer einbezogen wurde, erscheint eine Darlegung der diesbezüglichen Unterrichtspraxis wichtig. Diese erfolgt wie in den Kapiteln zum Sprach- und zum Mathematikunterricht aus der Sicht des Außenstehenden. Dabei fließen in die Darstellung auch Erfahrungen ein, die aus der Umsetzung des Konzepts in der hier untersuchten Klasse resultieren. Eine Abgrenzung bzw. Einbettung in andere Konzepte erscheint nicht notwendig bzw. möglich, da entsprechende Konzepte z. B. für den Sachunterricht oder den Religionsunterricht oft eher dem methodischen Bereich (Werkstattunterricht, Projektunterricht, Freie Arbeit, Wochenplanunterricht, Stationslernen etc.) zuzuordnen sind denn ein Gesamtkonzept widerspiegeln. Ein Hinweis auf die Entlehnung der entsprechenden Passagen der Beschreibung PESCHELS findet sich am Schluss des jeweils letzten zugehörigen Abschnitts (vgl. i. F. Peschel 2002b).

Die zentrale und überfachliche Rolle, die der Sachunterricht im Konzept des Offenen Unterrichts von PESCHEL spielt, wird in PESCHELS Anlehnung an ein Zitat von HÄNSEL deutlich:

> Wenn am Anspruch einer konsequenten Lebensweltorientierung der Didaktik [...] festgehalten werden soll, kann der Sachunterricht nur als quer zu den anderen Lernbereichen der Grundschule liegender und sie übergreifender „offener" Unterrichtsbereich und die Sachunterrichts-Didaktik als Didaktik dieses lernbereichsübergreifenden, offenen Unterrichtsbereichs definiert werden. (Hänsel 1980, 76)

> Ein solches Konzept ist dabei mehr als ein offener, fächerübergreifender Sachunterricht und viel mehr als das, was seit einigen Jahren als Reaktion auf die Zusammenfassung der Fächer Sprache, Mathematik und Sachunterricht zu einem fächerübergreifenden Lernbereich als „Kombinations-" oder „Verbundwerk" der Verlage Einzug in die Schulen hält. [...] Nimmt man die zur Auseinandersetzung mit den Fragestellungen bzw. Sachinhalten notwendigen Techniken und möglichen Umsetzungs- und Darstellungsformen des Sachunterrichts zusammen, so zeigt sich, dass eine weit über ein einfaches fächerübergreifendes Arbeiten hinausgehende Gesamtheit entsteht. Es werden Informationen gesucht, gelesen, ausgewertet, notiert, zusammengefasst, es werden Maßeinheiten und Größen miteinander verglichen, Rechnungen getätigt, Tabellen und Statistiken ausgewertet und erstellt, es werden Ausstellungen vorbereitet, Plakate gestaltet, Illustrationen und Modelle angefertigt, es werden Sachverhalte szenisch dargestellt, musikalisch begleitet, vertont, moralisch und ethisch hinterfragt, in bestehende Normen eingebettet. Sachunterricht ist nicht Üben, sondern „Aus-"üben von Sprache, Mathematik, ja auch Kunst, Musik und oft sogar auch Religion und Sport ... – ganz zu schweigen von der dem Fach immanenten Schulung von Arbeits- und Sozialverhalten. (Peschel 2002b, 226)

PESCHEL fordert, dass man einen solchen Unterricht, der der Sache entspringt und zu ihrer Bearbeitung *auch* die verschiedensten Fächer nutzt, deshalb nicht mehr „fächerübergreifend" nennt, sondern „integrativ". Der Begriff integrativ soll dabei verdeutlichen, dass es um eine Gesamtheit geht, die gar nicht erst durch die Aufteilung in Fächer zerstört wird. PESCHELS Ausführungen über offenen Sprach- und Mathematikunterricht haben gezeigt, dass es in diesen Fächern seiner Meinung nach keines Lehrgangs bedarf und die in der Grundschule zu erreichenden Ziele nicht mit reproduktiven Verfahren zu erreichen sind, sondern – unter der Prämisse von Effektivität und der Prävention von Lernschwierigkeiten – durch eine selbstgesteuerte Aneignung. Der integrierend verstandene (Sach-)Unterricht bietet für ihn als handlungsoffene Auseinandersetzung mit der Wirklichkeit die Möglichkeit zum ganzheitlichen „Begreifen" von Sache, Wort und Zahl. Er bietet den Raum, eigenen Vermutungen nachzuspüren, Informationen zu sammeln, Vermutungen auszutesten, Lösungen festzuhalten. Und zwar nicht nur im Bereich der Auseinandersetzung mit der Sache, sondern immer. Auch das Erlernen von Sprache und Mathematik wird so zur „Sache des Sachunterrichts" bzw. zur „Sache des Offenen Unterrichts" (vgl. Peschel 2002b, 226f.).

Über seine Vielseitigkeit hinaus liefert der integrative Offene Unterricht Entscheidendes für die Fächer bzw. die Schule insgesamt. Er gibt ihnen bzw. ihr durch seine Erfahrungs- und Anwendungsorientierung den Sinn. Lesen, Schreiben und vor allem Rechnen werden zur Auseinandersetzung mit der Sache gebraucht. Sie müssen nicht losgelöst und untransparent als Techniken eingeführt und eingeübt werden – auch nicht als „Grundlage" im Anfangsunterricht. Zu jeder Zeit und in jeder Situation kann die Auseinandersetzung mit der Sache im Vordergrund stehen und das Erlernen bzw. Üben der Kulturtechniken unbewusst und sinnvoll im Dienste eines wirklichen Anlasses erfolgen (vgl. Peschel 2002b, 227). Dabei betont PESCHEL die pädagogische Komponente:

> Das ist mehr als die Zeitersparnis, die dadurch entsteht, dass man mehrere Dinge effektiv und gleichzeitig tut: Es ist die Achtung vor dem Lernenden, die sich darin ausdrückt, ihn als Menschen und nicht als abzufüllenden Wissensspeicher zu behandeln. Aber auch noch andere kulturelle Errungenschaften kommen ununterbrochen implizit oder explizit in diesem Unterricht vor und vereinen dadurch Schule zu etwas, was dann wirklich dem ihr eigentlich eigenen Bildungsauftrag entspricht: autonomes Erlernen von individuell wichtigen Kenntnissen und Fertigkeiten unter gleichzeitiger ethisch bzw. emphatisch ausgerichteter Persönlichkeitsbildung. (Peschel 2002b, 227)

Im Folgenden soll im Rückgriff auf die ausführliche Konzeptbeschreibung von PESCHEL (2002b) dieses alle Fächer umfassende integrative (Sach-)Unterrichtskonzept ausgeführt werden – mit einer zusätzlichen Betrachtung der einzelnen Fächer bzw. noch fehlenden Bereiche im zweiten Unterkapitel.

7.1 Sachunterricht

Eine Möglichkeit, sich den Zielen und Umsetzungsformen des Sachunterrichts in der Schule zu nähern, ist die Unterscheidung der Schwerpunktsetzung „Sachunterricht als Methodenkompetenz" oder „Sachunterricht von der Sache ausgehend".

Beim Ansatz „Sachunterricht als Methodenkompetenz" sieht man die Möglichkeiten des Faches vor allem in der Förderung selbstgesteuerten Lernens auf Seiten der Schüler. Anhand eigener Forschungsprojekte lernen die Kinder Methoden und Medien kennen und einzusetzen. Dabei erfolgt die Themenauswahl individuell interessegeleitet oder gemeinschaftlich abgestimmt. Ziel der Erarbeitungen sind entsprechende Präsentationen vor der Klasse in der Form von freien Vorträgen, Ausstellungen, Wandzeitungen, Experimenten, Modellen, szenischen Darstellungen usw. Dieser Ansatz hat dabei nichts mit den „verfahrensorientierten" Curricula der siebziger Jahre zu tun, in denen Verfahren und Techniken oft abgelöst von eigenen Problemstellungen in geschlossenen Curricula gelehrt wurden.

Beim Ansatz „Sachunterricht von der Sache ausgehend" wird „die Sache selbst" zum Ausgangspunkt des Sachunterrichts gemacht. Die Faszination oder auch die Problemorientierung, die von einer Sache ausgeht, entspringt einer Begegnung, einer forschenden Neugier, einem „kognitiven Konflikt", einem „Staunen" des Lernenden. Um mehr über die Sache zu erfahren, befragt er die Wissenschaften lehrgangslos und „überfachlich" und versucht so das Problem zu lösen bzw. zu „erforschen". In der Regel wird ein solcher Sachunterricht in der Praxis stärker vom Lehrer vorstrukturiert als ein Sachunterricht, bei dem es vor allem um die Erweiterung der Methodenkompetenz geht.

Im hier praktizierten Konzept Offenen Unterrichts liegt der Schwerpunkt vor allem in einem selbstgesteuerten Vorgehen der Kinder und damit im ersten Ansatz. Trotzdem wird auch der zweite Ansatz integriert, aber auf eine andere Art, als es gemeinhin üblich ist. Statt der gemeinsamen Bearbeitung eines vom Lehrer ausgewählten und vorstrukturierten Themas schafft das interessegeleitete Lernen der Kinder ein individuelles „von der Sache ausgehen". Es gibt zwar u. U. nicht mehr die gemeinsamen bzw. verbindlichen Ziele, die sonst in einem Unterricht zu finden sind, in dem eine bestimmte Sache in den Vordergrund gerückt wird, aber die in diesem Ansatz von der Sache selbst ausgehende Motivation zeichnet auch das eigene Forschen der Kinder im Unterrichtskonzept von PESCHEL aus – und zwar ohne die seiner Meinung nach beschneidenden Elemente inszenierter und vorstrukturierter Sachauseinandersetzung. Hier ist wiederum zu betonen, dass der Lehrer im Konzept von PESCHEL aktives Mitglied der Gemeinschaft ist, das – wie alle anderen Beteiligten – Impulse, Kritik und Anregungen in den Unterricht einbringt.

Für PESCHEL sollen die Kinder im Sachunterricht vor allem die Möglichkeit bekommen, sich selbsttätig ihre Lebenswelt zu erschließen, wobei erste Kontakte mit „wissenschaftlichem Arbeiten" erfolgen. Hier wird also Maßgebliches für die der Primarstufe eigene Grundlegung der Bildung getan und zwar – in der Idealform – mit unmittelbarem Bezug zur Lebenswirklichkeit des einzelnen Kindes. Die begrenzten, klar abgesteckten Bereiche der gemeinsamen Lebenswirklichkeit der traditionellen Schulklasse gibt es immer weniger. An ihre Stelle tritt eine individuelle Lebenswirklichkeit des einzelnen Kindes inmitten einer hochspezifischen heterogenen Gesellschaft. Eine individuelle Lebenswirklichkeit, die sich oft so stark von anderen unterscheidet, dass es sich eher um sich widersprechende denn zusammenführbare Wirklichkeiten zu handeln scheint. Entsprechend hat sich die aktuelle Auffassung von Bildung bzw. Allgemeinbildung von der reinen Wissensaneignung zu einem eher ethischen Bildungsbegriff gewandelt, das reine Faktenwissen tritt in den Hintergrund und weicht einer Bildung, die menschliche Qualitäten wie Kritik- und Selbstkritikfähigkeit, Argumentationsvermögen und Empathie, also die Fähigkeit, sich in andere hineinversetzen zu können, in den Vordergrund rückt (vgl. Peschel 2002b, 194ff.).

Für den Sachunterricht bedeutet dies, dass sich die Umwelt nicht als einfach lernbare Stoffansammlung darstellt, sondern als ein komplexes Gefüge, in dem jeder Einzelne das Recht auf eigene Sichtweisen und Lebensbestimmung innehat, diesen Anspruch aber auch für alle Mitmenschen anerkennen muss. Innerhalb dieser Verpflichtungen muss Mitverantwortung für die Gestaltung der zwischenmenschlichen Beziehungen und der ökonomischen, gesellschaftlichen, politischen und kulturellen Verhältnisse übernommen werden, um so die eigenen Ansprüche, die Ansprüche der Mitmenschen und die Anforderungen der Gesellschaft in eine vertretbare, den eigenen Möglichkeiten entsprechende Relation zu bringen (vgl. Bildungskommission NRW 1995, 31). Der Sachunterricht kann so zum zentralen, alle Fächer und Methoden integrierenden Lernbereich der Grundschule werden. Inszeniertes fächerübergreifendes Arbeiten wird abgelöst von einer sachorientierten Erschließung der Welt, Grundschule insgesamt wird zum „Integrierenden Sachunterricht", dem die anderen Fächer dienen, ohne ihre eigene Gestalt und ihre eigenen Ziele zu verlieren.

7.1.1 Lernvoraussetzungen und Handlungsbefähigung

Zentrales Moment für den Sachunterricht – wie auch für die anderen Fächer – sind für PESCHEL die Lernvoraussetzungen und Lernbedürfnisse der Kinder:

> Klar ist, dass weder die Arbeitsblattdidaktik noch ein auf bestimmte Inhalte oder Verfahren reduzierter lehrerzentrierter Unterricht mit „roten Plastikkoffern" oder eine handlungsintensive Beschäftigung an Lernstationen, an denen die Schüler irgendwelche Angebote „abarbeiten", die Lösung sein kann. Um einem möglichen Konzept auf die Spur zu kommen, müssen wir uns an den Vorkenntnissen der Kinder orientieren, denn nur diese können uns Hinweise auf den individuell sinnvollen Lehrgang geben.
>
> Kinder unterscheiden sich immens in ihrem Vorwissen, ihrem Lernbedürfnis und ihrer Abstraktionsfähigkeit. Dabei lässt sich wahrscheinlich kein generelles Modell für die unzähligen Begriffs- und Fähigkeitsentwicklungen erstellen. Es gibt keine bestimmten sachunterrichtlichen Entwicklungsstufen, die durchlaufen werden. Vielmehr verändern sich Wissen und Kompetenzen der Kinder bereichsspezifisch, wobei die vorhandenen Vorkenntnisse der Kinder eine nicht zu unterschätzende Rolle spielen. So entwickeln die Kinder anknüpfend an ihre konkreten Vorerfahrungen durch Integration und Differenzierung inhaltlichen Wissens ihre theorieähnlichen Strukturen weiter (vgl. Einsiedler 1996, 15 mit Bezug auf Carey 1985). (Peschel 2002b, 199)

PESCHEL plädiert daher für einen Verzicht auf die Vorgabe bestimmter Inhalte oder Lernniveaus. Er weist darauf hin, dass es durch die den Schülern heute zur Verfügung stehenden Medien weder räumliche noch andere inhaltliche Beschränkungen der Vorkenntnisse mehr zu geben scheint. Entsprechend der großen Leistungsbandbreite, die auch in den anderen Fächern zu beobachten ist, reicht das Vorwissen der Kinder ein und derselben Klasse von einer noch völlig subjektiven und sehr eingeschränkten Wahrnehmung der Welt bzw. des eigenen Umfelds bis hin zu einer teilweise hochspezifischen, anspruchsvollen Kenntnis um Fakten und Zusammenhänge. Dabei kann dieses Wissen in sich sehr fundiert sein – vor allem in Bereichen, mit denen ein Kind sich intensiv auch außerhalb der Schule beschäftigt –, es kann aber auch sehr oberflächlich bzw. bruchstückhaft sein, wenn Kinder im Alltag z. B. in entsprechenden Fernsehsendungen detaillierte Informationen und Zusammenhänge aufnehmen, aber nicht mit anderen Informationen verbinden bzw. verbinden können. Der Sachunterricht muss nach PESCHELs Meinung Hilfe geben, die vielfältigen in der Klasse bzw. bei den einzelnen Kindern schon vorhandenen Informationen und Wissensbruchstücke erst einmal zu sortieren, einzuordnen und für sich nutzbar zu machen (vgl. Peschel 2002b, 199ff.):

> Das heißt, es geht weder um einen festen Stoffkanon noch um eine völlige Beliebigkeit der zu bearbeitenden Unterrichtsgegenstände. Im Rahmen eines exemplarischen Lernens wandeln sich die Anforderungen an die Inhalte. Sie erscheinen dann zweckmäßig, wenn sie durch Lebensbedeutsamkeit und Exemplarität der Klärung der Lebenswirklichkeit des Kindes dienen und ihm darüber hinaus noch möglichst Methoden wissenschaftlichen Arbeitens nahe bringen. (Peschel 2002b, 201)

Die Auswahl der Inhalte entspringt also der Auseinandersetzung der Kinder mit ihrer Umwelt. Hier findet sich das dialogische Prinzip wieder, das sich durch die ganze Didaktik des Offenen Unterrichts von PESCHEL zieht: Ausgehend von den individuellen, subjektiven Erfahrungen und Fragen der Kinder erfolgt auf Grund der Begegnung mit neuen Inhalten bzw. mit verschiedenen Sichtweisen durch den Austausch mit anderen Personen eine Erweiterung und Klärung des eigenen Wissens, die bis hin zum Verständnis übergreifender Zusammenhänge und normativer Vereinbarungen führen kann. Anstatt einer reinen Wissensaneignung findet ein konstruktiver Austauschprozess statt, der zur eigenen Welterkundung führt. Sach- bzw. Inhaltsorientierung und Methoden- bzw. Verfahrensorientierung werden so zu einem kind- und wissenschaftsorientierten Sachunterricht integriert: Verfahren und Inhalte ergänzen sich zu einem „handlungsbefähigenden Erfahrungslernen" oder einer „erfahrungsbezogenen Handlungsbefähigung" (vgl. Peschel 2002b, 201f.).

Dieses veränderte Verständnis von Sachunterricht bewirkt deshalb nicht nur eine Übergabe der Inhalte vom Lehrer zum Schüler, sondern begründet eine ganz andere Unterrichtsform. Die die Inhalte des Sachunterrichts charakterisierenden Aufgabenschwerpunkte des Lehrplans rücken als Rahmenvorschläge in den Hintergrund und geben dadurch der individuellen Erfahrungserweiterung bzw. methodischen Formen der Handlungsbefähigung den notwendigen Raum. Trotz der Freigabe der Inhalte ist die „Behandlung" der in den Lehrplänen genannten Aufgabenschwerpunkte gesichert, da nach der Erfahrung PESCHELs zu jeder Zeit in der Klasse eine so große Bandbreite an Ideen und Themen vorzufinden ist, „dass es wahrscheinlich viel schwieriger wäre, das Aufkommen eines Aufgabenschwerpunktes zu vermeiden, als dass dieser von selbst irgendwann auftaucht." (Peschel 2002b, 203)

> Der rege und immer mögliche gegenseitige Austausch der Kinder liefert eine so fruchtbare und breite Basis an Inhalten und vorhandenem Wissen, dass dieser Unterricht ungleich effektiver erscheint als das Thematisieren einzelner Problemstellungen im herkömmlichen Sachunterricht. Dafür ist allerdings nicht nur die breite Palette an interessanten Fragestellungen verantwortlich, sondern vor allem das interessegeleitete Lernen eines jeden Kindes, das nicht nur eine hohe Eigenmotivation verspricht, sondern ganz klar immer auch auf die anderen Kinder „abfärbt", die sich in der Regel sehr für die Fragestellungen und Projekte ihrer Klassenkameraden interessieren und oft von diesen mitgerissen bzw. zu eigenen ähnlichen Vorhaben angeregt werden – ein großer Unterschied zu einer von auszumalenden Arbeitsblättern getragenen extrinsischen Motivierung der Kinder im traditionellen Unterricht. [...]
> Und sollte der Lehrer trotzdem inhaltliche Lücken in den vier Grundschuljahren feststellen, so kann er ja auch selber Fragestellungen, Projekte und Vorhaben formulieren und gleichberechtigt in das Klassengeschehen einbringen (z. B. als „sein Projekt"). (Peschel 2002b, 203f.)

Entsprechend diesen Überlegungen ergibt sich die inhaltliche Freiheit bei PESCHEL nicht aus einer Beliebigkeit oder einer Gleichgültigkeit gegenüber dem Sachunterricht in der Grundschule, sondern aus der Verlagerung der Ziele: sie wechseln von der lehreraufbereiteten Wissensvermittlung zum eigenständigen Wissenserwerb im weiteren Sinne, d. h. ausgehend vom Finden subjektiver oder intersubjektiver Fragestellungen über die Beschaffung und Auswertung von Informationen bis hin zur Reflexion und Aufbereitung von Ergebnissen mit anderen bzw. für andere. Damit bestimmt die Verlagerung der inhaltlichen Ziele auch die Methodik des Unterrichts (vgl. Peschel 2002b, 204).

In Abgrenzung zum in der Praxis zu oft missinterpretierten Begriff „Handlungsorientierung" als das Ausüben einer (handlungsintensiven) Tätigkeit führt PESCHEL den Begriff „Handlungsbefähigung" ein. Er versteht darunter die bewusste Auseinandersetzung mit einer Sache in ihrer Gesamtheit, die für den Einzelnen erst dann handlungsorientiert und handlungsbefähigend ist, wenn sie maßgeblich von ihm gesteuert wird bzw. mitbestimmt werden kann. Grundlage und Ziel einer solchen „Didaktik der Handlungsbefähigung" ist das selbstgesteuerte Lernen der Kinder. Dabei sind die individuellen Lernvoraussetzungen des einzelnen Kindes Ausgangspunkt für jegliche Unterrichtsgestaltung. Die thematische Basis ergibt sich primär aus den Erfahrungen der Kinder bzw. der Anregung durch ihre Umgebung. Als Maßgabe schlägt PESCHEL vor, die „Sinnfrage" zu stellen: Die Sache (und damit der Inhalt) steht nicht dem Kind gegenüber, sondern muss aus seinen Bedürfnissen heraus entwickelt werden, wenn ein wirklicher Erfahrungszuwachs angestrebt wird (vgl. Peschel 2002b, 204f.).

7.1.2 Von der Lernstandserhebung zur Fragekultur

Wenn aber nun an Stelle vorgegebener Inhalte die Lernvoraussetzungen und Lernbedürfnisse der Kinder die Basis des Unterrichts darstellen, so müssen diese nach PESCHEL auch zum zentralen Moment des Unterrichts werden. Dabei haben die festgestellten Lernvoraussetzungen bei den Kindern keine direkte didaktische Konsequenz im Sinne der Aufbereitung eines „differenzierten Lehrgangs", sondern sie bestimmen die Unterrichtsform an sich: die Abkehr vom Lehrgang hin zu einem Offenen Unterricht. In der Klasse wird eine Kultur geschaffen, die das jederzeitige Einbringen von Vorkenntnissen und Lernbedürfnissen ermöglicht. Diese Fragekultur offenbart dem Lehrer die Bedürfnisse der Kinder und zeigt ihm darüber hinaus, wie deren Denkwege überhaupt verlaufen. PESCHEL meint, nur so kann „die eigene ‚Verbildung' aufgebrochen und die Spannungsdynamik eines zwischen Kind und Sache vermittelnden Sachunterrichts wahrgenommen werden" (Peschel 2002b, 206).

PESCHEL versteht dabei die beabsichtigte „Fragekultur" viel weitreichender, als dass sie sich nur auf das Einbringen von Fragen der Kinder beschränkt. Er fasst „Fragen" als Ausdruck von Interesse an einer Sache, als innere Motivation „etwas zu tun" auf. So verstanden werden auch „unbewusste" Fragen bzw. Lernbedürfnisse als zulässig und wichtig angesehen, womit auch das „implizite" bzw. „inzidentelle", beiläufige Lernen akzeptiert und gefördert wird: Das Durchblättern eines Sachbuchs, das Mitbekommen dessen, was andere machen, das Anschließen an eine Gruppe, das Beobachten von Pflanzen und Tieren, das Ausprobieren von baulichen Konstruktionen, all das ist Ausdruck für eine gewisse „Fragehaltung", für eine gewisse Neugier, die es zu pflegen gilt (vgl. Peschel 2002b, 206f.).

Da diese Fragen zu jeder Zeit und an den verschiedensten Stellen im Unterricht entstehen können, muss ihnen neben der Bereitschaft zur wirklichen (und nicht abwehrenden) Akzeptanz dieser Kinderfragen vor allem erst einmal ein entsprechender Raum gegeben werden. Diese Möglichkeit der organisatorischen Grundlage einer Fragekultur bietet PESCHELs Offener Unterricht in hohem Maße, wenn gemeinsame Kreisgespräche zu Tagesbeginn und Tagesende bzw. je nach individuellem oder gemeinschaftlichem Bedarf ein Forum für gegenseitigen Austausch, zum Miteinanderüberlegen gewähren, aber auch jederzeit andere Schüler und Lehrer in den Frageprozess einbezogen werden können. Die zeitliche Offenheit ist eine wichtige Grundlage dafür, dass Fragen entstehen können, denn der einzelne Schüler kann sich selbstgesteuert mit den verschiedensten Sachen beschäftigen und hat im Gegensatz zu anderen Unterrichtsformen überhaupt erst einmal die Möglichkeit, Fragen zu bilden und ihnen dann auch nachgehen zu können (vgl. Peschel 2002b, 207f.):

> Die in der Klasse zu pflegende Fragekultur hängt wiederum eng mit der Sozialerziehung bzw. der beabsichtigten „Didaktik der sozialen Integration" zusammen. Werde ich als Kind so in der Schule angenommen wie ich bin, ohne mich auf Grund bestehender Regeln, Normen, Vorurteile usw. verstellen zu müssen, so steigt meine Bereitschaft, anderen über meine

Erfahrungen zu berichten und – als Folge dessen – Fragen an mich, die Klasse, die Welt zu stellen. Gefühle wie Staunen, Freude, Trauer, Neugier, Wut, Lust, Hoffnung als Folge von individuellen Erfahrungen, Beobachtungen und Wahrnehmungen aller Sinne lösen Denk- und Frageprozesse aus, die erst einmal formuliert und dadurch greifbar gemacht werden müssen. Nur eine offene Atmosphäre, in der angstfrei mit diesen Erfahrungen und Fragen ungegangen werden kann, ermöglicht einen entsprechenden Zugang. Insofern ist der Aufbau einer echten Fragekultur in der Klasse ein anstrengender und zum Teil langwieriger Prozess, den manche Kinder schnell aktiv mitgestalten, andere vielleicht nur passiv verfolgen werden. Zugleich verkörpert eine entsprechende Klassenkultur wichtige Inhalte des Sachunterrichts an sich, wenn kulturelle Errungenschaften wie Freiheit, Gleichheit, Demokratie, Gerechtigkeit konkret erlebt und eben nicht durch einen untransparenten, machtmissbrauchenden Unterricht in sich karikiert werden. (Peschel 2002b, 208f.)

7.1.3 Von der Lehrerdemonstration zum freien Forschen

PESCHEL betont, dass gerade das, was für jedes andere Fach auch gilt, im Sachunterricht besonders einleuchtet: die bei den Kindern von klein auf vorhandenen Theorien über Strukturen und Zusammenhänge, ihre subjektive Interpretation der Wirklichkeit sollen möglichst so weiterentwickelt werden, dass neue Perspektiven die vorhandenen Konzepte immer mehr in Richtung einer intersubjektiven Wahrheit rücken bzw. zumindest unterschiedliche Sicht- und Zugangsweisen reflektieren. Entsprechend kann es im Sachunterricht nicht um den Nachvollzug vorgegebener Experimente und Versuchsanweisungen gehen, wie es in den fach- oder verfahrensorientierten Curricula der siebziger Jahre versucht worden ist, sondern es müssen andere Kriterien eine Rolle spielen. Während im lehrerzentrierten Unterricht das Problem des Lehrers nur selten so motivierend auf die Kinder wirkt, dass sie es wirklich als ihr Problem annehmen, geschieht das im Offenen Unterricht weitaus häufiger – vor allem, wenn Kinder einen Klärungsbedarf haben, aber auch wenn der Lehrer diesen hat (vgl. Peschel 2002b, 210f.). PESCHEL führt als mögliche Begründung an:

> Es scheint so zu sein, dass die Kinder (bzw. wahrscheinlich jeder Mensch) irgendwie wahrnimmt, ob es sich um ein echtes Problem handelt oder ob die Problemfrage ein didaktisches Mittel ist. Während sich im ersten Fall wahre Forschereuphorien entfachen können, wird die Problemstellung im zweiten Fall höchstens von einzelnen Kindern aus Liebe zum Lehrer oder aus Langeweile angegangen. (Peschel 2002b, 211)

Dieses Phänomen ist für PESCHEL eines, das mit die wichtigste Begründung für einen Offenen Unterricht (nicht nur im Sachunterricht) darstellt, in welchem sich der Lehrer zurückhält, sich didaktische bzw. rhetorische Fragen verkneift und eher selbst zum Lernenden wird. Möchte er die Kinder auf ein bestimmtes Problem hinlenken, so ist es geschickter, wenn er sich selbst im Unterricht – genauso so wie die Kinder – arbeitend mit dem Problem auseinandersetzt, Informationen sammelt, Experimente überlegt, als wenn er versucht, die Kinder zur Auseinandersetzung mit „seinem" Thema zu „motivieren". Einen besonderen Fall nehmen dabei für PESCHEL allerdings Fragestellungen oder Inhalte ein, mit denen sich der Lehrer besonders identifiziert. Hier kann auch er – wie alle anderen auch – als Experte Lernbegeisterung ausstrahlen, die andere mitreißt. Solange diese Begeisterung authentisch ist, ist für PESCHEL nichts dagegen einzuwenden. Als durchgängiges Motivationsmittel vorgetäuscht, wird sie seiner Meinung nach allerdings schnell durchschaut werden. Entsprechend ersetzt beim freien Forschen eine andere Ausstattung die Lernkarteien, Experimentieraufträge oder andere didaktisierten Materialien (vgl. Peschel 2002b, 211f.):

> Sinnvoller [...] erscheint daher der mögliche Rückgriff auf eine Grundausstattung an Werkzeugen – die hier einmal wirklich aus „Werkzeugen" besteht, von der Lupe bis zum Fotoapparat, vom Kompass bis zum Computer, aber auch Sachbücher, Lexika, Bestimmungsbücher, Experimentierbücher, Filme, Diasammlungen, Internetzugang, Modelle, Nachbildungen, Karten usw. einschließt. Zusätzlich sollte der Rückgriff auf alle möglichen Materialien, die man zum Probieren und Experimentieren brauchen kann, vorhanden sein. Dabei kann dieser Fundus durchaus ein in einem anderen Raum untergebrachter Schulfundus sein, der den Kindern zugänglich gemacht wird. (Peschel 2002b, 212)

7.1.4 Von der Angebotsvorgabe zur offenen Projektkultur

In Anlehnungen an seine Ausführungen bzw. Bedenken gegenüber institutionalisierten Schreib- und Rechenkonferenzen spricht sich PESCHEL auch bei „Projekten" für eine größtmögliche Offenheit der organisatorischen bzw. inhaltlichen Bedingungen aus. Die Kinder können auf dieser Basis alleine oder zu mehreren – bis hin zur ganzen Klasse – an der Erforschung ihrer Thematiken und Fragen arbeiten, wobei alle Arbeitsweisen ihre Vor- und Nachteile haben:

> So bieten z. B. gemeinsame Klassenprojekte neben der Kraft, die aus einer gemeinsamen Arbeit hervorgeht, große Reflexions- und Austauschmöglichkeiten auf Klassenebene, die sicherlich sehr produktiv nutzbar sind. Wir halten allerdings Klassenprojekte als durchgängiges Unterrichtsprinzip im Sachunterricht nicht für sinnvoll, sondern möchten auch hier die individuelle Eigenproduktion in der Form von Einzel- oder Miniprojekten favorisieren. Bei diesen erscheint es uns viel eher möglich, das dem Projekt zu Grunde liegende „absichtsvolle Tun", das Angehen einer Sache „mit ganzem Herzen" zu erreichen, das die motivationale und lernpsychologische Grundlage des Offenen Unterrichts darstellt. Sobald eine (wenn auch demokratische) Einigung einer so großen Gruppe wie die einer Klasse auf ein bestimmtes Thema erreicht werden muss, kann es schnell sein, dass sich die Selbstbestimmung des Schülers nicht sonderlich von der unterscheidet, die er bei der ungefragten Zuweisung eines Themas in einem lehrerzentrierten Unterricht erfahren würde – was neben einem möglichen individuellen Motivationsabbau wiederum auch starke Auswirkungen auf die gesamte Arbeitsatmosphäre in der Klasse haben dürfte. (Peschel 2002b, 213)

PESCHEL schlägt deshalb vor, dass umfangreichere Klassenvorhaben mit Auf- und Zuteilung von Tätigkeiten entweder situativen Anlässen entspringen sollten (Klassenfahrten, Ausflüge, Einrichtung der Klasse, Anlage eines Klassengartens, Vor- bzw. Nachbereitung des Aufsuchens außerschulischer Lernorte, Organisieren und Ausstatten von Festen und Feiern, Weihnachtsplätzchen backen, Laternen bauen) oder aber innerhalb der Thematik einen so breiten Rahmen zulassen müssen, dass sich alle Kinder individuell und nach ihrem Interesse einbringen können. Er sieht aber generell die Freistellung der Projektvorhaben in ihrem Inhalt und ihrer Größe als die beste Lösung an. So können dann die Kinder, die dies auch wirklich wollen, Vorhaben wie die gerade genannten organisieren, daneben können andere Kinder aber weiter an ihren individuellen Fragestellungen, Vorträgen, Projekten arbeiten.

PESCHEL plädiert dabei dafür, den Grundsatz „Arbeiten müssen beendet werden" mit Vorsicht zu genießen. Für ihn macht eine solche Auflage im Offenen Unterricht keinen Sinn, denn jedes Kind muss natürlich das Recht haben, Fehler zu machen, Sachen ausprobieren zu können, Vorhaben revidieren zu dürfen oder ganz von ihnen absehen zu können. Und Kinder, die in dieser Hinsicht eher fahrig sind, lernen seiner Meinung nach die Begeisterung für die Sache wahrscheinlich weniger durch Erledigungszwang (vgl. Peschel 2002b, 214f.):

> Der alles beginnende und nichts beendende „Chaot" ist mir noch in keiner Klasse Offenen Unterrichts begegnet – dafür aber durchweg Kinder, die genau wussten, welche Sachen es wert waren, fortgeführt zu werden und welche nicht. (Peschel 2002b, 214)

Die offene Unterrichtsgestaltung, die den Kindern erlaubt, jederzeit andere Kinder aufzusuchen und anzusprechen, führt dabei nach PESCHELs Erfahrungen zu einer sehr reichhaltigen gegenseitigen Information. Jedes Kind bekommt die Vielfalt an Themen mit, an denen in der Klasse gearbeitet wird. Der Austausch untereinander erfolgt sowohl ständig beiläufig während der Arbeitsphasen durch Zuschauen, Mitmachen, Fragen oder ungeplantes „Mitbekommen" als auch in geplanter Form, wenn immer wieder im Sitzkreis Beobachtungen und Ergebnisse vorgestellt, Fragen aufgeworfen oder Absprachen getroffen werden (vgl. Peschel 2002b, 215).

7.1.5 Von der Arbeitsblattdidaktik zur medienkompetenten Vortragskultur

Zentral im Unterricht PESCHELs war die „Vortragskultur", die sich im Laufe der Zeit herauskristallisiert hat. Das Vorstellen der Unterrichtstätigkeiten des Tages bzw. der letzten Zeit wandelte sich immer mehr zur Präsentation bestimmter Themenvorträge, die die Kinder alleine oder in Kleingruppen erarbeitet hatten. Oft entsprangen diese Vorträge bestimmten Interessensgebieten der Kinder wie „Hunde", „Pferde", „Wölfe", „Computerspiele", „Der zweite Weltkrieg", „Ägypten", „Die Entstehung der Welt", „Der Weltraum", „Baseball" usw. Es gab aber auch gemeinschaftliche Themenabsprachen wie „Der menschliche Körper", „Das Mittelalter", „Musikinstrumente" usw., zu denen dann fast alle Kinder verschiedenste Vorträge aufbereitet haben und sachkundig miteinander diskutiert haben (vgl. Peschel 2002b, 215).

In der Regel haben die Kinder sich dazu dann selbst Informationen beschafft, meist aus der klasseneigenen Sachbuchsammlung, aus eigenen Buchbeständen oder durch das Mitbringen von Büchern aus der Bücherei. Mit Hilfe der in der Klasse bzw. Schule vorhandenen Materialien und Werkzeuge haben sie Plakate für ihre Vorträge gestaltet, am Computer Texte erstellt und überarbeitet, zur Veranschaulichung auf Modelle zurückgegriffen, selbst Fotos, Dias und Folien ergänzt usw. Regeln für die Art und Weise, in der die Vorträge gehalten werden sollten, gab es dabei nicht. Genauso wie beim Präsentieren eigener Geschichten oder Rechenaufgaben war neben dem kontinuierlichen Austausch der Kinder beim Entstehen der Produkte letztendlich der gemeinsame Sitzkreis das Gremium, das alle zur Prüfung der Inhalte und der methodischen bzw. medialen Vorgehensweise der Kinder aufforderte (vgl. Peschel 2002b, 216):

> Hier gab es ein Feedback auf Art und Form der Präsentation, auf den Sinn oder Unsinn der verwendeten Medien, auf Reihenfolge der Inhalte und Layout der Bilder und Plakate usw. Die Zuhörer versuchten auf Unklarheiten hinzuweisen, stellten weiterführende Fragen, wiesen auf Ungereimtheiten hin usw. So bewährten sich im Laufe der Zeit bestimmte Vorgehensweisen, während andere sich – zumindest für bestimmte Themen oder Kinder – als eher ungeeignet erwiesen. Als „Grundgerüst" des Vorgehens kristallisierte sich im Laufe der Zeit eine Vorgehensweise heraus, bei der die Kinder sich durch die Nutzung verschiedener Quellen (meist Bücher) Informationen zum Thema zusammenstellten, Sinn und Unsinn einzelner Teilthemen abwägten und das Thema dann aufbereiteten. Schnell wurde den Kindern auch der Unterschied zwischen verschiedenen Vortragsarten (fremden Text ablesen, eigenen Text vorlesen, Stichwortvortrag, ganz freier Vortrag) klar, weil sie z. B. das Vorlesen eines abgeschriebenen fremden Textes alle sehr ermüdend und nicht gewinnbringend fanden, während freie Vorträge immer eine begeisterte Zuhörerschaft hatten. Entsprechend setzten sich solche Präsentationsformen dann auch durch.
>
> Von der zunehmenden Qualität der Vorträge der Kinder war ich schon sehr überrascht. Es waren einzelne Referate von so hohem Niveau dabei, dass ich aus dem Staunen nicht mehr heraus kam. S. hielt z. B. einen Vortrag über das Auge, der nicht nur vollkommen souverän ohne Vorlage von ihr frei vorgetragen wurde und sehr anschaulich und aussagekräftig auf großen Plakaten illustriert war, sondern den sie zusätzlich mit in Einzelteile zerlegbaren Modellen aus der Schulsammlung unterstützte. Vorher hatte sie noch Sehtests und Befragungen mit den Schülern durchgeführt, deren statistische Auswertung sie darlegte. Zusätzlich bezog sie während ihres Vortrages ganz versiert die Kinder durch weitere Tests, optische Täuschungen, herausfordernde Fragen usw. in das Thema ein. (Peschel 2002b, 216f.)

Was PESCHEL noch mehr verblüfft hat, war, dass sogar die „schwächsten" Kinder in den höheren Schuljahren nachzogen und freie Stichwortvorträge vor der ganzen Klasse hielten. Kinder, die eigentlich als „lernbehindert" galten bzw. die über Jahre so unselbstständig erschienen, dass er sich immer wieder unsicher war, ob er ihnen nicht doch irgendwelche reproduktiven Übungen zur Beschäftigung geben müsse:

> Selbst diese Kinder konnten sich plötzlich Informationen beschaffen, diese sichten und auswerten und anderen zugänglich machen. (Etwas, was man ihnen dann – wenn überhaupt – erst wieder in der Oberstufe oder im Studium zutrauen würde ...) Man sollte also in keinem Fall vorschnell den Glauben an die Selbststeuerungsfähigkeiten des Kindes verlieren! (Peschel 2002b, 217f.)

7.1.6 Vom Arbeitsmittellager zur eigenständigen Medienaufbereitung

PESCHELs Sachunterricht ist durch den Hauptfokus auf das Erstellen von Vorträgen sicherlich eher als „kopflastig" zu bezeichnen. Er schreibt, dass es ihm so vorkam, „als ob die Kinder gar nicht immer alles „handlungsorientiert" angehen wollten, sondern ihnen der (frei gewählte) Zugang zu den verschiedenen Themen über Bücher und andere Medien in vielen Fällen lieber war." (Peschel 2002b, 218) Er vermutet, dass das auch an der Ausstattung der Klasse gelegen hat, die eher auf Bücher als auf einen riesigen Fundus an Experimentiermaterial ausgerichtet war. Obwohl die Kinder jederzeit Sachen mitbringen konnten (und dies auch taten – von der Kaulquappe bis zum „Riesenhund", vom Solarexperiment bis zum Konstruktionsbaukasten) gab es nie speziell ausgestattete Arbeitsecken. Die Kinder haben sich immer situativ eingerichtet und ihre Projekte in irgendeiner passenden Ecke irgendwo in der Klasse, im Schulgebäude (im Flur, im Keller, im Musikraum) oder draußen auf dem Schulgelände verfolgt (vgl. Peschel 2002b, 218).

Als möglichen Grund für diese Art der Klasseneinrichtung vermutet PESCHEL, dass ihn vielleicht seine Beobachtungen in sehr „materialintensiv" eingerichteten Klassen davon abgeschreckt haben, in seiner Klasse einen entsprechenden Fundus einzurichten:

> Oft hatte ich dort erlebt, dass der Umgang mit den Materialien entweder nur der oberflächlichen „Aberledigung" entsprechender Aufträge diente (an die das Material fast immer gekoppelt war), oder aber ich bei den Tätigkeiten der Kinder vielfach nur ein Herumspielen mit dem Material als Überbrückung von Langeweile wahrnahm (− wobei ich denke, dass ich sehr wohl zwischen Herumspielen und Ausprobieren oder Versinken o. Ä. unterscheiden kann). Da sich bei uns ja wirklich jedes Kind auf Grund der fehlenden Vorgaben und Aufträge jeden Tag aufs Neue für oder gegen das Lernen entscheiden musste, wollte ich diese Fluchtmöglichkeit in eine reproduktive Beschäftigung bzw. in belangloses Tun nicht gleichberechtigt neben dem hohen Anspruch der selbstständigen Erstellung von Eigenproduktionen bzw. Vorträgen stehen haben. Wenn sich jemand nicht für das Lernen entschied, war das vollkommen korrekt, aber er sollte sich dann nicht selber etwas vormachen können. Etwas, was die Kinder wohl auch so sahen, denn ähnliche Situationen, in denen Kinder sich z. B. im Unterricht vorwiegend mit Computerspielen beschäftigten, wurden ganz demokratisch und fast einstimmig von den Kindern in die Pause verlegt (Peschel 2002b, 218f.).

Er beschreibt als seine persönliche Grenze für Offenheit den Punkt, wo Handlungen nicht mehr durchschaubar sind − für ihn selbst oder auch den einzelnen Schüler:

> Ich wollte schon wissen, was los war, und nicht von undurchsichtigen oder nicht einschätzbaren Aktionen abhängig werden. Vielleicht ist das vergleichbar mit dem Unterbinden von Beschäftigungen mit „Drogencharakter", wie ihn u. U. Fernsehen, Video und Computerspiele ausüben können, wenn die ihnen innewohnende Faszination jedes Mal besiegt werden muss, um Abstand zu ihnen zu gewinnen. Diesen Konflikt wollte ich uns allen ersparen, sodass jederzeit Material besorgt und mitgebracht werden konnte, aber nicht schon von sich aus in der Klasse war (bis auf Werkzeuge wie handwerkliche Gerätschaften, Gartengeräte, Lupen, Spiegel usw.). Es kann sein, dass ich den Kindern so viele fruchtbare praktische Erfahrungen genommen habe. Es kann aber auch sein, dass ihnen so erst die Konzentration auf das Wesentliche ermöglicht wurde. Hier muss jeder Lehrer unbedingt selbst Erfahrungen sammeln, inwieweit er wie kompensatorisch auf was reagieren will. (Peschel 2002b, 219)

7.1.7 Vom festen Stoffkanon zu den Zielen im Hinterkopf

Ein solcher Sachunterricht, der maßgeblich von den Fragen der Kinder getragen wird, verlangt vom Lehrer weniger die didaktische Aufbereitung entsprechender Inhalte, sondern ist neben dem Erhalten einer Forscherneugier bei den Kindern vor allem an Arbeitsweisen und Darstellungsformen interessiert. Was die Inhalte betrifft, so führt PESCHEL aus, sollte der Lehrer − neben der Kultivierung einer Fragehaltung und dem Nutzbarmachen dieser Fragen als „Lernbasen" − Kernideen erkennen und weiterführende oder strukturierende Impulse bereithalten. Dabei wird er immer nur in einzelnen Situationen und auf einzelne Kinder reagieren, wenn er nicht Gefahr laufen will, dass seine eigenen Sichtweisen und Erfahrungen von den Kindern unreflektiert einfach übernommen werden (vgl. Peschel 2002b, 220).

Die Hauptaufgabe des Lehrers sieht PESCHEL aber in der Anbahnung wissenschaftlicher Arbeitsweisen. Damit aber auch hieraus kein „zu erledigender" Lehrgang entsteht, wie es in der Vergangenheit in entsprechenden verfahrensorientierten Konzeptionen (vgl. Breddermann 1983) erfolgt ist, muss dem Schüler ein situatives Nutzen von Arbeits- und Darstellungsformen ermöglicht werden. Diese stellen entsprechend keinen verbindlichen Kanon dar, sondern bleiben im Hintergrund – der Lehrer ist jemand „with objectives in mind" (Schwedes 1976, 7). Er hat Ziele, die sich in seinem „Hinterkopf" befinden und so zu situativen Impulsen und nicht zu einem Lehrgang führen, vor allem wenn sie primär im Dienste eines interessegeleiteten Lernens bzw. einer individuellen Erschließung der Lebenswirklichkeit stehen (vgl. Peschel 2002b, 220).

Dabei korrespondieren diese Lernziele bzw. Verfahren so stark mit allgemeinen Zielen der Grundschularbeit, dass sie automatisch immer wieder auftauchen und gerade innerhalb der selbstgesteuerten, autonomen Arbeit im Offenen Unterricht stetig vorkommen. PESCHEL betont, dass der Sachunterricht dem Lehrer nicht nur eine größtmögliche Offenheit lässt, sondern auch, dass seine Ziele nur in einem Unterricht mit offenem Curriculum zu erreichen sind – nimmt man sie denn ernst und versucht sie nicht mittels einer vermeintlichen Kindorientierung in einen reproduktiv ausgerichteten Lehrgang zu zwängen. Von daher erscheint ihm auch die immerwährende Inhalts- und Methodendiskussion der Didaktiker zweitrangig, denn ein an den Fragen und Lernbedürfnissen der Kinder orientierter offener bzw. integrierender Sachunterricht hat wahrscheinlich viel eher eine Chance auf sinnstiftendes Lernen als ein Sachunterricht, der primär auf Arbeitsblättern und Sprachbuchübungen basiert. Sachunterricht ist Unterricht, der sich an der Lebenswirklichkeit des einzelnen Kindes orientiert (vgl. Peschel 2002b, 220ff.).

7.1.8 Leistungsbewertung im Sachunterricht

Peschel kritisiert die übliche Leistungsmessung im Sachunterricht als problematisch:

> Nicht nur, dass sich Noten vielerorts oft nur auf das (brave) Arbeitsverhalten bzw. die ordentliche Heftführung der Schüler beziehen, nein, auch die Verbalbeurteilungen erscheinen oft sehr oberflächlich, wenn dort zu lesen ist: „Hat mit Freude mitgearbeitet", „Folgt dem Sachunterricht mit Interesse", „Hat viel Material mitgebracht." (Vgl. Faust-Siehl 1997, 140) Wir haben es hier indirekt mit einer gewissen Geringschätzung des Faches Sachunterricht zu tun – nicht zuletzt auch als Folge der Hilflosigkeit gegenüber dem von uns so geschätzten offenen Lehrplan.
>
> Die Leistungsmessung basiert im herkömmlichen Sachunterricht meist auf der Beurteilung des Mitmachens (durch Aufzeigen) im Unterricht bzw. dem (z. B. in NRW eigentlich verbotenen) schriftlichen Abtesten des durchgenommenen Stoffs in der Form gezielter Fragen oder dem Ausfüllen von Lückentexten. All diese Bewertungsversuche erscheinen auch deshalb unglücklich, weil sie nicht zwischen dem schon vor der Durchnahme des Stoffs vorhandenen Vorwissen und dem eigentlichen im Unterricht erfolgten Wissenszuwachs unterscheiden können, den es ja eigentlich vorrangig zu bewerten gilt. Ich habe in meiner Ausbildungszeit einmal die an der Schule im Sachunterricht üblichen Tests (die dem Begleitmaterial bestimmter „roter Koffer" im Lehrmittelraum entsprangen) zu durchgeführten und nicht

durchgeführten Unterrichtsreihen ausfüllen lassen und bei beiden Varianten fast genau die gleiche Bewertung des einzelnen Schülers herausbekommen. Es gibt halt sachunterrichtlich, an den Dingen der Welt interessierte Schüler und wiederum andere, die sich nicht in solch hohem Maße dafür interessieren. Dieses Problem ist allerdings ein generelles, das sowohl in anderen Unterrichtsfächern als auch bei anderen Unterrichtsmethoden besteht. (Peschel 2002b, 222f.)

PESCHEL betont vor diesem Hintergrund wiederum, wie wichtig die Freigabe der Inhalte ist, sodass der Schüler sich primär mit Sachen beschäftigen kann, die ihn selber faszinieren bzw. interessieren. Seiner Meinung nach kann auf diese Weise ein großes Stück an unterschiedlichen Voraussetzungen der Kinder überbrückt bzw. eine gewisse Chancengleichheit im Sachunterricht angebahnt werden. Zugleich sollte es Kindern möglich sein, auch Leistungen in Gruppen zu erbringen, in die jedes Kind seine Interessen und Fertigkeiten so einbringen kann, dass sie auch als Leistung angesehen werden. Entsprechend muss darauf geachtet werden, dass nicht die übliche Überbewertung von Verbalisierungs- und Notationskompetenzen erfolgt (vgl. Faust-Siehl 1997, 151). Auch Kinder, die sich weniger vorteilhaft darstellen können, müssen Möglichkeiten haben, ihre Leistungen zu zeigen. Es wäre nicht nur schade, sondern auch unfair, wenn sich geringere Leistungen in den Kulturtechniken auch auf die Sachunterrichtsnote auswirken würden (vgl. Peschel 2002b, 222f.).

Vor allem beim hier beschriebenen Konzept eines selbstgesteuerten, verfahrenintegrierenden Sachunterricht ergibt sich die Frage, was überhaupt auf welche Weise beurteilt werden kann. Die von den Kindern erworbenen Qualifikationen lassen sich nicht einfach in der üblichen Form „abtesten" – denn es geht ja nicht mehr um einfaches, reproduzierbares Wissen. Neugier- und Frageverhalten, Problemlöse- und Darstellungskompetenzen sind nicht nur schwer zu beurteilen, sondern hängen auch in großem Maße mit der Grundeinstellung des Schülers bis hin zu seinen Charakterzügen zusammen. PESCHEL betont, dass es entsprechend der lebenswirklichkeitsorientierten Basis des Sachunterrichts, die bei jeder der beteiligten Personen anders ist, keine allgemeingültigen Beurteilungsregeln geben kann. Er plädiert deshalb dafür, diese Tatsache zur Basis der Leistungsbewertung im Sachunterricht zu machen, indem gerade hier die Selbstbewertungskompetenz der Schüler gefördert wird. Die Vielfalt der Themen, Methoden und Darstellungsformen, die sehr viele subjektive Beurteilungsvarianten zulassen, können dann als produktives Kapital zur Auseinandersetzung dienen. Für PESCHEL ist dies besonders im Sachunterricht viel eher möglich als in anderen Fächern wie Mathematik oder Sprache, da in diesen eher auf bestimmte „Normen" (Richtigkeit der Aufgabenlösung oder der Schreibweise von Wörtern) zurückgegriffen wird (vgl. Peschel 2002b, 223f.).

Als Möglichkeit, zu einer solchen „Bewertungskultur" zu kommen, nennt er das (freiwillige) Vorstellen von Arbeitsergebnissen im Sitzkreis. Dort können Vorträge gehalten werden, zu denen die anderen Kinder dann weitergehende Fragen stellen bzw. im Gespräch eventuelle Unklarheiten beseitigen, es können Modelle und Anschauungsobjekte vorgestellt werden, es können andere Kinder in das eigene Projekt oder den Vortrag einbezogen werden. Innerhalb dieser Aktivitäten bekommen alle Beteiligten einen Eindruck von der erbrachten Leistung, der dann innerhalb einer Diskussion erweitert und überprüft werden kann – unter Leitung des Kindes, das sich benoten lassen will. Auch hier hat PESCHEL – wie auch in anderen Fächern – in der Regel ein hohes Maß an individueller Bewertungskompetenz festgestellt: Die Kinder konnten die Leistung eines Kindes im Rahmen seiner Möglichkeiten gut einschätzen, sodass auch „schwächere" Kinder Erfolge mit ihren Produkten und Ausführungen erzielten (vgl. Peschel 2002b, 224f.).

Laut PESCHEL ergibt sich für den Lehrer durch das produktorientierte Arbeiten der Kinder genügend Stoff für eine differenzierte Verbalbeurteilung, die er als weitaus aussagekräftiger empfindet als ein einfaches Testergebnis. Auch die Einstufung in eine bestimmte Notenkategorie wird seiner Meinung nach durch die gemeinsame Bewertungsfindung im Kreis bzw. die der Notendiskussion in der Klasse transparenter und allgemein akzeptierter erfolgen (vgl. Peschel 2002b, 225).

7.2 Vom fächerübergreifenden Sachunterricht zum integrativen Offenen Unterricht

Um den Eindruck bezüglich des gesamten Unterrichtskonzepts weiter abzurunden, wird im Folgenden die Umsetzung der restlichen Fächer der Grundschule sowie die Integration der Begegnung mit Fremdsprachen und die Computernutzung in das Konzept ausgeführt.

7.2.1 Integration von Kunst und Musik in den Offenen Unterricht

Neben den Kulturtechniken und den daraus entstehenden fachspezifischen Fragestellungen tauchen nach PESCHEL auch Fächer wie Kunst und Musik von selbst im Offenen Unterricht auf, wenn gestalterisches Tun gefragt ist, sei es bei der szenischen Darstellung einer Situation, beim selbst entworfenen Layout der Textproduktion oder als konkretes Projektvorhaben. Darüber hinaus sind Kunst und Musik auf andere Weise immer auch Sachthema, wenn die Kinder Vorträge über bestimmte Maler, Bilder oder Epochen halten bzw. Instrumente, Lieder oder Musikrichtungen vorstellen (vgl. Peschel 2002b, 228).

Kunst

Im Bereich Kunst wurden neben der ständigen Möglichkeit zum Malen und Gestalten sowie dem Rückgriff auf (Kinder-)Kunstbücher auch Aktionswochen durchgeführt, in denen die ganze Klasse in ein Kunstatelier verwandelt wurde. Dabei standen den Schülern nicht nur verschiedenste Bilder, sondern vor allem auch die unterschiedlichsten Materialien (diverse Papiersorten bzw. Untergründe, Farben, Modelliermassen, Textilien, Werkmaterialien, Werkzeuge) zur künstlerischen Verwendung zur Verfügung. Daneben ermöglichten Exkursionen in Museen „originale" Begegnungen, bei denen es auch die Möglichkeit zu entsprechendem Handeln vor Ort gab (Bild- und Skulpturbetrachtungen mit anschließender Weiterführung durch eigene Produktionen). Es ergab sich durch diese Kombinationen vom beiläufigem Gestalten der Eigenproduktionen und gezielten Kunstvorhaben ein Unterricht, der den grundlegenden Verhaltensweisen der Kinder zur Aneignung ästhetisch-kultureller Erfahrungen Raum gab und diese weiterentwickelte. Zeichnen und Malen, Plastizieren und Bauen, das Bilden und Ausgestalten textiler Formen und Flächen sowie der Umgang mit Medien wurden von den Kindern so ganz selbstverständlich zur Darstellung genutzt und begleiteten den Lernprozess auf unterschiedlichste Art (vgl. Peschel 2002b, 228f.).

Musik

Für den Bereich „Musik" galt Ähnliches. Es gab immer zeitlichen (und auf Grund der akustischen Komponente auch konkreten) Raum, Musik zu machen, Instrumente und Spieltechniken zu erlernen oder auch Eigenproduktionen oder Projekte mit musikalischen Elementen zu kombinieren:

> Bei uns hat sich z. B. schnell ein Kreis von Flötenspielern gebildet, den eine Lehrerin stundenweise als Arbeitsgemeinschaft betreuen konnte, neben dem sich Kinder aber auch untereinander „die Flötentöne beigebracht" haben (und zwar nicht im übertragenen Sinne ...). Entsprechendes galt für das Weitergeben von Klavier- oder Keyboarderfahrungen. Da immer nur einzelne Kinder „üben" gingen, reichte uns der Kellerflur zum Ausweichen. [...]
> Ansonsten haben zahlreiche Aktionen, vom [...] Musical bis hin zu Klassentreffen mit Tanzvorführungen, von Konzertbesuchen bis zur Bitte an einen Bekannten, Rockbandinstrumente vorzuführen, zusätzlich mit den schulüblichen gemeinsamen Festen und Feiern dafür gesorgt, dass „Musik machen", „Musik hören" und „Musik umsetzen" als Lehrplanforderungen bei uns immer eine Rolle gespielt haben – auch wenn ich darin nicht sonderlich bewandert bin. Zusätzlich gab es bei den üblichen Präsentationen der Kinder im vierten Schuljahr eine Vortragsreihe, in der von ihnen unzählige Musikinstrumente theoretisch und praktisch mit Hörbeispielen und zum Teil mitgebrachten Originalgeräten vorgestellt wurden. Auf diese Weise konnten verschiedene Arten der Klangerzeugung, unterschiedliche Ordnungssysteme, Klang- und Spielunterschiede, Benennungen von Einzelteilen usw. erfahren werden. Und durch die gegenseitige Präsentation bestimmt mit bleibendem Eindruck ... (Peschel 2002b, 230f.)

7.2.2 Integration von Sport, Religion und Fremdsprachen
Sport

Im Bereich Sport hat PESCHEL gute Erfahrungen mit einem ganz offenen Sportunterricht (vgl. Auras 2001) gemacht, in dem die Kinder in der Turnhalle frei auf Geräte, Übungen oder Spiele zugreifen konnten:

> Die Kinder haben die verschiedensten Sachen nebeneinander gemacht: ein paar haben Seile und Kletterwand für „mörderische Tarzanschwünge" umfunktioniert, andere die großen Matten hinter der Kletterwand zur „Gletscherspalte" modifiziert, wieder andere haben sich mit Rollbrettern, Kästen und Matten rollende Burgen gebaut, ein paar Kinder haben aus dem Turnverein bekannte Gymnastikübungen an andere Kinder weitergegeben, eine Gruppe ist an den Seilen hochgeklettert, und der Rest hat vielleicht Basketball gespielt. Diese bunte Mi-

schung an Aktivitäten hat erstaunlich „sicher" funktioniert, das heißt die Kinder wussten weitgehend, welche Sicherheitsmaßnahmen notwendig bzw. sinnvoll sind (auch scheint die Tendenz in der Sportdidaktik heute dahin zu gehen, dass man unnötige Absicherungen möglichst vermeidet, damit das natürliche Angstgefühl bzw. das Gefühl der Kinder für ihre eigenen Grenzen nicht außer Kraft gesetzt wird). (Peschel 2002b, 232)

Gab es Sachen abzustimmen oder wollten mehrere Kinder lieber gemeinsam Spiele spielen, wurde wie auch im sonstigen Unterricht von den „Turnchefs" ein Sitzkreis einberufen, in dem Vorgehensweisen geklärt, Absprachen festgemacht oder Sicherheitsmaßnahmen vereinbart wurden. So entwickelte sich schnell ein implizites Regelwissen bei den Kindern. Auch das Aufräumen wurde auf diese Weise geregelt, indem man sich rechtzeitig vor Schluss im Kreis traf, um die entsprechenden Zuständigkeiten zu klären bzw. aufzuteilen (vgl. Peschel 2002b, 233f.):

> Schnell war den Kindern klar, dass eine kürzere Aufräumzeit eine längere Sportzeit zur Folge hatte, sodass auch das Aufräumen meist sehr zügig verlief. Da wir uns auch sonst im Offenen Unterricht nicht an die normalen Stundeneinteilungen hielten, haben wir die festliegenden Turnhallenzeiten meist noch mit der davor oder danach liegenden Pause verlängern können, sodass wir eigentlich recht viel Bewegungszeit in der Woche hatten. (Peschel 2002b, 234)

PESCHEL weist darauf hin, dass in einem derart gestalteten offenen Sportunterricht der größte Teil der Lehrplaninhalte ganz natürlich abgedeckt wird und es zugleich so erscheint, als ob bestimmte Forderungen des Lehrplans im Hinblick auf die Erschließung einer Bewegungs-, Spiel- und Sportkultur nur in einem solchen Sportunterricht erfüllt werden können. Die Grundsätze zur Unterrichtsgestaltung im Fach Sport *„Individualisieren und Integrieren, Öffnen und Anleiten, Üben und Anwenden* sowie *Erfahren und Begreifen"* (vgl. MSWWF LP Sport 1999, 7) beschreiben genau das Spannungsfeld des Offenen Unterrichts, in dem ausgehend von den individuellen Erfahrungen des Kindes durch ein herausforderndes Umfeld eine Horizonterweiterung, ein Kennenlernen neuer Sachen und Zusammenhänge erfolgt. Die individuelle Freude an Sport und Bewegung stellt die Grundlage jeden Sportunterrichts dar und dieser ist durch vielfältige Bezüge in den gesamten Unterricht eingegliedert (vgl. Peschel 2002b, 234):

> Hier sind dann sowohl die Kinder als auch der Lehrer gefragt, entsprechende Arrangements zum Weiterlernen anzubieten, die über die Anwendung der aus Kindergarten, Turnverein oder Nachmittagsspiel bekannten Übungen oder Spiele hinausgehen. Dies kann so erfolgen, dass Lehrer oder Kinder einfach für sich entsprechende Stationen aufbauen und nutzen, oder entsprechende Bilder und Beschreibungen für neue Übungs- oder Spielideen werden von den Kindern aufgegriffen und als „Projekt" aufbereitet. (Peschel 2002b, 234)

Wenn auch die Integration in den Offenen Unterricht auf den ersten Blick im Sportunterricht schwer zu sein scheint, so sieht PESCHEL in hohem Maße die Möglichkeit, die ihm wichtigen Unterrichtsprinzipien umzusetzen. Man findet organisatorische und methodische Offenheit vor, wenn Kinder Übungen und Bewegungen auf ihre eigene Art, Herausforderungen in ihrem eigenen Tempo angehen können. Die inhaltliche Offenheit findet sich darin, dass sie sich selber Übungen ausdenken bzw. aussuchen können und auch hier ihrem eigenen Curriculum folgen. Die soziale Offenheit ergibt sich aus den zum offenen Sportunterricht notwendigen Abstimmungen als Paradebeispiele für demokratische Verfahren, bei denen man einerseits lernen muss, die eigenen momentanen Bedürfnisse zurückzustellen, andererseits aber auch Wege und Möglichkeit der Vereinbarkeit finden muss (z. B. ein räumliches Ausweichen einer bestimmten Gruppe oder ein zeitliches Nacheinander von Aktionen als alle befriedigender Kompromiss) (vgl. Peschel 2002b, 234).

Natürlich findet sich der Sportunterricht auf Grund der festliegenden Hallenzeiten primär in den entsprechenden Sportstunden wieder, aber die Bedeutung der Möglichkeit der Bewegung in jeder Unterrichtsstunde im Offenen Unterricht sollte auch nicht unterschätzt werden. Die Kinder können sich von Anfang an frei bewegen und motorisch selbst regulieren – „normale" Kinder genauso wie „hyperaktive", „steife" Kinder wie „sportliche":

> Es geht also nicht mehr darum, alle 10 Minuten einen Phasenwechsel mit irgendwelchen Hampelmannspielchen machen zu müssen, weil die Kinder noch nicht stillsitzen können, sondern die „bewegte Grundschule" erfolgt automatisch, beiläufig, wenn die Kinder miteinander arbeiten, sich Material besorgen, das ganze Schulgelände in ihre Vorhaben einbeziehen ... (Peschel 2002b, 235)

Der Sportunterricht schließt wiederum fächerübergreifende Aspekte bzw. Prinzipien mit ein, wenn das sportliche Spielen und Bauen ein besonderes Maß an Kreativität, Gestaltungskraft, Handlungsorientierung usw. erfordert („Burgen-Wagen", „Verstecklandschaften"). Das Vorplanen größerer Abenteuerlandschaften schafft sogar u. U. eine Brücke zur Geometrie bzw. zum räumlichen Vorstellungsvermögen und zur Notation von Bauplänen, die maßstabsgetreu gezeichnet und danach wieder decodiert, d. h. richtig aufgebaut werden müssen (vgl. Peschel 2002b, 235).

Religion

PESCHEL hält die Integration des Faches Religion in den Offenen Unterricht für maßgeblich von der persönlichen Einstellung des Religionslehrers und seiner Interpretation der Lehrpläne abhängig. Er hat in seinem Offenen Unterricht durch die Nähe der Kinder zueinander, durch das gemeinsam gestaltete Zusammenleben und das vertraute Miteinander-Umgehen ein sehr hohes Maß an christlicher bzw. religiöser Erziehung empfunden – und zwar ohne das heikle Problem etwaigen Dogmatismusses. Glaubensgrundsätze dürfen bzw. können seiner Meinung nach nicht aufgezwungen werden. Für unabdingbar hält er hingegen die Information über kulturelle Zusammenhänge, über verschiedene Religionen und Religionspraktiken, historische Hintergründe für Geschichten und Entwicklungen. Darüber hinaus schlagen für ihn die ständig auftauchenden Kinderfragen nach Gott, Sterblichkeit, Liebe, Himmel, Glaube usw. eine Brücke von der Lebenswirklichkeit der Kinder zu religionsphilosophischen Fragen, die für alle Kinder (und Erwachsene) hochspannend ist (vgl. Peschel 2002b, 236).

Wichtig erscheint ihm dabei, die Klassengemeinschaft nicht künstlich aufzuspalten, sondern Religion zu einem Thema für alle Kinder zu machen, egal ob katholisch, evangelisch, baptistisch, mohammedanisch oder konfessionslos. So wurde der Religionsunterricht nach Möglichkeit und Zulässigkeit (meist in Abhängigkeit von der Religionslehrerversorgung) ökumenisch gestaltet bzw. ganz in den Offenen Unterricht integriert bzw. in den höheren Klassen in entsprechenden thematischen Projektwochen mit mehreren Klassen und (Religions-)Lehrern gemeinsam gestaltet. Dabei wurde nach PESCHELs Meinung die Auseinandersetzung mit Religion gerade durch die verschiedenen Zugangsweisen der Kinder bzw. Religionen erst interessant (vgl. Peschel 2002b, 236f.):

> Neben diesen philosophischen Fragen hält Religion regelmäßig durch die kirchlichen bzw. religiösen Feste und Feiertage Einzug in die Klasse, deren Hintergründe erforscht werden können – auch die der nicht-deutschen Kinder. Darüber hinaus bieten Exkursionen und Projektwochen eine gute Möglichkeit, sich verstärkt mit Religion zu beschäftigen, wenn Kirchen und Moscheen besucht und erkundet werden oder bestimmte Themen wie Tod und Auferstehung o. Ä. zur intensiven Beleuchtung aus verschiedensten Sichtweisen herausfordern. Hier lassen sich wiederum viele Brücken zu anderen Fächern schlagen, einschließlich der Interpretation thematischer Bilder [...], der szenischen Gestaltung biblischer Geschichten und ihrer Hintergründe oder der Beleuchtung existentieller Fragen der Menschheit. (Peschel 2002b, 237)

Fremdsprachen

Die „Begegnung mit Sprachen" ist nach PESCHELs Erfahrung gerade im Offenen Unterricht ein fast alltäglicher Vorgang. Kinder anderer Muttersprache, ein zweisprachiges Elternhaus, Ferienerfahrungen oder die Fragen nach Bedeutungen von Fremdwörtern und Anglizismen sorgen für ein „natürliches" Vorkommen. Zusätzlich lässt sich fremdsprachlicher Input auf vielfältige Art erzeugen: durch das gemeinsame Lesen eines englischen Buchs, das Ansehen von Filmen in Originalsprache, das Aufführen eines fremdsprachigen Theaterstücks, Rollenspiele, die Simulation von Alltagssituationen etc. Aber auch Computerprogramme oder Hörspielkassetten können von den Kindern individuell im Offenen Unterricht verwendet werden. In jedem Fall sollte laut PESCHEL der Fremdsprachenunterricht primär auf Kommunikation beruhen, nicht auf dem Auswendiglernen bestimmter Wörter oder Sätze (vgl. Peschel 2002b, 238f.):

> Die Angst davor, dass das Kind u. U. eine falsche Aussprache verinnerlicht, oder dass sich „Fehler" einprägen, ist unbegründet, ja sogar kontraproduktiv, da Spontansprecher erwiesenermaßen viel schneller und unkomplizierter die Sprache erlernen als Lernende, die keine „Fehler" machen, weil sie sich gar nicht mehr zu äußern trauen ... (Peschel 2002b, 239)

7.2.3 Medienerziehung und Computer

Eine ausführlichere Beschreibung des Umgangs mit dem Computer in der hier untersuchten Klasse findet sich in PESCHELs Beitrag „Vom Edutainment zur kreativen Herausforderung: Der Computer als Werkzeug im Offenen Unterricht" (vgl. i. F.

Peschel 2003, i. V.). Dort beschreibt PESCHEL den Computer als eines der Werkzeuge unter mehreren, das die Kinder beim Erstellen ihrer Eigenproduktionen fördert und sinnvoll eingesetzt eine Arbeitserleichterung bietet, weil z. B. unnötiges mehrmaliges Abschreiben bei Überarbeitungsprozessen vermieden oder eine professionelle Gestaltung der Veröffentlichungen für andere machbar wird. Er betont, worum es deshalb beim Computereinsatz in der Schule nicht gehen kann:

- Es kann nicht um einen „lehrgangsmäßigen" Unterricht bzgl. der Computer- und Programmbedienung gehen, bei dem kleinschrittig EDV-Kenntnisse „gelehrt" werden;
- es kann nicht um einen „computerzentrierten" Unterricht gehen, bei dem der Computer die Lehrgangsfunktion übernimmt und als Buch- oder Arbeitsblattersatz zum vorstrukturierten und vorstrukturierenden Hauptarbeitsmittel wird;
- und es kann nicht um ein „Lernen durch Spaß" gehen, bei dem der Computer die Palette der bunten Arbeitsmittelflut um eine noch verführerischere Form spielerischen „Lernkonsums" erweitert. (Peschel 2003, i. V.)

Peschel kritisiert die vorwiegend spielerische Nutzung des Computers bei den Kindern zu Hause und vor allem die im Handel bzw. bei den Schulbuchverlagen erhältliche „Lernsoftware", die er als „computerisierte Printmedien" bezeichnet:

> In der Regel findet man die aus Schulbüchern bekannten Übungen mehr oder weniger gedankenlos in ein Programm übertragen und in eine fragwürdige Motivationsschau eingebettet. Oder der Spieß wird andersherum gedreht, wenn sich nun Trompete blasende Elefanten und andere werbewirksame „Kinderstars" auf didaktisch eher haarsträubende Weise an der Vermittlung der Kulturtechniken versuchen (vgl. Selter 2001). (Peschel 2003, i. V.)

Seiner Meinung nach wird der Computer dabei in seinen Möglichkeiten nicht nur völlig unterschätzt, sondern vor allem in eine didaktische Richtung gedrängt, die weder er noch die Kinder als Anwender verdient haben. Der Computer ist für PESCHEL ein wichtiges Hilfsmittel zur Organisation, Überprüfung, Aufbereitung, Gestaltung, Präsentation, Weiterleitung und Bewahrung von Informationen und wird in der Berufswelt wahrscheinlich fast ausschließlich so genutzt – im Gegensatz zur Schule.

In der hier untersuchten Klasse befanden sich vom ersten Schultag an eine größere Anzahl (fünf bis sieben) Computer, was der Klasse schnell den Spitznamen „Computerklasse" einbrachte – und in den Pausen viel Besuch von Kindern anderer Klassen. Daneben gab es einen Drucker und einen Kopierer als von Firmen ausgemusterte Geräte.

Computer waren vielen Kindern schon bekannt, als sie in die Schule kamen. Trotz des sehr gemischten Sozialniveaus der Klasse hatte mehr als die Hälfte der Kinder zu Hause Zugang zu einem PC (oder einen eigenen), in manchen Familien gab es bis zu vier Computer aller Art. Allerdings wurde – wie gesagt – auf den Computern zu Hause in der Regel nur gespielt. Dabei fanden alle Kinder das Spielen am Computer gut – aber nicht unbedingt in der Schule. PESCHEL hat den Kindern keine Einweisung für den Computer gegeben, sondern nur Hilfestellung auf Anfrage (und hauptsächlich in der Anfangszeit). Trotz der teilweise unbekannten Programme bzw. der verwendeten „Erwachsenenversionen" schienen sich die Kinder laut PESCHEL die notwendigen Kompetenzen entweder durch „Do-it-yourself", Abgucken oder Anfragen an den Nebenmann anzueignen. Dabei hat der größte Teil der Kinder den Computer direkt vom ersten Schuljahr an benutzt. Zunächst waren es vor allem eigene Geschichten, die am Computer geschrieben wurden. Im zweiten Schuljahr haben dann alle Kinder zumindest zeitweise den Computer genutzt. Die Produktionen wurden immer umfangreicher und zugleich immer mehr rechtschriftlich mit Hilfe der Rechtschreibkontrolle des Computers, unter Gebrauch eines Wörterbuchs oder durch die Tipps von Lehrer oder Mitschülern überarbeitet. Neben den freien Geschichten der Kinder hielten zunehmend Sachtexte Einzug, bis im dritten und vierten Schuljahr fiktive Texte und Sachtexte fast gleichermaßen vertreten waren.

Mit der Zeit bildeten nach PESCHELs Beobachtung viele Kinder eine beeindruckende Medienkompetenz aus. So gab es neben Kindern, die durchweg lieber am Computer als mit der Hand arbeiteten, eine immer größer werdende Gruppe von Kindern, die den Computer sehr gezielt für bestimmte Vorhaben einsetzte, für andere Arbeiten hingegen nicht in Erwägung zog. Das Eintippen eines Texts in den Computer machte für sie Sinn, wenn sie z. B. vorhatten, einen Vortrag zu verfassen, den sie später noch ergänzen, ändern oder zusammenfassen wollten oder wenn sie an einer Fortsetzungsgeschichte schrieben oder eine Klassenzeitung gestalteten. Hingegen wussten sie genau, wann sie einen Text lieber direkt in ihr Heft schreiben wollten, z. B. wenn die Fassung voraussichtlich keiner großen Überarbeitung mehr bedurfte und ihnen die handgeschriebene Notation für ihre Geschichte bzw. Geschichtensammlung passender erschien als der in diesem Fall ästhetisch weniger ansprechende Computerausdruck. Ähnlich war es bei der Informationsbeschaffung. Hier waren in vielen Fällen die in der Klasse vorhandenen Sachbücher der Datensuche mit dem Computer überlegen.

Entsprechend der oben beschriebenen Voraussetzungen bzw. dem weitgehenden Fehlen von Lern- und Spielprogrammen lag das Hauptaugenmerk bei der Computernutzung durch die Kinder vor allem im Bereich der Textverarbeitung im weitesten Sinne. Gemäß des überfachlichen Unterrichtsprinzips gab es keine Einschränkungen bezüglich der Textinhalte und Gestaltungsformen. So haben die Kinder die Computer zur Erstellung von Eigenproduktionen aller Art genutzt:

- Eigene Geschichten und Bilder, Fortsetzungserzählungen und Bücher;
- Sachtexte, Themenreferate, Themenplakate und Stichwortvorträge;
- Rechengeschichten, Rechenaufgaben, Rechenerfindungen;
- Listen, Tabellen und Übersichten für Vorträge und zur Klassenorganisation.

All dies sind Eigenproduktionen, die von den Kindern genauso auch mit der Hand erstellt worden sind. Der Computer wurde also eher als „Abrundung" der vielfältigen ansonsten per Hand erstellten Werke genutzt. Dennoch hatte der Computer bestimmte Vorteile gegenüber der herkömmlichen handschriftlichen Gestaltungsweise. Diese sollen im Rahmen einer fachdidaktischen Betrachtung beispielhaft veranschaulicht werden.

Sprache

Der fachdidaktische Schwerpunkt der Computernutzung lag sicherlich im sprachlichen Bereich, was bei einem Notations- bzw. Kommunikationsmedium auch nahe liegt. Die hohe Motivation, die vom Schreiben am Computer ausgeht, die direkten „neutralen" Fehlerhinweise und Korrekturgelegenheiten sowie die unbegrenzten Gestaltungs- und Überarbeitungsmöglichkeiten haben vor allem den Bereich „Sprache" sehr gestützt bzw. gefördert – egal, welchem konkreten Fach man die Eigenproduktion zuordnen konnte: Eigene Geschichten, Sachvorträge oder Rechengeschichten, sie alle mussten entsprechend sprachlich aufbereitet werden.

Durch die Erstellung und Überarbeitung der Eigenproduktionen fand ein ständiger Ausbau des individuellen Sprachgefühls statt – ganz im Gegensatz zu einem sinnentfremdeten Lernen durch Sprachbuchübungen und Diktate. Dabei wurden durch den Computereinsatz sogar evtl. schwierigere Phasen des freien Schreibens wie die Motivation zur rechtschriftlichen oder inhaltlichen Überarbeitung der eigenen Texte quasi „von selbst" überwunden, sodass die Vorteile des Konzepts durch den Computer weiter ausgebaut und verstärkt wurden:

- das Umstellen und Umarrangieren von Texten bzw. Textteilen, das Ausprobieren von Einfällen anderer, das Fortsetzen und Ergänzen von Texten fiel am Computer leicht, machte Spaß und führte nicht zu einer optischen Verschlechterung des Produktes;
- rechtschriftliche Überarbeitung und Fehlerkorrektur wurden vom Schreibenden durch die automatischen Hinweise des Computers als selbstverständlich, (einfach) machbar und „neutral" erlebt – im Gegensatz zur üblichen Lehrerkorrektur. Des Weiteren handelt es sich durch den Überprüfungshinweis des Computers im Moment des Entstehens des Fehlers um eine lernpsychologisch äußerst sinnvolle Korrekturart. Zusätzlich wird dabei neben dem ständigen unbewussten Ausbau des Rechtschreibgefühls auch das bewusste Nachdenken über Rechtschreibphänomene angesprochen. Der eigene Text bzw. die eigene Schreibweise ist Auslöser für ein Hinterfragen des „Fehlers", da nicht direkt die richtige Lösung angegeben wird: „Warum schreibt man das eigentlich immer so?" (Peschel 2003, i. V.)

Der ganze Sprachunterricht wurde so zu einem „integrierten" Sprachunterricht, bei dem keine separaten Übungen zu Rechtschreibung, Wortschatz, Grammatik, schriftlichem Ausdruck etc. erfolgten. Diese Reflexionsprozesse wurden vielmehr immanenter Bestandteil der Überarbeitung der Schülertexte – und zwar ein ganz selbstverständlicher Teil. (Und eben nicht zwanghaft institutionalisiert in der Form von „Schreibkonferenzen" o. Ä.) Der Austausch über einen Text erfolgte dabei entweder im direkten Gespräch mit anderen Kindern, bei der Präsentation im Kreis oder auch per „Datenübertragung" mit Diskette – eben so, wie es dem Autoren passend erschien.

Abschließend für den Bereich Sprache seien kurz die Vorteile des Computers für den selbstgesteuerten Schriftspracherwerb erwähnt. Das immer vorzeigbare Schriftbild des Computers war nicht nur im Anfangsunterricht für viele Kinder ein sehr motivierender Impuls zum eigenen Schreiben, der sich auch bei den Kindern mit „motorischen Schwierigkeiten" positiv auf das Schreiben mit der Hand ausgewirkt und wahrscheinlich einer sonst riskierten „Schreibunlust" maßgeblich vorgebeugt hat. Es kann auch gut sein, dass bei manchen Kindern das Schreiben am Computer zu einer „schnellen Verbindung" zwischen Groß- und Kleinbuchstaben geführt hat, da die Computertasten mit Großbuchstaben benannt sind, aber im Normalfall Kleinbuchstaben auf dem Bildschirm erscheinen. So kann der Gebrauch der bekannten Großbuchstaben intuitiv zum richtigen Gebrauch bzw. zur Erkennung/Verwendung der Kleinbuchstaben führen.

Gestalten – Möglichkeiten der Einbindung des musischen Bereichs

Die erweiterte Gestaltung der Geschichten oder Vorträge der Kinder durch das Einfügen von Illustrationen, Bildern, Graphiken etc. sprach in gewisser Weise den künstlerischen Bereich an. Digitalisierte Bilder oder Fotos bzw. Abbildungen aus Büchern oder Zeitschriften wurden in den Text integriert und in Größe und Layout auf die Bedürfnisse abgestimmt, die Kinder mussten sich Gedanken über die Aufmachung, die Größe, die Anordnung von Bild und Text machen. Dabei war die Gestaltung mit dem Computer relativ einfach und auch bei längerem Probieren ohne Qualitätsverlust möglich – ganz im Gegenteil zu herkömmlichen Versuchen mit Klebstoff etc.

Bei durch entsprechende „Malprogramme" am Computer erstellten Zeichnungen hat bei den Kindern eher das Ausprobieren des Programms bzw. der kreative Umgang mit den vielzähligen Farben, Farbmischungen, Pinselstärken, Maltechniken etc. im Vordergrund gestanden. Mit der Zeit wurde aber das Malen am Computer von den Kindern schnell als „Spielen" in die Pause verbannt. Sinnvoller erschien hingegen der Einsatz des in die Textverarbeitung integrierten Zeichenprogramms, mit dem nicht nur Beschriftungen und Schaubilder erstellt wurden, sondern auch geometrische Muster und Figuren erprobt und arrangiert werden konnten.

Mathematik

Neben den Rechengeschichten oder den Tabellen, Schaubildern und Graphiken, die die Kinder innerhalb ihrer Sachvorträge und Geschichten genutzt haben, gab es eine eher formal-mathematische Auseinandersetzung am Computer, in der Form, dass dort Aufgaben bzw. Aufgabenreihen getippt wurden. Dabei diente der Computer den

Kindern auch hier primär als Schreibwerkzeug mit dem Vorteil der immer gut lesbaren Schrift, ergänzt durch die Möglichkeit, die Aufgaben bzw. Ziffern in „ordentlichen" Reihen und Spalten anzuordnen. Dies erleichterte den Kindern, mathematische Strukturen und (operative) Zusammenhänge selbstgesteuert und ohne Vorgaben zu ergründen, anderen zu veranschaulichen, gemeinsam zu untersuchen, im Kreis zu präsentieren etc.

Bei den Eigenproduktionen bot den Kindern der im Computer integrierte Taschenrechner eine direkte Kontrollmöglichkeit, sodass selbst erdachte Rechenaufgaben einfach und direkt überprüft werden konnten. Die Kinder waren dadurch sowohl vom begrenzenden Lehrgangsmaterial als auch von der Lehrerkorrektur unabhängig. Dies war vor allem bei Aufgaben sinnvoll, für die die Kinder noch keine Umkehroperation zur Verfügung hatten. Auf die Tabellenfunktionen als Rechenkontrolle griffen sie zurück, als die Aufgaben die Anzeigenkapazität des Taschenrechners überschritten (selbst erdachte „Monsteraufgaben, d. h. Aufgaben mit „zig" Stellen beim schriftlichen Rechnen).

Sachunterricht und Informationsbeschaffung

Den größten Raum neben dem Schreiben eigener Geschichten oder dem Rechnen eigener Aufgaben nahmen bei den Kindern eigene Forscherprojekte und Vortragsvorhaben ein. Gleichzeitig mit der Zunahme von Sachtexten im dritten und vierten Schuljahr wuchs auch der Informationsbedarf bezüglich bestimmter Begriffe oder Fragestellungen, sodass der Computer als Werkzeug zur Informationsbeschaffung hinzukam. Da zu diesem Zeitpunkt noch keine Internetanbindung in der Schule vorhanden war, bildeten Themen- oder Lexikon-CDROMs einen entsprechenden Informationsfundus, auf den die Kinder zurückgegriffen haben. Hierbei zeichnete sich allerdings am Anfang ein nicht zielgerichtetes „Herumspielen" bzw. „Herumklicken" ab, sodass die Kinder diese Art der Informationssuche außerhalb der Pausen nur bei den Kindern zuließen, die gerade (nachvollziehbar) am entsprechenden Thema forschen. Die Erstellung und Präsentation der Vorträge wurde schon oben im Zusammenhang mit den sprachlichen und gestalterischen Anteilen ausgeführt.

Klassen- und Individualorganisation

Der Computer erleichtert nicht nur die Datenverarbeitung, sondern auch die Datenpflege und -speicherung. Entsprechend ließen sich für die Klassenorganisation wichtige (veröffentlichbare) Listen zentral ablegen und von Schülern und Lehrern betreuen. Dazu gehören nicht nur Aufstellungen über Kakao- und Milchbestellungen oder bestimmte „Klassendienste" oder „Cheffunktionen", sondern auch Übersichten über bestimmte Projektvorhaben, Präsentationen, Gesprächskreise, Klassenaktionen, Termine etc. Sie ließen sich von jedem einsehen, ergänzen und pflegen.

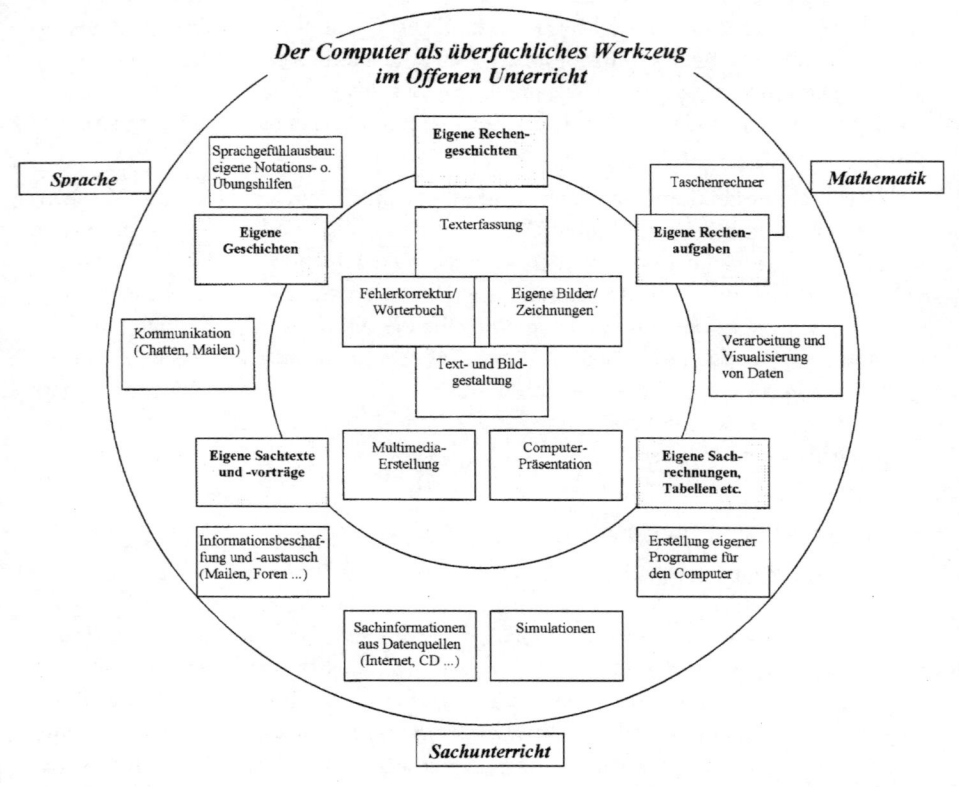

PESCHEL betont abschließend, dass die Erfahrungen in der hier untersuchten Klasse den Einsatz des Computers als „Werkzeug" im Offenen Unterricht durchaus sinnvoll und vertretbar erscheinen lassen. Der Computer scheint die Eigenaktivität der Kinder in hohem Maße zu verstärken, ohne einschränkend zu wirken. Seiner Beobachtung nach hat kein Kind vom Computer eine lehrgangsmäßige Unterweisung erwartet oder sich längerfristig in seinen Aktivitäten nach diesem richten wollen. Vielmehr wurde der Computer gezielt zur Umsetzung der eigenen Vorhaben eingesetzt. Dabei haben die Kinder in hohem Maße auf die „nicht-didaktisierten" gängigen Office-Programme zurückgegriffen und diese kompetent und ohne Probleme anwenden können. PESCHEL empfiehlt daher die Standardprogramme speziellen „Kinderprogrammen" vorzuziehen, da die Kinder so dieselben Oberflächen auf fast jedem Computer wiederfinden können (auch zu Hause).

Lernprogramme sollten seiner Meinung nach entweder gar nicht oder nur sehr bewusst eingesetzt werden, damit sie nicht zum „Lehrgangskonsum" führen bzw. Lernen nur als „Herumspielen" erfahren lassen. Lernen ist eigenaktives Erforschen und Erfinden – entsprechend sollten die Programme möglichst offene, kreative Aufgabenstellungen beinhalten oder zur Denkschulung dienen. Zusätzlich können spezielle Programme mit „Werkzeug"-Charakter eingesetzt werden, wie z. B. die mittlerweile auf dem Markt befindlichen „sprechenden Anlauttabellen" sowie Hilfsprogramme, mit denen sich die Kinder die von ihnen geschriebenen Texte vorlesen lassen können oder die das einfache Zusammenführen von Bild, Text und Musik ermöglichen.

PESCHEL betont den Beitrag, den der Offene Unterricht dabei im Hinblick auf eine bewusste und verantwortliche Medienerziehung leistet:

> Ist der Computer präsent und setzt man ihn wirklich nur als ein Werkzeug unter mehreren im Offenen Unterricht ein, so können seine Vorteile gut genutzt werden, und die Kinder werden im Laufe der Zeit auch seine Nachteile realistisch einzuschätzen wissen. Der Computer nimmt dann einfach eine ganz normale Position in ihrer Lebenswirklichkeit ein, sodass einerseits eine bedenkliche, zu spiel- und konsumorientierte Computernutzung zu Hause relativiert, andererseits aber auch ein „computerloses Umfeld" aufgefangen werden kann. Was mehr kann Medienerziehung im Rahmen einer Erziehung zum autonomen und selbstgesteuerten Lernen leisten? (Peschel 2003, i. V.)

7.3 Zusammenfassung

Die Einbindung von Einzelfächern in den Offenen Unterricht geht weit über die in den vorigen Kapiteln beschriebene Integration der Bereiche Sprache und Mathematik hinaus. So kann der Offene Unterricht als ein Unterricht gesehen werden, der der Sache entspringt und zu ihrer Bearbeitung auch die verschiedensten Fächer nutzt. Neben dem Erlernen von Sprache und Mathematik werden alle Fächer der Grundschule (und andere Bereiche auch) zur „Sache des Sachunterrichts" bzw. zur „Sache des Offenen Unterrichts". Ein hohes Maß an Situations-, Erfahrungs- und Anwendungsorientierung, das beiläufige Erlernen bzw. Üben der Kulturtechniken, aber auch ein explizites Erforschen bestimmter Sachen und Zusammenhänge prägen diesen Offenen Unterricht.

So tauchen auch fachspezifische Fragestellungen und methodische Vorgehensweisen von selbst auf. Gestalterisches Tun, sei es bei der szenischen Darstellung einer Situation, beim selbst entworfenen Layout der Textproduktion oder als konkretes Projektvorhaben, integriert Fächer wie Musik und Kunst. Das Vorstellen von Instrumenten, Liedern oder Musikrichtungen in Forschervorträgen, Musik selber zu machen, Instrumente und Spieltechniken zu erlernen, Musicals und Konzerte aufzuführen bzw. zu besuchen sorgen für eine individuelle Erweiterung des musikalischen Horizontes. Vorträge über bestimmte Maler, Bilder oder Epochen, die ständige Möglichkeit zum Malen und Gestalten, Aktionswochen, in denen die ganze Klasse in ein Kunstatelier verwandelt wird, Exkursionen in Museen usw. ermöglichen den Kindern die Aneignung ästhetischer Erfahrungen und entwickelten eigene Ausdrucksformen weiter.

Das gemeinsam gestaltete Zusammenleben und das vertraute Miteinander-Umgehen der Kinder im Offenen Unterricht beinhaltet schon ein hohes Maß an christlicher bzw. religiöser Erziehung – ergänzt durch die immer mögliche Beleuchtung existentieller Fragen der Menschheit sowie Information über kulturelle Zusammenhänge, über verschiedene Religionen und Religionspraktiken, historische Hintergründe für Geschichten und Entwicklungen. Alle diese Themen können je nach Bedarf und „Passung" beiläufig im Offenen Unterricht Eingang finden oder aber auch gezielt in Projektwochen o. Ä. zur Auseinandersetzung dienen. Ähnlich erfolgt die „Begegnung mit Sprachen" als alltäglicher Vorgang oder als gezielte Auseinandersetzung durch entsprechenden fremdsprachlichen Input. Auch Ziele des Sportunterrichts lassen sich – neben der Möglichkeit der freien Bewegung in jeder Unterrichtsstunde – sehr offen umsetzen, wenn die Kinder in der Turnhalle frei auf Geräte, Übungen oder Spiele zugreifen können und sich so eine Bewegungs-, Spiel- und Sportkultur erschließen können – ausgehend von den individuellen Erfahrungen des Kindes durch ein herausforderndes Umfeld.

Der Sachunterricht selbst, der auf die hier praktizierte Weise mehr oder weniger mit dem Offenen Unterricht gleichgesetzt werden kann, zeichnet sich dadurch aus, dass er seine Basis in den Lernbedürfnissen des einzelnen Kindes hat. So ermöglicht das interessegeleitete Lernen ein individuelles „von der Sache Ausgehen" und vereinigt damit sowohl fachbezogene als auch verfahrensorientierte Zielsetzungen. Die individuelle Lebenswirklichkeit zwanzig verschiedener Kinder einer Klasse wird zur Ausgangslage einer sachorientierten Erschließung der Welt – Grundschule insgesamt wird zum „Integrierenden Sachunterricht", dem die anderen Fächer dienen, ohne ihre eigene Gestalt und ihre eigenen Ziele zu verlieren. Der rege und immer mögliche gegenseitige Austausch der Kinder liefert dabei eine so fruchtbare und breite Basis an Inhalten und vorhandenem Wissen, dass dieser Unterricht ungleich mehr bietet als das Thematisieren einzelner Problemstellungen im herkömmlichen Sachunterricht. Grundlage und Ziel einer solchen „Didaktik der Handlungsbefähigung" ist das selbstgesteuerte Lernen der Kinder. Die Sache (und damit der Inhalt) steht nicht dem Kind gegenüber, sondern wird aus seinen Bedürfnissen heraus entwickelt.

In der Abkehr vom Lehrgang hin zu einem Offenen Unterricht wird in der Klasse ein sozialer Raum geschaffen, der das jederzeitige Einbringen von Vorkenntnissen und Lernbedürfnissen ermöglicht. Diese Fragekultur ist dabei sehr weitreichend zu verstehen: Das Durchblättern eines Sachbuchs, das Mitbekommen dessen, was andere machen, das Anschließen an eine Gruppe, das Beobachten von Pflanzen und Tieren, das Ausprobieren von baulichen Konstruktionen, all das ist Ausdruck einer grundsätzlichen „Fragehaltung", einer Neugier, die es zu pflegen gilt. Entsprechend kann es im Sachunterricht nicht um den Nachvollzug vorgegebener Experimente und Versuchsanweisungen gehen, sondern es muss sich um „echte" Probleme handeln. Zu ihrer Lösung ist ein Rückgriff auf ganz verschiedene Materialien, die man zum Probieren und Experimentieren brauchen kann, möglich. Die offene Unterrichtsgestaltung, die den Kindern erlaubt, jederzeit andere Kinder aufzusuchen und anzusprechen, führt dabei zu einer sehr reichhaltigen gegenseitigen Information. Jedes Kind bekommt die Vielfalt an Themen mit, an denen in der Klasse gearbeitet wird. Der Austausch untereinander erfolgt sowohl ständig beiläufig während der Arbeitsphasen durch Zuschauen, Mitmachen, Fragen oder ungeplantes „Mitbekommen" als auch in geplanter Form, wenn immer wieder im Sitzkreis Beobachtungen und Ergebnisse vorgestellt, Fragen aufgeworfen oder Absprachen getroffen werden.

Ein solcher Sachunterricht, der maßgeblich von den Fragen der Kinder getragen wird, verlangt vom Lehrer weniger die didaktische Aufbereitung entsprechender Inhalte, sondern ist neben dem Erhalten einer Forscherneugier bei den Kindern vor allem an Arbeitsweisen und Darstellungsformen interessiert. Zentral im Unterricht ist die bestehende „Vortragskultur". Die Kinder beschaffen sich für ihre Forschervorträge Informationen, gestalten Plakate für ihre Präsentation, erstellen am Computer Texte, greifen zur Veranschaulichung auf Modelle zurück usw. Dabei ist der gemeinsame Sitzkreis das Gremium, das alle zur Prüfung der Inhalte und der methodischen bzw. medialen Vorgehensweise auffordert und ein Feedback auf Inhalt und Form der Darbietung gibt. Innerhalb dieser Aktivitäten bekommen alle Beteiligten einen Eindruck von der erbrachten Leistung, der dann innerhalb einer Diskussion erweitert und überprüft werden kann – unter Leitung des Kindes, das sich benoten lassen will.

In diesem Offenen Unterricht stellt der Computer ein Werkzeug unter mehreren dar, das die Kinder beim Erstellen ihrer Eigenproduktionen fördert und als ein wichtiges Hilfsmittel zur Organisation, Überprüfung, Aufbereitung, Gestaltung, Präsentation, Weiterleitung und Bewahrung von Informationen dient. Entsprechend dem Verzicht auf Lern- und Spielprogramme liegt das Hauptaugenmerk bei der Computernutzung durch die Kinder vor allem im Bereich der Textverarbeitung. So nutzen die Kinder die Computer zur Erstellung von Eigenproduktionen aller Art und erstellen eigene Geschichten und Bilder, Fortsetzungserzählungen und Bücher, Sachtexte, Themenreferate, Themenplakate und Stichwortvorträge, Rechengeschichten, Rechenaufgaben, Rechenerfindungen, Listen, Tabellen und Übersichten für Vorträge und zur Klassenorganisation.

Dabei schien der Computer die Eigenaktivität der Kinder der hier untersichten Klasse in hohem Maße zu verstärken ohne einschränkend zu wirken. Die Computer wurden gezielt zur Umsetzung der eigenen Vorhaben eingesetzt. Der Computer nahm so eine ganz normale Position in der Lebenswirklichkeit ein, sodass einerseits eine bedenkliche zu spiel- und konsumorientierte Computernutzung zu Hause relativiert, andererseits bei bestimmten Kindern aber auch ein „computerloses Umfeld" kompensiert werden konnte.

Kurzer Ausblick auf den zweiten Teil der Arbeit

Im zweiten Teil des vorliegenden Werkes finden sich neben dem Literaturverzeichnis die Kapitel, die sich im engeren Sinne mit der Evaluation des im ersten Teil theoretisch eingeordneten Unterrichts beschäftigen.

Dazu wird zunächst der methodische Aufbau der Untersuchung als nicht repräsentative Evaluation in der Retrospektive beschrieben, bei der die Entwicklung einer Klasse über ihre Grundschulzeit dokumentiert und analysiert wird. Dabei werden qualitative und quantitative Forschungsansätze miteinander verbunden. Durch den Rückgriff auf bei den meisten Lehrern üblicherweise vorhandenes Datenmaterial stellt dieses Vorgehen eine Form der Lehrerforschung dar, die sich von der gebräuchlichen Prozessforschung unterscheidet, da der Lehrer selbst seinen Unterricht aus einer zeitlichen Distanz und einer neuen Perspektive evaluiert.

Um dem Leser eine möglichst aussagekräftige Untersuchung zu gewähren, wird das Bedingungsfeld ausführlich beschrieben: Schule, Klassenraum, Materialien, Stunden- und Arbeitspläne werden als gegebene bzw. das Lernen beeinflussende Faktoren vorgestellt. Zusätzlich werden alle Kinder, die die Klasse irgendwann in ihrer Grundschulzeit besucht haben, in kurzen Einzelfallstudien porträtiert. Auch der Lehrer wird in seiner Person und in seinem Rollenverständnis beleuchtet. Weiterhin wird die unterrichtliche Gestaltung sowie die Entwicklung des Arbeits-, Sozial- und Lernverhaltens der Kinder auf der Basis von Klassenbucheinträgen und Tagebuchnotizen des Lehrers nachgezeichnet.

In den anschließenden Kapiteln wird die Entwicklung der Kinder in den in die Untersuchung einbezogenen Bereichen dargestellt. Zunächst erfolgt eine Auswertung der Erhebungen zu den schriftsprachlichen Kenntnissen der Kinder in der Eingangsphase sowie die Analyse ihrer weiteren Entwicklung im Schreiben und Rechtschreiben, ergänzt durch den Einbezug zusätzlicher Tests und Beobachtungen. Danach wird die Entwicklung im Lesen dargestellt, bezogen sowohl auf Vorlesekompetenzen als auch auf das Leseverständnis. Schließlich wird nach einer Beschreibung der Vorkenntnisse der Kinder die Leistungsentwicklung im Bereich Arithmetik veranschaulicht.

Diese Ergebnisse werden durch eine qualitative Analyse der Entwicklung der Kinder ergänzt, die in der eher quantitativ ausgerichteten Darstellung besonders auffallen oder die im hier untersuchten Unterricht „wider Erwarten" erfolgreich waren. Zu diesem Zweck wurden Fallstudien angefertigt, die die Entwicklung der betreffenden Kinder sowohl im sozialen Bereich als auch in den genannten Fächern vor ihrem persönlichen Hintergrund detailliert beschreiben. Dabei geben die Fallstudien der Kinder, die eigentlich als nicht an der Regelschule beschulbar galten, nicht nur Aufschluss über ihre Entwicklung im Offenen Unterricht, sondern auch Hinweise darauf, dass der von ihnen vorher erfahrene Unterricht durchaus mit ihren Lernproblemen zu tun gehabt haben kann.

Danach werden die Ergebnisse der Untersuchung noch einmal kurz zusammengefasst, zu aktuellen Fragestellungen und Forschungsergebnissen in Beziehung gesetzt und mit einem Ausblick versehen. Ein Nachwort zum Thema „Das Lernen hochhalten" sowie das Gesamt-Literaturverzeichnis bilden dann den Schluss der Arbeit.